남북분단 속의 연세학문

연세학풍연구총서 4

남북분단 속의 연세학문

연세학풍연구소 편

초판 1쇄 발행 2017년 6월 30일

펴낸이 오일주
펴낸곳 도서출판 혜안

등록번호 제22-471호
등록일자 1993년 7월 30일

주소 (우) 04052 서울시 마포구 와우산로 35길 3(서교동) 102호
전화 3141-3711~2
팩스 3141-3710
이메일 hyeanpub@hanmail.net

ISBN 978-89-8494-585-2 93370

값 30,000 원

연세학풍연구총서 4

남북분단 속의 연세학문

연세학풍연구소 편

혜안

책머리에

이 책은 연세대학교 학풍을 연구하는 제4권으로, 연희·세브란스의 학풍이 해방과 6·25전쟁을 거치면서 형성된 남북분단 아래에서 각각 어떻게 전개되었는지를 살펴본 것이다.

일제하의 연희전문학교는 한국의 근대학문을 형성한 본산지였다. 근대학문이 근대사회의 형성·발전 속에서 만들어졌던 바와 같이, 그 학문은 일제하의 사회개혁, 민족운동을 이끌면서 발전하였다. 연희전문은 국내외에서 형성, 발전되던 민족주의 학문과 민족문화운동을 교내에서 결합하고, 이를 하나의 교육방침, 학풍으로 정립하였다.

이런 학풍을 바탕으로 연희와 세브란스 출신들은 해방 공간에서 식민지학문을 청산하고, 새로운 민족국가, 민주국가, 그리고 민족문화를 건설하기 위해 노력하였다. 그러나 좌우의 이념 대립과 6·25전쟁으로 남북 분단체제가 구축되자 연·세의 학문도 남북으로 나누어졌다. 이 책에서는 분단 체제하에서의 남과 북의 사회 구조 속에서 계승, 조정된 연·세의 학문을 검토하고자 한다.

6·25전쟁 후의 연희는 전쟁 복구와 학문 재건에 힘썼다. 1950년대 남한의 학문이 지향하였던 한국사회의 후진성 극복과 민주주의 국가 건설에 걸맞는 학문들이 새롭게 제기되었다. 이런 과업의 수행을 위해서 대학의 체제를 정비하고, 나아가 일제하에서 형성된 연세학풍을 새로운 차원에서 정립하였다. 동방학연구소를 만들어 국학 연구를 재개하였으며(1948), 온고지신(溫故知新), 실사구시(實事求是), 과학(科學) 정신 등의 학풍을 다시 정립하였다(1960).

이와 아울러 '통재(通才) 과목' 같은 교양과목도 신설하였다. 뿐만 아니라, 새로운 학문 체제 정립을 위해 다양한 학문의 발전을 기하였다. 이런 학문 발전에 대해서는 이미 본 '연세학풍연구총서'의 제2권에서도 다룬 바 있다. 이에 제1부에서는 이때 다루지 못한 백낙준의 대학 경영(최재건), 철학의 정석해(김은중), 역사학의 민영규(심경호), 영문학의 최재서(윤해준) 등을 살펴보고자 한다.

한편, 연희학풍을 몸에 익힌 교수와 졸업생들은 북으로도 갔다. 물론 정인보, 홍순혁, 이인영 교수와 같이 납북된 사람도 있었지만, 대개 자신의 학문적 이념에 따라 여러 경로로 북한으로 넘어갔다. 백남운이 가장 대표적인 사람이었다. 이들은 자신의 전공 영역 속에서 북한의 학문 발전에 기여하였다. 북한사회가 김일성을 중심으로 한 사회주의 체제로 만들어져감에 따라 학문도 그 체제에 기여하였다. 다양한 학문들이 정립되는 가운데 주로 연희전문 문과 출신들이 활동한 분야를 중심으로 이 책의 제2부를 꾸민다. 조선철학사의 정진석(김도형), 역사학과 민속학의 김일출(도현철), 고전 문학의 김삼불(유춘동)과 김상훈(허경진)의 학문을 검토하고자 한다.

마지막으로 제3부에서는 남북분단 속에서 의학 체계화에 각각 기여한 남한의 이용설과 북한의 최명학의 학문과 활동을 실었고(신규환), 남북분단의 틈 속에서 희생당한 강성갑의 기독교 사회운동을 연구한 글(홍성표)을 싣는다.

연세의 학풍과 역사를 다루는 작업은 5년 전, 2012년에 몇몇 교수들이 힘을 합해 만든 연세학풍사업단에서 시작되었다. 그 동안 사업단의 활동을 통해 제법 많은 연구서와 자료집을 출간하였다. 그러다가 2017년 초, 학교의 연구지원이 종료될 것에 대비하고 학풍사업단의 사업을 이어가기 위해 연세학풍연구소를 만들었다. 독자적인 연구소 체제를 갖추지는 못하고 국학연구원 산하 연구소로 출범하였지만, 이 연구소를 통하여 학교 역사를 정리, 연구하고, 자료집 간행을 추진하는 사업이 좀 더 안정적인 조건 속에서 이루어질 것으로 믿는다.

끝으로 이 책은 많은 분들의 헌신으로 만들어졌다. 학교 당국 및 글로벌 사업 관계자, 그리고 많지 않은 연구비에도 불구하고 좋은 연구를 해 주신 연구 참여자 선생님과 본 연구소의 전문연구원인 정운형, 홍성표 박사의 노고가 컸다. 얌전하고 좋은 책으로 만들어 준 분은 혜안의 오일주 사장이다. 이 모든 분께 감사를 드린다.

2017년 6월

연세대학교 국학연구원 원장, 연세학풍연구소 소장

사학과 교수 김도형 씀

목 차

제2부 북에서 펼쳐진 연희학문

제3부 남북분단 속에서

제1부

연희의 대학 운영과 학문

최 재 건

해방 후 백낙준의 대학 건설과 운영

1. 머리말

연세대학교는 연희대학교와 세브란스의과대학의 합동으로 성립된 대학이다. 세브란스의과대학은 1885년에 설립된 제중원이 그 시작이었다. 연희대학교의 전신인 연희전문학교는 대학설립 문제를 둘러싼 선교사들 간의 오랜 논쟁 끝에 1915년 개교되었다. 연희전문학교나 세브란스연합의학전문학교는 설립 목적이 기독교 정신에 입각한 한국교회와 사회의 지도자를 양성하기 위한 기관이었다. 성직자나 의료선교사 양성이 그 목적이 아니었다. 대학설립의 주체였던 미국 북장로교 선교부는 종합대학을 설립하여 인재를 양성하려 했으나 둘 다 전문학교로 인가받았다. 1923년 경성제국대학의 설립을 위해 대학령을 마련했을 때도 조선에서는 하나의 대학으로 충분하다는 우민화 정책으로 종합대학 설립신청은 거부되었다. 연전은 해방 후에야 연희대학교가 되었다. 세브란스연합의학전문학교는 세브란스의과대학이 되었다. 1957년에는 1920년대부터 추진해오던 연희와 세브란스의과대학과 통합하여 연세대학교가 되었다.

해방 후 연세대학교 재창립 과정의 주역은 초대 총장인 용재 백낙준(庸齋白樂濬)이었다. 그는 스스로 "나는 연세대학교를 통하여 내 생을 확정 짓는 것이 내 목적"이라고 생각하였다.[1] 용재는 1927년 연희에 교수로 부임한

백낙준

이래 1985년 별세할 때까지 교수, 문과과장, 교장, 총장, 이사, 이사장, 명예총장으로 봉직하면서 연세와 가장 깊은 인연을 맺고 학교와 삶을 같이하여 학교의 경영과 발전에 최고 공로자가 되었다. 용재는 1945년 9월부터 12월까지 3개월간 경성대학이 총장과 학장이 없이 3부로 나뉘어 있을 때 법문학부장이었고 그때 추진되고 있던 국립서울대학교의 초대총장 후보가 되기도 하였다. 해방후 연희전문 인수위원으로도 활동하던 용재는 유억겸의 뒤를 이어 1945년 12월 연희전문학교 교장으로 취임하였고, 연전이 종합대학으로 승격되어 연희대학교로 재출발할 때인 1946년 8월 초에 초대 총장으로 피선되었다. 그가 총장에 선임된 것은 의외였다. 해방 전까지 학교 경영에 관여하던 선교사들은 물러났지만, 연희전문 창립자인 언더우드가 죽은(1916) 후에 학교의 발전을 계속 이끈 그의 외아들 원한경(H. H. Underwood)과 그의 손자 원일한(H. G. Underwood)이 일제강점기 말에 추방되었다가 해방 후에 돌아와 미군정에 막강한 영향력을 갖고 활동하고 있었기 때문이었다. 백낙준은 그 후 연희와 세브란스가 합병한 후에도 초대 총장을 역임하였다. 한국전쟁 전후의 문교부 장관, 은퇴 후 4·19 이후 참의원 의장 등의 정계 활동도 있었지만, "대학에서 출발하여 여러 영역을 관통하는 커다란 원을 그린 다음 다시 돌아와, 마침내 대학에서 삶을 마무리한 대학의 사람이었다."[2]

1) 백낙준, 「한민족의 존재 가치는 세계문화에 공헌」, 『백낙준전집 9』, 연세대학교출판부, 1995, 174쪽.

본고는 용재가 연세와 처음 관계를 맺은 때부터 특히 해방 후 학교를 책임 경영하다가 은퇴할 때까지 총장, 이사장으로서의 행적을 개괄적으로 살펴보려 한다. 특별히 해방 후 백낙준이 대외적으로 한국의 고등교육과 교육전반의 초석을 놓으면서 연희전문학교를 인수하고 연희대학교를 종합대학으로 승격·발전시키는 과정에서의 역할과 또한 그의 가장 큰 공로로서 같은 선교부 뿌리를 둔 연희와 세브란스의과대학과의 통합 과정을 살펴보고 연세대학교의 초대 총장으로서 대학을 어떻게 운영을 했는지가 본고의 기본 관심사이다.

보다 구체적으로 1) 그의 교육배경과 연희전문학교 교수와 문과과장으로서의 활동내역, 2) 해방 후 혼란의 시기에 연희전문학교 자산을 인수하고 연희대학교가 종합대학으로 재창립되는 과정에서의 역할, 3) 연·세 합동과정에서의 그의 역할과 이후 연세대학교의 교육이념과 학풍의 형성, 지속, 변화에 어떠한 기여를 했으며, 대학을 어떠한 면모로 발전시켰는지를 파악하려 한다. 이런 고찰을 통해 해방 후부터 한국전쟁까지 정치적, 사회적 혼란 속에서 그의 활약으로 연세대학교가 해방과 한국전쟁 전후의 재정 난관을 극복하여 국내 굴지의 대학으로 자리 잡고 한국의 고등교육을 선도하게 되며 기독교대학의 정체성 및 연희전문 학풍의 계승과 새로운 발전을 이룩하게 되었는지를 고찰하고자 한다.

연구자료로 『백낙준 전집』 10권이 간행되어 있다.[3] 전집 간행 이전에 간행된 『韓國의 理想과 現實』 상·하도 있다.[4] 그 외에도 몇 권의 단행본들이 있다. 그의 사후 연세대학교 국학연구원 간행의 『백낙준 박사의 학문과 사상』과 신과대학 부설 한국기독교문화연구소가 간행한 『庸齋 白樂濬 博士 記念講座』

2) 박영신, 「백낙준 : 한국대학교육 이상과 지표의 설계자」, 『연세의 발전과 한국사회』, 연세대학교출판부, 2005, 422쪽.

3) 『백낙준전집 1~10』, 연세대학교출판부, 1995.

4) 백낙준, 『韓國의 理想과 現實 상·하』, 연세대학교출판부, 1977. 상권은 1963년에 동아출판사에서 출판된 후, 1977년에 연세대학교출판부에서 하권과 함께 다시 간행되었다.

등이 용재 연구의 2차 자료가 되었다.[5] 그 밖에 그의 전집에 포함되어 있지 않은 다량의 영문편지가 있다. 그 중에서 가장 많은 분량이 아시아연합기독교고등교육재단(The United Board for Christian Higher Education in Asia) 자료에 들어 있다. 이 자료는 예일대학교의 예일신학대학원(Yale Divinity School, Special Collection Room)에 보관되어 있다. 그뿐 아니라 여러 재미 선교본부들과 교류한 수백 통의 영문서한들이 있다. 주로 미국 감리교회와 장로교회의 문헌보관소들에 소장되어 있는데, 그 내용은 대부분 재정문제에 관한 것으로 해방공간 특히 한국동란 전후의 복구와 새 시설의 건축을 위한 것이다. 이 주제는 별도의 기술이 필요하다고 생각되므로 본고에서는 그중 극히 일부를 활용하려 한다. 또한 그의 예일대학 학위논문 지도교수가 남긴 라토렛문서(Latourette Papers) 중의 영문편지들이 있다. 이 편지는 사적인 것으로 18통 정도가 된다. 용재가 다닌 프린스턴신학교(Princeton Theological Seminary)와 프린스턴대학교의 소장 자료, 하버드 옌칭(Harvard-Yenching)연구소의 소장 자료에서도 그의 서한들을 찾을 수 있다. 이런 자료들도 일부를 활용하여 사실관계와 그의 의중을 추적하려 한다.

2. 백낙준의 교육배경과 연희전문학교 교수활동

1) 용재의 교육배경

용재는 1895년 평북 정주군 관삽동에서 태어나 4세 때부터 부친에게서 천자문을 배웠고, 7세 때까지 서당에서 『동몽선습(童蒙先習)』, 『사략(史略)』, 사서(四書) 등 한문을 공부하였다. 1906년에는 기독교회에 의해 설립된 영창학

5) 국학연구원, 『백낙준 박사의 학문과 사상』, 연세대학교국학연구원, 1995 ; 한국기독교문화연구소 엮음, 『庸齋 白樂濬 博士 記念講座』, 대한기독교서회, 1992.

교를 다니면서 신학문에 눈을 뜨고 기독교 신앙을 갖게 되었다. 이 학교를 졸업한 후에 미국 북장로교 선교회와 양전백 목사가 세운 선천의 신성(信聖)중학교를 고학으로 다니면서 애국정신을 일깨우게 되었다. 백낙준은 1911년 '105인 사건' 때 일제에 의해 소위, '데라우치(寺內)총독 살해음모'의 무기운반책으로 조작되어 한때 피신하게 되었다. 이 사건과 신성학교의 교육을 통해 기독교에 대한 신앙과 민족애에 관한 신념을 갖게 되었다.

신성중학교를 졸업한 후에는 은사인 맥큔(George Shannon McCune, 尹山溫)의 주선으로 영국인 선교사가 경영하는 톈진의 신학서원(新學書院, Anglo-Chinese)으로 유학하게 되었다. 용재의 영어 이름이 'George'인 것은 그 선교사의 이름을 따른 것이었고, 또 그 단어에 농부란 뜻도 있는데 그의 부친도 농부여서 택한 것이었다.[6] 그는 중국 체류 중에 중국어는 물론 영어도 연마하고 중국 고전에 대한 안목도 갖게 되었다. 민족의 활로를 역설한 양계초의 신민설, 장병린의 중국문화 우수성 주장 등에 감화를 받았다. 신학서원을 졸업한 후에는 원래 품었던 계획대로 미국 유학을 하게 되었다. 그는 여권과 비자에 문제가 있던 상황에서 20여 명의 조선인 학우들과 함께 상해에서 나가사키를 거쳐 샌프란시스코로 가는 기선에 승선하여 우여곡절 끝에 미국에 입국하였다. 미국 이민국이 조선인이 처한 당시의 상황을 배려했기 때문이었다. 백낙준은 맥큔의 배려로 미주리 주의 파크빌에 있는 파크(Park)대학에 입학했으나, 영어, 라틴어, 미국사 등의 기초교육을 받기 위해 부속고등학교에 들어가서 2년간 공부하였다. 그 후 다시 대학과정에 들어가 역사를 전공하였다. 이 대학을 졸업한 후에 프린스턴신학교(Princeton Theological Seminary)에서 목회학을 전공했고(B.D.), 동시에 프린스턴대학(Princeton University)에서도 역사학을 공부하였다. 프린스턴 재학 중에 여름이면 펜실베이니아대학에 가서 정치학과 도서관학을 수강하기도 하였다. 한국에서 도서관학과가 연세

6) L. G. Paik to Miss Abigail, February 11, 1956.

대학교에 가장 먼저 설립된 것은 그가 이때 수업을 받은 일과 무관하지 않을 것이다. 최종 학위는 예일대학교 대학원 종교학과에서 받았다.[7] 그곳에서 라토렛(Kenneth Scott Latourette) 교수의 지도를 받고 "The History of Protestant Mission in Korea, 1832-1910"이란 논문으로 1927년에 박사학위를 취득하였다. 지도교수인 라토렛은 중국선교사로 활동하기도 했었고, 예일대학의 사학과와 종교학과 교수로 활동하면서 예일신학교(Yale Divinity School)에서도 중국사, 일본사, 동양종교, 기독교 확장사를 가르치고 150여 권의 저술을 남긴, 동서의 역사와 사상을 관통한 대학자였다. 용재 역시 중국에서 4년간, 미국에서 10년간 수학하는 과정에서 영어, 불어, 라틴어, 헬라어, 중국어, 일어를 구사하며 동서의 언어와 학문을 두루 섭렵하였다. 그의 학위논문은 서구의 역사 방법론에 의한 한국 최초의 저작으로서 근대 한국개신교 선교문제를 다룬 것이었다. 그가 이런 면학과정에서 익힌 것이 훗날 연희전문에서 동서화충(東西和衷)의 학풍의 기저 형성에 일조하게 되었다.

백낙준의 사상의 뿌리는 기독교였다. 그는 초등학교부터 대학원까지 모두 기독교계 학교에서 정규교육을 받았고, 신학교까지 졸업한 후 1927년 7월 21일 미국 북장로교 캔사스시 노회에서 목사로 장립하였다. 그는 또한 어려서 한문을 배우고 중국에서 중국어를 습득한 바탕 위에서 미국 유학을 통해 고등교육을 받아 국학과 동양사상과 서구 기독교사상을 동시에 받아들이면서 동서양 사상에 두루 깊은 관심을 갖고 있었다. 따라서 그의 내면에는 두 갈래의 사상이 함께 흐르고 있었다. 이 두 갈래 사상은 세계 역사를 해석하는 데에 영향을 미쳤다. 그는 제1차 세계대전의 종말을 보고 그 전까지는 세계사가 동·서양 또는 개별 민족 단위의 역사로 나뉘어 전개되어 왔으나 전후에는 모든 인종과 국가가 한 묶음으로 결집하여 하나의 새 역사를 창조하게 되었다고 이해하였다. 이는 한국인의 수난을 단순히 한국 민족만의 고난이 아닌

7) 한국에서 간행된 백낙준의 학력사항에는 '종교사학'이라고 기록되어 있다. 이는 세부전공을 표시하는 용어이고 그의 실제 소속 학과는 예일대학교 대학원 종교학과였다.

세계사의 한 지류로 보아야 한다는 생각으로 이어졌다.[8)]

용재는 웰즈(H. G. Wells)의 '세계문화사대계(The Outline of History)'를 읽으면서 그 자신의 학업과 언어습득 체험을 동서양의 역사에 대입시켜 세계정세가 합류하는 비전을 보게 되었다.[9)] 프린스턴에 수학 중 윌슨(W. Wilson)의 연설을 듣고 '민주주의'에 대한 이해와 신념을 갖게 되었고 '세계평화'를 중시한 생각은 그가 익힌 동서의 학문, 언어, 사상을 융화시키는 바탕이 되었다. 아울러 일본 제국주의 치하에서 우러난 민족주의사상과 미국에서 체득한 기독교사상을 융합시키게 되었다. 그 한 결실이 기독교 선교와 역사를 아우르는 학문적인 바탕을 통해 그의 학위논문으로 이룩되었다. 그 후 백낙준은 서구 역사과학의 방법을 통해 조선학 연구에 기여하려는 학문적인 포부를 품고 교육의 장으로 나아가 동서학문의 상관성과 교섭방식을 강구하며 동서사상의 화충을 꾀하였다. 예를 들어 그는 영어영문학을 그 자체로서 연구할 가치를 지닌 학문으로 여긴 동시에 이 분야의 학문연구를 통해 국어학과 국문학을 발전시키는 방식을 배우고 응용할 수 있게 되기를 바랐다.[10)] 일제강점기에 백남운과 이순탁을 교수로 영입하여 사회주의 사상의 벽까지 뛰어넘었던 연희전문의 학문적 포용성은 백낙준이 교육의 꿈을 펼치기에 적합한 환경을 갖추고 있었다. 그러나 해방 후에는 국토 분단과 사회 혼란으로 좌우 이념대립이 심해지고 전쟁으로 더욱 살벌해진 교육현장에서는 제약을 받을 수밖에 없었다.

2) 연희전문학교 교수활동

백낙준이 프린스턴신학교에서 수학 중일 때 미국에서 안식년을 보내던

8) 백낙준, 「회고록」, 『백낙준전집 9』, 연세대학교출판부, 1995, 107~108쪽.
9) 백낙준, 위의 책, 46쪽.
10) 백낙준, 위의 책, 59쪽.

연희전문의 학감 로즈(Harry A. Rhodes, 魯解理, 미국 북장로교 선교사)가 용재를 만나 교수로 동역할 것을 요청하였다. 총독부의 교육령이 박사학위 소지를 교수의 요건으로 정했기 때문에 용재는 예일대학교 대학원에서 박사학위를 취득하고 1927년 8월에 연희전문학교 교수로 부임하였다.

당시에 연전은 오랜 진통 끝에 창립된 지 10여 년밖에 지나지 않았다. 망국의 한 속에 지도자 공백의 사회에 미국 선교사들이 인격의 존엄성을 갖춘 기독교 이념을 지닌 새로운 지도자 양성이 목적이었다.[11] 전문학교로 인가되었으나 문과, 수물과, 상과, 농과, 신학과로 종합대학의 형태를 갖추었다. 교수 15명과 강사 12명, 학생 수는 234명이었다. 당시 국내의 고등교육기관으로서 연전의 위치와 부여된 일들은 신학과 역사학을 공부한 그에게는 적임지였다. 하지만 일제 총독부의 지시로 서양사 강의가 금지되어 백낙준 박사가 처음 강의한 것은 성경과목이었다. 기독교 경전을 강의하면서 서구사상을 재해석하여 교수하였다. 그의 첫 설교는 세례 요한의 설교를 통해 천국이 가까이 왔다는 것은 새 시대가 가까이 왔다는 것으로서 옛적 부패한 것을 모두 버리고 새 사람이 되어 우리 민족을 새롭게 하자는 내용이었다. 미국 감리교선교부에 의해 설립된 이화여자전문학교에도 출강하여 최이권과 결혼하는 계기도 되었다.

1928년에는 연전 문과 과장이 되어 이후 근 10년간 봉직하였다. 과장으로서 용재가 세운 큰 공적은 국학 진흥에 앞장선 것이었다. 일제의 정책은 국어, 국사, 국문학의 강의를 금하고 있었다. 그는 조선어를 선택과목에 편입시키고 최현배에게 가르치게 하였다. 동양사 과목에 조선사를 포함시켜 이윤재와 손진태에게 맡겼다. 정인보에게는 한문학이란 이름 아래 조선의 한문학을 가르치게 하였다. 그 결과물들이 최현배의 『우리말본』, 정인보의 『조선문학원류』 초본, 그리고 백남운의 『조선사회경제사』 등이다. 당시에는 '국학'이라

11) 백낙준, 「연세의 어제와 오늘」, 『시냇가에 심은 나무』, 휘문출판사, 1971, 245쪽.

부를 수 없어 '조선학'이란 이름으로 오늘날 한국학의 터전을 마련한 것이었다. 또한 연구소 하나 없는 상황에서 문과 과장실에 문과연구실을 만들었다. 관련 도서들을 모으기 시작하였다. 그 결과 1930년에는 『조선어문연구집』이 간행되었다. 국내 최초의 학술연구 논문집이었다.

백낙준은 더 나아가 세계사적 안목 위에서 한국 역사를 정리하고 민족 고유의 이념 위에서 민족 발전의 근거를 잡기 위해 실사구시(實事求是)의 이념을 진흥시키려 하였다. 한국 사회에 대학 본연의 봉사의 임무를 수행코자 함이었다. 그리하여 실학연구의 장을 마련하기 위해 노력하였다.[12] 이 일은 백낙준이 위당 정인보(爲堂 鄭寅普)와 사상적인 교감을 갖게 된 데서 비롯되었다. 백낙준은 위당이 지닌 지행일치의 양명학 사상과 실학사상이 그와 통하는 점이 많다고 여기고 실심향학을 강조하게 되었다. 인간의 본성으로 돌아가 거짓과 공허함과 사익(邪匿)함을 버리자고 하는 사상이 백낙준의 기독교사상과 혼연일치 한다고 하여 법고창신(法古創新)하는 일에 뜻을 같이 하기로 하였다.[13] 이 두 학자는 연암 박지원을 연구하기 시작하였고, 실무는 문과 연구실의 신곤철이 맡았다. 이 연구는 종합대학 승격 후 실학공개 강좌로 이어지면서 진일보하게 되었다. 이러한 국학의 연구는 신학문의 도입에만 몰두하고 국학을 소홀히 여기는 경향과 일제의 민족문화 말살 책에 대하여 민족문화의 전통을 이어가려는 것이기도 했다. 한편, 영어·영문학 분야는 다른 학교의 추종을 불허할 정도로 탁월하여 한국의 어문학 발전에 많은 기여를 하였다. 도서관의 확충에도 관심을 기울여 『이십사사(二十四史)』 등의 귀중본들을 확보하게 하였다. 실로 민족정신의 고취와 독립정신의 함양을 위한 교육이었다.

안식년을 맞은 백낙준은 1937년 미국 북장로교 해외선교부의 100주년 행사에 초빙을 받아 도미하였다. 그 해 4월에는 영국 옥스퍼드에서 '교회와

---

12) 백낙준, 「회고록」, 『백낙준전집 9』, 74, 114쪽.
13) 백낙준, 위의 책, 74쪽.

공동체, 국가(Church, Community and State)'란 주제로 개최된 세계대회에 선교부의 천거를 받아 한국대표로 참석하였다. 그곳에서 당시 한국교회의 수난상을 대표들에게 알리기도 하였다. 그 세계대회는 전체주의를 기독교의 발전과 민주주의의 발전을 저해하는 것으로 규정하고 이를 배격하기 위해 기독교가 하나로 뭉쳐야 한다는 결론을 내렸다.[14] 이 모임이 기독교인들의 초교파연합운동, 곧 에큐메니칼 운동의 일환인 사실을 인식한 그는 후에 연세대학이 이 에큐메니칼 정신을 이어가게 하였다.

그 후에 에딘버러에서 '교회와 제도와 교리'라는 주제로 열린 회의에도 참석하고 귀국하려 했으나 국내에서 수양동우회와 흥업구락부, 좌익사상자에 대한 검거 선풍이 일어 귀국을 늦췄다. 연전에서는 수양동우회사건으로 조병옥, 이묘묵, 하경덕 교수가, 흥업구락부사건으로 유억겸, 최순주, 최현배 교수가, 경제연구회의 좌익사상과 관련하여 백남운, 이순탁, 노동규 교수가 투옥되었다. 백낙준은 1938년 교수직을 박탈당하고 모교인 파크대학에서 서양사, 동양사, 국제정치학을 강의하였고, 방학기간인 6~9월에는 미국 국회도서관에서 한국관계 서적을 정리하는 일을 하고 유럽여행도 하였다. 1938년에는 영국의 왕립역사학회 회원으로 가입하여 국제적인 학문 활동을 하였다. 1939년에 귀국한 후에는 조선어학회사건에 연루되어 제대로 활동할 수 없었다.

한편 신사참배의 강요에 미국 남·북장로교계의 학교들은 자진 폐교했지만 연전 측은 다른 수난 때에도 교육은 계속되어 온 것처럼 폐교정책에 동조하지 않았다. 감리교계도 신사참배를 국민의례로 인정하고 학교경영을 계속하였으므로, 연전이 장로교·감리교 연합기구였다는 점도 연전의 신사참배 대책 결정에 작용했을 것이다. 진주만을 급습하여 미국에 도전한 일제는 주한 미국 선교사들을 강제 추방시켰다. 연전의 교장인 언더우드 2세는 1941년까지 한국에 머물며 버텼지만 퇴진할 수밖에 없었다. 연전은 1942년 8월 17일

14) 백낙준, 앞의 책, 110쪽.

적산으로 분류되어 조선총독부에게 접수당했다. 한국 고등교육기관으로 유일하게 적산이 되었다. 1944년에는 경성공업전문학교로 바뀌었다. 세브란스 연합의학전문학교도 아사히의학전문학교로 개명되었다. 이 기간은 비교적 짧았지만 기독교 정신에 입각한 창립정신도 국학연구도 계속 이어지지 못한 암울한 시기였다.

백낙준은 1943년 조선어학회사건으로 체포되어 홍원유치장에서 취조를 받기도 하였다. 일제의 학도병 징집령에 응하라는 총독부의 강압에 밀려 그 선전운동에 가담하는 수모도 겪었다. 이로 인해 친일잔재의 청산을 꾀하는 측면에서 지속적으로 지탄의 대상으로 거론되고 있기도 하다. 한편으로 그는 이 시기에 학문 활동에서도 벗어나 마포의 마차조합에서 서기의 일을 보아야 했다.

3. 백낙준의 연희대학교 운영

1) 연희전문학교 자산 인수

한국의 해방으로 연전은 적산으로부터 해제되었다. 연합국에 의한 해방으로 북에는 소련이, 남에는 미국이 각각 군정을 실시하였다. 한미관계는 서구국가와는 최초의 것이었으나 일제에 의해 외교관계는 단절되었다. 다만 주한 미국 선교사들에 의해 그 관계가 유지되었다. 미군정 기간은 3년에 불과했으나, 선교사들의 활동에 연계되어 한국의 정치, 경제, 사회, 문화, 교육에 많은 영향을 끼쳤다. 미군정 당국은 1942년부터 미국선교부가 주축이 되어 세운 연희를 총독부가 관리하였다는 이유로 적산으로 분류하여 병원과 법관양성소로 사용하려 하였다. 그러나 학교의 창립주체였던 선교사들과 그 2세들이 미군정 요직에 있었고, 이에 따라 연전 관계 인사들도 미군정에 포진되어 있었기 때문에 정당한 자격과 절차를 따른 연전 관계자에게 접수할 수 있도록 하였다. 연희전문학교 관계자들인 백낙준, 하경덕, 유억겸, 이춘호 등은 학교를 인수하는 방안을 모색하였다. 동문회에서는 9월 19일 미군정청과 학교접수에 대해 논의하였다. 접수위원회가 정식으로 조직된 것은 1945년 9월 23일이었다. 이때 연희전문 대표로 백낙준, 유억겸, 이춘호, 동문회 대표로서 이묘묵, 김윤경, 경성공업경영전문학교 대표로 조의설, 재단기부자로서 김성권이 접수위원이었다.

접수위원들은 9월 24일 미군정청 학무국장 라카드(Earl N. Lockard) 대위와 연희문제에 관해 토론하는 자리를 가졌다. 그 주제는 미국교회 해외선교부들이 주축을 이룬 연합이사회가 법적으로 대표권을 갖는가, 아니면 1942년부터 일제의 관할 아래 있던 기구가 권한을 갖는가 하는 것이었다. 접수위원들은 연희전문이 선교기관이었다가 일제에게 피탈되었다고 하는 점을 납득시키는 데에 성공하여 미군정으로부터 학교를 접수하게 되었다. 그 7인의 위원들은 이사로 임명되었고 9월 25일의 접수 업무가 시작되었다. 유억겸은 이사회의 대표로서 경성공업고등학교 곤도 히데오(近藤英男) 교장으로부터 재산과 운영권 모두를 인수받았다. 임시 이사회의에서 유억겸이 교장으로 선임되어, 10월 6일에 교장으로 취임했다. 학제와 교명도 연희전문학교(Chosun Christian College)로 부활되었다. 10월 30일 전임 교장 원한경이 미군정청의 고문이 되어 내한하여 이사회에 참석하게 되었고, 11월 6일 개학식이 거행되었다.

그해 12월 18일 유억겸이 미군정청 학무부장으로 취임하기 위해 교장직을 사직하자 후임인선이 논의되었다. 당시에 인선의 원칙으로 연희와 관련이 깊고, 미국 사정에 능통하며, 기독교계에서 저명한 인사여야 한다는 점들이 고려되었다.[15] 이 원칙에 적합한 자는 곧 백낙준이었다. 백낙준은 연전의 인수위원이었지만, 경성대학에서 법문학부장으로도 활동하고 있었다. 미군

15) 연세창립80주년기념사업위원회, 『연세대학교사』, 연세대학교출판부, 1969, 463쪽.

정청은 경성대학을 국립서울대학교로 개편하면서 백낙준이 학교를 맡기를 바랐으나, 좌익에서 백남운을 교장으로 밀면서 국립대학안 반대 데모가 일어나 큰 소란이 일었다. 백낙준은 그곳을 사임하고 연고가 깊은 연희에서 유억겸의 후임으로 봉직하게 되었다. 그는 12월 18일 문학부장으로 임명되었고, 1946년 1월 12일 연희전문학교장으로 취임하였다.[16)]

2) 연희대학교 승격과 초대 총장

백낙준을 비롯한 연희전문 관계자들은 미군정 초기부터 대학 승격을 모색하였다. 연희전문은 창립 때부터 종합대학 설립을 추진하였으나, 총독부는 대학령도 없고 국립대학도 아직 없다는 이유에서 전문학교로 인가하였다. 사실상의 이유는 미국의 기독교 선교사에 의해 최초의 대학이 설립되는 것을 막기 위해 취한 방책이었다.[17)] 또한 기독교 세력의 연합도 위험시하였기 때문이기도 하였다. 한국 기독교가 당시 항일 세력의 중추적 역할을 하고 있었기 때문이기도 했다. 경성제국대학 예과 설립(1924)과 학부 설립(1926)을 앞두고 총독부가 1923년 대학령을 제정하자 연희전문. 세브란스의전, 감리교신학교, 피어슨성경학원을 합쳐 종합대학을 만드는 일이 추진되었다. 총독부는 여전히 불허하였다. 해방이 되자 다시 종합대학의 설립을 추진하여 1946년 3월 6일 대학준비위원회가 구성되었다. 그 면모는 이순탁, 장기원, 조재한, 박효삼, 민병태, 조의설, 김윤경, 서두수, 이환신이었다. 이 준비위원회가 초안을 만들고 원한경, 베커, 빌링스, 원일한이 이를 재검토하여 문학원에 국문과, 영문과, 사학과, 철학과, 정치외교학과, 교육과를, 상학원에 상학과,

16) 『연세대학교사』, 462, 464쪽과 L. G. Paik to Miss Abigail Hoffsommer, February 11, 1956 자 편지를 보면 용재 스스로 그가 1월 6일부터 연희대학의 책임을 맡았다고 기록한 부분이 있다.

17) 백낙준, 「회고록」, 『백낙준전집 9』, 53~54쪽.

경제학과를, 이학원에 수학과, 물리학과, 기상학과, 화학과를, 신학원에 신학과를 두는 결정이 내려졌다. 그들은 동년 7월 31일 미군정청 문교부장에게 대학설립 인가를 신청하여 8월 15일 미군정청 문교부장 명의로 연희대학교 설립 인가를 받았다. 백낙준을 비롯해 유억겸, 김성수, 오천석, 현상윤, 김활란 등이 참여한 미군정의 한국교육심의위원회가 종합대학(University)과 단과대학(College)을 구별하여 종합대학은 대학교로, 단과대학은 대학으로 호칭하기로 한데 따른 것이었다.[18] 이로써 교명이 연희대학교로 확정되었다. 영어명은 Chosun Christian University였다. 규모는 문학원, 상학원, 이학원, 신학원의 4원에 11개 학과였다.

학칙의 제1조는 "本大學校는 基督敎精神에 基하야 學術의 深奧한 理論과 其廣範 精緻한 應用方法을 敎授하는 同時에 成實 高邁한 指導的 人格을 陶冶함을 目的으로 함"이었다. 기독교적 정신을 바탕으로 겨레의 문화적 유산을 갈고 닦는 교육을 통해 겨레를 위해 봉사하도록 인물을 길러내고 세계평화를 위해 공헌할 인재를 길러내는 것이 대학 설립의 근본 목적이었다.[19] 서구문명 도입의 선구자적 역할과 민족문화 발전에 기여하는 종합대학으로 다시나게 되었다.

임시이사회에서는 초대 총장을 설립자의 독자 원한경을 천거했으나 본인의 고사로 명예총장 겸 이사로 추대하고 백낙준을 총장으로 선임하였다. 취임식은 8월 15일에 있었다. 한국 초유의 남녀 공학을 하는 종합대학의 체제를 갖춘 대학의 재창립기념식이 10월 25일에 있었다. 해방 후의 좌우익의 대립과 사회적 혼란, 학교 사정으로 인해 정상적인 강의는 1949년에야 가능해졌다. 1949년 12월 31일 법률 제86호로 새 교육법이 공포되자 그에 따라 학칙이 개정되고 학과가 증설되었다. 대학원도 1950년 6월에 개설되었다. 백낙준이

18) 이는 오천석의 의견을 따른 것이었다. 오천석은 Cornel Uni. B.A, Northwestern Uni. MA, Columbia Ed D. 출신이었다.

19) 『연세대학교사』, 281쪽.

1950년 5월 8일 문교부 장관으로 취임하게 되어 총장직을 임시 휴직하고 재단이사장의 직책만 유지했으며, 김윤경이 총장직을 대행하였다.

3) 선교부와의 관계회복 및 이사회 구성

일제 말 총독부가 연희전문학교를 적산으로 하였으므로 미군정의 위촉으로 연희전문학교 접수위원회가 이사회의 역할을 대행하였다. 백낙준, 유억겸, 이춘호는 구직원 대표, 동문회대표는 김윤경, 이묘묵, 현직원 대표 조의설이었다. 1945년 10월에 내한한 원한경은 여기에 자동으로 합류하였다. 1946년 8월에는 일제에 의해 강제 추방되었던 베커, 빌링스, 원한경 부인, 스나이더가 다시 내한하여 이사진이 모두 13인으로 늘어났다. 과도이사회는 재정 난관을 극복하기 위해 백낙준을 포함하여 21인으로 후원회를 조직하였다.[20] 이 후원회는 여러 차례 모금운동을 펼쳤다. 용재는 학교운영의 책임이 총장에게 있기 때문에 후원회를 조직하고 모금 차 동문들과 사회유지들을 찾아가 기부를 요청하기도 하였다.[21] 동문회가 30만 원, 익명의 독지가가 50만 원, 함안의 하원준이 2백여만 평의 농장을 기부하였다.[22]

새 대학교의 이사회는 장로회와 감리회에서 파송한 인사들로 구성되었다. 한국교회가 그 운영의 모체가 되기를 바라는 뜻에서 그렇게 구성되었다. 그러나 그 뜻이 실현되지 않아 한국교계를 끌어안는 것이 앞으로 남은 과제가 되고 있다. 백낙준은 1945년부터 1948년까지 학교의 운영을 홀로 책임졌다. 외적인 규모는 커졌지만, 종전처럼 선교부의 지원으로 학교를 운영할 수 없어 재정상황은 더 한층 어려워졌다. 해방 후에 적산으로 취급된 것을 다시 환수하는 과정에서 선교부와의 관계도 불분명했고 선교사들의 새로운 선교방

20) 『연세대학교사』, 526쪽.

21) 『연세대학교사』, 477쪽.

22) 백낙준, 「회고록」, 『백낙준전집 9』, 115쪽 ; 『연세대학교사』, 466쪽.

침도 수립되지 않아 이사회가 전쟁 전의 연희전문 이사회로 복귀되지 못했기 때문이었다.

백낙준 총장은 1947년 9월 11일부터 1948년 9월까지 1년간 체미하였다. 이 기간에는 김윤경이 총장서리로 있었다. 새 대학교가 우선적으로 당면한 문제는 단절된 미국 선교부와의 관계 회복, 시설 확충, 재정난 극복이었다. 창립 초부터 세브란스나 연희전문학교의 학교 운영비는 대부분 재미 선교부들의 보조로 운영되었다.[23] 미국의 장로교 및 감리교 선교부의 지원 아래 운영되어 온 연희는 일제 말에 총독부에 의해 강탈되었다가 환수된 후에도 그 관계를 회복하지 못하였다. 신생 한국에서 새 대학의 정체성을 세우기 위해서만 아니라 어려운 재정문제를 해결하기 위해서도 관계의 정상화는 급선무였다. 미국교회들이 연희 설립의 주체였던 점에서도 상호 관계회복은 중요하였다.

미국의 장·감선교부는 해방 후 한국의 분단문제와 치안문제 등으로 인한 혼란으로 선교의 계획도 제대로 세우지 못하고 있었다. 백낙준은 원한경과 함께 미국 북장로교의 선교부와 감리교의 선교부, 캐나다 연합교회의 선교부에게 재정적인 도움을 요청키로 하였다. 일제의 적산이 되었던 재산을 환수하고 선교부와의 관계를 정상화하기 위하여 학교설립 정신을 계승하여 기독교 학교로 운영하겠다는 계획을 선교부에게 알리면서 설립주체와의 관계를 원점으로 되돌리기를 요청하였다. 이후 미국 선교부는 대학실정 조사단을 구성하여 내한하였다. 그 일행은 한국이 전처럼 선교사를 환영할 것인지, 연희를 계속 도울 필요가 있는지를 조사하고 돌아갔다. 이후에 백낙준은 학교를 발전시킬 계획을 세워 홍보하고 직접 미국에 가서 장기간 체류하면서 선교부를 직접 찾아가 설득하였다. 그가 미국 장로교의 직영 신학교인 프린스턴신학교를 졸업한 사실과 같은 교단에서 성직자로 인준되었다는 사실은 그의 체미

23) 백낙준, 「延世大 草創期 學校管理와 運營」, 『백낙준전집 3』, 124쪽.

중 선교부와의 관계정상화에 큰 영향을 주었을 것이다. 그가 노력한대로 1948년부터 선교부의 보조가 다시 시작되었다.[24] 재정적으로 가장 어려웠던 기간에 백낙준의 활약으로 미국 장로교 해외선교부의 원조, 재미 협력이사회의 보조금, 국제연합 민사원조처(UNCAC)의 도움을 받아 학교가 운영될 수 있었다.[25]

1948년부터 이사회가 본격적으로 구성되기 시작하였다. 이사회는 캐나다 연합교회선교회 : 1명, 미국 북장로교 선교회 : 4명, 미국 감리교 선교회 : 4명, 대한예수교장노회 총회 : 2명, 대한감리교 총리원 : 2명, 동문회 : 2명으로 구성되었다. 총장인 백낙준은 직무이사가 되었다. 회칙 14조는 이사와 감사와 교수 및 사무직원을 모두 기독교 신앙생활을 하는 자로 규제하였다. 1949년에는 한국인 이사 11명에 각 선교회 파송이사 9명의 비율로 구성되었다. 미국에도 해외선교부들의 협력이사회가 있었는데, 그들은 주로 재정지원을 담당하였다. 연세의 이사회는 교회가 학교운영의 모체가 되기를 바라는 희망에서 교회로 하여금 학교 운영에 관여하게 했는데, 이는 용재가 바랐던 것이기도 하였다.[26]

연희전문과 세브란스연합의학교의 설립자들은 재정의 기초를 놓기 위해 미국에서 재단을 설립하였다. 처음에 존 티 언더우드(John T. Underwood)가 거액을 기부하여 설립되었고 그 후에도 여러 번 기부를 하였다. 1930년대에 에비슨(O. R. Avison)과 원한경(H. H. Underwood)도 모금활동을 펴서 새 기금을 기본재산에 편입하였다. 일제 말 학교가 적산화되자 미국 유지재단의 기금이 수년간 이자도 쓰이지 않아 해방 후에 선교부들과의 관계가 다시 정상화될 때까지의 이자를 모아 재미 유지재단의 기금으로 삼게 되었다. 재미동포 이병두 박사도 5만 달러를 기부하여 유지재단기금에 합쳐졌다.

---

24) 『연세대학교사』, 518쪽.

25) 『연세대학교사』, 558~559쪽.

26) 백낙준, 「延世大 草創期 學校管理와 運營」, 『백낙준전집 3』, 125쪽.

국내의 재단도 그간의 노력으로 재미 재단의 이자 수입에 해당될 정도의 재산을 적립하였다.[27] 이러한 재정지원과 용재의 국내외 활동을 바탕으로 재정적인 난국을 극복하게 되었다.

그러나 1950년 6·25동란으로 이사회는 마비되었다. 이사들 중에 김영주, 구자옥, 이춘호가 납북되었고 선교사들은 미국으로 돌아갔다. 1952년 9월 18일에 부산에서 이사회를 개편하였다. 1953년 4월에 모인 이사회는 환도 후의 복구, 확충, 자산의 활용에 관한 진로를 모색했다. 한편, 1952년 백낙준은 도미하여 한국의 폐허상황을 알리고 원조들을 요청하였다. 이때도 연희와 유관한 중국기독교고등교육연합재단(The United Board for Christian Higher Education in China, 후에 in Asia로 바뀜), 하버드옌칭연구소, 기타 교육재단을 방문하고 지원을 부탁하였다. 백낙준은 1953년 2월부터 문교부 장관직에서 총장으로 복귀하고 이사회의 대표로서 학교를 이끌어갔다.

환도 후 1953년 4월 10월에 모인 이사회는 건물의 복구와 강당 신축과 학생식당 확장을 논의하며 모금운동을 결의하고 총장 백낙준에게 건축사업의 계획과 방안을 일임하였다. 과학관, 도서관, 체육관, 여학생 기숙사 등의 건설과 그 비용 조달도 논의하였다. 1954년에는 낡고 파괴된 시설들을 복구하고 새로운 건축을 실시하기 위한 3개년 계획이 수립되었다. 이때 전란으로 폭격을 맞아 거의 폐허가 된 캠퍼스의 피해상황을 파악하고 해방 직후의 확장 계획을 복구계획으로 바꾸었다. 당시에는 방대한 건축비가 대부분 재미 협력이사회의 원조에 의존했기 때문에 협력이사회와 긴밀히 협의하는 일이 필요하였다. 전후의 복구와 신설을 위해 용재는 1954년 5월 미국 북장로교의 초청으로 도미하여 5월 17일 재미 협력이사회에 참석하여 복구 및 신설 계획을 설명하고 지원을 요청하였다. 미국 북장로교 외에도 미국 감리교, 캐나다 연합교회의 해외선교부와 아세아연합재단에 복구자금의 주선을 요구

27) 백낙준, 위의 글, 126쪽.

하였다. 또한 유엔 한국부흥위원단(UNKRA)과 미 제8군, 제5비행단(The Fifth Air Force) 크레스지 재단(The Kresge Foundation)에도 전후 복구작업과 대학 시설의 확충을 위해 지원을 받았다. 이렇게 할 수 있었던 것은 미국의 선교부가 주축이 되어 대학이 창립되었고 해방 후에 종합대학으로 발전하는 과정에서 선교부와의 관계를 복원했기 때문이었다. 이사회가 회집될 수 없는 피난지 부산에서도 교수들의 봉급과 막대한 운영비가 지출될 수 있었던 것은 전쟁 발발 직전에 그가 재미 협력이사회로부터 받은 보조비와 기타 학교기금 덕분이었다.[28]

1953년에는 연합재단이 20,000달러를 실험기구와 도서구입비로 보냈다.[29] 재미 협력이사회도 연희관(당시의 Science Hall)을 위해 15만 달러를 지급키로 하고 추가로 30만 달러를 상정하였다.[30] 전란의 폐허로 도서를 비롯해 270여 개의 칠판까지 구입을 의뢰를 해야 할 정도로 재정적인 도움이 절실하였다.[31] 1954년에도 10만 달러와 감리교 선교부의 5만 달러 및 북장로교 선교부의 2만 달러 보조금 지급이 통보되었다.[32] 학교 측은 재미 협력이사회(Cooperating Board)에 건물의 보수비, 실험기구와 도서관 장비, 건축해야 할 도서관, 강의실 신축비, 임시 채플, 종교활동센터, 여학생관, 기숙사 등의 원조를 신청하였다.[33] 1,000명이 열람하고 50만 권의 도서를 장서할 수 있는 도서관, 2000여 명이 활용할 수 있는 체육관, 그 외 대강당, 과학관, 계단식 강의실의 조속한 건립이 필요하다는 것을 역설하였다.[34] 이에 대해 한미재단(The Korean-American Foundation)에서도 50만 달러를 보내고, 재미 협력이사회에서도

---

28) 『연세대학교사』, 587쪽.

29) L. George Paik to Dr. William Penn, 21st October, 1953.

30) William Penn to Dr. L. George Paik, April 12, 1954 ; April 29, 1954.

31) L. George Paik to Mr James Cameron, July 27, 1955 ; James Cameron to Dr. L. George Paik, August 5, 1955.

32) William Penn to Dr. L. George Paik, April 29, 1954.

33) L. George Paik to Dr. John Smith, July 2, 1954.

34) 『연세대학교사』, 702쪽.

90만 달러를 원조하여[35) 복구와 신축 작업이 진행되었고, 캠퍼스는 활기를 찾게 되었다.

1955년에는 복구와 부흥 계획에 의해 AFAK의 물자지원으로 도서관이 신축되었다. 1956년에는 과학관과 강의동(대학원동)이 난방시설을 제외하고 완공되었다. 1956년 10월 16일에는 유엔 한국부흥위원단(UNKRA)을 비롯한 여러 기구들의 협찬으로 과학관이 완공되어 봉헌되었다. 용재는 새 도서관을 이화여자대학과 공동으로 사용할 수 있도록 하는 안을 유관 기구들에게 상정하였다.[36) 합동도서관은 이화대학 측의 거부로 실현되지 못하였다. 대신에 도서관을 확충하기 위해 백낙준 자신이 기부한 것 외에 미국 북장로교 해외선교부, 하버드대학, M.I.T., UNESCO 등으로부터 도서를 기증받았다. 중국의 공산화로 중국기독교고등교육연합재단의 기금사용이 중지되어 있었기 때문에 원조를 요청하였고, 이 재단은 25,000달러의 보조를 통보해 왔다. 미국 제5공군에서도 40~50만 달러 상당의 자재를 원조해 주기로 약속하고 15만 달러를 보내와 이를 집행하였고, 나머지는 재미 협력이사회에 원조를 청원키로 하였다. 용재는 그 후에 곧 협력이사회의 존 J. 스미스(John J. Smith)와 함께 1955년 1월 18일에 귀국하여 수차에 걸쳐 이사회를 개최하고 건설계획을 숙의하였다. 재미 협력이사회는 3년간 매년 30만 달러씩 원조하기로 결정하였다.[37)

이외에도 한미재단에서 5만 달러, 크레스지 재단(Kresge Foundation)에서 1만 달러의 원조를 받게 되었다. 이 일 역시 백낙준이 노력하여 얻은 결과였다. 거듭된 시설보수와 확충원조 요청에 미국의 선교부에서는 왜 그런 것이 필요한지 이유를 물었고, 이에 용재는 한국정부가 전후에 대학의 시설기준을 마련하여 그것의 충족을 각 대학에게 요구하기 때문이고 그래서 이를 위해 국내의

35) Mary E. Ferguson to Dr. L. George Paik, October, 21, 1954.

36) L. George Paik to Miss Mary E. Ferguson, June 10, 1955.

37) 『연세대학교사』, 702쪽.

모금도 시도한다고 답하였다.[38] 이런 노력에 의해 폐허 속에서도 외국인 교수들인 엘러드(Elrod)와 언더우드(H. G. Underwood)의 공관도 우선적으로 복구되었다. 도서관, 과학관, 체육관, 장비 및 수리에 관한 신축은 후에 완료되었다.

용재는 휴전 후에 학교의 재건과 확장을 사명으로 삼고, 북장로교 및 감리교 해외선교부, 재미 협력이사회, 연합재단, 한미재단, 하버드옌칭재단, 프린스턴옌칭재단, 오벌린 중국재단(Oberlin-in-China), 기타 한미 관계기구와 인사들과의 교류를 통해 거액의 지원금을 받아 전후의 어려운 경제상황 속에서 허물어진 건물을 복구하고 새로운 건물을 짓고, 시설을 확충하였다. 학교재정 문제를 겨우 타결한 용재는 대학이 학생 등록금에 의해서보다 연세의 초기 역사나 서구 대학들처럼 한국교계 등의 지원 단체나 학교 동문들의 협조에 의해 운영되기를 바랐다.[39]

4. 백낙준의 연세대학교 운영

1) 연희·세브란스의 합동과 연세대학교 성립

해방과 전란의 와중에서 대학의 미래 진로를 모색하던 서울의 대표적인 기독교계 고등교육 책임자들은 광복 이후에 논의되던 연희와 세브란스의 통합을 다시 모색하기 시작하였다. 1920년대부터 설립 주체가 거의 같은 연희와 세브란스의 통합을 논의했던 것에 더하여 이화여자대학과의 통합도 논의하게 되었다. 1946년 12월 30일 백낙준(연희), 이용설(세브란스), 김활란(이화)이 모여 세 학교의 통합에 대해 협의하였다. 1947년 1월 18일에는

38) L. George Paik to Dr. William Penn, September 5, 1956.
39) 백낙준, 「延世大 草創期 學校管理와 運營」, 『백낙준전집 3』, 124쪽.

감리교회의 양주삼 총리사도 참석하여 통합에 대하여 협의하였다. 한국 교계만 아니라 미국의 협력이사회도 동일한 희망을 갖고 있었다. 그러나 전통을 지키기를 원하는 이화여자대학의 동창들과 교수들이 여성교육의 독자성을 내세우며 합동 논의에 더 이상 적극적으로 동참하지 않았다. 연희와 세브란스는 주로 장·감 연합선교부들의 경영기관이었으나 이화는 감리교 선교부의 단독 경영기관이었기 때문에 독자성을 추구하는 것이 쉬웠다. 그러나 공동도서관을 건립하는 문제는 그 후에도 계속 논의되었다.

백낙준은 도미하여 일제 말기의 선교사 추방과 학교재산의 적산화로 단절된 재미 협력이사회와의 관계 회복은 물론 두 대학의 통합에 관해서도 논의하였다. 1948년 9월 귀국 후에는 연희와 세브란스의 합동문제를 더 적극적으로 논의하게 되었다. 1948년 11월 21일에 세브란스의대의 임시 교수회의에서 합동이 결의된 데 이어 연희대학 교수회의에서도 합동을 찬성하는 결의가 이루어졌다. 1948년 12월 13일에 양교 교수회의에서 합동이 결의되고 결의서가 양교 이사회에 제출되었다. 합동의 목적은 1) 양 대학의 입교정신을 가일층 확충하고, 2) 종합대학의 면모를 구비하고, 3) 국내외의 공동 원조대상이 되기 편하게 하고, 4) 대학원 설치에 권위를 더하기 위해서였다.[40]

양교 이사회들은 1949년에 교수들의 합동 결의서를 각각 승인한 데 이어 3월 15일에 대표들 간의 회의를 열었다. 연희대학의 대표로 백낙준, 원한경, 김윤경이, 세브란스의대의 대표로 이용설, 김명선, 플레처가 참석하였다. 합동의 첫 단계로 세브란스의과대학 의예과를 1949년 9월에 연희에 설치하기로 하였다가 1949년 11월 15일부로 문교부 장관의 인가를 받아 1950년부터 시행하였다. 이후 곧 6·25 동란으로 합동결의 시행이 중단되었으나 피난중에서도 수시로 논의를 거듭하였다. 1953년에는 연희대학교 대학원에 의학과가 설치되었다.

---

40) 『연세대학교사』, 535쪽.

서울 수복 후에 합병문제가 다시 본격적으로 대두되어 연희 측의 총장 백낙준, 교무처장 신동욱, 대학원장 김윤경이 세브란스 측과 만나 수차례 토의를 더하였다. 합병의 큰 난관은 교명의 결정이었다. 연희측은 연희대학교와 세브란스의과대학을 가지고 정할 것을 주장하였고 세브란스측은 새 교명을 주장하였다. 답보상태 중에서도 1954년 9월 21일에 합동을 전제로 연희대학교 부지 내의 세브란스병원의 신축 요청을 수락하고 1955년 1월 22일에 건축할 위치를 확정하였다. 또한 양교 이사들은 1954년 10월 13일의 연석회의에서 백낙준의 세브란스의대 이사장 취임을 가결하였다. 이 일들은 합동 논의의 전환점이 되었다. 1955년 3월 23일에 양교 이사들이 합동이사회를 갖고 합동을 결의한 후에 헌장 초안을 심의하였다. 그러나 세브란스의대 동창회를 중심으로 합동반대론이 크게 일어나 합동이사회에서 일부가 퇴장하는 일이 발생하였다. 이로써 합동 협의가 주춤해졌고, 교명을 정하는 일은 난제로 남게 되었다. 이런 와중에서 신촌 캠퍼스에 미8군의 원조로 흉곽 병원 기공식이 열리기도 하였다.[41)]

1955년 10월 13일 재미 협력이사회의 총무 윌리엄 펜(William P. Fenn)과 캐나다 연합교회의 테일러(H. D. Taylor)가 양교의 현안문제를 파악하기 위해 내교하여 16일에 열린 합동이사회에 참석하였다. 새로운 정관을 둘러싸고 논의가 분분하자 세브란스 동창회 대표들이 오전 회의 후에 퇴장한 가운데 당일 오후와 22일에 회의를 계속하였다. 펜(Fenn)은 협력이사회가 양교의 합동이 반드시 성사되기를 바라는 입장에 있고, 합동을 해야 40~50만 달러의 원조가 가능하다고 피력하였다. 또한 그는 의과학대만으로는 경쟁에서 뒤처진다고 대학의 미래를 언급하며, 250명의 정원을 지킬 것과 두 대학의 통합에 서약할 것을 요청하였다. 이에 의대학장 김명선이 서약하며 세브란스의 독자적인 인사권, 재정권 행사를 이사회가 보증할 것을 강조하며 합동에 찬성하였

41) L. George Paik to Miss Mary E. Fergerson, May 9, 1955.

다. 교명으로 기독대학교, 한국기독대학교, 동명대학교, 태백대학교, 한경대학교, 신민대학교 등이 거론되다가 일단 기독대학교로 낙착되었다. 그러나 동문회의 이의제기와 건의에 의해 두 대학의 첫 글자를 따서 연세대학교로 타결되었다.[42] 재미 관계기관에서도 만족해하였다.[43]

문교부는 1957년 1월 5일에 연희대학교와 세브란스의과대학의 합동을 정식으로 인가하였다. 이로써 1929년부터 양교 합동이 거론된 지 45년 만에 결실을 보았다. 합동의 성사는 사명감을 갖고 이 일을 헌신적으로 추진한 이사장 겸 총장 백낙준, 이사 이용설, 세브란스의대 학장 김명선, 그리고 재미 협력이사회 총무 펜의 노력에 힘입어 이루어졌다.[44] 합병 후에도 재미 선교부들을 비롯하여 연합재단(United Board), 루스재단(Luce Foundation), 하버드옌칭(Harvard-Yenching), 프린스턴 아시아(Princeton-in-Asia)의 재정 지원은 계속되었다.

양교의 합병으로 세브란스의 의학은 종합대학 체제 하에서 발전의 장을 공고히 다지게 되었다. 또한 서구 종합대학(University)의 신학, 법학, 의학을 근간으로 구성되었다는 점에서 비록 서구처럼 대학원을 중심으로 운영되는 체제는 아니었지만 명실 공히 종합대학교의 틀을 갖추게 되었다. 연희도 세브란스도 설립 초부터 여러 교파 연합으로 시작한 유일한 고등교육기관이란 전통 위에 합병은 성사될 수 있었다. 언더우드의 창립정신과 에비슨의 양교 합병의 비전을 실현한 용재는 에비슨이 주장한 "세브란스를 온 한국인을 위한 크리스챤 병원으로 만들라(Make the Severance the Christian medical center for the whole Peninsula)"라는 구호를 계승하여 전 한국의 기독교 의료원이 되어야 함을 강조하였다. 의료기관으로서의 사명뿐만 아니라 전도

42) L. George Paik to Miss Mary E. Fergerson, October 24, 1956 ; 『연세대학교사』, 723~733쪽.

43) Mary E. Fergerson to Dr. L. George Paik, November 7, 1956.

44) 『연세대학교사』, 700쪽.

사업까지 겸하는 사명이 있어 일반 병원과 다른 봉사의 차원이 있음을 명시하였다.[45]

2) 대학 설립정신의 재천명과 교육방침

대학교육의 주목적에 대해 연세의 초대 총장으로 선임된 용재는 1957년 5월 11일 취임사에서 재단법인 헌장의 제일 중요한 조문인 기독교정신을 재천명하였다. 나아가 '대한민국 교육법령', '기독교 교의' 등에 관해 설명하였다.[46] 연세 교육의 목적은 '그리스도의 복음을 전하는 것'이라고 하고 기독교교육을 통해서 기독교문화를 창달하는 것이라고 했다.[47] 용재는 대학의 사명은 근본적으로 교수와 연구와 봉사이므로 그 소임을 다해야 한다고 주장하고 상아탑에서 삶의 현장에서 실사구시의 교육을 강조했다. 또 대학은 전통적 가치의 수호자일 뿐만 아니라 보존과 발견이란 두 사명을 다하기 위해 옛것과 새것을 종합하는 적극적 통합 주체가 되어야 한다는 주장을 펼친 데 대해, 박영신은 대학은 더욱 넓은 세계로 나가야 하는 끝없는 범세계적 도전 앞에서 모든 영역과 차원에서 자기의 것과 남의 것, 어제의 것과 내일의 것을 변증적으로 이어놓아야 한다고 풀이했다.[48] 용재는 '연세는 연세인의 연세요, 연세는 한 민족의 연세이며 연세는 문자 그대로 세계의 연장으로 세계의 연세이다'라고 대학의 책무를 제시했다.

---

45) 백낙준, 「延世 醫科大學 敎育의 세 줄기 潮流」, 『백낙준전집 3』, 91~92쪽.

46) 백낙준, 「延世大學校 初代總長 就任辭」, 『백낙준전집 3』, 28~29쪽 ; 백낙준, 「개척하는 세력의 진로」, 『시냇가에 심은 나무』, 190쪽.

47) 백낙준, 「眞理에의 師表」, 『시냇가에 심은 나무』, 76~77쪽.

48) 박영신, 「용재의 대학이념」, 『백낙준 박사의 학문과 사상』, 연세대학교 국학연구원, 1995, 293쪽.

(1) 진리와 자유의 교훈 제정

대학의 주인은 이념이다. 대학은 설립 이념 실현의 장이다. 대학의 일반적인 사명은 교육과 연구와 봉사이지만 그 방법론은 각 대학의 창립이념에 따라 달라진다. 연세의 설립정신은 기독교 신앙이다. 기독교 정신에 따른 교육과 연구로 민족과 세계에 기여하는 것이 연세에 주어진 하늘의 사명이다. 이를 "진리와 자유"란 두 단어로 해석하고 대변한 것도 용재의 공적이다. 종합대학으로 재창립한 후 대학의 교훈을 선정할 때 용재는 최현배, 김인태와 협의하고 '진리와 자유'로 정하였다. 이 교훈은 "진리를 알지니 진리가 너희를 자유케 하리라"(요한복음 8장 32절)라는 구절에서 따온 단어들로서 연희나 세브란스 의학전문학교의 설립 정신인 기독교 정신의 구현을 기본이념으로 표출한 것이었다. 이를 대학의 정신으로 삼고 실천해야 함을 강조하였다.[49] 백낙준은 피난지 부산에서 임시교사를 마련했을 때도, 헌사에서 진리와 자유에 대해 언급하였다.

> 자유를 귀히 여기는지라 압박자와 항쟁하고 침략자를 토벌하며, 진리를 중히 여기는지라 정확, 치밀, 착실, 진중한 것이다. 진리의 사로잡힘에 비로소 참다운 자유가 있고 자유가 있는 곳에 진리의 표현이 있는 것이다. 그런데 진리는 진리의 화신이신 그리스도를 알음에 있고 자유는 세계의 승리자이신 그리스도를 배움에 있는 것이다.[50]

---

49) 백낙준, 「연세의 문화」, 『백낙준전집 3』, 351~352쪽.

50) 백낙준, 「延禧大學校 釜山 臨時校舍 獻辭」, 『백낙준전집 3』, 62쪽. 그는 다른 곳에서도 이 교훈을 설명하였다. "진정한 자유는 진리를 바탕으로 이뤄져야 한다는 뜻입니다. 사람은 누구나 인격을 가지고 있고 따라서 남의 지배나 다스림을 받지 않아야 합니다. 이것은 외적 자유지요. 각자는 또 양심을 가졌고 도의를 알고 이상을 바라며 살지요. 이 양심과 도의와 이상을 해치려는 '죄'에서 벗어나는 것이 곧 내적 자유입니다. 내적 자유 없이는 외적 자유를 누릴 수 없습니다. 학문적 양성을 통한 지식의 발전으로 진리를 깨치는 일이 곧 내적 자유를 충실하게 누릴 수 있는 조건이지요. '자유'를 얻기 위해서는 '진리'를 알아야 한다는 생각에서 그렇게 정했던 것입니다." 백낙준, 「격동의 한 세기를 되돌아보며」, 『백낙준전집 3』, 117쪽.

'진리'라는 라틴어 veritas는 사실 세계의 거의 모든 대학들이 교육이념으로 삼아오고 있다. 거슬러 올라가면 이 단어는 중세 수도원에서 대학의 시원이라고 할 수 있는 것이 처음 생겨날 때부터 교육이념으로 사용되어 왔다. 그때는 영원한 진리인 '하나님'을 찾는 것이 진리 추구의 궁극적 목표였다. 근현대에 들어와서도 그 의미는 비록 달라졌지만 세계 모든 대학들이 veritas를 여전히 교훈으로 사용해 오고 있다. 백낙준이 새로 승격된 이 종합대학을 위해 '진리'와 '자유'를 교훈으로 내세운 것은 세계 대학들의 역사적 토대인 기독교의 정신을 이어가기를 바랐던 연희전문의 설립이념과 전임 교장들의 교육이념을 계승하는 뜻을 재천명한 것이었다. 그는 연세 봉사 50주년을 맞이하여 행한 연세춘추 기자와의 인터뷰에서도 "기독교 정신 위에서 설립한 연세대학의 근본목적의 하나는 배우는 이에게 인간 그리스도가 행한 참된 삶의 방식을 제시하여 이를 선택하고 따르게 하는 데 있음으로 연세대학은 사랑과 봉사의 정신적 거름을 주는 터전"이라며 진리를 따르는 자에게 항상 자유가 있음을 강조하였다.[51] 독수리를 진리와 자유의 표상으로 삼은 것도 용재였다. 그는 "오직 여호와를 앙망하는 자는 새 힘을 얻으리니 독수리가 날개 치며 올라감 같을 것이요 달음박질하여도 곤비치 아니하겠고 걸어가도 피곤하지 아니하리로다."(이사야40 : 31)라는 성경구절에 의거하여 이 대학이 독수리처럼 높은 이상과 넘치는 기개, 천하를 내려다보는 기상, 창공을 마음대로 나는 기백을 갖게 되기를 바랐다.

용재는 기독교의 박애정신을 토착화하여 '홍익인간'의 정신을 연세는 물론 한국전체의 교육이념에 접목시켰다. 미군정 당국은 한국교육의 진로를 위해 한국교육심의회를 구성하였다. 용재는 그 일원이 되어 한국교육의 이념을 설정하는 일에 참여하였다. 1945년 11월 23일에 회집된 '한국교육심의회'에서 백낙준은 "홍익인간(弘益人間)"을 이상으로 삼은 한국교육의 이념을 제시하였

51) 백낙준, 「주체성 있는 민족정신위에 학문을 꽃 피워야」, 『백낙준전집 3』, 166쪽.

다.[52] 단군이 인간을 널리 이롭게 하기 위해 나라를 세웠다고 뜻하는 이 말은 깊은 논의를 거치게 되었다. 당시 좌익세력은 이 용어가 신화에 근거하였다는 이유로 강력하게 반대했지만 투표 끝에 한국의 교육이념으로 결정되었다. 백낙준은 이 말을 영어로 'Maximum Service to Humanity'로 번역하였다. '홍익인간'은[53] 인류공영, 기독교에서 강조하는 박애정신이란 말과 같은 뜻으로 전인적 인간을 구현하여 이웃과 민족과 세계에 봉사하는 이타적 삶을 추구하는 것이었다. 『대학』의 수기치인(修己治人)과 일치하고 실학의 이용후생 정신과도 상응하며 학행일치로 보았다. 더 구체적으로 홍익인간에 내포된 네 요소는 1) 나를 중심하지 않고 인간(다른 사람)을 상대한다는 것, 2) 다른 사람을 이롭게 한다는 것, 3) 최대한 다른 사람을 이롭게 한다는 것, 4) 다른 사람을 이롭게 하면서도 피차에 이롭게 한다는 것이었다.[54] 교육 받은 자의 책무는 봉사라는 시각에서 제정한 것이었다. 그는 이처럼 한국교육의 이념을 제정하는 데에서도 동서양이 추구하는 공통적인 가치관을 내세워 개인적으로 자립하고 국민으로서 자유인이 되고 세계인으로 평화인이 되는 교육을 이상으로 삼았다.

(2) 초대총장의 교육방침과 학풍 계승

백낙준은 연희대학교 총장에 이어 연세대학교의 초대 총장과 초대 이사장의 두 직책을 겸직하였다. 이는 양 대학을 하나로 만드는 중책을 감당할 적임자라고 여겨졌기 때문이다. 용재는 대학교육은 진리의 탐구와 가치관의 수립과 인격도야가 주안점이라고 했다.[55] 1957년 5월 11일 연세대학교 창립식과

52) 백낙준, 「사회변천과 새 교육」, 『韓國의 理想과 現實』, 동아출판사, 1963, 93~94쪽 ; 『백낙준전집 5』, 196~197쪽.

53) 이 용어는 『三國遺事』 卷第一, 古朝鮮條에 나오는 말로 唐 道宣(596~667)의 『續高僧傳』 卷第十九에 처음 보이는 글이라고 하였다. "獨善其身, 非所聞也, 宜盡弘益(人間)之方(…)". 민영규, 「庸齋선생과 弘益人間의 문제」, 『백낙준전집 10』, 108~109쪽에서 재인용.

54) 백낙준, 「회고록」, 『백낙준전집 9』, 118쪽.

초대 총장 취임식이 노천극장에서 거행되었다. 취임사에서 백낙준 총장은 우선 "본 법인은 진리와 자유정신을 체득한 기독교의 지도자의 양성을 위주로 하는 기독교 교양에 조화하고 대한민국 교육법령에 기하여 고등교육을 실시한다."라고 하는 학교법인의 목적을 피력하였다. 다음에 대학의 주의와 정신과 사명이 진리의 탐구와 자유를 찾는 것이라고 밝히고 이념과 사명을 재천명하였다.

> 우리가 구하는 진리는 예수그리스도를 통해 계시된 하나님의 진리요, 우리가 쟁취하는 자유는 인간 생활상의 자유인 동시에 죄와 불의에서 벗어나는 심령의 자유입니다. (…) 우리 연세대학교로 하여금 과거에 가진바 모든 정신적인 가치, 즉 이 학교를 세워주었고 이 학교를 육성해 준 여러 선배들의 희생적인 정신과 희망과 신앙으로써 오늘까지 내려온 이 전통을 받고 2,000년 동안 우리를 길러온 기독교 문화를 받아들이면서 4000년 우리 민족이 키워 준 전통을 이어서 이 학원으로 하여금 우리의 민족과 우리의 교회에 부과된 사명을 다 하기 위해 나아가려고 하는 것입니다.[56]

창립 때부터 연세의 교육방향은 기독교 정신을 바탕으로 한 고등교육의 시행을 향하고 있었다. 용재는 이를 더 구체화하여 교육의 지표를 진리와 자유로 하였다. 세브란스와 합병 후에도 양교의 창립 이념이 같았기 때문에 일관되게 이를 재천명하였다. 용재는 "진정한 자유는 진리를 기초로 이루어져야 한다는 뜻입니다. (…)" 양교의 창립정신은 교가에도 반영되었다. "진리의 궁전이요 자유의 봉화대다." 그것을 이룩해 나가는 것이 "연세에 맡기어진 하늘의 사명", "찬란한 우리 이상 밝은 누릴 이룬다"라고 하여 교가에서도 대학이 사명을 다해갈 때 세계에 빛을 비추게 될 것이라고 작사하였다.

---

55) 백낙준, 『나의 終講錄』, 정음문화사, 1983, 236쪽.
56) 백낙준, 「延世大學校 初代總長 就任辭」, 『백낙준전집 3』, 30~31쪽.

세계 학문과 교류하고 세계 문화에 기여하기를 바라는 대학의 염원을 담은 것이었다.

용재는 야스퍼스(K. Jaspers)가 주창한 교수, 연구, 봉사가 대학의 사명이란 점을 언급하면서 연세대학의 사명도 동일한 것으로 삼아 이 세 가지가 삼위일체가 되도록 노력하였다. 고등교육의 목적이 도의의 체득과 실천을 위해 전력하는 인격을 이룩한 헌신적이고 유능한 인재를 양성하는 데 있으므로, 연세대학의 목표도 국가적으로 필요한 인물과 세계 문화의 창달에 공헌할 인재의 양성에 두게 하였다.[57] 그는 서구 대학이 기독교 세계관에 의거한 세계화를 주장하는 것에 주목하였다. 즉 기독교정신 하에서 모든 인간이 이성을 가지고 진리를 추구하는 평등한 권리를 구현하는 것이었다. 아울러 한국 민족문화의 발전에 기여하는 것을 거듭 강조하였다.[58]

용재는 대학의 자주적 운영을 주장하였다. "대학은 한 민족의 이상을 조성하는 기관이다. 그리스도의 정신으로 이 민족을 새로 나게 하여 새 국민, 새 국가를 이 땅 위에 세우려는 사명을 가지고 학교를 경영하는 반면에 이 목적을 못 이루게 하는 폭력과 싸워 온 것이 이 학원이 겪은 역사이다. 국가의 고등교육 기관인 대학은 자치기관이 되어 대학을 그 자체에서 관리하고 운영하여야 민주교육이 이룩될 것이다"라고 하였다.[59] 또한 천지인(天地人) 삼재(三才)의 도를 중시해 모든 인류의 역사와 사회적·문화적 활동에 관한 학문을 연구하고 교육하는 전통을 주창하였다. 그 표시로 대강당을 신축하며 천지인의 표시를 새겼다.

용재는 연세대학이 나아갈 길에 대해 입교취지와 교육이념과 흥학 정신을 논하는 가운데, 정당과 교파를 초월하여 오랜 전통을 지키고 기본재산과

57) 백낙준, 「대학교육의 이념과 기능」, 『백낙준전집 5』, 74~76쪽.

58) 백낙준, 「교육한국의 요청과 대학의 사명」, 『백낙준전집 3』, 85쪽 ; 『淑大新報』 1967년 4월 20일.

59) 백낙준, 「延世大 草創期 學校管理와 運營」, 『백낙준전집 3』, 125쪽.

신탁 또는 유전으로 받은 시설 및 기재를 지키며 대학의 발전을 위해 먼저 교수진을 보강하고 연구 자료와 실험기재를 확충하며 특히 학문 창조와 과학기술의 발흥에 주력하여 학문의 중심지를 만들어야 한다고 강조하였다.[60] 기회가 있을 때마다 그는 연세대학 설립의 목적이 그리스도의 복음을 전하는 것과 새로운 고등교육의 표본을 보이는 것이라고 되풀이하여 언급하였다.[61] 연세교육 방침은 예수 그리스도의 삶과 정신을 따르는 인격도야에 중점을 두고 있고, 연세의 학풍은 1) 기초와 전공에서 균형 잡힌 교육, 2) 온고지신(溫故知新)의 태도, 3) 과학적 정신, 4) 실사구시의 입장 그리고 가족적인 분위기를 주창하였다.[62] 기독교 정신에 입각하여 이상과 현실을 조화롭게 하는 교육을 추구했으며 동양과 한국의 전통과 사상을 접맥하는 동서화충의 학풍을 조성하고 이어가게 하는 역할을 다하도록 했다. 용재가 제시한 대학의 평가 기준은 6P, 즉 창학 목적(Purpose), 교과목의 타당성(Program), 교수진의 학문성(Personnel), 제반 시설(Plant), 교육의 업적(Performance), 학교의 영속성(Perpetuity)으로 보았다.[63] 용재는 이의 실현을 위한 운영을 도모하였다.

(3) 채플 강화

용재가 대학운영에 가장 중점을 둔 것은 채플이었다. 한국인의 종교무시풍조와 시대적인 세속화 물결을 염려하고,[64] 연세가 있는 한 채플은 있어야 된다고 강조했다.[65] 연희의 설립 목적은 기독교 정신을 구현하는 인재의 양성이었다. 백낙준은 기독교 정신의 중점도 모든 교육의 목적도 도의의

---

60) 백낙준, 「연세대학교 이우주총장 취임식권사」, 『백낙준전집 3』, 43쪽.

61) 백낙준, 「延世敎育의 試圖」, 『백낙준전집 3』, 50쪽.

62) 백낙준, 「연세교육의 중점」, 『백낙준전집 3』, 47~49쪽 ; 백낙준, 「연세의 어제와 오늘」, 『시냇가에 심은 나무』, 248쪽.

63) 백낙준, 「眞理에의 師表」, 『시냇가에 심은 나무』, 88쪽.

64) 백낙준, 위의 글, 87~88쪽.

65) 백낙준, 위의 글, 249쪽.

체득과 실천에 몸 바치는 인격을 이룩함에 있다고 하였다. 한국교육의 방향도 사람을 사람답게 하는 종교도덕을 강조하였다.[66] 채플은 기독교 정신의 실현을 위한 장이었다. 채플은 종교를 가르치기 위한 것이 아니고 연세 창립의 정신인 그 진리를 전하기 위함이라고 하였다.[67] 채플을 통해 정신적인 진리가 무엇인가를 알려주어 연세인으로서 '교양있는 자유인이 되게 함'이 그의 지론이었다.

채플은 1946년 백낙준, 장석영, 이환신, 박상래, 서두수, 정석해, 이순탁, 홍순혁, 장기원, 김윤경 등으로 종교위원회를 조직함이 그 출발이었다. 그들은 창천감리교회와 대현장로교회를 합하여 협성교회로 재생시키기로 결정하였고, 학교에서 매주 2, 3회씩 기도회를 열었다. 1950년부터는 기도회 장소를 소강당에서 노천극장으로 옮겨 실시하였다. 1955년부터는 기독교과목을 필수로 정하여 전교생이 6학점을 이수하게 하였다. 특별 기도회, 특별 종교강연회도 수시로 실시하였다. 용재가 동문들로부터 채플에서 들었던 말씀들이 가장 인상 깊게 남아 있다는 격려를 많이 받은 것이 채플을 강화하는 한 계기가 되었다. 그의 재임 중에 대강당의 신축이 완공되어 그곳을 덕육교육을 위한 장으로서 채플의 전통을 잇는 장소로 봉헌하였다.

용재는 연세학원의 창립이념이 기독교 정신이었고, 그 스스로 신앙의 힘을 체험한 바가 있었으며, 그가 매일 아침 기도와 묵상으로 하루의 일과를 시작하는 신앙인이었기 때문에 기독교교육을 강화하여 학생들이 기독교신앙을 그들의 인격에 구현하게 하였다. 총장 자신도 채플에 참석했으며, 자주 설교도 하였다.

---

66) 백낙준, 「교육 한국의 요청과 대학의 사명」, 『백낙준전집 3』, 85쪽 ; 백낙준, 「대학과 교육」, 『기러기』 제47호, 1968. 6 : 『백낙준전집 5』, 24~34쪽.

67) 백낙준, 「연세의 문화」, 『백낙준전집 3』, 352쪽.

(4) 연합신학대학원 설립

백낙준은 연전 초기에 두었던 신학과를 해방 후 종합대학으로 개편을 시도하던 때에 다시 설립하기로 계획하고 당국의 허가를 받아 1946년의 연희대학교 개편 후에 신입생을 모집하였다. 신학과 설립의 목적은 교파연합의 정신에 입각하여 신학의 학문적 발전을 통해 한국적 신학을 정립하고 새로운 지도자의 배출을 통해 한국교회 각 분야에 필요한 인재를 양성하기 위한 것이었다.[68] 그가 신학교육에서 강조한 것은 교파의 연합정신과 신학교육의 질적 향상이었다. 그 실현을 위해 재임 중에 국제 신학교육재단과 제휴하여 연합신학대학원 부설의 기초를 마련하였고 1964년에 그 결실을 맺어 명실공히 초교파적인 한국 최초의 유일한 신학석사학위 과정을 개원하게 되었다.

용재는 성직자로서 자신의 소신인 에큐메니칼 신학을 좇아 국내외의 여러 교회 연합기구에서 연합정신으로 일해 왔다. 신과대학과 연합신학대학원은 실제로 장로교회의 칼빈이즘(Calvinism), 감리교의 알미니안이즘(Arminianism), 성공회의 자연법(Natural Law)사상을 통합한 에큐메니칼 바탕 위에서 세워졌다. 그는 이 전통을 연세대학에 심고 발전시키기 위해 선두에서 공헌하였다. 그는 전술한 바와 같이 1937년 '교회와 국가' 대회에 참석할 때부터 연합정신을 굳혔다. 연세신학을 개신교의 취약점인 교파간의 장벽을 허무는 에큐메니칼 정신, 화합일치의 신학을 표방하는 신학이 되도록 하였다. 그는 신과대학에 변화된 사회와 교계의 현실 속에서 사회 전체의 도덕적 향상과 정신적 부흥, 한국기독교의 부흥과 발전을 위해, 학내의 신앙문제를 위해 사명이 있음을 역설하였다.[69] 이는 4만 5천여 갈래로 나뉘어져 있는 세계 개신교의 취약성을 극복하기 위해 거듭 강조되어야 할 대목이다.

용재는 신학과와 연신원이 한국 신학의 센터가 되기를 갈망하였다. 또한 한국인 최초의 한국교회사 연구로 박사학위를 취득했던 그는 연세대학교가

---

68) 백낙준, 「하나의 푯대를 향하여」, 『백낙준전집 3』, 321~329쪽.

69) 백낙준, 「믿음의 건망증」, 『백낙준전집 3』, 335쪽.

한국교회사 연구의 센터가 되도록 후견하였다. 그를 이 대학으로 이끈 노해리(H. A. Rhodes) 선교사도 한국교회사가였다. 『미국북장로교한국선교회사(*History of Presbyterian Mission in Korea*)』를 편찬하였고, 『조선기독교회사기』라는 소책자도 간행하였다. 용재도 자신의 학위논문을 개편하여 영문판과 국문판으로 *The History of Protestant Mission in Korea*와 『한국개신교사 1832~1910』를 간행하였다. 용재의 학문적 업적이 초석이 되어 신학과와 연합신학대학원도 한국교회사학의 센터가 되었다. 그는 명예총장으로 활동할 때인 1966년에 '한국교회사학회'를 조직하고 1980년까지 회장을 맡아 최초의 '한국교회사학회지'를 간행하였다. 1968년에는 그 학회 명의로 연세대학교 출판부에서 『조선예수교장로회사기(하)』가 출간되었다. 다만 그는 학교행정 때문에 자신의 학위논문에 이어 일제강점기의 한국개신교사를 간행하지 못하고 유업으로 남겼다. 연세대학교가 교파의 장벽을 초월하고 한국선교의 대표적인 기구로서 학문적으로 그 정신을 이어가고 세계에 알려야 할 사명이 있다고 할 것이다.

3) 대학 학풍의 계승·발전

(1) 국학 진흥과 실학정신 계승

용재는 연세의 근본이념은 기독교의 터전과 아울러 민족문화의 정통을 이어가는 것으로 단정하고, 즉 그리스도와 민족은 연세 교육의 생명이요 근본이라고 했다.[70] 또한 일제 때부터 형성된 국학 연구의 선구자적인 역할을 이어가게 하였다. 용재는 연희 부임 초기부터 국학 진흥을 위해 실학사상을 강조하였다. 경세학으로서 실학이 지닌 경국제민의 정신에서 경국은 제민에 있고 제민은 민생학본(民生學本)에 있다고 보고 이 정신이 연세의 학풍으로

70) 백낙준, 「개척하는 세력의 진로」, 『시냇가에 심은 나무』, 191쪽.

이어지기를 바랐다.[71] 그는 해방 후에 동양학, 동방학연구소를 설립하고 『동방학지(東方學誌)』를 간행하기 시작하였다. 이것은 한편으로 언더우드가 한국어 문법, 사전, 회화 서적들을 펴내고 성경, 찬송, 신문을 통해 한글 실용화에 선구적 역할을 하며 고등교육기관을 설립한 전통을 이어 받은 것이었다. 이 전통은 최현배, 김윤경, 이윤재 등의 한글운동으로 이어졌다. 백낙준 자신도 일제 치하에 연전에서 동양고전을 가르쳤고, 문과과장으로 있을 때는 정인보(1893~1950), 최현배, 손진태와 더불어 조선어, 조선문학, 조선사 등 조선학 연구의 터전을 마련하였다. 당시에 총독부는 조선어, 조선문학, 조선사를 가르치지 못하게 하였지만, 용재는 조선어는 과외로, 조선사는 동양사에 포함시켜, 조선문학은 한문학에 포함시켜 가르치게 하였다. 실학연구의 터전을 마련한 것도 그였다. 그는 정인보의 학문을 존중하고 신곤철로 하여금 정인보의 지도하에서 연암 박지원을 연구하게 하였다. 또한 조선어학회, 진단학회, 조선민속학회 등의 국학연구 학회를 창립하거나 거기에 가입하여 동서사상의 화충을 시도하였다.

백낙준은 연희대학의 책임을 맡은 후에도 국학의 진흥에 박차를 가하였다. 그는 6·25전쟁 중에 정인보 교수가 납북되자 이가원을 영입하여 그를 계승하게 하였다. 일제 말기에 사용이 금지된 한글을 되살리는 운동의 일환으로 1945년 11월 20일 연희대학이 개강하자마자 전학생을 대상으로 국어와 국사의 특별 강습을 실시하였다. 최현배가 문교부 편수관으로 활동하던 때인 1945년 12월 송석하의 민속학 특별강의, 1949년 정인보의 실학사상 특별강의가 이런 차원에서 행해졌다.

용재는 피난수도 부산에서 환도한 후 처음 맞는 1954년의 신입생 환영사에서 전통의 계승을 역설하였다. "첫째로 연희의 빛나는 전통의 계승자로서 환영하는 바이다. (…) 둘째로 우리는 민족문화의 전승자로서 제군을 환영한

71) 백낙준, 「延世의 遺業」, 『백낙준전집 3』, 301쪽.

다. (…) 셋째로 우리는 제군을 세계 역사의 창조자로서 환영한다"고 하여 학생들에게 연세의 전통을 이어 서구사상과 한국문화의 계승자가 되도록 권면하였다.[72] 41주년 기념사에서는 영정조 대에 선견지명을 가진 학자들의 자각과 천주교와의 접촉을 통해 이루어진 간접적인 서양문화의 자극으로 실학이 태동되었지만, 이 신흥 운동이 당파싸움으로 좌절되고 끝내 나라가 망하게 된 점을 상기시키면서 서구문화를 수용하는 현재의 신학문운동에서 국학 연구를 무시하지 말도록 촉구하였다.[73]

1955년 4월 22일 오후 2시 노천극장에서 연희 창립 40주년 기념식이 함태영 부통령을 비롯한 많은 내빈의 참석 하에 거행되었다, 백낙준은 기념사에서 연희학원이 지난 40여년 성상에 일제의 핍박에 굴하지 않고 2000년의 기독교 문화를 계승했으며 우리나라 고등교육기관의 선구로서 4000년 국가와 민족의 전통을 지키며 지도자를 길러냈다고 역설하고, 앞으로 연희가 학문의 중심이 되어 우리의 정치, 경제, 문화의 모든 면을 연구해야한다고 역설하였다. 또한 민족의 전통과 기독교의 전통을 잘 계승하여 연희학원이 민족의 사명을 완수하는 원동력이 되어야 한다고 격려하였다. 이뿐 아니라 새로운 전통을 창조할 것을 주장하고 "연희는 학문을 가르치는 기관인 동시에 또한 새로운 이치와 알지 못하던 기술을 연구 발명하는 기관이 되어야 할 것입니다"라고 대학의 진로를 설파하였다.[74] 국학 연구의 목적은 "복고주의로 돌아가려는 것이 아닙니다. 옛적 사람들이 어떤 방식으로 우리 민족을 개화시키고 우리를 분명한 민족으로 만들려 했는가를 배워가지고서 근대 사람들에게 우리 선인들의 정신을 전해주려고 하는 것"이라고 주장하였다.[75]

---

72) 백낙준, 「延禧大學校 1954年 新入生 歡迎辭」, 『백낙준전집 3』, 211~212쪽.
73) 백낙준, 「延禧大學校 創立 40周年 記念辭」, 『백낙준전집 3』, 9쪽.
74) 백낙준, 위의 글, 5쪽.
75) 백낙준, 「延世의 未來는 그대들에게」, 『백낙준전집 3』. 356쪽.

(2) 동방학연구소 설립과 동방학지 간행

백낙준은 하버드대학교 옌칭연구소(Harvard-Yenching Institute)와 접촉하다가 중국 옌칭대학(현 북경대학)을 지원하던 학술연구비가 태평양전쟁과 중국 본토의 내란 등으로 지불되지 않게 되자 그 기금을 끌어들여 1948년 동방학연구소의 설립을 성사시켰다. 백낙준, 이인영, 홍순혁, 민영규, 이홍직을 중심으로 학술발표회의 개최와 연구지의 간행도 논의되었다. 이 연구소의 사업을 위한 지원은 6·25 전쟁으로 일시 중지되었다가 1953년도 3월부터 재개되었다. 백낙준 총장은 피난수도 부산에서 하버드대학의 극동어학과(Far Eastern Language, 현재는 East Asian Language & Civilization)의 주임 교수인 에리세에프(Serge G. Elisseeff)를 초청하여 구미 국가들에서의 동양학 연구에 대한 동태를 듣고, 하버드대학교의 옌칭연구소(Harvard- Yenching Institute)와[76] 학문적 교류를 하는 계기를 만들었다. 에리세에프가 돌아간 후에는 용재가 다시 하버드옌칭연구소을 방문하고 교섭하였다. 이에 옌칭연구소가 1953년 7월에 13,000달러의 학술연구비를 보내와 한국학 연구에 이용하였다. 에리세에프의 한국 이해와 백낙준이 1937년 도미 이래 계속해온 교섭활동이 결실을 맺은 것이었다. 이후 동방학연구소는 양교의 학문적 교류와 지원을 힘입어 국내에서 대학 굴지의 한국학과 동양학 분야 학술연구소로 성장하였다. 처음에는 그 자신이 연구소장이 되어 『동방학지』를 간행하였다. 1954년에 제1집이 간행되었다. 여기에서 그는 동방학 연구의 범위가 동방 전체임을 밝혔다. 그는 "동방 문화 지역에는 구문화의 결실을 이미 거두었고, 신문화는 그 생장기에 처하여 있다. 우리는 권역 및 그 인근 문화의 학술적 연구로써 구 문화의 진수를 이해 체득하고 신문화의 발전을 조장하려 한다"[77] "우리는

76) Harvard-Yenching Institute는 Charles M. Hall의 기금에 의해 1928년에 설립되었다. East Asian Language & Civilization 학과, Harvard Yenching Lib., *Harvard Journal of Asiatic Societies*가 이 연구소의 기금에 의해 운영된다. 『연세대학교사』 676쪽과 『연세대학교백년사 1』 519쪽에는 Harvard-Yenching Institute의 설립연대가 1937년으로 오기되어 있다.

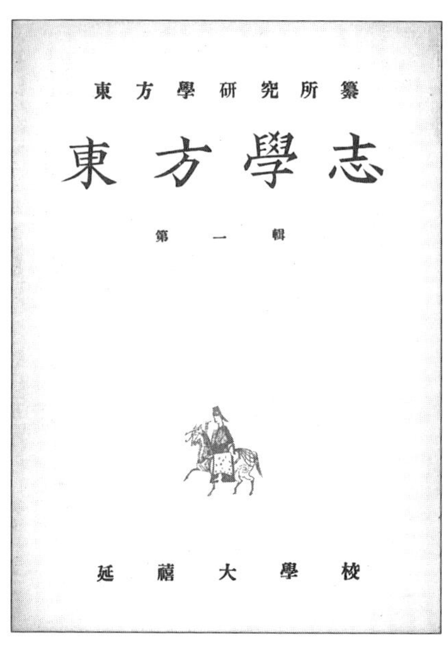

『동방학지』 제1집 표지

우리의 학술에 권위자가 되어야 된다. 우리의 세계적 공헌은 우리의 것을 빛나게 하는 데 있는 줄 안다"라고 피력하였다.[78]

또한 〈국고총간(國故叢刊)〉의 영인사업을 추진하는 한편, 한국과 관련 있는 여러 민족의 문화를 연구하게 하였다. 그 첫 결실이 『영인축쇄고려사(影印縮刷高麗史)』, 『삼국사기색인(三國史記索引)』, 『한한청문감색인(韓漢淸文鑑索引)』, 『고려사색인(高麗史索引)』 등이었다. 이 일은 그 후 전국의 대학들에서 이루어질 국학진흥의 바탕이 되었다. 또한 한국고서의 영인으로 벌어들인 수입은 중앙도서관의 고서구입을 위해 사용되어 도서관 복구에 큰 도움을 주었다.[79]

1960년 4·19혁명 후에 용재도 떠나고 다른 교수도 연세를 떠나 초기의 옌칭과의 관계가 단절되었다. 그러나 실학연구에 대한 용재의 집념은 실학공개강좌를 통한 국학연구의 전통으로 이어졌다. 용재는 1967년 11월 3일 연세대 동방학연구소에서 개최한 제1회 실학 공개강좌에서 "나는 실학을 장려한 사람이요, 또한 내가 아는 상식에 의하여 실학사상을 나의 교육사상의 하나로 실천하여 왔다. (…) 내가 이 학교에서 재직하는 동안 실학을 연세교육의 이념으로 삼아왔던 사실을 후대에 전하여 보려는 의도에서 실학강좌를 제청하였고 또한 이 개강에 참여하게 되었다."라고 진술하였다.[80] '동방학연

77) 백낙준, 「『동방학지』 제1집 간행사」, 『백낙준전집 3』, 394쪽.
78) 백낙준, 「『동방학지』 제2집 간행사」, 『백낙준전집 3』, 395쪽.
79) 『연세대학교사』, 667쪽.

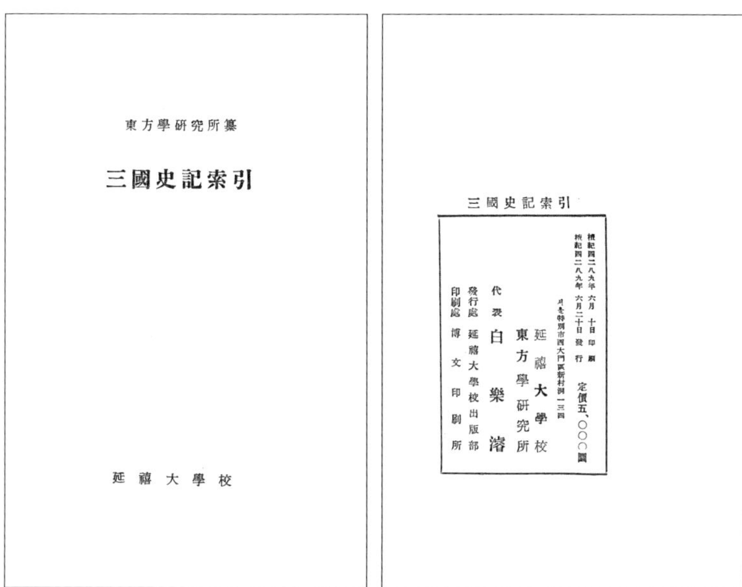
東方學研究所纂

三國史記索引

延禧大學校

三國史記索引

檀紀四二八九年 六月 十日 印刷
檀紀四二八九年 六月二十日 發行
定價五、〇〇〇圜

서울特別市西大門區新村洞一三四
延禧大學校
東方學研究所
代表 白樂濬
發行處 延禧大學校出版部
印刷處 博文印刷所

『삼국사기색인』 표지 및 판권

구소'는 1977년 '국학연구소'로 개편되어 국학 연구의 새장을 열게 되었다.

5. 맺음말

백낙준은 연세대학교 중흥의 기수였다. 연세대학교 중앙도서관 앞에 세워진 그의 동상에는 그에 관하여 다음과 같은 글이 새겨져 있다 : "교육과 학문, 민족봉사와 자유구현에 뜻을 두시고, 연세와 민족을 붙들고 키운 연세의 정신적 지주이시며, 민족교육의 스승이시며, 겨레의 지도자이시고 하나님의 종이시다." 용재는 목사로, 교수로, 정치인으로, 행정가로 다방면에 걸쳐 활동을 했지만 필경은 대학인이었다. 기독교적 정신과 민족정신의 계승과

80) 백낙준, 『韓國의 理想과 現實 하』, 연세대학교 출판부, 1977, 155쪽.

발전을 교육 이정표로 내세우고 연세대학교를 재창립한 주역이었다. 그의 대학운영의 근본은 '기독교 정신을 바탕으로 진리와 자유의 뜻을 따라 겨레문화의 창달과 인류의 발전에 이바지할 사람을 가르치기 위함이었다. 그는 교수, 문과과장, 교장, 총장(1946~1956, 1957~1960), 이사, 이사장(1946~1957, 1957~1960), 명예총장(1961~1985)으로서 50여 년간 연세대학을 최일선에서 이끌어온 헌신봉사자였다. 내적으로 창립이념을 공고히 하고 외적으로 행정과 재정문제를 해결하였다. 대학의 학풍과 전통을 재정립했으며, 학사제도를 개편하고 정착시키는 핵심적인 역할을 하였다.

용재는 다방면에서 활동을 펼쳤지만, 활동의 중심지는 연세대학교였다. 연세에서의 봉사를 '백양동천(白楊洞天)에 묻은 세월'이라고 하였다. 일제강점기의 연희전문학교 문과과장 재직 중에 추진된 교육 정책들을 해방 후에 새로 출발한 종합대학에서도 계승하였다. 또한 문교부장관, 참의원의장이란 공직에서 봉사하는 기간에도 연세의 발전을 위해 일관되게 노력하였다. 기독교의 박애정신에 근접한 홍익인간의 이념을 신생 대한민국의 교육이념으로 제정하여 연세의 교육정신과 상통하게 하였다. 그가 미국의 선교부들과의 관계 회복과 국내외에서 많은 원조를 받아 교육재정의 난관을 극복하고 정초를 놓은 것도 연세의 부흥 및 발전과 병행하였다.

용재는 연세를 대학의 사명인 교육, 연구, 봉사에 충실한 대학으로 육성시키려고 노력하였다. 기독교 정신을 바탕으로 민족문화 발전의 전통을 세워나가는 대학으로 이끌었다. 초등교육부터 최종학위까지 기독교 학교에서 교육을 받은 용재는 연세대학을 기독교 2천년의 문화를 계승하고 발전시킬 '거룩한 땅'으로 여겼다. 용재는 연희대학의 종합대학 승격 후에 기독교 정신을 바탕으로 학교 교훈을 "진리와 자유"로 제정하고 독수리를 그 표상으로 삼았다. 또한 채플을 통해 기독교 교육을 강화하고 신학 교육을 중시했다. 2천년 기독교 정신과 4천년 민족전통을 융합하는 화충의 대학학풍을 신작하고 계승하였다. 국학을 발전시키기 위한 연구기구로서 동방학연구소를 세우고 실학의 연구로 일제강점기 때에 형성된 연희전문 조선학 연구의 전통을 더욱 발전시켜 갈 수 있게 하였다. 용재는 대학을 운영하면서 융합적이고 포용적인 태도로 조화와 균형을 추구하였다. 이념적인 면에서도 전통적인 것과 새로운 것, 서구 기독교와 동양 및 한국 전통문화의 합일을 추구하였다. 초교파적인 기독교 연합기관의 성격을 유지시켰고, 대학을 명실공한 종합대학으로 만들었으며, 국내 최초의 남녀 공학의 대학으로 만들었고, 무엇보다 설립 주체와 뿌리가 같아, 30여 년간 숙원이었던 연희대학교와 세브란스의과대학을 통합시켜 신학, 법학, 의학으로 기본 틀을 갖춘 서구형 종합대학 형태로 재창립한 주역이었다. 동서양을 아우르고 과거의 전통문화와 현재의 첨단문화가 만나서 세계로 나아가는 연세가 용재가 꿈꾸던 대학이었다.

그가 개인적으로 천착한 학문연구의 주제는 '기독교가 한국문화의 발전에 어떠한 공헌을 했는가' 하는 것이었다. 그 첫 열매가 1927년에 제출한 박사학위 논문이었다. 그는 이 논문에서 1910년까지 한국교회의 역사를 서술하고 분석하여 극동선교의 한 모델을 세계교회에 소개하였다. 또한 일제강점기의 한국교회사도 저술하려 했지만 그 뜻을 이루지 못하고 떠났다. 그가 이미 이룬 업적을 승계하고 펴지 못한 뜻을 이룰 책무를 연세대학교에 유업으로 남겼다.

요컨대 백낙준은 연세대학교의 정신은 기독교 정신이고, 그 캠퍼스는 거룩한 땅이라는 분명한 인식 위에서 한국문화의 계승과 발전을 꾀하였다. 연세교육의 목적은 민족의 번영과 세계 인류의 발전에 기여하는 것이고 동서문화의 융합과 창달이다. 연세에 주어진 이 책무를 감당하기 위해 그의 대학운영에 관한 꿈과 이상을 한국과 세계 속에서 구현해야 할 것이다.

참고문헌

| 자료 |

백낙준의 영문편지들(The United Board for Christian Higher Education in Asia, Yale Divinity School Library의 Special Collection Room, 미국 감리교문헌보관소, 장로교의 문헌보관소, 프린스턴 학교와 대학교 도서관, 하버드대학교 옌칭연구소, 프린스턴대학교 옌칭연구소 소장).

백낙준, 『나의 終講錄』, 정음문화사, 1983.

백낙준, 『韓國의 理想과 現實』, 동아출판사, 1963.

백낙준, 『韓國의 理想과 現實 하』, 연세대학교출판부, 1977.

백낙준, 『백낙준전집』 1~10, 연세대학교출판부, 1995.

백낙준, 「연세의 어제와 오늘」, 『시냇가에 심은 나무』, 휘문출판사, 1971.

| 저서 |

국학연구원, 『백낙준 박사의 학문과 사상』, 연세대학교국학연구원, 1995.

연세창립80주년기념사업위원회, 『연세대학교사』, 연세대학교출판부, 1969.

연세대학교국학연구원 편, 『연세국학연구사』, 연세대학교출판부, 2005.

한국기독교문화연구소 엮음, 『庸齋 白樂濬 博士 記念講座』, 대한기독교서회, 1992.

| 논문 |

박영신, 「백낙준 : 한국대학교육 이상과 지표의 설계자」, 『연세의 발전과 한국사회』, 연세대학교출판부, 2005.

허호익, 「백낙준, 연세와 민족을 붙들고 키우다」, 『인물로 보는 연세신학100년』, 동연, 2015.

김 은 중

정석해, 회의-과학-자성과 사고의 혁명

1. 머리말

서산 정석해 교수는 1899년 4월 24일 평안북도 철산군 여한면 문봉리에서 출생해 1996년 8월 14일 향년 97세로 미국 로스앤젤레스에서 별세했다. 1945년 10월 25일 연희전문학교 교수로 임용됐으며 1961년 9월 1일 군사정부가 '교육에 관한 임시특례법'에서 대학교수의 정년을 60세로 하향 조정함에 따라 1961년 10월 4일 퇴임했다. 이후 1981년 7월 미국으로 이주할 때까지 연세대학교 철학과에서 특별강사라는 지위로 강의했다. 연세대학교 교수로 16년을 봉직했으며 특별강사로는 20년에서 석 달이 모자라는 19년 9개월을 봉직했다.

정석해 교수는 교수로 봉직하면서도 오랫동안 학교의 보직을 맡아 봉사했다. 1947년 학생처장을 시작으로 1957년 3월 문과대학장직에서 물러날 때까지 10년 가까이 보직을 수행했다. 1947년 9월부터 1949년 9월까지 학생처장을, 1948년 9월부터 1949년 9월까지는 교무처장을 맡았다. 6·25 전쟁이 나기 직전인 1950년 5월에 문과대학장을 맡아 1957년 3월 물러날 때까지 봉직했다. 정석해 교수가 교무처장으로 봉직한 기간은 꼭 1년이다. 사학과에 재직한 김정수 교수에 따르면 한결 김윤경 교수가 말하기를, "정석해가 교무처장 일을 볼 때 연희의 대학행정 틀이 잡혔다"고 했다.

정석해 교수가 남긴 저서는 여러 논문과 에세이를 모아 1981년에 출간한

연희대학교 문과대학장 시절인 1956년의 서산. 학자와 혁명가의 모습이 교차되는 인상이다.

『진리와 그 주변』이 전부이고 정석해 교수에 대해 서술한 책은 제자인 박상규 교수가 지은 『서산 정석해 그 인간과 사상』 하나뿐이며, 그를 알고 이야기한 이들은 이제 홍익대학교의 박상규, 연세대 불문과의 이정, 철학과의 박동환 교수가 전부이니, 한국 현대사와 연세대학교 학풍에 의미 있는 발자취를 남겼다는 사실이 그저 전설이나 신화로서 기록될지도 모른다.

그럼에도 불구하고 설령 불확실한 추론이나 상상이 개입된다고 해도 정석해 교수의 학문과 사상을 기록으로 남겨야 하는 이유는 그가 좁게는 연세대학교 철학과, 넓게는 연세대학교 문과대학과 연세대학교 학풍에 끼친 영향이 적지 않고, 나아가 행동하는 지식인으로서 한국 현대사에 커다란 족적도 남겼기 때문이다.

2. 학문의 여정

정석해와 연세학풍을 이해하기 위해서는 그가 어떤 공부를 했으며 누구로부터 영향을 받았는지를 아는 것이 필요하다. 그는 자신의 스승들을 계승하면서 거기에 자신의 것을 더한 전형적인 유럽형 학자의 모습을 보인다.

6세 되던 해에 부친이 세운 인화재라는 서당에서 『천자문』과 『십팔사략』을 익히고 증조부로부터는 『대학』을 배웠던 정석해는 유년기에 조모와 부친을 따라 교회에 다니기 시작했다. 이 영향으로 그는 평생 독실한 기독교인이었다. 1907년 명흥학교에 입학해 1911년에 졸업하고 2년 동안 독학하다가 1914년 신성학교에 입학했다. 신성학교에서 수업 거부 파동에 휩쓸려 1915년 자퇴하고 창성 대유동의 중학교에서 교사로 일하다가 1917년 연희전문학교 수물과에 입학했다.[1] 정석해는 두 달 뒤에 문과로 옮겼는데, 이유는 당시 수학 강의 내용이 모두 아는 것이었기 때문이었다. 그는 신성학교를 졸업하지 못한 채 일 년 동안 학업을 중단했을 때 혼자서 수학만 공부했다.

서산이 공부한 대학은 연희전문학교, 뷔르츠부르크대학교, 베를린대학교 그리고 파리대학교(소르본느)이다. 공부 또는 학문과 관련된 시기는 세 부문으로 구분된다. 하나는 연희전문 입학 전 유소년기의 학업이며 두 번째는 연희전문에서 수학한 2년 동안의 학업이고, 세 번째는 독일과 프랑스에서 수학·연구한 1920년대부터 1939년까지이다. 그는 유년기에는 부친과 증조부로부터 엄격한 도덕률을 배웠는데, 덕분에 그는 평생 도덕적인 삶을 영위했다.

서산이 연전 시절 좋아한 과목은 수학과 논리학이었다. 연전에서 논리학을 강의한 교수는 백상규 교수였다. 브라운 대학을 졸업한 그의 전공은 정치학과 경제학이었다. 정석해는 백상규로부터 적지 않은 영향을 받은 것으로 보인다.

---

1) 1915년 4월에 개교한 조선크리스챤 칼리지는 1917년 4월에 전문학교로 인가를 얻었다. 따라서 정석해는 전문학교 첫 번째 입학생인데, 당시 연희전문에서는 중학교 졸업 또는 이와 동등 이상의 학력을 갖춘 경우에도 입학이 가능했던 것으로 보인다.

백상규는 정석해에게 “철학을 하려면 독일로 가라”고 말했는데, 서산은 유럽에서 여러 학문을 섭렵하다가 결국에는 철학을 전공했다. 그는 백상규로부터 배운 논리학이 철학하는 근본이 되었다고 후일 백상규를 방문해 말했다.

10대 시절에 수학과 논리학 같은 순수한 형식과학에 흥미를 느끼고 몰두한 것은 그의 성품을 형성하는 데 중요한 영향을 끼쳤다. 수학과 논리학은 그를 매우 과학적이고 합리적인 성품으로 이끌었다.[2)]

1919년 3·1운동에 참여하고 3월 5일의 남대문역 시위를 주동한 정석해는 일경을 피해 고향–만주 독립운동단–상해임시정부를 거쳐 1920년 10월 유법검학회에 선발돼 유럽으로 건너갔다. 프랑스에서 노동을 하며 불어를 배운 그는 경제적 궁핍함을 타개하기 위해 1922년 봄 독일 뷔르츠부르크로 갔고 그곳에서 『압록강은 흐른다』의 저자 이미륵의 도움을 받아 1922년 10월 뷔르츠부르크대학교 정치경제학부에 입학했다. 그곳에서 일 년 동안 수학한 서산은 학비가 떨어지자 베를린으로 옮겼고 베를린대학교에서 한 학기를 등록한 뒤 또 학비가 떨어지자 미국으로 갈 결심을 하고 프랑스로 갔다. 그러나 프랑스에서 그를 맞은 친구 이용제가 일자리를 주선하며 프랑스에서 공부할 것을 설득했고 서산은 이를 받아들여 1924년 가을 파리대학교 철학과에 입학했다.

2) 1960년대 미국과 프랑스에서 학생운동이 최고조에 도달했을 때 마르크스주의자들은 도서관에서 공부하고 논리주의자들이 데모에 앞장섰다는 일화는 시사하는 바가 크다. 일반적으로 논리주의자들은 비동일성과 모순을 못견뎌하고 이를 고치려는 열망을 갖고 있다. 그래서 현실과 전혀 상관없는 학문을 하는 것 같은 논리주의자들이 실제로 사회변혁에 앞장선 것이다. 청소년기에 수학과 논리학을 공부한 서산 역시 명석하고 판명한 것을 추구했으며 ‘이다’와 ‘아니다’를 분명하게 구분했다.

3. 유럽에서 당대 거장들로부터 수강

정석해 교수가 독일과 프랑스에서 배운 스승 가운데 이름을 밝힌 이는 일곱 사람이다. 뷔르츠부르크에서 카를 마르베(Karl Marbe)의 심리학 개론, 베를린에서 베르너 좀바르트(Werner Sombart)의 고도 자본주의론, 볼프강 쾰러(Wolfgang Köhler)의 심리학, 그리고 이름이 밝혀지지 않은 교수로부터 논리학을 수강했다. 파리대학교에서는 앙리 들라크루아(Henri Delacroix), 아벨 레이(Abel Rey), 앙드레 랄랑드(Andre Lalande), 레옹 브룅슈비크(Léon Brunschvicg) 교수들을 기억했다. 이들은 모두 유럽의 학문사에 이름이 올라 있다.

카를 마르베는 당시 유럽 심리학의 중심이었던 뷔르츠부르크대학에서 심리학의 리더였다. 그는 인간의 사고 과정을 연구하기 위해 뷔르츠부르크대학에 심리학연구소를 세웠으며 뷔르츠부르크 학파의 리더였다. 베르너 좀바르트는 초기 저서인 『사회주의와 사회운동』에서 마르크스주의에 대한 공감을 나타냈으나, 나중에는 마르크스를 비판하면서 제목을 바꾸어 낸 『프롤레타리아 사회주의』에서는 민족에 기초를 둔 사회주의를 주장했다. 1930년대 나치즘이 출현하자 나치즘에 경도됐다. 서산은 좀바르트의 고도자본주의론을 수강했다. 볼프강 쾰러는 1922년 슈툼프의 후임으로서 베를린대학의 정교수가 되었다. 베르트하이머, 코프카, 레빈 등과 함께 베를린 학파를 형성, 내외에 커다란 영향을 미쳤다. 그는 게슈탈트 심리학의 체계적 이론화를 지향하고, 심리·물리 동형설을 주창하여 대뇌 과정에 대한 해명을 전망했다. 베를린 학파 제일의 이론가로서 종횡무진의 활약했지만, 1935년 나치즘의 박해를 피해 미국으로 이주했다.

앙리 들라크루아의 전공은 심리학이었다. 그는 20세기 초 프랑스의 가장 명망 있는 심리학자 가운데 한 명이었으며 다작으로도 유명했다.[3] 생전에 20권의 저서를 낸 들라크루아는 소르본느대학의 문과대학 학장을 지내는 등 학문과 행정에서 두루 활약했다. 아벨 레이는 과학철학자이자 과학사가였다. 그의 과학사는 물리학에서 사회학까지의 과학을 포함해 광범위했으며, 고대부터 현재에 이르기까지 전 시대를 탐구했다. 그는 당시의 과학에 대한 문화의 영향도 연구했는데, 이런 시도는 오늘날에도 이어지고 있다.

앙드레 랄랑드는 과학철학·논리학·심리학·윤리학 등 다방면에 조예가 깊었다. 그의 철학은 실증주의자와 형이상학적-정신적 요소를 결합했다. 유태계인 레옹 브룅슈비크는 형이상학·수리철학·비판철학·인식론을 다루었다. 브룅슈비크는 데카르트를 재해석했는데, 이는 프랑스 현대철학사에서 새로운 관념론의 기초가 되었다. 그는 철학을 가리켜 "마음의 방법론적 자성"[4]이라고 정의했다. 이 밖에 정석해는 고블로(Edmond Goblot)의 『가치판단의 논리』(La logique des jugements de valeurs), 에밀 보렐(Émile Borel)의 『확률론』(Principes et formules classiques du calcul des probabilités) 등을 읽었다.

서산이 흥미를 갖고 몰입했던 분야는 레이의 과학철학, 랄랑드의 과학철학·논리학·형이상학, 브룅슈비크의 수리철학·형이상학 등이었다. 이들의 영향을 받아 서산은 파리대학에서 과학철학·수리철학·논리학·형이상학 등을 탐구했는데 이 분야들은 그가 연희대학교 교수와 강사로 재직하면서 강의했던 것들이다. 특히 브룅슈비크는 플라톤·데카르트·스피노자·파스칼·칸트·헤겔 등에 두루 능했는데 이는 서산에게 그대로 전수됐다.

여기에서 주목할 사실은 랄랑드와 브룅슈비크의 특징이다. 랄랑드가 실증주의와 형이상학적-정신적 요소를 결합한 것, 브룅슈비크가 철학을 '마음의 방법론적 자성'이라고 정의한 것은 서산의 철학에 결정적인 영향을 준 것으로 보인다. 랄랑드와 브룅슈비크는 모두 형이상학적 요소를 갖고 있었는데,

---

3) Brigitte Nerlich & David D. Clarke, *Language, action, and context : the early history of pragmatics in Europe and America, 1780~1930*, John Benjamins Publishing Company, 1996, p.258.

4) World Heritage Encyclopedia, Brunschvicg 항목.

서산이 논리학과 과학철학을 탐구하고 또 연세에서 과학철학을 자주 다루었으면서도 철학의 지향을 형이상학적인 것에 두었다는 것과도 닮았다. 특히 20세기 전후 프랑스 철학이 베르그손을 정점으로 해서 형성되는데 베르그손은 과학을 수용하면서도 철학의 목적을 형이상학에 두었다.

베르그손은 꼴레즈 드 프랑스의 교수로 재직했다. 서산은 베르그손의 강의는 듣지 못했는데,[5] 베르그손은 62세 되던 1921년에 꼴레즈 드 프랑스의 교수직에서 은퇴했기 때문이다. 게다가 그는 현 UNESCO의 전신인 국제지적협력위원회(CICI) 회원이 되었고 8월에는 의장에 오르면서 강의를 하지 않았다. 하지만 베르그손이 당대의 철학자였고, 1928년에는 노벨문학상을 수상한 점들을 고려할 때 어떤 형태로든 서산은 소르본느에서 그의 철학을 접했을 것이다.

박상규 선생님께 학문상으로 가장 영향을 준 학자라면 누구라 할 수 있을까요?

정석해 그거야 베르그송 철학이지. 철학은 자성(自省)을 하는 것 아니오? 의식계라는 것은 자성하는 것인데 직관·감성을 통하여 의식계 자체로 깊이 들어간다는 것은 직관철학이지. 인간 자신의 심층부로 들어가 보려는 것이지요. 나로서는 이 철학의 영향이 크다고 할 수 있지.[6]

서산은 논리와 분석의 토대 위에서 사고의 심층부로 들어가는 것에 관심을 가졌다. 서산의 학문에 분석적 경향이 있다는 박상규 교수의 물음에 서산은 이렇게 대답했다.

정석해 처음에 우리 학교 다닐 때는 물론 칸트와 그 계통을 많이 했었지. 카테고리

---

5) 꼴레즈 드 프랑스는 입학이나 별도의 신청이 필요 없고 모든 사람에게 열려 있다.
6) 박상규, 『철학자 정석해 그의 시대 그의 사상』, 사월의 책, 2016, 143쪽. 이 책은 『서산 정석해, 그 인간과 사상』, 연세대학교출판부, 1989.의 증보판이다.

같은 것. 이런 논리적 근거로 많이 들어갔다가 이런 건 사고의 상층뿐이지 심층부는 아니라고 생각이 돼서, 프랑스에 와서는 데카르트 철학에서 시작해서 파스칼에 이르는 철학의 영향을 오히려 받아들였어요. 『팡세』의 '심정의 논리' 같은 것 말입니다.[7]

여기에서 서산 철학의 윤곽이 드러난다. 서산은 사고의 심층부로 들어가는 데 관심을 갖고 있었으며, 그 방법으로 논리학과 수학에서 출발해 과학철학을 탐구하고, 과학철학의 토대 위에서 형이상학으로 나아갔다. 실증주의와 형이상학적-정신적 요소를 결합한 랄랑드와 철학을 마음의 방법론적 자성이라고 정의한 브륑슈비크가 서산에게서도 재현된다. 특히 수학은 논리와 분석 그리고 형이상학적 요소도 함께 갖고 있는데, 수학의 이런 특징에 서산이 매료되었다. 그가 남긴 글들에서 이런 생각이 잘 드러나는데, 「도식과 형상」 및 베르그손의 『시간과 자유의지』 번역본 「해제」가 대표적이다.[8]

4. 자성으로서의 철학

서산이 추구한 '자성으로서의 철학'은 그의 사상의 정수인데 칸트의 비판에서 출발해 베르그손에 이르는 과정은 그의 철학이 가진 이념과 방법을 잘 보여준다. 칸트에 대한 비판은 「도식과 형상」에 적혀 있다. 그는 칸트의 도식론 비판에서 출발해 이를 푸앙까레를 빌어 논박하고 베르그손과 사르트르

---

7) 박상규, 위의 책, 144쪽. 데카르트에서 시작해 파스칼에 이르는 철학의 영향은 브륑슈비크 교수로부터 사사한 것이다.

8) 「도식과 형상」은 연세대학교 인문과학연구소에서 1966년 6월 발간한 『인문과학』 제14·15집 합본에 실렸으며, 『시간과 자유의지』는 1976년에 삼성출판사에서 초판이 나왔으며 1997년에 재판이 나왔다. 「도식과 형상」, 「시간과 자유의지 해제」는 『서산 정석해 철학논집, 진리와 그 주변』, 사월의책, 2016.에도 실려 있다.

를 들어 새로운 이론을 제시한다.[9)]

이 과정을 이해하려면 칸트에 대한 약간의 이해가 필요하다. 칸트는 인식을 질료와 형식의 결합으로 이해한다. 질료는 감성을 통해 들어온 경험적인 것이며, 형식은 경험에서 도출할 수 없는 선험적인 것이다. 이는 곧 인간의 인식이 선험과 경험의 결합으로 이루어진다는, 플라톤에서 시작하는 서구의 전통적 인식론을 다시 구성한 것이다. 질료는 감각적이고 지각적인 자료이며, 형식은 질료에 질서를 매기는 오성(지성, 사고의 능력)의 작용이다.[10)] 따라서 감성과 오성은 인식의 두 원천이 되며, 이 둘이 결합해야 인식이 이루어진다.

감성은 대상에 의해 자극되는 방식을 통해서 표상을 받아들이는 능력, 즉 수용성(受容性)이다. 오성은 판단을 할 때 감각적 자료를 개념적으로 규정하는 '자발적인' 인식 능력이다. 문제는 감성과 오성 사이에 어떤 공통적 요소도 없으며, 각 기능들이 독립적이라는 데 있다. 칸트는 오성의 범주를 감성에 적용하려면 매개가 필요한데, 매개 역할을 하는 것이 구상력이라고 생각한다. 그는 이를 생산적 구상력이라고 불렀다. 여기에서 칸트의 도식 개념이 등장한다. 생산적 구상력은 도식을 산출하고 이 도식을 통해 오성과 감성이 만난다.[11)]

칸트의 도식은 개념과 직관을 잇는다. 직관과 개념은 이종적이다. 직관의 개별성은 공간과 시간 표상에 의해 가능한 반면에 개념의 보편성은 공간과 시간을 없앰으로써 가능하다. 따라서 직관과 개념의 이종성은 공간과 시간에 관련된 이종성이다. 칸트는 이 문제를 해결하기 위해 공간과 시간 표상에 관계하는 것으로서 직관과 동종적이고, 동시에 보편적인 것으로서 개념과

---

9) 이 부분은 서산 철학의 정수 가운데 하나이면서도 서산도 하나의 글로는 적지 않아 이를 정리하는 것은 마치 퍼즐 같다.

10) 플라톤은 이데아를 지적 직관으로 포착하는 이성이 지닌 논증적·개념적 능력을 로고스라고 불렀는데 이 로고스가 오성이다.

11) 원래 도식은 희랍어로 형상을 의미하는데, 칸트는 여기에 다른 의미를 부여한다. 그는 도식을 가리켜, "한 개념에게 그것의 도상을 제공하는 이 상상력의 보편적인 작용방식의 표상"이라고 규정한다.(『순수이성비판』, B180)

동종적인 '도식'을 생각함으로써, 개념의 직관에 대한 적용 문제를 해결하려 한다.[12] 여기에서 드러나는 난점이 어떻게 도식이 서로 이질적인 오성과 감성에 동시에 연결될 수 있는가라는 문제이다.

> "문제는 순수 오성 개념, 즉 범주가 감성화하는 데 매개가 무엇이냐? 그것은 시간이다. 시간상에서 범주는 감성화되어 도식화된 범주로 선험적 기능을 다하는 것이다. 시간은 본래 현상의 가장 보편적 형식이다. 형식적인 것으로서 시간은 범주에 유사하고, 현상의 형식으로 그것은 감각에 밀접하게 결합하여 있다. 그리하여 시간은 감각에다 범주의 적용을 매개하고, 범주에게 일정한 의미를 주는 것이다. 칸트는 이 지루한 분석을 그치고 범주의 순서에 따라, 또 범주와 연결시켜서 도식 형성을 서술하였다."[13]

칸트가 도식을 필요로 했던 까닭은 운동하는 상태에서는 인식이 가능하지 않다는 서구의 전통적 인식론 때문이다. 이런 인식론은 고대 그리스에서 태어났는데 대표적 인물이 파르메니데스이며 플라톤과 아리스토텔레스 역시 이런 시각을 갖고 있다. 고대 그리스에서는 운동을 거부할 수밖에 없었는데, 고대 그리스인들에게 학문은 일종의 분석 작업이고 분석이 가능하려면 자기동일성이 확보돼야 했다. 탐구 대상이 분석 과정 중에 변화하면 분석의 의미가 사라진다. 정지는 고대인들의 상식적인 경험에 비추어 보아도 타당했고 학문을 위해서도 필요했다. 이보다 더 근본적인 문제는 고대 그리스 시대의 과학적 지식으로는 운동을 제대로 파악하는 것이 가능하지 않았다. 칸트 역시 이런 토대 위에서 자신의 인식론을 전개했고, 시간 및 공간을 초월해 있는 형상을 시간과 공간 위에 놓인 인간의 지각이 어떻게 인식할 수 있는지를 고민했으며

---

12) 칸트, 『순수이성비판』, B178, A139.

13) 정석해, 「도식과 형상」, 『서산 정석해 칠학논집, 진리와 그 수변』, 사월의책, 2016, 158쪽.

그 결과 도식이라는 개념을 착안한 것이다. 그러나 푸앙까레는 새로운 과학을 이용해 전통적인 시간-공간 개념을 반증했다.

"그를 읽은 가운데 지금도 생각나는 게 있군요. '우리가 지금 하늘을 볼 때 별 두 개가 보인다고 하자. 의식 속에는 그 둘이 같이 들어와 있지만(또 옛날 사람은 광선이 즉시 오거니 생각했지만), 물리학적으로는 광선의 속도가 있어 하나는 가까운 거리에서 온 것이고 다른 하나는 먼 거리에서 온 것이니 빛이 발한 시각이 다르다. 그것이 의식상으로만 같은 것으로 받아들이는 것이다."[14)]

과학은 첫째, 인간지성의 자기형성을 자각하게 하며, 둘째, 새로운 질서의 지적 해석을 요구한다. 과학은 일상 경험을 확장하고 풍부히 해서 고립한 사실을 기술치 않고 포괄적 전망을 준다. 경험적 세계는 과학이 개입되지 않은 세계이며 인간 경험의 유한성으로 인해 단편적이고 편협하며 실제 진리와 동떨어져 있다. 인류는 최근까지도 이런 경험적 세계가 주는 지식을 절대화했다. 하지만 가장 근본적인 원리들은 19~20세기에 걸친 물리학의 급속한 발전에 의해 붕괴됐다. 과학에 대해 서산이 적은 글들을 소개하면 다음과 같다.

"과학발전의 의미를 돌아보는 동안, 과학이 인간 지성의 본질에 관한 깊은 자기성찰을 철저하게 하는 것입니다. 인간본성 속에 영구불변의 사고방식, 즉 고정한 범주가 있는 것을 부인함이외다. 이것은 칸트의 비판철학을 비판할 길을 열어줍니다. 인간본성을 지·정·의의 세 기능으로 본다면 과학은 지성의 자기모순을 극복하여 자신의 초월을 전개하는 데 더 지적 가치가 큰 것이외다. 우리가 과학을 매개로 하여 얻은 세계관이 인간지성의 자기형성을 자각케 하는 것으로 해석할 수 있습니다."[15)]

---

14) 박상규, 앞의 책, 143쪽.
15) 정석해, 「과학과 인간의 가치」, 『진리와 그 주변』, 211~212쪽.

서산은 기존의 철학적 지식에 대한 안티테제로서, 철학이 아니라 과학을 도입한다. 서산에게 과학은 문명사이기에 앞서서 지성사이며 자기실현의 한 과정이다. 서산은 칸트의 난제를 해결하는 이가 베르그손이라고 말한다.

> "19세기말에 이르러 철학적 혁명이라고 부를만한 사태가 발생하였다. 1889년에 낸 『의식의 직접적 소여에 대한 시론』과 1896년에 낸 『물질과 기억』이라는 저서에서 베르그송은 실어증과 대뇌기능의 국재성(局在性)에 대하여 결정적 비판을 내리어서 고전적 견해를 깨어 버렸다, 추억적 상(image)은 단지 대뇌기능의 재생과는 별물(別物)이며, 그 이상의 것이다. 대뇌는 형상을 저축하는 것을 그 기능으로 할 수는 없을 것이다. 지각은 사물과의 직접 접촉이다. 감각의 다양을 결합하는 종합능력은 단지 심적 요소가 아니다. 모든 의식은 종합이요, 심적 존재의 양태 그것이다. 벌써 의식의 흐름 가운데는 고체적(固體的)인 단편은 존재치 않고, 또 모든 상태의 병치관계도 존재치 않으며, 내적 생명은 서로 무한히 침투되어 있는 것으로 나타나며 지적하는 것이다. 이러한 유명한 주장은 심적 상(心的 像)의 심리학을 일신할 사명을 띤 것 같이 보이었다."[16)]

베르그손은 당대의 과학적 성취를 동원해 고대 철학이 정지가 실재로는 존재하지 않는 하나의 가상적 상태임에도 불구하고 이것을 실재로 가정했음을 밝히고, 이후의 철학적 담론을 '정지'에서 '운동'으로, 이것이 기반하는 인식론의 주제를 '공간'에서 '시간'으로, 생명현상의 파악 과정에서는 그 근거를 '양'에서 '질'로 바꿔 놓았다. 서산은 「도식과 형상」 말미에 이렇게 적었다. "사고와 형상의 문제는 도식론에 의한 해결 이외의 다른 방법을 모색하여야 할 필요를 지적하므로써 이 소론을 끝맺는다."[17)]

---

16) 정석해, 위의 책, 158~159쪽.
17) 정석해, 위의 책, 170쪽.

5. 서산의 방법론, 회의·과학·자성과 사고의 혁명

자성의 주체는 '의식'이다. 푸앙까레는 인간이 발견한 원리가 자연의 모사가 아니며, 아울러 인간의 의식에 대해 어떤 외적인 것의 모사가 아니라, 바로 의식의 산물이라는 것을 증명했다. 서산이 생각하는 의식도 그 선상에 있다.

> "세상에 생긴 일 중에 가장 신기한 것은 의식이다. 의식이 나타나자 어떤 새로운 것을 도입한다. 대체 누가 대웅성좌(大熊星座)에 별이 일곱 개인 것을 찾아내었으며 또 어떤 동물의 형태와 유사함을 지적하였는가? 그것은 의심 없이 인간이었다. 물론 그 면들은 발견되기 전에도 일곱 개였고 그 배치도 그러한 모양이었을 것이다. 그러나 우리가 그것을 명확히 알게 되기에는 한 조건이 있다. 이 조건이란 '세어보고 비교하는 정신의 행위' 밖에 다른 것이 아니다. 여기서 인간이 행한 것은 표시하고 발견한 것뿐인 것같이 생각된다. 그러나 어떤 의미로는 인간은 무엇을 부가하였고 또 만들어 내었다. 즉 인간은 7이라는 수를 창조하고 유사라 하는 것을 창조한 것이다. 인간의 사고는 실재의 모사가 아니라, 틀림없이 한 창조"라고 제임스는 논하였다.18)

델포이의 아폴론 신전에 새겨져 있던 "너 자신을 알라"로부터 시작된 '자성'은 인간의 영혼에서 울리는 양심의 소리이며 감정에 의해 자주 지배되는 영혼의 약점을 수호하는 능력이다. 그것은 소크라테스의 문답법, 플라톤이 폴리테이아에서 드러냈던 정의를 찾아나서는 영혼의 순례로 이어지고 '나는 누구인가?'를 물었던 아우구스티누스를 지나 '생각하는 나'를 선언한 데카르트의 성찰을 거쳐 칸트의 도덕철학으로 이어지고, "우리는 자신을 인식해가는 자들"이라고 말하는 니체로 연결된다. 그리고 베르그손이 출현했는데, 베르그

18) 정석해, 위의 책, 150~151쪽.

손은 니체와 함께 불확실성·운동성·생성에 기초를 두고 형이상학을 정초했다. 서산은 수학·과학철학·논리학을 자신의 철학의 지평 안으로 끌어들여 형이상학과 결합해 자성의 철학을 정립하려 했다. 자신의 스승인 랄랑드가 실증주의자와 형이상학적-정신적 요소를 결합한 것처럼 서산은 과학철학과 형이상학적-정신적 요소를 결합한다.

> 베르그송은 이 『시론』에서 구체적, 현실적인 자아의 실존을 드러냈고, 표면적인 자아에서 본래적인 자아를 구별했다. 그 내적 자아는 생성의 과정에서 이루어가고 있어서, 그 본질이 자유임을 갈파했다. 자아를 고정된 인식기능, 즉 이성(理性)으로 보는 칸트의 관념론을 극복한 것이다. 실로 베르그송은 현대의 새로운 정신의 한 개척자이다. 그의 첫 저서 『의식의 직접적 소여에 관한 시론』에 나타난 그의 중심사상을 총괄하여 보면, 질적 연속으로서 직접 의식에 감득된 생생하게 살아있는 지속은 항상 스스로 자기에게 이질적이요 끊임없이 창조하고 있다는 것, 특히 지속은 정신적 실재이어서, 자아를 고정적이고 동질적인 연장에서 근본적으로 구별하는 것의 이 지속은 우주에 있어서 자유와 새로운 것의 원리가 된다고 하는 것이다.[19]

베르그손 이전에는 자아라 하든지 정신이라 하든지 그 본질이 미리부터 고정불변의 실체로 보았다. 그러나 '자아'는 본질적으로 어떠어떠한 고정된 실체가 아니라, 시간 상에서 역사에서 되어 가는 가능성으로 보인다. 그래서 인간의 본성은 과학의 대상이 될 만치 일정한 것도 아니며, 영원한 본질로 완전한 것도 아니다. 서산은 인간의 정신에 대해 이렇게 말한다.

> 인간정신이 부단히 변화하는 현실세계에 부닥쳐 서로 조화를 이루는 데서

19) 정석해, 위의 책, 98쪽.

> 진리와 학문이 생성되어 가고 있다. 인간정신에게 이미 고정한 활동형식을 예정하거나, 세계의 영구한 법칙을 예상하는 것은 안정감을 요구하는 이성의 표현일 뿐이요, 생생한 현실은 부단히 창조되어 가고 있다. 이에 따라 학문과 진리도 재구성되고 항상 진전될 것이다.[20]

그래서 서산은 베르그손의 시간과 자유의지 번역본 해제를 이렇게 마무리했다.

> 철학은 칸트같이 인식론에서 만족할 것이 아니라, 형이상학으로 나아가야 할 것이다. 베르그송은 이 점에서 멘 드 비랑의 사상을 계승하여 철학과 심리학을 분리시킬 수 없다는 데 일치하고 있다. 그는 또 생명의 철학을 형성하면서도 단순히 생물학적 생명의 철학도 아니요, 독일식의 문학적 인간의 생의 철학도 아닌 그 둘을 통일한 것이다.[21]

칸트 비판에서 베르그손으로 이어지는 서산의 탐구는 그의 철학이 회의·과학·자성의 세 요소로 구성됨을 보여준다. 그에게 과학철학과 자성은 방법이며 그 결과로 만들어지는 자유와 유동으로서의 형이상학은 목적이다.

여기에서 드러나는 특징은 서산의 철학에서는 정−반−합의 변증법이 이루어지는 것이 아니라 정에 대항해 반과 새로운 정이 결합이 이루어진다는 점이다.[22] 연역논리의 토대 위에 있는 변증법에서의 합(synthese)은 정(these)의 연장선상에 있어서 정과 다른 것을 제시할 수 없다는 사실을 볼 때 반(antithese)의 문제를 해결하기 위해 제시되는 새로운 정은 기존의 정과는 전혀 다른 것이다. 이것은 사고의 혁명을 추구한다.

---

20) 정석해, 위의 책, 151쪽.

21) 정석해, 위의 책, 111~112쪽.

22) 그의 사회적 활동에서는 반이 곧 정이 되는 사례들이 예외 없이 나타난다.

1959년 4월, 연세대학교 철학과 교수와 학생들이 함께 모였다. 앞줄 왼쪽부터 김흥호, 조우현, 정석해, 최석규 교수. 둘째 줄 왼쪽에서 두 번째부터 학생이었던 고성훈, 송기득, 김창성, 박영식. 나머지는 미확인.

연세대학교 철학과의 특징이 학생들로 하여금 훈고학이나 문헌의 독해에 머무르지 않고 자유로운 사색의 토대 위에서 자신의 철학을 구축하는 데 있는데, 이는 서산이 추구한 사고의 혁명이 강의를 통해 학생들에게 전파됐기 때문이다. 따라서 연세대학교 철학과에서 수학한 이들은 특정 철학자에 매몰되는 게 아니라 특정 철학자에서 출발해 자신의 방법과 이념을 구성하는 특징을 갖고 있다.

6. 서산 강의의 주제들

정석해 교수가 연희대학교에서 가장 먼저 강의한 과목은 논리학이었다.

서산은 자신의 강의뿐 아니라 다른 교수의 강의도 여러 차례 했는데, 그 까닭은 해방 이후 다수의 교수들이 미 군정청을 비롯해 학교 바깥의 일에 열중이어서였다. 이런 까닭으로 서산은 철학 과목뿐 아니라 문과대학의 수학이나 정치학 등도 강의했다. 철학과에서는 논리학, 인식론, 과학철학, 형이상학, 심리학 등을 강의하며 근대와 현대의 여러 철학을 학생들에게 소개했다.

철학개론을 위해서는 빈델반트(Wilhelm Windelband, 1848~1915)의 책을 이용했는데, 거기에는 서산이 독일 유학시절 서남학파의 역사관, 즉 역사의 일회성 사상에 큰 영향을 받은 흔적이 있다.

논리학에서는 코헨(Morris Cohen, 1880~1947)과 네이글(Ernest Nagel, 1901~1985)의 『논리와 과학방법론 입문』(Introduction to Logic and Scientific Method)에 입각해 연역논리와 과학방법론을 전파했다.

칸트 철학은 주로 인식론에 집중되었으며, 여기 관련해서는 앞서 설명한 푸앙까레의 『과학과 가설』 및 『과학과 방법』, 베르그손(1859~1941)의 도식론이 원용되었다. 철학과 3·4학년을 대상으로는 베르그손의 『형이상학 서설』(Introduction to Metaphysics)을 강독했다. 이에 더해 대륙의 합리론과 영국의 경험론을 다루었다. 이 과목과 관련해 서산은 '성의 철학(Philosophy of Reason)'이라는 강좌를 개설했는데 이를 Philosophy of Sex로 이해한 학생들이 대거 신청했다가 수강을 철회하는 일도 있었다.

1957년 3월, 서산은 학장직에서 물러나 평교수의 위치에서 학교 강의에 좀 더 충실할 수 있게 되었다. 철학과 대학원 석사 과정은 1950년에 문을 열었으나 그동안 비어 있었고 이 해에 처음으로 입학생이 생겨 서산은 대학원 세미나도 지도하기 시작했다.

서산은 고전물리에서 특수 상대성 이론과 일반 상대성 이론 및 양자론에 이르는 물리학적 발전사를 토대로 한 과학철학의 전개와 진리설·변증법적 발전에 의한 브래들리(Francis Herbert Bradley, 1846~1924)의 현대적 형이상학의 면모, 뷔르츠부르크 심리학파·하이데거(1889~1976)·사르트르(1905~1980)·메

클로 뽕띠(1908~1961) 등 다양하고 광범위한 분야에 걸쳐 무수한 참고문헌을 세미나에서 다루었다.

과학방법론에서는 베이컨의 『노붐 오르가눔』(Novum Organum)과 밀의 『논리학 체계』(A System of Logic)를 직접 인용하면서 귀납법의 세계를 소개하고는 가설이 학문의 근본 전제가 되는가를 묻고 논리의 근본 문제를 제기했다. 서산의 '방법론'은 논리학과 영국 경험주의 인식론의 전 범위를 섭렵하는 광역의 무대를 활용했다. 그의 시야는 칸트의 시공간과 도식론을 푸앙까레로, 베르그손으로 그리고 하이데거로 연결하는 끊임없는 문제 제기로 치달았다.[23)]

영국의 관념론 철학자 브래들리의 영향을 많이 받은 브랜샤드(Brand Blanshard, 1892~1987)는 『사유의 본질』(The Nature of Thought)이라는 책을 썼는데, 1957년부터 대학원 과정에서 브래들리의 『현상과 실재』(Appearance and Reality)를 다룰 때 이 책을 같이 다루었다. 서산은 1954년 9월부터 1955년 7월까지 교환교수로 미국을 방문했을 때 예일대학에 재직하던 브랜샤드를 만났고 그의 책을 소개 받아 귀국 후 강의에 활용한 것이다.

흥미로운 사실은 서산이 소르본느 대학 시절 여러 차례 실패했던 심리학 강의도 했다는 것이다. 서산은 회고하기를 심리학에서 여러 번 실패해서 오히려 공부는 더 많이 했다고 술회했는데 이 일이 강의하는 데에는 많은 도움이 된 것 같다. 연세대학교 사학과를 1952년에 졸업하고 프랑스에 유학해 1970년부터 1994년까지 파리7대학 한국학과장을 역임했던 이옥 교수(1928~2001)는 1970년 은사인 정석해 교수에게 보낸 서한에서 이렇게 적었다.

> "오래 전에 한국에서 특히 대학원생 시절에 선생님께 사회학·사회심리학에 관한 지도를 받게 되면서부터 이 방면의 책을 좀 읽어 왔습니다만, 이 건이

---

23) 박상규, 앞의 책, 250쪽.

날짜 미상이나 1960년대로 추정되는 어느 날 역사학자들과의 나들이. 서산은 역사학자들과 매우 가깝게 지냈다. 왼쪽부터 민영규, 민석홍, 이홍직, 홍이섭, 서산, 성명 불상, 앉아 있는 이는 이광린.

어찌나 이 일에 도움이 되는지 측량할 수 없을 정도입니다. 그래 이 강의를 준비하느라고 여러 책을 뒤적거릴 때마다 선생님의 친절하신 그 때의 지도가 생각나 감사의 념(念)이 부절(不絶)입니다."[24]

7. 서산 강의의 특징과 연세철학 학풍

1) 체계적인 강의

서산의 강의는 매우 체계적이었다. 예를 들어 첫 학기에 연역 논리를 끝내고

24) 1970년 1월 6일 프랑스에서 이옥 교수가 정석해 교수에게 보낸 서신.

둘째 학기에 가서 과학 방법론을 취급한 기초학으로서의 '논리학'을 강의한다. 전통적인 논리학 후미에는 논리학의 논리주의와 심리주의의 논란을 다루었고, '주술 판단논리' 이후의 '관계논리'가 전개되어 나오는 사정을 설명해 새로운 '기호논리학'이 얼마나 논리의 세계를 확장해 주었는가를 주지시켰다. 하나의 주제에 대해 이렇게 체계적으로 강의함으로써 그는 학생들에게 서양철학의 흐름을 제대로 이해할 수 있도록 했다.

2) 동시대의 철학을 강의

정석해 교수의 이런 강의의 특징은 동시대의 철학자들을 학생들에게 소개하고 가르쳤다는 것이다. 휴전 후 모든 상황이 척박하고 대학도 예외가 아니었던 시절에 서산은 자신이 유럽에서 배운 동시대의 학문을 학생들에게 가르쳤을 뿐 아니라 유럽과 미국에서 현재 활동하고 있는 철학자들의 저서와 이론을 학생들에게 소개했다. 덕분에 연세대학교 철학과는 동시대의 서양철학을 가장 먼저 다루는 대학이 되었다. 이는 비단 철학과에 그치지 않고 교양과목으로서의 철학에도 영향을 주었다.

3) 원전으로 강의

정석해 교수가 교재와 참고문헌으로 선택한 서적들은 당시 한국에서는 번역본이 없었다.[25] 그는 원전 또는 영어본을 직접 학생들에게 읽혔다. 서산의 이런 학문적 태도는 제자들에게도 그대로 이어져 그의 가르침을 받은 제자들은

25) 베르그손의 형이상학 서설이 들어 있는 『사유와 운동』, 푸앵까레의 『과학과 방법』은 2012년에, 푸앵까레의 『과학과 가설』은 2014년에야 번역되었고 베이컨의 『노붐 오르가눔』, 브래들리의 『현상과 실재』, 코헨과 네이글의 『논리와 과학방법론 입문』, 빈델반트의 저서 등은 아직도 번역이 되지 않았다.

원전을 직접 읽는 것이 일상화되었다. 오늘날에는 그 정도가 많이 누그러졌으나 1950년대부터 1970년대까지 서양철학 저서들의 번역본이 일본어를 중역한 경우가 많았음을 고려할 때 서산의 가르침은 한번 여과된 것이 아니라 원전을 직접 탐독한다는 점에서 의의를 가진다. 따라서 학부 때부터 원서를 읽는 것이 이미 1950년대부터 연세대학교 철학과의 전통으로 굳어졌다.

철학과 1학년 논리학 교재를 원서로 결정하자 한숨을 쉬는 학생들에게 박동환 교수는 "우리 학교 다닐 때 신촌에서는 개도 영어로 짖었다"고 유머러스하게 말했는데, 이는 1950년대와 60년대 연세대학교의 학문적 태도를 매우 적확하게 표현한 것이었다.

4) 서양철학을 직접 공부하고 귀국한 인물

정석해 교수는 20세기 전반 일본을 거치지 않고 서양철학을 직접 공부한 드문 학자이다. 이 시기 프랑스와 독일, 영국 등 유럽에서 철학을 공부하고 귀국해 강단에 선 이는 흔치 않다. 20세기 초 유럽에서 유학하며 철학을 공부한 이들은 공진항·김법린·김중세·백성욱·안호상·이관용·이정섭·정석해·최두선 등인데, 이 가운데 김법린과 백성욱은 불교를 공부했다. 서양철학을 전공하고 해방 전 또는 해방 후 대학 강단에 선 이는 김중세·안호상·정석해 세 사람에 그친다. 이 가운데 안호상은 1948년 정부 수립 때 초대 문교부장관으로 임명된 뒤로는 강단에 서지 않았다. 따라서 형식적으로도 서산의 동년배 가운데 유럽에 유학한 뒤 귀국해 강단에서 서양철학을 강의한 이는 서산이 유일하다.[26)]

---

26) 서산과 같은 시대에 유럽에 유학한 이들은 다음과 같다(가나다 순). 공진항-소르본느 대학에서 철학과 사회학 공부 후 귀국해 사업, 김법린-소르본느 대학에서 철학 공부 후 귀국 후 일제 강점기에는 불교 강원에서 강의했으며 해방 후 문교부장관과 동국대 총장 역임, 김중세-1923년 라이프치히 대학에서 고전학으로 학위 후 귀국하여 경성제대에서 고전어 강의, 백성욱-뷔르츠부르크에서 공부 후 귀국하여 중앙불교

서산은 1956년에 김하태 박사를 교수로 초빙했다. 연희전문을 졸업한 김하태 박사는 사우스 캘리포니아 대학원에서 1950년 철학 박사학위를 받았다. 이로써 연세대학교 철학과는 1950년대에 유럽과 미국에서 직접 철학을 공부한 두 명의 교수가 활동하게 되었다.

5) 다양성과 공정성

서산은 다양한 철학자들을 소개함으로써 학생들로 하여금 사유의 풍요로움을 만끽하게 했다. 데카르트를 비롯한 합리론자, 로크를 위시한 경험론자, 칸트에서 시작돼 헤겔에 이르는 독일 관념론 철학, 푸앙까레에서 시작되는 과학철학, 베르그손으로 대표되는 프랑스 철학, 그리고 빈델반트·하이데거·사르트르·윌리엄 제임스 등 근현대 유럽과 현대 미국 철학자들을 소개해 그 자신이 철학의 백과사전이 되었다.

서산은 서양 학문의 전 영역을 고루 소화하고 소개하는 공정성을 잃지 않았다. 이것은 뜻만 있다고 그리 할 수 있는 게 아니다. 일찍부터 그런 폭 넓은 공부가 다년간 지속되지 않고서는 그와 같은 시야를 가질 수가 없다.[27]

대학원에서도 서산은 서양 현대학문의 정수들을 자유롭게 취사선택해 제시했다. 새로운 심리학적 성과, 과학철학상의 쟁점들, 형이상학과 인간학의 여러 양상들을 무수한 관계 학자들의 논저를 통해 같이 논의했다. 박동환

대학 교수 역임했으며 해방 후에는 대학 행정에 봉직, 안호상—예나대학에서 공부 후 귀국해 1945년에 서울대학교 문리과대학 교수를 거쳐, 1948년 정부 수립 때 초대 문교부장관을 역임, 이관용—취리히 대학에서 공부 후 연희전문 교수 재직하다가 사고로 1934년 별세, 이정섭—소르본느 대학에서 철학 공부 후 귀국해 조선일보에 근무, 최두선—와세다대 졸업 후 마르부르크와 베를린에서 공부 후 귀국했으나 강단에 서지는 않음.

27) 박상규, 앞의 책, 373쪽.

교수는 서산의 강의를 이렇게 평가했다.

> "그는 과학철학에 관한 한 학기 강의에서도 라이헨바흐의 실증주의적인 시공간론과 함께 하이데거의 실존적인 무의 체험을 소개함으로써, 서로 일치시키기 어려운 과학철학과 실존철학의 이해들이 그의 개인적 사상에서 어떻게 종합되는 것인지 궁금하게 생각되는 때가 많았다. 그는 궁극적인 근거를 묻는 독일철학의 심오한 탐구 경향에 대해서 경의를 지니면서도 프랑스 혁명의 자유주의 사상에 기울어져 있었다."[28]

정석해 교수의 강의는 학부와 대학원 사이에 명확한 차이가 있다. 학부의 경우에는 강의와 학생들의 강독이 중심이다. 이에 반해 대학원에서는 학생들의 자유로운 사유를 요청한다. 따라서 대학원 학생들은 원전을 읽는 데서 그치는 것이 아니라 자신의 생각까지도 말해야 한다. 정석해 교수는 서로 모순되고 상치되는 학설과 방법들을 던져서 학생들에게 사색의 실마리를 제공하고자 했던 것으로 보인다.

남의 이론의 타당, 부당을 운위하기 전에 그 이론의 핵심을 올바로 소화할 수 있도록 하기 위해서 서산은 각 학과, 각 학자의 입장을 소개할 때 바로 그런 학파와 학자의 입장이 되어 그것들을 대변했다. 그런 까닭에 서산은 강단에서는 관념론자도 되고 실재론자도 되었으며, 형이상학파도 되고 분석학파도 되었다.

그는 될수록 다양한 그림과 무한히 가능한 접근 방법의 존재를 확인시켜서 학생들로 하여금 스스로 독자적인 사색에의 길을 걷도록 유도하는 자세를 견지했다. 그는 학생들 개개인의 자질과 개성을 존중하는 교육자였다.

다양한 분야의 강의는 대학원에 진학한 학생들이 다양한 전공을 선택하는

28) 연세대학교 백년사 편찬위원회, 『연세대학교백년사 3』, 연세대학교출판부, 1985, 43쪽.

데 영향을 주었다. 1950년대와 60년대에 입학한 학생 가운데 대학원 철학과에 진학해 학위를 받은 이들은 12명인데, 수가 많지 않은 한계가 있으나 이들의 학위 주제를 보면 플라톤에서 하이데거에 이르기까지 다변화되어 있다.[29] 특히 연세대학교 철학과의 특징은 전공을 교수가 선정해서 권유하는 것이 아니라 학생이 스스로 선택하는 데 이런 학문적 태도는 서산에서 출발했다.

6) 연세철학 학풍의 형성

서산의 이런 자세는 연세대학교 철학과의 학풍에 그대로 적용되었다. 특징을 기술하면 다섯 가지로 요약된다.

(1) 철학의 다양한 사조를 체계적으로 공부하는 것

(2) 학부에서는 철학사를 중심으로, 대학원에서는 철학자와 사상을 중심으로 공부하는 것

(3) 번역본이 아닌 원전에 충실하면서 동시에 자유로운 사유를 추구하는 것

(4) 학생 스스로 전공을 결정하고 탐구하면서 지도교수는 조언자의 역할에 충실한 것

---

29) 이 시기 연세대학교 대학원 철학과에서 학위를 받은 이들의 논문은 다음과 같다.
박상규, 「'뿌라들리'의 '직접경험'에 대한 비판」, 1959년 2월.
박영식, 「플라톤의 이데아론」, 1960년 2월.
오영환, 「화이트헤드의 시간관」, 1960년 9월.
김수철, 「데이비드 흄의 인과율에 관한 현대적 고찰」, 1963년 6월.
송기득, 「M.Heidegger의 진리의 본질적 의미」, 1964년 9월.
박동환, 「Kant의 순수이성에 대한 비판과 지성 비판의 현대적 과제」, 1965년 2월.
피세진, 「윌리엄 제임스의 진리관」, 1967년 9월.
정규남, 「현대철학에 있어서 시간 개념」, 1968년 2월.
조규철, 「M.Heidegger에 있어서 진리의 존재론적 의미」, 1970년 2월.
김영근, 「철학적 인간학에 있어서의 언어 문제」, 1970년 9월.
김용복, 「상상(想像)에 관한 인식론적 연구」, 1971년 9월.
김정치, 「상징형식의 인식론적 성격」, 1972년 2월.

(5) 사고의 혁명을 추구하는 것

8. 학문에 대한 경건한 자세와 도덕률

그러나 무엇보다도 서산이 추구한 것은 학문에 대한 경건한 자세였다. 연희대학교 1회 입학생인 최석규의 회고에 따르면

> "논리학 시간에 김윤경 선생의 소개로 등단한 정 선생님은 처음부터 동경의 대상이었습니다. 독어·불어로 철학을 했다고 하니까 더욱 그런 느낌이 들었습니다. 선생은 뒷짐을 지고는 교단을 왔다갔다 하다가는 '여러분 모든 것을 의심하십시오' 하는 데카르트적 명제로 강의를 시작했습니다."[30]

서산이 보직을 맡고 있던 시절 많은 강의들은 오후에 진행되었다. 이럴 때 정석해 교수의 강의는 땅거미가 지고 활자가 눈에 안 들어올 무렵에야 끝났다. 그는 한번 시작하면 이렇게 열중했는데, 그것은 전쟁을 겪으며 많은 손해를 본 학생들에게 많은 공부를 시키기 위함이었다. 박영식 연세대학교 전 총장은 말하기를 "1953년 휴전이 된 이후 연세대학교는 학생들이 실력을 길러야 나라가 발전한다면서 공부를 많이 시켰는데 그 선두에 정석해 교수가 있었다"고 제자들에게 말한 적이 있다.

달변가는 아니었고 오히려 어눌한 편이나 그의 강의는 학생들에게 깊은 인상을 남겼는데, 1975년 경향신문에 실린 「명강」이라는 제목의 좌담회 기사를 보면 정치외교학과 4학년에 재학 중이던 최상기는 이렇게 말했다.

---

30) 박상규, 앞의 책, 197쪽.

"내가 직접 들은 명강 중 정석해 교수의 강의는 잊을 수 없어. 지금은 정년퇴직하여 명예교수로 일선에서는 물러났지만 그분은 전형적인 학자풍의 강의를 했어. 계절에 관계없이 일정한 시간에 교문을 들어서고 강의실에 들어오며 시간은 분·초까지도 정확할 정도였어. 교단에 서면 우리는 그분의 위엄에 압도당했고 희끗희끗한 머리에 카랑카랑한 음성은 잊혀지지 않아."[31)]

그의 이런 자세는 교수들에게도 요청됐다. 연희전문 문과와 서울대 국어국문학과를 졸업한 장덕순 교수는 1953년 연희대학교에 교수로 취임했다. 1960년 4·19혁명 때 교수단 시위에 참가하였고 같은 해 학교 재단과의 마찰로 연세대학교를 사임했는데, 서산과는 사숙의 정을 나누었다. 장덕순 교수의 이 글은 교수로서의 서산을 잘 보여준다.

"그가 연세대학교 문과대학장 시절의 일화를 하나 부연하면서 이 글을 마무리짓겠다. 나는 연세대 부산분교에 남아 있을 때이다. 학기 초에 서울에 왔다가 백영 정병욱 교수와 영문과의 이군철 교수와 함께 밤새도록 술을 마시며 놀았다. 이튿날 아침 열시가 훨씬 지나서 정병욱 교수와 함께 연세대로 갔다. 당시 정병욱 교수는 국문학과장으로 학장인 정석해 선생을 보필하고 있었다. 정병욱 교수는 평소 정석해 학장의 성격을 알고 있어서 학기 초에 늦게 출근하면 야단맞을 것을 알고 나를 앞세우고 학장실로 들어갔다. 학장은 나에게 악수만 청하고는 국문과장 앞에 회중시계(정석해 선생은 회중시계, 그것도 일제시대의 역장이 갖고 있는 큰 시계였다)를 내놓으며 '지금이 몇 시입니까? 학생들은 등록으로 일찌기 기다리고 있는데, 학과장으로 이렇게 늦으면 어떻게 하겠소? 빨라 나가 보시오'라고."[32)]

---

31) 『경향신문』, 「명강」, 1975년 7월 18일.
32) 『주간조선』, 「잊을 수 없는 인물들」, 1983년 7월 24일.

서산은 교무처장과 문과대학장 시절 회중시계를 들고 강의에 늦게 들어가는 교수들에게 쓴소리도 마다하지 않았다고 한다. 그에게 강의는 경건하고 성스러운 것이었던 것 같다. 그래서 그는 교수직을 성직으로 여긴 것 같다. 그는 유년기부터 몸에 밴 엄격한 도덕률 위에서 교수직을 수행했다.

이런 일화가 있다. 1960년대 후반 철학과의 한 학생이 학점이 제대로 나올 것 같지 않자 굴비를 선물하는 모험을 감행했다. 하지만 그 학생은 F를 받았다. 학생은 서산을 찾아가 이렇게 말했다.

"선생님, 굴비 잘 드셨는지요?"

"자네가 갖다 준 굴비 덕분에 입맛이 없던 차에 아주 밥을 잘 먹었네."

"그런데 선생님 저 F 받았습니다."

"그럼 그게 학점굴비였어? 말을 해야지. 어쩔 수 없지. 한 학기 더 듣게."

서산의 이런 자세는 비단 그에게만 머무르지 않았다. 연세대학교 철학과 나아가 연세대학교의 학문하는 정신과 도덕성도 이런 방향으로 형성됐다.

참고문헌

| 자료 |

이　옥,「정석해 교수에게 보낸 서신」 1970. 1. 6.

정석해,『진리와 그 주변』, 사월의 책, 2016.

정석해,「도식과 형상」, 연세대학교 인문과학연구소,『인문과학』 제14·15합, 1966. 9.

KBS,「정석해와 박상규의 대담」, 1989. 5.

| 저서 |

박상규,『철학자 정석해 그의 시대 그의 사상』, 사월의 책, 2016.

베르그손 앙리, 정석해 옮김,『시간과 자유의지』, 삼성출판사, 1997.

연세대학교 백년사 편찬위원회,『연세대학교 백년사 3』, 연세대학교출판부, 1985.

칸트 임마뉴엘, 백종현 옮김,『순수이성비판』, 아카넷, 2006.

Brigitte Nerlich & David D. Clarke, *Language, action, and context: the early history of pragmatics in Europe and America, 1780-1930*, John Benjamins Publishing Company, 1996.

심 경 호

위당 정인보와 서여 민영규의 학문방법

1. 머리말

위당(담원) 정인보와 서여 민영규는 전통인문학을 계승하면서 현대 한국학의 지평을 열었다. 미래의 한국학, 미래의 인문학이 나아갈 길이 두 지성에 의해 개시(開示)되었지만, 그 학문의 전모와 방법은 아직 온전하게 평가되지 못하고 있다.

필자는 1989년부터 위당을 사숙했다. 그리고 1990년부터 서여의 문도가 되었다. 『김시습평전』의 머리말에서 본인은 이렇게 말한 바 있다.[1)]

> 1999년 10월, 서여(西餘) 민영규(閔泳珪) 선생님을 찾아뵈었을 때 선생님은 흰 눈썹이 길게 자라 있으셨다. 귀가 많이 어두우셔서 대화가 촌촌이 끊기자, 답답한 분위기를 깨시려는 듯, 서여는 자리 머리맡에 있던 불교 잡지 두 권을 내미셨다. "이 어려운 것을 번역하다니, 곧잘 했어요." 특유의 어투로 몇 마디 평을 하셨다. 매월당 김시습의 『조동오위(曹洞五位)』가 번역되었던 것이다. 잡지를 들여다보고 있는데, 서여는 또 내던지듯 말씀하셨다. "김시습을 유학자다 어떻다 말하는 건 다 사랑방 이야기예요. 김시습의 진수는 『조동오위』에 있거든."

---

1) 심경호, 『김시습평전』, 돌베개, 2003.

1990년 여름에 근 한 달 간, 서여를 모시고 중국 사천성 일대로 신라 김화상(金和尙)의 사적을 답사하러 갔다 온 일이 떠올랐다. 민중불교의 일파인 조동종(曹洞宗)을 신라 스님들이 발전시키고, 그 맥을 일연(一然)과 김시습이 이었으며, 그것이 다시 만해 한용운으로 이어졌다는 사실을 나는 그때 처음으로 서여로부터 배웠다.

그 이후로 나는 한국 한문학과 지성사의 연구가 불교 배척의 언표에 휘둘려 지나치게 불교를 폄하하거나 잘못 파악하고 있지 않은가 하는 의문을 품었다. 더구나 불교를 지양하고 나온 봉건적 이데올로기가 주자학이라고 보는 속류 마르크시즘의 관점으로는 불교 사상의 내적 발전을 정당하게 평가할 수 없거늘, 그러한 관점이 김시습의 사상을 논할 때 제약 요건으로 작용해 온 것이 아닌가를 회의하였다. 조선조의 여러 유학자들이 김시습의 사상과 삶에 대하여 "실제로는 유학의 도리를 실천하면서 겉으로만 불교도인 것처럼 행동하였다."(行儒迹佛)라고 개괄한 것이야말로 유가적 편견일지 모른다고 의심한 것이다.

위당 정인보의 저술은 『담원정인보전집 1~6』(연세대학교출판부, 1983)에 결집되어 있고, 서여 민영규의 저술은 『강화학 최후의 광경』(도서출판 又半, 1994)과 『사천강단』(도서출판 又半, 1994)에 집적되어 있다.

본고는 기왕의 논고들을 바탕으로 하면서, 두 지성의 사상적 지향과 학적 인식의 공통 면모와 함께 서여에 의해 발전된 학적 방법론을 점검하고자 한다. 곧 다음 세 측면에 주목하고자 한다.

① 위당이 가학을 발전시켜 스스로의 학적 지향으로 삼은 것은 무엇이며, 서여는 그것을 한국사상사에서 어떻게 위치시키려 했는가?
② 위당이 제국주의 학자들과 맞서 조선사의 정맥을 검증한 학적 방법은 어떠한 것이며, 서여는 그 방법을 어떻게 현대 학문에 연결시켰는가?
③ 위당이 인간 삶의 가장 중요한 가치로 파악한 것은 무엇이며, 서여는 그것을 학문 연구에서 어떻게 계승했는가?

2. 구시구진(求是求眞)의 학풍 : 강화학파의 학맥

위당은 1933년 『동아일보』에 『양명학연론』을 연재하고 그 「후기」에서, 양명학자를 표방하여 다른 학문을 배척하는 것은 옳지 않다고 했다. 특정 문호에 좌단하기보다 자심독지처(自心獨知處 : 자신의 마음에서 혼자 아는 곳)를 중시했던 것이다.2)

나는 양명학자이다. 그러니까 어떻게든지 양명학을 세워야겠다, 이렇게 생각한다면 그 속에 어떤 것이 잠복하였는가. 나는 양명학자가 아니다, 그러니까 어떻게든지 양명학을 배척하여야겠다, 이렇게 생각한다면 그 속에 어떤 것이 반호(盤互 : 자리 잡음)하겠는가. 내 본 마음의 시비대로 분별할 뿐이 아닐진대 이는 다 사심(私心)이니 '그러니까'의 4자가 곧 천하만고의 공의(公議)를 탁란(濁亂 : 어지럽고 혼탁함)하는 원천이라. '그러니까'의 4자가 없을진대 무슨 일에나 본심으로 좇아 조응하는 앞에 일체의 허가(虛假 : 허위와 거짓)가 없을 것이다. 그러므로 내 양명학을 말하되 누구나 양명학을 좋다고 하는 선입견을 가지고 이에 긍인(肯認 : 수긍하여 인정함)함은 바라지 아니한다. 반드시 자심(自心 : 자신의 마음)으로 좇아 진시(眞是), 진비(眞非)의 분별이 스스로 갈라져야 비로소 허가(虛假)의 권(圈)을 벗어나는 것이다. 양명학을 가르쳐 태첩(太捷 : 지나치게 질러감)하다고 하였었다. 언제 이 학문대로 가나 보았는가. 빨리 들어갈 길이 있을 것 같으면 구태여 돌 것은 무엇인가. 일부러 돈다면 갈 곳에는 성의(誠意) 없음이 아닌가. 양명학을 가르쳐 태간(太簡 : 지나치게 간략함)하다고 하였었다. 언제 이 학문대로 해가 보았는가. 간단함으로 이룰 수가 있을진대 구태여 번거로이 할 것은 무엇인가. 일부러 번거로이 한다면 이루는 데는 성의 없음이 아닌가.

2) 심경호, 「위당 정인보의 양명학적 사유와 학문방법」, 『애산학보』 제39호, 2013, 47~106쪽 ; 심경호, 「유희의 문학과 학문에 드러난 '求是求眞' 경향」, 『진단학보』 제118호, 2013, 141~166쪽.

원래 학문의 요(要)는 '자심상(自心上) 독지처(獨知處)'로 좇아 그 념(念)의 부정함이 없게 함에 있나니 실로 간(簡)하다. 그러나 태간(太簡)함은 아니니 이 이상 일호(一毫)의 가공이 있을진대 이 곧 사위(私僞 : 사사로운 허위)요 실로 첩(捷)하다. 그러나 태첩(太捷)함은 아니니 이 이외 일곡(一曲)의 별격(別格 : 별도의 격식)을 찾을진대 이 곧 망사(妄邪 : 망령되고 간사함)이다. 그러나 간(簡)하다 하라, 만변(萬變)을 응하여도 궤핍(匱乏)함이 없이 곡당(曲當 : 오롯이 들어맞음)하며, 첩(捷)하다 하라, 일생을 계구(戒懼 : 경계하고 두려워함)함으로써 간신히 도달함이 있다 할까.

위당에게 중요한 것은 양명학자라는 사실이 아니라, 양명학을 방법으로 활용하여 학문과 사유에서 허가(虛假)를 비판하고 '구시구진(求是求眞 : 옳음을 구하고 진리를 구함)'을 추구한 사실이다.

위당은 『주영편(書永編)』의 영인 때 집필한 발문에서, 자신의 가학이 하곡(霞谷) 정제두(鄭齊斗)에게서 연원한다는 사실을 밝히고, 하곡 이후의 조선 심학이 훈민정음학 등 주체적 학문의 영역으로 확장하였음을 파악했다. 그 일부는 다음과 같다.[3)]

세상에서는 하곡이 요강학(姚江學, 양명학)을 전공했다고 한다. 하곡이 요강학을 전공한 것은 정말이다. 그러나 하곡은 본래 천문과 역산에 정통했고, 진실을 따라 근본을 찾았다. 세속의 학술이 남만 따라가느라 제 조상도 잊은 것에 격분하여, 내 마음을 근본삼아 외물에 응함이 바꿀 수 없음을 깨달은 터라 요강학이 그러함을 보고 바라고 쏠리게 되었던 것이다. 생각건대 그 옮긴 까닭이 있었으므로, 그가 돌아간 뒤 심학(心學)의 계통이 비록 화(禍)를 두려워하여 차츰 감추어지긴 했지만, 유풍이 미치는 바로는 왕왕 우리나라 전고(典故)로서 스스로 흥기했던

---

3) 鄭寅普, 「書書永編後」, 『담원문록』 권5.

것이다. 이를테면 월암·신재·초원·석천이 한 공부에 깊이야 다르지만, 요컨대 모두가 이에 어긋나지는 않았다.

위당은 하곡 정제두의 학문을 단순한 양명학이 아니라 천문과 역산에 정통했고 진실을 따라 근본을 찾았으며, 요강학(양명학)에서 내 마음을 근본으로 삼는 학문의 가능성을 보았기 때문에 그리로 옮아갔다고 보았다. 또한 하곡 이후로 심학의 계통은 화를 두려워하여 자취를 감추었지만 그 유풍을 이어 우리나라의 전고(典故)를 중시하는 학문이 흥기하였다고 언급하였다. 위당은 『조선고서해제(朝鮮古書解題)』에서 「감서(憨書)」에 대한 해제를 적어 조선후기에 학풍이 구시구진의 본로(本路)로 전향하였다고 언급하였다.[4)]

이때 조선의 학풍이 구시구진(求是求眞)의 본로(本路)로 전향하여 정치, 경제, 역산, 수지(水地), 민속, 어문에 전공하는 고진(苦進 : 고된 노력)이 있었으며, 더욱이 조선을 중심으로 한 연구가 비로소 연구일 줄 통각(痛覺 : 통렬히 깨달음)하게 되매 전유(前儒 : 선배 유학자)에 비하여 아주 근저가 일신한지라 연려실(燃藜室)의 『연려실기술(燃藜室記述)』이 조선사의 술체(述體)로 가장 정핵(精核)하며 신재(信齋)의 훈민정음학(訓民正音學)이 그 대인(大人) 원교(圓嶠)의 서(緖)를 승계하여 초원(椒園)에 점마(漸摩 : 훈도)되었으므로 초원도 평생의 정력을 정음 연구에 경주하여 미염(米鹽)의 묵(墨)으로 자모(字母)의 밀변(密變 : 세밀한 변화)을 변별한 저술이 10수권에 달하였다고 한다. 그때 정현동(鄭玄同) 동유(東愈)가 월암(月巖)의 제자라 문학에 장(長)할 뿐 아니라 경세(經世)의 지(志)가 있었고, 또 훈민정음의 학에 고예(高詣 : 높은 경지에 이름)가 있어, 이로써 유서파(柳西陂) 희(僖)에게 전하였고 남정화(南正和)의 『설문신화(說文新義)』와 신석천(申石泉) 작(綽)의 『시서역차고(詩書易次故)』가 동시 명저이라 초원과 현동(玄同)은 신교(神交)

4) 鄭寅普, 「朝鮮古書解題」, 『薝園鄭寅普全集 1』, 연세대학교출판부, 1983.

로 유명하고 『설문신의』와 『시차고(詩次故)』는 모두 초원의 서(序)를 얻었다.

위당은 '구시구진'의 학맥과 양명학과의 관계를 긴밀하게 연계시키지는 않았다. 하지만 위당은 조선후기에 학풍이 구시구진의 본로로 전향하여 정치, 경제, 역산, 수지(水地), 민속, 어문에 전공하는 고진(苦進)이 있었으며, 조선을 중심으로 한 연구가 비로소 연구일 줄 통각(痛覺)하게 되었다고 진단하였다. 곧 위당은 '심학과 우리나라 전고를 중시하는 학문'을 '구시구진'의 학풍 가운데 가장 중요한 학맥으로 정위시켰다.

이 학맥을 서여는 『회귀(回歸)』 제3집(1987. 6)에 게재하신 「강화학 최후의 광경」이라는 옥고와 「강화학과 그 주변」(연세대학교 국학연구원 강연, 1988)의 강연에서 강화학이라고 명명했다. 곧, 서여는 17세기말에 정통 교학이 현실 구원의 기능을 하지 못하고 편협한 당론으로 굳어져 갈 때에 그러한 경향을 비판하는 새로운 인간학으로서 성립한 구시구진의 학풍을 강화학이라고 명명한 것이다.

강화학파는 구한말을 거쳐 일제 강점기에 이르기까지 250년간 면면이 이어져 내려온 학맥이다. 정제두는 말년에 강화도 진강산(鎭江山) 아래에 정착하여 강학하였는데, 그의 문하들은 그곳을 사상적 회귀처로 추억하였다. 따라서 그 학맥을 강화학이라고 부른 것은 매우 타당하다고 할 수 있다. 이 학파의 지식인들은 대부분 영, 정조의 탕평 정국에서 소외되거나 정국 운영에서 주도적이지 못하였던 소론 준론, 즉 청류당의 사람들이었다.

조선의 강화학파에 대해서는 양명학과의 사상사적 관련성을 고찰하고 하곡 정제두 이후 학맥의 성립과 발전에 관한 연구가 이루어지고 있다.[5] 다만 관련 인물들의 생애와 문학, 사상 경향을 면밀하게 검토하면, 강화학파의 구성원으로 간주되는 인물들을 과연 모두 양명학자로 규정할 수 있을지 의문이

5) 최근의 가장 중요한 성과는 中純夫, 『朝鮮の陽明學－初期江華學派の研究－』, 汲古書院, 2013.이다.

들기 마련이다. 일반적으로 학(學, science)은 완결된 형식의 종합학 규모의 학적 체계를 갖추어야 할 것이다. 이러한 관점에서 본다면 강화학파는 방섭(傍涉)이 많고 외연(外延)이 넓다.

강화학파는 양명학을 바탕으로 하되 주자학적인 인식론을 재차 수용하거나 한학(漢學)의 실증적 학풍을 도입하였고, 유학의 사유 틀을 고수하지 않고 도교와 불교까지 섭수(攝收)하였다. 이렇게 각각의 성향과 시대의 요구에 부응하여 외형적으로는 서로 다른 모습을 띠었지만, '내면을 닦는 데 힘쓰고 자기를 충실히 할 것'[專於內, 實於己]을 지향한 점은 내적 연계성을 지닌다.[6] 그들은 자신들의 학문을 '실학'이라고 불렀다.[7] 강화학파는 주자학의 격물치지를 비판하였지만, 오히려 주자학의 내성(內聖) 지향 정신을 부활시키고 계승하려고 한 측면이 강하였다. 하지만 강화학파는 관념적 사고를 부정하고 사공(事功)을 중시하였으므로, 자연히 경세치용의 실학 운동을 자신의 내부에 끌어들일 수 있었다.

서여는 이러한 관점에서 『송유학안』과도 같은 『강화학안』을 집적하고자 했고, 그 임무를 필자에게 맡겼다.

3. 위당의 의법 – 실증주의와 서여의 문헌학적 신실증주의

일제의 침략기와 강점기에 박은식(朴殷植)·장지연(張志淵)·신채호(申采浩)와 위당은 현실비판의 목적에서 민족사에서 민족의 희망을 발견해내고 민족의 말과 글을 발전시키며 민족의 얼을 고양시키려 하여 '국학'운동에서 중요한 역할을 수행했다. 그 활동은 백남운(白南雲)의 『조선사회경제사』와 『조선봉건사회경제사』, 이청원(李淸源)의 『조선사회사독본』(뒤의 朝鮮歷史讀本) 등과

---

6) 『霞谷集』 권11, 「門人語錄」, "李匡師曰, 先生之學, 專於內實於己."
7) 李匡師, 「書贈稚婦繭紙」, 『圓嶠集』 권2, "拜先生牀下, 聞實學之要."

같은 유물사관에 의한 국학 운동과 병행하는 것이었다. 1930년대 위당은 「오천년간 조선의 얼」(뒤의 朝鮮史硏究)을 연재하여, 안재홍(安在鴻)의 『조선상고사감(朝鮮上古史鑑)』, 문일평(文一平)의 『호암전집(湖巖全集)』 등의 성과를 열었다.

1923년 1월 이후로 총독부는 조선사편찬위원회(조선사편수회)를 조직하여 우리 민족의 역사를 '얼빠진' 사람들의 역사로 날조하기 시작하였다. 총독부의 조선사 연구 결과가 1937년에 『조선사』 35책으로 집성되어 나왔으며, 『조선사료총간』 20종, 『조선사료집진』 3질이 별도로 간행되었다. 이와 함께 1926년 경성제대에 법문학부가 설치되면서 일인 학자나 일부 조선 인사들이 가치중립적, 사료 중심의 실증주의를 표방함으로써 총독부의 식민 지배 이데올로기를 암묵적으로 승인하였다.

이 무렵 신조선사에서 『성호사설』·『여유당전서』·『담헌서』·『여암집(旅菴集)』 등을 간행할 때 위당은 적극적으로 간여하여, 국학의 연원인 실학의 세계를 선양하였다. 일제 관학파의 조선사 연구가 식민통치의 이데올로기를 내장한 사이비-실증주의를 표방하였을 때, 위당은 국사 연구에서 진정한 객관적·실증적 학문방법을 대위시켰다. 단, 위당은 사회구성체 이론이나 역사발전 법칙을 역사학에 도입하지 않았다. 위당이 「오천년간 조선의 얼」을 연재하였던 시기는 바로 조선사편수회의 활동이 극에 달하였던 시기였기에, "나를 춥고 굶주리게 할 수는 있어도 나의 얼은 빼앗아가지 못한다"라고 선언한 위당의 저술은 역사적·실천적 의미가 매우 컸다. 민족의 주체성을 강조하고 민족혼을 진작시키는 계몽적 역할을 선생의 저술은 떠맡았다.

위당은 제국주의의 사이비-실증주의를 강하게 비판했다. 「호암 문일평에게 보내는 편지(與文湖巖一平書)」에서 위당은 다음과 같이 말하였다.

> 최근 일본학자가 왕왕 자기가 조선사가(朝鮮史家)입네 하기를 좋아하여, 내외의 옛 역사를 증명하는데 한결같게 문헌에 의존한다고 과시하오. 이는 문헌에 의존하

여 부회하면 이 땅의 백성이 가장 열등함을 증명할 수 있다고 알기 때문이오. 대개 예로부터 그러했다고 드러내어 놓은 즉, 스스로는 그 은총을 믿고 교만하기에 보탬이 되어 더욱 멋대로 할 수 있고, 또 이렇게 해 놓으면 압제받는 자가 옛날을 못 잊어 하는 정이 엷어지니, 사곡(邪曲 : 사악하고 왜곡됨)한 짓을 몰래 행하는 것이오. 달팽이의 기어감이나 하늘타리의 넝쿨 뻗음은 담장을 넘지 못하는 법이라오. 그런데도 남해의 기슭에 저들이 일찍이 우보(羽葆)를 꽂았다면서 또한 자신들의 문헌에서 스스로 증명된다고 하니 그 나머지야 또 무슨 말을 하리오? 아무개가 일찍이 이 무리에게 배워서 존경하기를 신명(神明)같이 여기며, 거칠부(居柒夫)·이문진(李文眞)은 존경할 만하지 않고 이즘 사람으로 신무애(申無涯, 신채호)같이 특출함은 미쳤다고 우선 비웃어 대고 있소. 밤낮으로 졸졸 따라 다니며 자기 선생의 자취만 밟아서, 저들이 대충만 써대어도 아무개가 상세하게 펴내고, 저들이 그 실마리라도 들추면 아무개가 끝맺음을 한다오. 저들이 평양(平壤)·봉산(鳳山)은 예전에 한군(漢郡)에 들었다고 하면, 아무개는 바로 호서(湖西)의 군읍(郡邑)이 다 그 속현(屬縣)이라 하여 더 보태어 들여서, 잘 알지도 못하는 것을 끌어대고 자질구레하게 스스로 고증에 덧붙인다오. 아무개의 마음을 헤아리건대 그 사람이라고 한들 어찌 반드시 그 스승에게 충성을 바치려고 그러겠소? 대개 어쩌다가 교수라는 이름 하나 얻어서 영광으로 여기려는 것이라오. 그 심보가 고약하여 때려줘도 부족할 것인데 어디 취할 만한 점이 있다고 하겠소? 당신은 행실이 깨끗하고 학문에만 전념하여 후생이 우러르는 터인데, 말씀을 삼가지 않아서야 쓰겠소? 다 적지 못하오.

위당은 일본인의 손에서 이루어진 『조선고적도보(朝鮮古蹟圖譜)』를 보고 분개하여 국사 연구에 몰두하게 되었다고 회고하였다.[8] 곧, 「정무론(正誣論)」 상·중·하에서 위당은 일제하의 내외 인사들이 『조선고적도보』를 만들어 "평양

8) 정인보, 『朝鮮社硏究 상·하』, 서울신문사, 1947, 361쪽.

은 일찍이 한(漢)의 낙랑군에 편입되었으며, 출토된 여러 물건들이 그 증거가 된다"라고 주장하자, 그 설이 터무니없는 거짓이라고 논하였다. 위당은 평양·봉산에서 출토된 물건 가운데 문자가 있어서 증거로 들 만한 것은 봉니(封泥)·동종(銅鐘)·각석(刻石)·와당(瓦當)·묘전(墓甎)의 다섯 가지뿐이며, 그 다섯 가지도 평양의 낙랑고토설을 입증하는 증거력이 없다는 사실을 면밀하게 논하였다.

위당은 우리나라 사람으로는 처음으로 광개토왕 비문의 본문비평을 시도했다. 위당의 사료 분석이 객관적 논리적 근거에 의해 이루어졌다는 사실은 「광개토왕 비문의 대강 풀이(廣開土境平安好太王陵碑文釋略)」[9]에서 똑똑히 살필 수 있다. 위당은 광개토왕 비문을 편장과 어법 및 문체에 의거해 분석하였다. 광개토왕비 신묘년조["百殘新羅舊是屬民由來朝貢而倭以辛卯年來渡海破百殘□□新羅以爲臣民"]의 "倭以辛卯年來渡海破"의 구에 대해 일제 관변학자들이 "백제와 신라는 옛날부터 고구려의 속민이어서 조공을 바쳐왔는데, 왜가 신묘년에 바다를 건너와 백제와 □□와 신라를 쳐서 신민으로 삼았다"라고 해석한 것을 비판하고, 해당 기사에서 '辛卯年來'와 '渡海破'를 끊어 읽고 그 사이에 주어인 고구려가 생략됐다고 보아, 바다를 건너 백제와 신라를 깨뜨리고 신민으로 삼은 주체가 왜가 아닌 고구려라고 보았다. 위당은 정통 한학의 행문(行文) 관습에 대한 이해를 바탕으로 문체비평의 방법을 활용한 것이다. 위당의 해석은 삼국과 왜의 역학관계를 검토하여 당시 현실 문제를 성찰하고자 했던 역사인식의 소산이었다.[10]

---

9) 정인보, 「廣開土境平安好太王陵碑文釋略」, 『담원문록』 권3.

10) 신채호의 연구를 계승하여, 위당은 육당 최남선의 단군무당론을 비판하면서, 단군신앙은 육당의 주장처럼 아시아의 어느 원시 사회에서나 발견할 수 있는 마술종교가 아니라 고대국가인 단군조선에만 있었던 종교문화라고 역설하였다. 그리하여 지난 5천년 동안 외국에서 유입된 불교문화와 유교문화 등 외래문화를 받아들이기 이전에 가졌던 민족의 고유문화를 단군문화로 보고, 그것이 우리 민족의 뿌리를 이루었다고 주장하였다.

위당의 학문방법론과 관련하여 주목해야 할 것으로, 「당릉군유사징(唐陵君遺事徵)」이 있다.[11] 이 글에서 위당은 당릉군 사적의 인명과 명칭 등에 관한 정보를 싣고 있는 자료를 하나하나 고증하였으나 자료상에 모순이 있음을 보고, 선학들이 제대로 고증하지 않은 것은 당릉군의 사적을 실증할 길이 없어 어쩔 수 없이 허증(虛證)으로 꾸민 것이라고 평가하였다.[12] 위당은 논증을 뒷받침할 자료가 없지만 '의법(義法)'으로 유추해 보면 당릉군의 충과 의를 추론할 수 있다고 주장하고, 문헌사료가 부정확하거나 부족할 경우라도 정황의 증거를 이용하여 사적을 복원하고 또 궐의(闕疑)로 남겨두었다.

> 대개 인보가 당릉의 사적을 통틀어 따지건대, 자료가 있고, 게다가 평소에 문헌이 많이 없어진 것을 한스럽게 여겼고, 전철(前哲)의 전할 만한 분이 왕왕 자취마저 없어져 빛나지 못함을 가슴아파하였거니와, 당릉 같은 공(功)은 다소 다른 책에도 여기 저기 흩어져 보이며 대체는 관통된 즉, 서둘러 기록하려 꾀한 것은, 당릉만을 위한 것이 아니라, 또한 그 전부터 마음속에 못 잊던 생각을 스스로 풀기 위해서이기도 했다. 그 전(傳)을 지으려 꾀함에 그 일을 증명할 것이 대체로 갖추어졌으나 다시 여러 설이 여기 저기 흩어져 보이는 것을 꼼꼼히 살피니 지극히 어수선하여 간추릴 수가 없었다. 소설이나 패관 따위는 합리적 언론으로 뽑힐 만하지는 못하다. 이에 다시금 민덕(民德)이 쇠하고 의(義)를 사모하는 마음이 성실치 못하여 나라가 나라로서 설 수가 없음을 알아 말하려 하여도 말 못하게 한탄스러웠다. 돌이켜 생각하니, 이제 이것을 되풀이하여 추론함으로써 그 대체에 거짓이 없음을 밝힌 것은 그 근원을 따지자면 여러 책에 여기저기

11) 위당의 「唐陵君遺事徵引」에 의하면 홍순언의 후손 洪正求가 위당에게 당릉군 遺事의 편찬을 부탁하자, 『熱河日記』의 「玉匣夜話」와 李勉伯의 『海東惇史』, 『通文館志』, 『燃藜室記述』, 朴東亮의 『寄齋雜記』 및 당릉군 후손의 가장 문헌을 중심으로 한 권으로 엮은 것으로, 1928년에 목활자로 간행되었다. 정양완 님의 역주본 『담원문록』에 처음으로 완역되었다. 안장리, 「인문학적 사유를 바탕으로 한 장르변형 글쓰기－정인보의 『당릉군유사징』－」, 『동방학지』 130호, 2005, 279~305쪽.

12) 정인보, 「당릉군유사징」, 『담원문록』. "實以徵之之道窮, 而不能不假術於虛證."

흩어져 있는 것이 아니라면, 마침내 또한 무엇을 의지했을 것인가? 그런즉 문헌이 남아 있다는 것은 그 남아 있다는 것 자체가 이미 귀한 것임을 알겠다. 비록 체세(體勢)는 엄정하지 못하고, 들은 바는 서로 어긋난다고 하지만, 애당초 아무런 기록도 없어서 마침내 막연하여 의지할 데 없는 것보다야 나은 것이다. 이에 이르러 당릉이 전해지게 된 것은 여러 책의 덕이라고 말하지 않을 수 없으니, 다시 자질구레한 것이야 어찌 따질 만이나 한가? 그것은 그렇다 하거니와, 이미 그 일을 적고 의롭다 여기면서 기록이 불비하여, 이야기 거리를 제공함에 그친다면, 애당초 그것이 국사에 올라 후세에 길이 전해지기를 바라지는 않음이니 또한 당시의 군자에게 유감이 되지 않겠는가?

위당은 소설이나 패관 따위는 합리적 언론이 아니라고 하면서도 그 속에는 거짓이 없는 대체(大體)가 있을 수 있다고 하였다.

서여는 위당을 잇고 실증주의의 방법을 적극적으로 평가하여 신 문헌실증주의 학풍을 열었다. 이미 위당은 『조선고서해제』에서 문헌학을 토대로 하는 의법—실증주의를 개창한 바 있다. 서여는 그 성과를 계승하는 동시에 중국의 호적(胡適, 1891~1962)이나 일본의 우이 하쿠쥬(宇井伯壽, 1882~1963)의 연구에 주목하여 현대적 문헌실증주의 학풍을 수립했다. 일례를 들면 『주문공교창려선생집(朱文公校昌黎先生集)』의 독후기를 들 수 있다.

조선에서는 세종 원년(1419) 진주(晉州)에서 위중거(魏仲擧)의 『오백가주음변창려집(五百家註音辯昌黎集)』을 간행하고(외집만 전함), 세종 20년(1438) 최만리(崔萬理)·김빈(金鑌)·이영서(李永瑞)·조수(趙須) 등 집현전 학사들이 왕명을 받아 새로 『주문공교창려선생집』을 엮어, 그것을 활자로 간행하였다. 이 신편은 주희의 『한문고이(韓文考異)』, 위중거의 『오백가주음변창려집』, 한순(韓醇)의 『신간훈고당창려선생문집(新刊訓詁唐昌黎先生文集)』 등을 참조해서 기왕의 주석을 선별 수록한 것이다. 명종·선조 연간에 갑인자혼보자(甲寅字混補字)로 간행되고, 뒤에 정판되었으며, 다시 경진자(개주갑인자)로 간행되

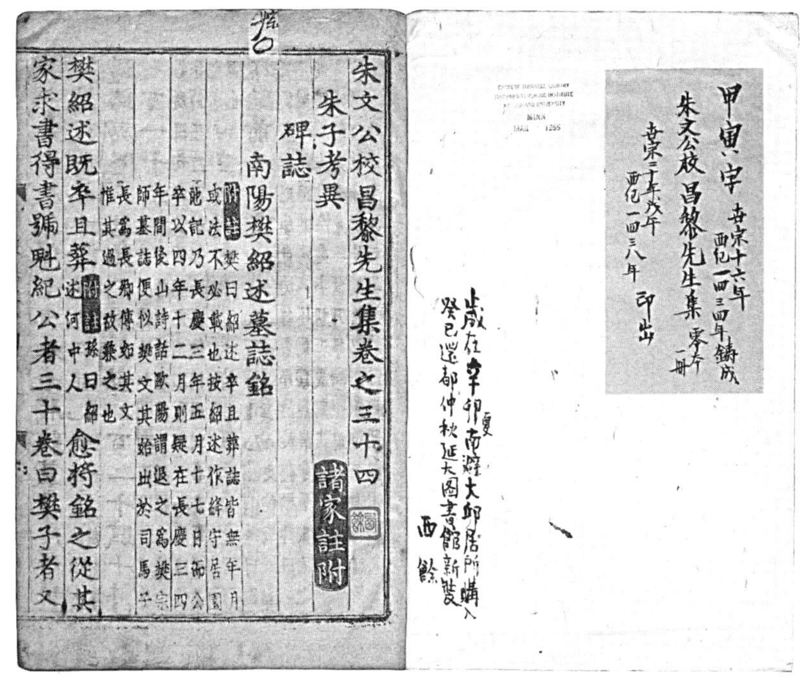

미국 하버드대학교 하버드-옌칭 도서관 소장 갑인자본 『주문공교창려선생집』 영본 1책

고, 임진왜란 이후 광해군 때 훈련도감자(경오자)로 복간되었다.13) 서여는 하버드-옌칭 도서관 소장의 갑인자본 영본에 대해 그 가치를 확인하고, 사진에서와 같이 간략한 독후기를 적어두었다.

한편 서여는 『춘향전』 어사출도 대목에 나오는 "금준미주는 천인혈이요[金樽美酒千人血]"의 칠언 4행이 『오륜전비기』 16단의 정장시(定場詩) 가운데 함련과 경련을 따온 것이라는 사실을 밝혔다.14) 이 시를 두고 광해군 때 시정(時政)을 풍자한 명인(明人)의 작이라느니, 남원부사를 지낸 성이성(成以性)의 작이라느

13) 심경호, 「宣祖·光海君朝의 韓愈文과 史記 硏鑽에 관하여-韓愈文과 『史纂』의 懸吐와 註解를 중심으로-」, 『季刊書誌學報』 제17호, 1996, 3~39쪽.

14) 閔泳珪, 「春香傳 五則」, 『回歸』 제4집, 汎洋出版部, 1988. 7, 63~67쪽. 본래 『人文科學』 제7집(연세대, 1962) 수록. 뒤에 『江華學派 최후의 광경』, 도서출판 又半, 1994.에 수록.

니 하는 것은 부회에 불과하다. 『오륜전비기』는 이미 중종 연간 때도 두루 읽혔고 후기에는 사역원의 한학 교재로 더욱 많이 읽혔으니, 그 정장시가 널리 회자되다가 『춘향전』 속에 삽입되었으리란 것은 쉽게 추측할 수가 있다.[15] 하지만 이 사실을 언급한 것은 서여의 옥고가 처음이다.

4. 위당의 '아틋' 사상과 서여의 삼계교 중시, 그리고 『삼국유사』 및 『중편조동오위』 논고

위당의 학문 지향에서 가장 중시할 점은, 양명학의 『대학』 해석을 이어 '일체(一體)의 인(仁)'을 강조하고 '아틋'의 정서적 유대 기능을 그것과 동일시한 점이다.[16]

위당은 『대학』 제1장이 주자와 왕양명의 분기라는 점을 강조하였다. 주지하다시피 왕양명은 『대학문』에서 고본대학(古本大學)에 의거하여 '친민(親民)'을 주장하였는데, 위당은 '친민'을 '일체(一體)의 인(仁)'으로 풀이했다. 그렇기에 위당은 왕양명의 발본색원론(拔本塞源論)에 대해, "친민(親民)에 대한 설명이요, 좀 더 자세히 말하면 '동체(同體)의 인(仁)'을 이에서 감발(感發)케 하도록 한 것"이라고 보았다.[17]

> 무릇 민(民)이란 기(己)와 대칭함이니 민을 친하는 친(親)이 명덕을 명하는 명(明)과 곧 일개(一個)이라. 쉽게 말하면 내 마음의 천생으로 가진 '밝음'을 밝히는 것과 가(家), 국(國), 천하에 대한 '아틋'과ㅣ 둘이 아니라 함이다. 이 밝음이 아니면

15) 심경호, 『국문학연구와 문헌학』, 태학사, 2000.

16) 심경호, 「위당 정인보의 양명학적 사유와 학문방법」, 『애산학보』 제39호, 2013, 47~106쪽.

17) 『양명학연론』 '4. 대학문, 발본색원론' ; 『담원정인보전집 2』, 175쪽.

이 아픗이 없고 이 아픗이 없으면 이 밝음이 아니다. 학문의 골자가 이 한 곳에 있는 것이니 일찰나 동안이라도 민물(民物)과 나와의 일체적 감통이 없을진대 내 마음의 본체 없어짐이라.

위당은 생민의 질통(疾痛)이 곧 내 질통이 되는 감통(感通)이 없이 생민과 나의 사이에 간격이 있을 때 본심은 죽는다고 말하며, 발본색원론이란 이 간격을 제거하는 일이라고 규정했다.[18)]

본심(本心 : 본밑 마음)이란 감통(感通 : 느끼어 통함)에서 살고 간격(間隔)에서 죽는다. 만일 생민(生民)의 질통(疾痛 : 고통)이 곧 내 질통으로, 생민(生民)의 곤고(困苦 : 곤궁)ㅣ 곧 내 곤고(困苦)로 그 감통(感通)됨이 내 몸에 있음 같을진대 스스로 분주(奔走 : 서둘러 달려감) 부제(扶濟 : 구제)함을 마지못할 것이니, 그 몸이 거꾸러졌을지라도 본심(本心)은 살았다. 이 하상 일이인(一二人)의 특수(特殊)한 천부(天賦)가 아니요 사람이면 다 같이 감통(感通)되는 것이로되, 악착(齷齪)한 일기(一己)의 사계(私計 : 사사로운 생각)가 제석망(帝釋網)같이 골고루 돌아 얽히어 이 감통(感通)이 그만 중단(中斷)된 것이다. 이 감통(感通)의 중단(中斷)은 곧 양지(良知)의 폐색(蔽塞 : 가리고 막힘)이요, 양지(良知)의 폐색(蔽塞)은 곧 생명(生命)의 운절(殞絶 : 죽어 끊어짐)이니 어느 때든지 일점(一點)의 양지(良知)가 잠깐 반짝하는 곳에는 의연(依然)히 민물일체(民物一體)의 감통(感通)이 있는 것이다.

그리고 위당은 생민의 질통이 나의 질통이 되는 감통을 '아픗'이란 말로 표현하였다. '아픗'은 바로 측달(惻怛)의 감정이다. 위당은 왕양명이 육상산(陸象山)의 "우주내사(宇宙內事)는 곧 기분내사(己分內事)라"를 종상(綜詳)하게 말한 다음 부분을 인용하면서 '아픗'이란 말을 사용하고 괄호 속에 '측달(惻怛)'이

18) 『양명학연론』 '4. 대학문, 발본색원론' ; 『담원정인보전집 2』, 177쪽.

라 명시하였다.[19)]

> 대학이란 무슨 말이냐. 대인의 학이란 말이다. 대인의 학이란 무엇을 이름이냐. 대인은 천지만물로서 일체를 삼는다. 그러므로 그 참 정성으로 아픗함[惻怛]이 어떠한 간격을 두지 아니하나니 명덕을 밝힘은 곧 일체의 체를 세움이요 민을 친함은 일체의 용을 달함이라.

측달이란 말은 본래 『예기』「문상(問喪)」편에서 어버이 상을 당했을 때 슬퍼하는 마음을 가리키는 말로 나온다.[20)] 이후 주자(주희)는 『논어집주』에서 측달이라든가 지성측달이란 말을 거듭 사용했다.[21)] 『중용』의 "인이란 사람이다. 가까운 사람을 친하게 여기는 것이 중요하다.[仁者, 人也. 親親爲大]"라는 구절에 대하여 주희는 『중용장구』에서 "사람이란 사람의 몸을 가리켜 말한 것이다. 이 생리를 갖추고 있어서 자연히 측달자애의 뜻을 지니므로, 깊이 체득하여 맛을 보면 알 수 있다.[人, 指人身而言. 具此生理, 自然便有惻怛慈愛之意, 深體味之可見]"라고 하였다. 『주자어류』에도 지성측달을 운위한 주자의 언급이 많이 산견된다.[22)]

---

19) 『양명학연론』 '2. 양명학이란 무엇인가' ; 『담원정인보전집 2』, 130쪽.

20) "親始死, 雞斯, 徒跣, 扱上衽, 交手哭, 惻怛之心, 痛疾之意, 傷腎乾肝焦肺, 水漿不入口, 三日不擧火."

21) 주자는 「미자(微子)」편의 삼인(三仁)에 대해 논하면서 "세 사람의 마음은 모두 지성측달에서 나왔음을 볼 수 있다.[三子之心同出於至誠惻怛則可見矣]"라고 하였다. 또 「자장(子張)」편에서 자하(子夏)의 말로 등장하는 "君子信而後勞其民, 未信則以爲厲己也. 信而後諫, 未信則以爲謗己也."라는 구절에 대해 주자는 "신(信)은 성의측달하여 남이 믿는 것을 말한다.[信, 誠意惻怛而人信之也]"라고 풀이하였다. 그리고 「자장(子張)」편에서 자유(子游)가 자장을 평가한 "나의 벗 자장은 어려운 일을 잘한다. 그러나 인하지는 못하다.[吾友張也, 爲難能也, 然而未仁]"라는 말에 대해 "자장은 행실이 지나치게 높아 성실측달의 뜻이 적었다.[子張行過高, 而少誠實惻怛之意]"라고 했다.

22) 이를테면 '人皆有不忍人之心'章에 대한 다음 문답이 『주자어류』에 실려 있다. "問 : 天地以生物爲心, 而所生之物, 因各得夫天地之心以爲心, 所以人皆有不忍人之心? 曰 : 天地生物自是溫煖和煦, 這箇便是仁, 所以人物得之無不有慈愛惻怛之心."

그런데 왕양명은 진성측달(眞誠惻怛)이야말로 양지(良知)에서 우러나온 정의적 가치판단으로서, 전인격적인 사랑을 뜻한다고 보았다. 곧, 진성측달의 태도는 나와 천지만물이 동일한 생명의 원리로 관통되어 있다는 사실을 깨닫고, 그러한 존재론적 기반 위에서 인간의 당위를 인식하는 실천적 태도이다. 「섭문울에게 답함(答聶文蔚)」(1)에서, 천지만물은 본래 나와 일체이기 때문에 생민의 고통은 나의 몸에 절실한 고통이지 않을 수 없다고 하였다.[23] 「섭문울에게 답함(答聶文蔚)」(2)에서는 섭표(聶豹)의 치지설(致知說)을 비판하고 양지가 곧 진성측달이라고 했다.[24] 왕양명에게서 진성(眞誠)은 천지만물을 만들어내고 우리 인간들이 진정한 도덕적 삶을 영위할 수 있도록 하는 동력이다. 측달은 자기 자신의 도덕적 마비를 불안(不安)해하고 나 아닌 다른 사람이 온당한 처지에 놓이지 못할까봐 차마 눈을 돌리지 못하는 불인(不忍)의 마음이다.

하곡 정제두는 『존언(存言)』의 '생리성체설(生理性體說)'에서 왕양명의 『전습록』(상)을 인용하면서, 측달을 생리(生理)의 본질로 이해하였다.[25] 이후 조선의 양명학자, 특히 강화학파는 민오동포(民吾同胞)의 관점에서 소외받는 타자에 대한 연민의 정을 짙게 토로하였다. 강화학파의 인사들은 서민들과 호흡하고 그들을 진정으로 동정하여, 목적의식에 물들지 않은 진정한 인간성을 중시하였다.

서여는 강화학의 본질이 이러한 나와 남의 심정적 연대성에 있다고 보았다. 그 일례로 이광명(李匡明)이 1755년 갑산(甲山)에 유배되어 1778년 그곳에서

---

23) 『王文成全書』 卷2 傳習錄 中 「答聶文蔚」 一.

24) 『王文成全書』 卷2 傳習錄 中 「答聶文蔚」 二.

25) 정제두는 인간의 근원을 순수한 기(氣)이자 생리(生理)로 보고, 인심(人心)의 신(神)은 한 개 활체(活體)의 생리이며 전체가 측달하다고 파악했다. 그에 따르면 생리는 진성(眞誠)하고 측달하며 순수하고 지선하여서 지극히 은미하고[微] 지극히 고요하며[靜] 지극히 전일[一]한 체이다. 여기서 진성측달은 생리 즉 성의 본체의 특징을 구성하는 것으로 간주되었다. 『存言』 上 4 「生理性體說」.

죽은 후 계자(系子)였던 이충익(李忠翊)이 반장을 할 때 무조건의 도움을 주었던 북청(北靑) 강태옹(康泰雍) 삼부자 일화를 들었다. 18세기에 소론은 영조의 즉위와 더불어 실각하고, 준소의 이씨 가문은 식은 재(寒灰)가 되었는데, 그 혹독한 가난(家難)을 당하여 새로운 인간발견의 사상을 지니게 되었다. 강태옹은 무인으로 집안이 무척 옹색하였으나 이광명이 귀양을 가게 되었을 때부터 반장의 일까지 음양으로 도왔다. 이충익은 강태옹 삼부자의 행동에서 목적의식에 물들지 않은 인간의 본래적 심성의 존재를 확신했다. 서여가 즐겨 인용한 부분은 다음 구절이다.

> 康雖遠鄕人也. 久知寒灰之不能再熱也. 非望報於我也. 非要譽於隣里也. 相去千里之遠, 非欲吾之感愛慕悅也. 家又貧, 父子力作而食, 非以有餘羡, 聊爲好事也.[26)]

또한 서여는 민중불교였던 삼계교(三階敎)에 주목하고, 한국불교의 주맥을 그와 같은 민중불교적인 속성에서 찾고자 했으며, 『삼국유사』와 『십현담요해』(『조동오위요해』)에서 민중불교의 원리를 읽어내고자 했다.

삼계교는 중국 남북조 시대 말기부터 수나라 때 활동한 신행(信行, 540~594)이 창시한 민중불교의 종파로, 보법종(普法宗)이라고도 한다. 다른 종파의 아견(我見)과 변견(邊見)을 비난했으므로 불교 각파나 권세가들로부터 배척을 받아 명멸을 거듭했다. 수나라 개황(開皇) 20년(600)에 벌써 조칙으로 포교가 금지되었으나, 당시에는 교세가 오히려 치성했다. 현종 개원 13년(725) 여러 사원에 설치된 삼계원(三階院)의 담장을 허물고 대원(大院)과 상통하게 하더니, 안사(安史)의 난 이후로 교세가 약화되고, 송대에 이르러 자취를 감추었다.

신행은 말법사상에 호응해서 보법(普法)·보불(普佛)·보행(普行)의 삼계를 중시하여 무소유사상에 입각하여 상락아정(常樂我淨)의 무진장행(無盡藏行)을

26) 李忠翊, 「紀康泰雍事」, 『椒園遺藁』.

실천했다.[27] 신행은 『대집월장분경(大集月藏分經)』의 정(正)·상(像)·말(末) 삼시(三時)의 설에 따른 말법관에 기초하여, 현재는 제3계, 즉 시는 말법, 인은 부처님도 구할 수 없는 파계(破戒) 사견(邪見) 근기의 중생, 처는 예토에 속하므로, 삼계불법(三階佛法)에 의지해야 한다고 주장했다. 제3계 중생의 근기에 해당하는 당근불법(當根佛法)은 제1·제2계의 별진별정불법(別眞別正佛法) 즉 별법(別法)과 달리 보진보정불법(普眞普正佛法) 즉 보법(普法)이어야 한다는 것이다. 보법의 수행법으로는 귀일체불(歸一切佛)·귀일체법(歸一切法)·귀일체승(歸一切僧)·도일체중생(度一切衆生)·단일체악(斷一切惡)·수일체선(修一切善)·구일체선지식(求一切善知識)의 대근기행(對根起行) 7법이 요청된다. 그리고 신행은 무진장행을 상락아정(常樂我淨) 무진장행과 고공무상(苦空無常) 무진장행의 둘로 구분하였는데, 상락아정 무진장행 16개 조목은 정신적 법시(法施)만 아니라 물질적 시혜(施惠)를 망라한다. 신행은 상락아정 무진장행을 일으킬 수 있는 능행(能行)을 촉구할 뿐 아니라 "무진장행을 보거나 듣거나 기쁜 마음을 내거나 공양을 받는 자 모두가 상락아정 무진장행의 과보를 받게 될 것이다"라고 선언했다. 이로써 무진장행을 중심으로 하여 삼계교단의 결속이 이루어졌다.[28]

삼계교란 명칭은 사사키 게쓰쇼(佐々木月樵, 1875~1926)의 「三階敎と淨土敎」

27) 신행은 동위(東魏) 흥화(興和) 2년(540), 위군(魏郡)의 명문 세족인 왕씨(王氏) 집안에서 태어났다. 신행은 두타행과 걸식을 행하면서 노역에 종사하였으며 빈한한 대중들에게 보시를 행하고 『법화경』의 가르침에 따라 상불경보살(常不輕菩薩)의 태도를 잃지 않았다. 개황(開皇) 9년(589) 수나라 문제(文帝)의 조칙을 받고 옹선사(邕禪師)와 함께 경사(京師)의 고영(高潁) 저택에 세운 진적사(眞寂寺) 삼계원(三階院)에 머물렀다. 이후 삼계교도를 위한 사찰이 장안에 5개로 늘어났다. 개황 14년(594) 정월 4일, 55세로 입적하여, 종남산(終南山) 치명부(鵄鳴阜)의 시다림소(屍陀林所)에 보내 임장법(林葬法)으로 장례를 치른 뒤, 사리를 수습하여 탑을 세웠다. 이 일대는 삼계교도의 탑과 묘원이 조성되어 백탑사(百塔寺)라고 일컬어졌다. 신행의 영탑 왼쪽에는 옹선사(邕禪師)의 사리탑이 있었으며, 정관(貞觀) 5년(631) 옹선사가 입적한 후 이백약(李百藥)의 글을 구양순(歐陽詢) 글씨로 써서 새긴 「화도사고승옹선사사리탑명(化度寺故僧邕禪師舍利塔銘)」이 있었다.

28) 이상현, 「신행, 중국불교 최초의 민중불교주의자」, 『불교평론』 10호, 2002.

(『支那淨土教史』上卷, 東京 : 無我山房, 1913)에 처음 나타난다.[29] 이후 야부키 게이키(矢吹慶輝, 1879~1939)는 1916년과 1922년 두 차례에 걸쳐 영국 대영박물관의 스타인(Aurel Stein) 수집 돈황문서와 프랑스 파리 국민도서관의 펠리오(P. Pelliot) 수집 돈황문서에서 삼계교 문헌 30여 점을 발견해 내고, 또 일본에 산재하던 『삼계불법(三階佛法)』 4권 및 기타 자료를 정리하여, 1927년 『삼계교지연구(三階教之研究)』(東京 : 岩波書店)를 간행했다. 책의 끝에는 '삼계교 잔권(三階教殘卷)'이라는 방대한 자료집이 붙어 있다. 서여는 이 연구성과에 크게 공명했다. 그리고 신행의 활동을 종종 프란체스코 성인의 활동과 견주었다.

서여는 당나라 때 신라 승려의 역할을 고려하여 선종의 계보도를 수정해야 한다고 주장했다. 선종은 남천축국의 바라문 달마가 중국에 들어와 남북조의 양나라 무제 때 세운 종파이다. 달마 이후 선종의 맥은 혜가(慧可), 승찬(僧燦), 도신(道信), 홍인(弘忍)을 이어 남쪽의 혜능(慧能)과 북쪽의 신수(神秀)가 양립하였다. 신수의 제자에 마조도일(馬祖道一)이 있고, 마조의 제자 가운데 한 사람이 백장이다. 마조도일은 또 신라의 김화상 즉 무상(無相)의 제자라고 한다. 같은 마조의 제자 남전보원(南泉普願)은 이류중행(異類中行)의 대명제를 내세웠다. 이들의 계보를 이은 것이 일연(一然)과 김시습(金時習)으로, 그들은 복무노역(服務勞役)과 사회봉사가 출가승으로서의 도리임을 밝힌 선종의 주맥을 한국불교사에 수립한 것으로 파악했다.[30]

또한 서여는 『삼국유사』의 편자 일연이 호를 목암(睦菴)이라 한 사실에 주목하고, 이 호는 당나라 목주(睦州) 출신의 승려 진존숙(陳尊宿)을 흠모해 그를 따르겠다는 뜻을 표명한 것이라고 보았다. 진존숙은 황벽희운(黃檗希運)의 법사(法嗣)로, 운문문언(雲門文偃) 선사를 개오시킨 일로 유명하다. 법명은 도명(道明) 혹은 도종(道蹤)이다. 진존숙은 왕골 짚신을 삼아 효도를 했으며 짚신을 나뭇가지에 걸어 놓아 나그네들이 신고 가게 하였으므로 진포혜(왕골

29) 西本眞照, 『三階教の研究』, 東京 : 春秋社, 1998.

30) 민영규, 「金時習의 曺洞五位說」, 『대동문화연구』 13, 1979.

짚신)로 일컬어졌을 뿐 이름은 끝내 숨겼다.[31] 서여는 일연의 진존숙 흠모가 민중불교사상에 뿌리를 두고 있다고 보았다.

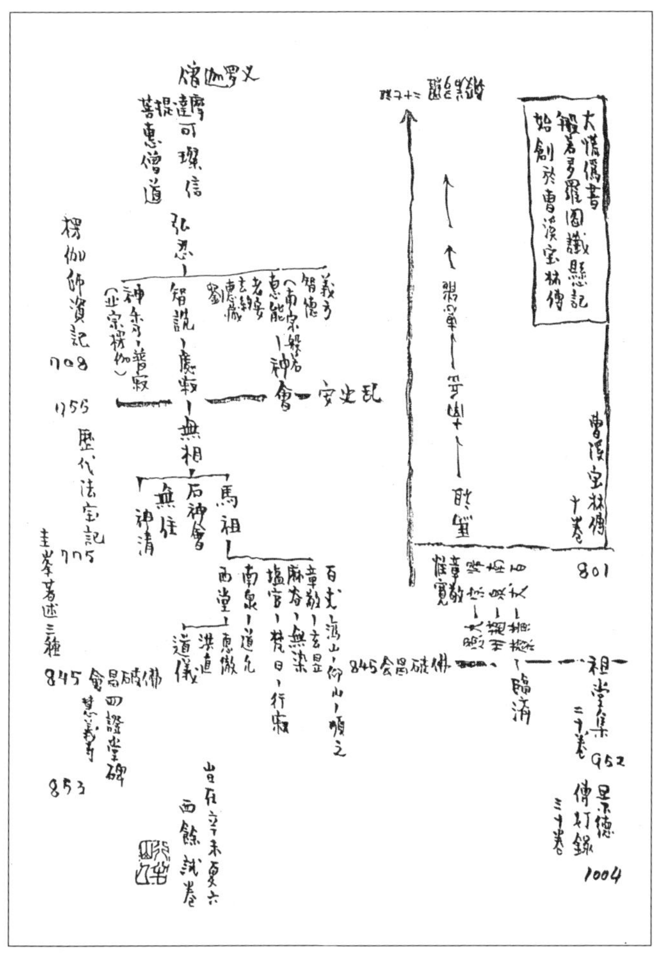

선종의 계보도(서여 육필원고)

스물두 살 되던 정해년 겨울 일연은 선불장(選佛場)에 나아가 상상과(上上科)에

31) 민영규, 「일연과 진존숙」, 『學林』, 1983. 3.

오르고 비슬산 보당암에서 깊은 사색에 잠긴다. 그러기를 9년째 되던 해 몽고군이 몰고 온 전란으로 한 때 몸을 피했다가 이듬해 다시 비슬산으로 돌아와 이번에는 무주암에서 생계불멸불계부증이란 공안을 놓고 십 수 년 동안 각고초사(刻苦焦思) 했다는 것. 나는 여기서 일연이 중생계와 불계가 생래(生來)의 여래장을 갖춤으로써 하나이자 둘이 아닌 능가종 본래의 절대평등관을 구경한 것이 아니었던가 생각하고 있다. 쉰다섯 살 되던 경신년에 일연은 남해도 길상암에서 『중편조동오위』 2권을 완성, 판각에 붙인다. 일연에게 있어 그것은 일연의 선사상을 구명하기에 결정적인 자료가 될 것이며 『삼국유사』와 더불어 쌍벽을 이룰 중요한 내용의 것이지만 일연과 조동선과의 관계는 일찍이 그가 사미승으로 광주 무등산 무량사에 몸을 담고 있었던 때로부터 시작된다. 이듬해 원종왕으로부터 강화정부로 상경하라는 소명을 받고 강도 선월사에서 개당. 그러나 일연은 심히 기쁘지 않은 표정이다. 회연(晦然)이란 당호(堂號)를 버리고 일연(一然)으로 고친 것도 이 시기의 일이다. 5년째 되던 해 마치 포승을 벗어나듯 남쪽 영일 땅 오어사로 돌아간다. 일연에 대한 당로의 끈질긴 유혹은 이때 한번만으로 그친 것이 아니었다. 77세 되던 해 다시 한 번 충열왕에게 불려 지친의 거리에서 열 달 미만을 보낸 사연은 앞에서 이미 이야기한 바다. 왜 그랬을까? 왜 그렇도록 일연은 권력의 측근에 앉기를 마다한 것일까?

서여는 선생 소장의 『조동오위요해(曹洞五位要解)』를 저본으로 교록(校錄)을 하였다. 『십현담요해』 단행본은 대동문화연구원 편, 『매월당전집』에 수록되어 있으나 「조동오위군신도(曹洞五位君臣圖)」와 합철된 『조동오위요해』는 서여가 소장하고 있었다.[32] 김시습이 『십현담요해』를 집필한 지 73년 뒤 1548년(嘉靖二十七年戊申, 명종 2) 강화지(江華地) 마리산(摩利山) 정수사(淨水

32) 두 책의 서지적 고찰에 대하여는 韓鍾萬, 「雪岑의 十玄談要解와 曹洞禪」, 강원대학교 인문과학연구소, 『매월당학술논총 : 그 문학과 사상』, 1988, 85~97쪽. 또한 민영규 소장 『조동오위요해』의 민영규 校錄本은 『매월당학술논총』, 187~432쪽.

寺)에서 희조(熙祖)가 판각한 언해본이 나왔다.[33] 이 언해본은 성철 스님(1912~1993)이 주석하였던 해인사 백련암 장경각 서고에서 발견된 것이다.

김시습의 『십현담요해』는 조동종의 적통 운거도응(雲居道膺, ?~902)의 법사(法嗣)였던 동안상찰(同安常察)이 지은 『십현담(十玄談)』에 주해한 것이다.[34] 즉 『십현담요해』에는 중국 법안종(法眼宗)의 문익(文益, 885~958) 선사의 주가 붙어 있고, 그 뒤에 김시습의 주가 붙어 있다. 『십현담』은 선의 원리를 심인(心印)·조의(祖意)·현기(玄機)·진이(塵異)·연교(演教)·환향곡(還鄕曲)·파환향곡(破還鄕曲)·회기(廻機)·전위기(轉位機)·정위전(正位前)이라는 제목으로 나누어 10수의 게송을 두었다. 이 게송들은 조사선(祖師禪)의 활구공안(活口公案)에 대하여 평창(評唱)을 한 것이 아니라 논리적 설명을 시도하였다. 「전기위」에는 동안상찰의 유명한 '피모대각(被毛戴角)' 게송이 실려 있는데, 서여가 가장 주목한 것이 이 게송이다.

> 被毛戴角ᄒᆞ야 入廛來ᄒᆞ니 優鉢羅花 ㅣ火裏開로다
>
> 터리 가지고 쁠 이여 져제 드러오니 優鉢羅ㅅ 고지【優鉢羅ᄂᆞᆫ 西天ㅅ 마리니 예서 닐오맨 靑蓮花ㅣ라 ᄒᆞᄂᆞ니 千年에ᅀᅡ ᄒᆞᆫ 번 프ᄂᆞ니라】븘 소개 프도다【븘 소개 프다 호ᄆᆞᆫ 븘 소개 고지 아니 프ᄂᆞᆫ 거시어늘 ᄒᆞᄆᆞᆯ며 靑蓮花 푸미 오라니 뿌톄 出世ᄒᆞ샤 佛法 니ᄅᆞ샤 사ᄅᆞᆷ 濟渡ᄒᆞ샤미 쉽디 몯ᄒᆞᆫ 양ᄌᆡ ᄀᆞᆮᄒᆞ니라】【戴 一本作帶】
>
> **[김시습 주해]** 轉却本來身ᄒᆞ고 不入諸聖位ᄒᆞ야ᅀᅡ 名爲本色人ᄋᆡ 行履處ㅣ니 到這裏ᄒᆞ얀 不居正位ᄒᆞ며 不擇其身ᄒᆞ야 却入異類ᄒᆞ야 被毛戴角ᄒᆞ며 牽犁拽來ᄒᆞ야 曾無異念ᄒᆞᆯᄉᆡ 故로 云호ᄃᆡ 一切物類에 比況不濟ᄒᆞ며 千般智力으로 計較不成ᄒᆞ야 全超無影迹ᄒᆞ며 不墮古今機ㅣ라 大地山河ㅣ 都是「35ab 낙장」(自己 森羅萬象 皆同一色 十方世界 無不是解

---

33) 대한불교조계종 백련불교문화재단, 『성철대종사 소장 십현담요해 언해본의 의미』, 2009.

34) 『십현담요해』의 끝에는 "성화 을미년 桃節 哉生覇에 청한자 苾芻 설잠은 폭천산에서 주를 쓰다"라고 서명되어 있다. 성화 을미년은 조선 성종 6년, 서력 1475년이고, 도절 재생패는 3월 16일이다. 김시습 41세 때의 저술이다.

脫門 十方世界 無不是說法度生時 方信道 : '護明不從兜率降 靑蓮花朶火中開')

[언해]「낙장」

서여가『십현담요해』에 주목하고 그것을 한국선종사의 중요한 원 자료로 정립시키고자 한 것은 일본의 조동종 승려이자 불교학자였던 우이 하쿠쥬의 선종사 연구를 비판적으로 계승한 면이 있다. 우이 하쿠쥬의『제이선종사연구(第二禪宗史硏究)』(岩波書店, 1935, 신판 1966) 등 일련의 선종사 연구와 서여의 불교사상과의 관계에 대해서는 연구가 필요하다.

5. 맺는 말 : 위당 – 서여 학풍의 계승 과제

서여는 글을 아꼈다.

서여는『회귀(回歸)』 제3집(1987. 6)에 게재한「강화학 최후의 광경」을 다음과 같은 문장으로 맺었다.

> 만주엔 국화가 없다. 제때에 피는 국화가 없음을 아쉬워하는 줄 알고, 해마다 가을이 되면 꽃잎을 봉투에 담아 이건승(李建昇)에게 보내준 이가 있었다. 나는 그것을 오랜 동안, 구례 황석전(黃石田, 매천 황현의 아우인 黃瑗)이었거니 생각하고 있었다. 이 글을 쓰면서『해경당수초(海耕堂手艸)』를 다시 펴들고 그것이 착각이었음을 알았다. 석전이 보낸 것은 해의(海衣) 삼백(三百)장이었다. 전라도에서 김(海苔)을 해의라 부른다. 더욱 나를 느껴웁게 한 것은, 이건승과 석전 두 노인이 서로 마음을 트고 이십년 가까이 서신을 왕래하면서 일찍이 한 번도 서로 상면한 적이 없었다는 사실이다. 신교(神交)란 바로 그러한 것인가 보다. 국화 마른 꽃잎을 정성껏 봉투에 담아 이건승에게 보내준 이는 단호(檀湖) 민두현(閔斗鉉) 노인이었다.

일제의 강제 합방을 당하여 만주로 떠났던 이건승이 매천 황현의 아우 황원과 신교를 맺었던 사실을 눈앞에 보듯 생생하게 묘사한 글이다. 수많은 논거를 댄 논문보다도 훨씬 설득력 있다.

서여는 앞으로의 한국학이 나아가야 할 길을 적시하였다.

강화학파에 관한 연구만 해도, 학파란 말을 특정 이념을 고수하는 집단의 의미로 사용하기보다는 공통된 역사기반 속에서 공통된 의식지향을 발전시켜 나간 역사적 집단을 가리키는 말로 사용하여야 할 것이다. 생전의 서여는 『송유학안』이나 『명유학안』과 같은 고전적인 철학사 편성이 선행되어야 한다고 역설하고는 했다. 포폄을 배제하고 사실을 집적하는 속에 시비가 드러나게 하려는 방법은 이긍익의 『연려실기술』에서 구현한 방법이기도 하다. 또한 서여는 불교사상사 연구에서 전등사(傳燈史) 수정을 제창하여 문화사상사 연구에서 한 국가, 한 지역의 편협한 인식에 함몰되어서는 안 된다고 촉구했다. 지금 우리는 그 관류적 학적인식 방법을 계승해나가야 하리라고 본다.

참고문헌

| 자료 |

민영규, 「강화학과 그 주변」, 연세대학교 국학연구원 강연, 1988.
민영규, 「김시습의 曺洞五位說」, 『대동문화연구』 13, 성균관대 대동문화연구원, 1979.
민영규, 『강화학 최후의 광경』, 도서출판 又半, 1994.
민영규, 『사천강단』, 도서출판 又半, 1994.
鄭良婉 역, 『담원문록』, 태학사, 2006.
鄭寅普, 『朝鮮社研究 상·하』, 서울신문사, 1947.
鄭寅普, 『薝園文錄』, 연세대학교출판부 영인, 1967.
정인보, 『薝園鄭寅普全集』 1~6, 연세대학교출판부, 1983.
정인보, 『陽明學演論』(홍이섭 편), 삼성문화재단, 1972.

| 저서 |

대한불교조계종 백련불교문화재단, 『성철대종사 소장 십현담요해 언해본의 의미』, 2009.
심경호, 『강화학파의 문학과 사상(3)』, 한국정신문화연구원, 1995.
심경호, 『국문학연구와 문헌학』, 태학사, 2000.
심경호, 『김시습평전』, 돌베개, 2003.
심경호, 『한국한문기초학사』 3, 태학사, 2013.
심경호 외, 『신편 원교 이광사 문집』, 시간의 물레, 2005.
劉明鍾, 『韓國의 陽明學』, 同和出版公社, 1983.
이희목, 『이건창 문학연구 대동문화연구총서 25』, 성균관대학교 대동문화연구원, 2005.
최귀묵, 『김시습 조동오위요해의 역주 연구』, 소명출판, 2006.
아라키 겐고(荒木見悟) 지음, 심경호 역, 『불교와 유교』, 예문서원, 2000.
宇井伯壽, 『第二禪宗史研究』, 東京 : 岩波書店, 1935, 신판 1966.
中純夫, 『朝鮮の陽明學－初期江華學派の研究－』, 汲古書院, 2013.
西本眞照, 『三階敎の研究』, 東京 : 春秋社, 1998.

| 논문 |

김영봉, 「爲堂 鄭寅普의 墓道文字에 나타난 시대 의식」, 『東方學志』 141, 2008.
심경호, 「江華學派의 假學批判」, 『陽明學』 13, 韓國陽明學會, 2005
심경호, 「강화학파(江華學派) 연구를 위한 각서(覺書)」, 일본 京都府立大學 발표, 2014.
심경호, 「江華學派와 '惻怛'」, 第86回 公共哲學京都フォーラム「實心實學」, 日本 : 神戶, 2008.
심경호, 「江華學의 虛假批判論」, 『大東漢文學』 14, 大東漢文學會, 2001

심경호, 「宣祖·光海君朝의 韓愈文과 史記 研鑽에 관하여－韓愈文과 『史纂』의 懸吐와 註解를 중심으로－」, 『季刊書誌學報』 제17호, 韓國書誌學會, 1996.
심경호, 「위당 정인보 평전의 구상」, 『인물과 평전』 4호, 부산대학교 점필재연구소, 2010.
심경호, 「위당 정인보와 강화학파」, 『열상고전연구』 27, 2008.
심경호, 「위당 정인보의 양명학적 사유와 학문방법」, 『애산학보』 제39호, 애산학회, 2013.
심경호, 「유희의 문학과 학문에 드러난 '求是求眞' 경향」, 『진단학보』 제118호, 진단학회, 2013.
심경호, 「정인보, 고뇌 속에 행동한 민족주의 지성」, 『한국사 시민강좌』 제43집, 2008.
沈慶昊, 「江華學派的僞學批判」, 『韓國江華陽明學研究論集』, 臺湾大學出版中心, 2005.
안장리, 「인문학적 사유를 바탕으로 한 장르변형 글쓰기－정인보의 『당릉군유사징(唐陵君遺事徵)』－」, 『東方學志』 130, 연세대학교 국학연구원, 2005.
이만열, 「爲堂 鄭寅普의 韓國 古代史 認識」, 『東方學志』 141, 2008.
이상현, 「신행, 중국불교 최초의 민중불교주의자」, 『불교평론』 10, 2002.
이승렬, 「일제하 중추원 개혁 문제와 총독정치」, 『東方學志』 132, 2005.
鄭良婉, 「蘭谷 李建芳論」, 이종찬 외, 『조선후기한시작가론』, 이회문화사, 1998.
趙東杰, 「年譜를 통해 본 鄭寅普와 白南雲」, 『한국독립운동사연구 5』, 독립기념관 한국독립운동사연구소, 1991.
한정길, 「鄭寅普의 陽明學觀에 대한 연구」, 『東方學志』 141, 2008.

윤 혜 준

최재서의 학문과 교육 활동(1953~1960)

1. 한국전쟁 전후 연희대학 교수 최재서

1946년 8월 15일 연희전문학교가 연희대학교로 승격함과 동시에 대학 내에 정식으로 전공학과들이 개설되었다. 영어영문학의 경우, 연희전문 시절 문과나 상과 학생들에게 제공한 일반 영어영문 교육의 그 강도와 수준이 매우 높았으나, 전문학교라는 한계가 있었다. 게다가 일제 강점기 폭압이 극심했던 1940년대를 견뎌내느라 전문적인 전공과정으로 출범할 준비를 갖추고 영어영문학과를 개설한 것은 아니었다. 『연세대학교 백년사, 1885~1985』에 의하면, "1946년부터 1950년까지는 과도기로서 교수진, 시설 및 교과목의 내용 모두가 빈약한 형편이었"고, "1950년에 들어서서야 학교운영도 정상적인 궤도에 오르기 시작했"다.[1] 그러나 한국전쟁의 발발로 연희대학은 다시 극심한 위기에 빠졌으며, 1951년 10월부터는 피난지 부산으로 학교를 옮기어서 1953년 8월에야 다시 서울로 돌아왔다.[2] 이 험난한 과도기에 연희대학 영문학과의 학문적인 기반을 만들어놓을 뿐더러 나아가 한국 영문학 연구의 기틀을 다진 인물은 최재서(崔載瑞, 1908~1964)이다. 최재서는 일제 강점기에 이미

1) 연세대학교 백년사편찬위원회, 『연세대학교 백년사 3』, 연세대학교출판부, 1985, 17쪽.

2) 『연세대학교 백년사 1』, 연세대학교출판부, 1985, 409쪽.

활발한 문단활동을 한 바 있었고 일본 현지에서도 인정받는 학술활동을 했었으나, 해방과 함께 친일지식인으로 분류되어 근신하던 중, 연희대학교 영문과 교수로 부름 받은 후, 1949년부터 1960년까지 연희대학에서 영문학 교수로 재직했다.[3] 경성제대에서 사토 키요시(佐藤清, 1885~1960) 교수에게 영문학을 배워 영국 낭만주의 시인 P. B. 셸리(Shelley)에 대한 논문을 써서 석사학위를 취득한 그는[4] "과도기의 영문학과를 전담하면서 영문학의 기초와 체계를 이룩하였"다고 연세대학교 공식 역사가 인정하고 있다.[5] 전쟁 직전 연희대학 "도서관장의 자리를 더럽히고 있"다는 겸양의 표현을 쓴 홍순혁(洪淳赫)의 『신천지』 1950년 5월호 기고문에서 "최재서 강사가 쐑스피어 특강, 영문학비평사"를 담당하던 당시 연희대학을 소개하며 "역시 연전(延專) 전통의 영문과를 살리고도 남음이 있다"고 자평했다.[6] 한국전쟁이 발발하여 연희대학이 대구를 거쳐 부산으로 피난 간 후로 최재서는 연희대학 학생들을 가르치는 역할에만 머물지 않고 해방 이전에 했었던 평론과 번역 활동을 재개한다. 그리하여 『매카-더 선풍(旋風)』을 1951년에 출간했고, 연이어 1952년에는 번역서 『영웅 매카-더 장군전(傳)』을 내놓았다.[7] 최재서가 이렇듯 맥아더(Douglas MacArthur)에 열광한 것은 후대 학자들의 눈에는 그의 친일경력과 겹쳐서 기괴하게 비칠 수 있기는 하나,[8] 당시 상황에서는 놀랄 게 없다. 인천상륙작전으로 전세를 뒤집은 "영웅" 맥아더 장군이 본국으로 소환되자, "매커-더 장군이

3) 『연세대학교 백년사 4』, 연세대학교출판부, 1985, 470쪽. 『연세대학교 백년사 3』에는 최재서가 "1947년 부임"했다고 기술하고 있다. 『연세대학교 백년사 3』, 19쪽.

4) 김윤식, 『한국 근대문학 사상 연구 1 : 도남(陶南 [조윤제])과 최재서』, 일지사, 1984, 215~220쪽.

5) 『연세대학교 백년사 3』, 19쪽.

6) 홍순혁(洪淳赫), 「都下各大學巡禮記」, 『新天地』 5권 5호(1950년 5월호), 159~160쪽.

7) 최재서, 『매카-더 선풍(旋風)』, 向學社, 1951 ; 후랑크 케리-, 코-니리아스 라이안(Frank Kelley and Cornelius Ryan) 공저, 최재서 역, 『英雄매카-더 將軍傳(MacArthur-Man of Action)』, 일성당서점, 1952.

8) 예를 들면, 정종현, 「최재서의 '맥아더'－맥아더 표상을 통해 본 한 친일엘리트의 해방전후」, 『한국어문학연구』 59, 2012, 183~222쪽의 시각이 그러하다.

우리의 곁에서 사라짐으로 말미암아 한국전쟁은 어떻게 되며, 또 이 강토와 이 민족의 운명은 어떻게 되나? 밤에 잠이 안오는 때가 많았다"[9]는 최재서의 말에 공산주의자가 아닌 대부분 대한민국 국민들은 공감했을 것이다. 좌우이념논쟁이 본고의 관심사가 아니기에 『매카-더 선풍』을 학술사의 진기한 문헌으로 바라볼 때, 「머리말」의 다음과 같은 구절이 눈에 띈다.

> 4월12일 아침 나는 전날과 같이 시사영어강의를 하기 위하여 대구YMCA로 갔었다. 문깐에서 나를 기다리고 있던 R군은 나를 보자 「오늘 새벽 일본방송에 매커-더 장군 해임이 발표되었는데 불리하지 않을까요?」하고 물었다. 나는 그날 아침 어떻게 강의를 하였는지 도무지 기억이 나지 않는다. 아마도 미스테이크가 수드륵했었을 것이다.[10]

당시 교수 최재서의 일상생활을 엿볼 수 있다는 점에서 사뭇 흥미로운 글이다. 대구 임시 교사에서 시사영어를 강의하는 교수 최재서, 일본어 방송에 귀를 기울이며 바깥 세계 소식을 접하던 학생 "R군", 맥아더 해임 소식에 충격을 받아 강의를 얼버무린 교수, 그야말로 "미스테이크"가 "수드륵"한 대한민국 초기역사와 연희대학 출범기의 단면을 보여주는 장면이라 할 만하다. 또한 이들에게 '친일'이나 '친미'의 낙인을 찍기 전에 이들의 고난을 되새길 필요가 있다.

그러나 일제의 폭압과 앞잡이들의 추잡한 행각에 대한 기억이 너무나 생생하던 시절에 전쟁이 터졌던 만큼, '친일파'의 딱지는 피난지에서도 최재서의 등에 늘 붙어있었다. 부산에 연희대학이 피난 와 있던 시절, 경성제대 후배이자 서울대 영문과 교수가 된 권중휘는 『안과밖』과의 대담에서 당시 최재서를 회고하며 다음과 같은 일화를 전해주고 있다.

9) 최재서, 『매카-더 旋風』, 2쪽.
10) 최재서, 위의 책, 1쪽.

[최재서를] 잘 모르지. 학교 선배이기는 했지만. 51년인가 52년께 부산에서 이양하가 미국 가기 전에 영어영문학회를 만들어보자고 했어. 내가 본부에 학생처장으로 있으니 조금 넓은 학생처장실에 모여서 이야기해보자고 해서 그리 하기로 했지. 그날 그 시간에 온 사람이 나하고 이양하, 남하한 사람이 하나, 또 누구 하나 해서 넷이 있었는데 들어온 사람이 최재서였어. 난 낯은 잘 몰랐지. 최재서가 들어오니까 어떤 사람이 "친일파!"라고 들으라고 일부러 그랬어 (중략) "친일파!" 라고. 그 사람이 친일파라는 건 나도 들어 알았는데 저 사람이 최재서구나 그리 생각했지. 최재서 자신도 이력이 났는지 아무렇지 않게 듣더구만.[11]

延禧春秋出版部에서 叢書刊行

崔載瑞教授譯 하므레트로 出發

본지 연희춘추에서는 금번 그 기구와 기능을 확장하여 학내 여론의 지도와 새로운 학풍의 건설 그리고 해외 문화의 소개등 다채로운 사명을 완수하는데에 이바지고져 금번 출판부를 신설하고 그 제일차 사업으로 문호(沙翁) 섹스피어의 「하므렡트」를 본대학 영문과 교수 최재서(崔載瑞) 선생의 번역으로 출간하게 되었다.

이 번역사업은 앞으로 학내 권위교수들의 손에 의하여 계속 출간 될것으로 독서욕에 굶주린 현하 독서층에 양심적인 양서(良書)를 수급하는 원천이 될것이오 또한 한국문화계를 위하여 경하할 성업이라 할 수 있을 것이다. 이에 학생 일반은 많은 기대와 성원이 있기를 바라는 바이며 여러분이 읽고 싶고 갈망하는 서적을 알려 주면 여러분의 요구에 응하여 문예, 과학, 철학, 법학, 경제, 역사등 각 분야에 걸친 광범한 양서의 번역물을 출간할 예정이니, 여러 학우들의 심심한 협조를 빌어 마지 않는다.

『연희춘추』 1953년 12월 1일

"이력이 났는지" 별 개의치 않기는 그의 학문적 가치만을 보고 그를 임용하여 중견교수로 대접한 연희대학도 마찬가지였다. 아직 서울로 돌아오기 전, 그리고 휴전협정이 조인되기 전인 1953년 7월 15일자 『연희춘추』는 「별과 꿈과 미의 밤!—「영시와음악의밤」 대성황」이라는 제목 하에 다음과 같은 기사를 실었다.

지난 7월11일 7시 해병대 강당에서 열린 「영시와 음악의 밤」(영문학회주최)은 글자 그대로 시와 음악이 서로 교차된 꿈의 밤이었다 무더운 여름밤의 생리(生理)를 풍기듯 땀 내음새 자욱한 장내는 입추의 여지 없이 대만원을 이루고 근래에 보기 드믄 대성황을 이루었다 먼저 최재서(崔載瑞)교수의 개회인사와 별항과 같은 소개가 있은 다음 막을 연 「스테이지」 우엔 오화섭(吳華燮) 선생과 변성엽...군

11) 신현욱, 「한국 영문학의 형성 : 권중휘 선생을 찾아서」, 『안과밖 : 영미문학연구』 2호, 1997, 295쪽.

이 나타나 시낭독과 아울러 노래가 시작되었다 무더위로 약간 동요를 보이던 관중들은 갑작이 냇물처럼 장내를 흐르는 시낭독에 도취한 채 쥐죽은 듯이 고요해지고 이따금 신음처럼 탄식이 새어나왔다 변군의 「바리톤」은 수많은 남녀 관중의 눈에 영롱한 광채를 띄우게 하였고 그동안 창밖엔 별빛이 찬란이 비치고 있었다 꽉 들어찬 관중 속엔 정석해(鄭錫海)교수와 동영부인이 한구석에 자리잡고 좀거리를 두고 백총장과 영부인도 고주넉히 귀를 기우리고 있었다[12]

한반도 남쪽 항구 부산의 한 여름밤, "땀 내음새 자욱한" 해병대 강당에서 "영시와 음악의 밤"을 연희대학 "영문학회"가 주최하고 전쟁의 상처를 얼마씩은 다 안고 있는 젊은이들이 모여들어 "입추의 여지 없이 대만원을 이루"었다는 점은 그 자체로 사뭇 인상적이다. 더욱이 개회사 겸 기조 강연을 "친일파" 최재서가 했다는 점, 그리고 이 행사가 단순히 연희대학 영문학 전공자들의 "영문학회" 차원의 행사가 아니라 "백총장과 영부인"도 참석한 학교차원의 큰 행사였다는 점은 연희대학에서 최재서가 차지하는 비중을 큰 목소리로 증언한다. 그의 기조 강연문도 같은 지면에 실렸는데, 이는 아래에서 살펴보기로 하고, 객관적 사실 차원에서 『연희춘추』 보도기사를 한 편 더 소개하자. 서울로 돌아온 후인 1953년 12월 1일자 학교 신문에는 최재서의 셰익스피어 『햄릿』 번역 출간 계획을 알리는 다음과 같은 기사가 실렸다.

본지 연희춘추에서는 금번 그 기구와 기능을 확창하여 학내 여론의 지도와 새로운 학풍의 건설 그리고 해외 문화의 소개등 다채로운 사명을 완수하는데에 이받고저 금번 출판부를 신설하고 그 제일차 사업으로 문호(文豪) 섹쓰피어의 『하므레트』를 본대학 영문과 교수 최재서(崔載瑞) 선생의 번역으로 출간하게 되었다

12) 「별과 꿈과 미의 밤!-「영시와음악의밤」 대성황」, 『연희춘추』 1953년 7월 15일.

이 번역사업은 앞으로 학내 권위교수들의 손에 의하여 계속 출간될 것으로 독서욕에 굶주린 현하 독서층에 양심적인 양서(良書)를 수급하는 원천이 될 것이오 또한 한국문화계를 위하여 경하할 성업이라 할 수 있을 것이다 이에 학생 일반은 많은 기대와 성원이 있기를 바라는 바이며 여러분이 읽고 싶고 갈망하는 서적을 알려 주면 여러분의 요구에 응하여 문예, 과학, 철학, 법학, 경제, 역사등 각 분야에 걸친 광범한 양서의 번역물을 출간할 예정이니, 여러 학우들의 심심한 협조를 빌어 마지 않는다[13]

『연희춘추』 및 연희대학이 주도하여 "한국문화계"에 기여할 목적으로 출판부를 새로 만들어 "그 제일차 사업으로 섹쓰피어의 『하므레트』를 본대학 영문과 교수 최재서(崔載瑞) 선생의 번역으로 출간"하게 되었으니(이 번역서는 1954년에 연희춘추사에서 출간되었다), 최재서가 연희대학을 대변하는 학자의 대열에 서 있음을 의심하기 어렵다. 그런데 과연 그는 그러한 존경을 받을만한 학문적인 성취를 했던가? 물론 이 질문은 '상대평가'로 답할 수밖에 없다. 이미 1949년에 『햄릿』을 완역한 바 있는 연희전문 출신 미국유학파 설정식(薛貞植)이나, 경성제대 영문과 출신으로 「비극과 산문—쉐익스피어의 산문」(1948년) 같은 뛰어난 셰익스피어 연구논문을 썼던 김동석(金東錫) 등 좌익계열 영문학자들이나,[14] 좌익이 아니면서도 전쟁 당시 불행한 죽음을 당한 보성전문/고려대학의 뛰어난 영문학자 이인수(李仁秀) 같은 '경쟁자'들이 사라진 남한의 영문학계에서 최재서는 분명히 연희대학 및 한국 영문학계의 "권위교수"라고 불릴 만했다. 원로 미술평론가 박용구는 "김동석은 설정식이 대단하다고 생각하고 설정식은 이인수를 그렇게 생각"했다고 한다.[15] 이

13) 「연희춘추출판사에서 총서간행—최재서교수역 하므레트로 출발」, 『연희춘추』, 1953년 12월 1일.

14) 설정식, 『하므렡』, 설희관 편, 『설정식 문학전집』, 산처럼, 2002, 576~759쪽 ; 『김동석 평론집 : 예술과 생활, 뿌르조아의 인간상』, 서음출판사, 1989, 275~323쪽.

15) 조은애, 「통역/번역되는 냉전의 언어와 영문학자의 위치—1945~1953년, 설정식의

세 이름, 김동석, 설정식, 이인수가 모두 지워진 자리에서 한국 영문학이 다시 출발해야 했다는 점에서 한국영문학계도 한국현대사의 비극에 동참하고 있지만, 동시에 최재서는 살아남았다는 사실은 후대 학자들에게는 큰 축복이었다.

2. 최재서의 1953년 『연희춘추』 기고문

셰익스피어와 최재서, 한국전쟁은 서로 밀접히 연관성을 갖고 있었다. 최재서와 같은 세대이며 이화여대 영문과의 원로 교수인 김갑순의 증언에 의하면,

> 최재서씨는 피난갈 때 Shorter Oxford English Dictionary하고 셰익스피어 두 개만 가져가셨대요. (…) 난 스물다섯권을 들고 갔으니, 우린 짐을 조금 많이 가져간 편이야. 기차로 가서.[16]

신정옥은 한국에서의 셰익스피어 수용 및 연구의 역사를 추적하며, 최재서가 한국전쟁 당시 대구로 피난 갔을 때부터 셰익스피어를 깊이 연구하기 시작했고, "냉혹한 시련 속에서도 자신의 심혈을 기울여 『셰익스피어 예술론』에 정성을 쏟았으며, 셰익스피어가 그랬던 것처럼 자신의 질서를 위해 내재되었던 예술혼을 불사른" 학자였다고 평가한다.[17] '영문학'을 대표하는 아이콘인 셰익스피어를 전쟁의 "냉혹한 시련 속에서" 연구했다는 지적은 최재서가 문학을 정치의

경우를 중심으로」, 『한국문학연구』 45, 2013, 43쪽.

16) 김윤경, 「한국 영문학의 어제와 오늘 (3) : 김갑순 선생을 찾아서」, 『안과밖』 4, 1998, 335쪽.

17) 신정옥, 「셰익스피어의 한국수용(1)－1906년~1961년까지」, 『드라마연구』 23, 2005, 49쪽.

대안으로 생각했음을 시사한다. 사실 애초에 경성제대 법문학부에 들어간 뛰어난 (그리고 운 좋은) 인재가 굳이 영문학을 전공한 것 자체가 현실 정치에 대한 일정한 거리두기와 무관하지 않다. 경성제대 영문과를 1933년에 졸업한 홍봉진은 영문과를 선택한 이유를 설명하며, 법과에 가기가 꺼려져서, 즉 법과에 가면 "잘 되었자 일제(日帝)의 고관이 되어서 주구(走狗)노릇을 해야 할 것"이기에, "남은 감옥살이도 하는 데 세속의 공명심 하나쯤이야 포기하지 못하겠느냐"는 생각에서, "이름없는 한 개의 문사(文士)가 되더라도 내 마음만 편하다면 다행한 일이 아닐까"라고 했다.[18] 이러한 심정에 최재서를 비롯한 여타 경성제대 영문학도들도 동의했을 법하다. 문학으로 "내 마음만 편하다면"의 태도는 말의 표현은 더 정제되었지만 1938년에 출간된 최재서의 평론집 『문학과 지성』에서도 발견된다. 이 책에 수록된 「비평의 형태와 기능」은 다음과 같은 결론에 도달하는 글이다.

> 사회에는 여러 가지 문학이 존재할 수 있는 것과 마찬가지로 여러 가지 비평이 존재하고 있다. 만일에 어떤 정치적 권력으로써 문학을 통일할 수 있다면 즉 생존의 필요를 통일할 수 있다면 문학은 그 날로 폐업할 것이다. 문학은 그리 편한 데에서 살기엔 너무도 생명적이고 반역적인 물건이다.[19]

"정치적 권력"의 "주구"가 되는 길을 피해 영문학을 전공한 후배 홍봉진처럼 최재서도 문학은 정치권력에 대해서는 "생명적이고 반역적인 물건"임을 주장한다. 최재서는 일제의 조선어 말살정책에 부역한 혐의로 "친일파"로 분류됨에도 불구하고, 문학은 정치와 전쟁에 시달리는 세상에서 대안적인 공간으로 생각했다. 특히 연희대학 교수 최재서는 그가 원래 견지하던 휴머니즘에 기독교적인 요소도 어느 정도 가미하여 학생들을 가르쳤음을 추론할 문건들이

18) 윤수안 저, 고영진 역, 『'제국일본'과 영어·영문학』, 소명출판, 2014, 176쪽 재인용.
19) 최재서, 『문학과 지성』, 인문사, 1938, 74쪽.

있다. 첫째는 앞서 소개한 1953년 7월 11일 「영시와 음악의 밤」을 개최하며 읽은 다음과 같은 강연문이다.

서정시가 번성한 시대는 음악이 발발된 시대였고 이렇게 시와 음악이 충실한 정신을 가지고 살던 시대였다는 것을 각국 문학사는 우리에게 가르처줍니다 그 가장 좋은예가 영국의 엘리사사밷 시대입니다 섹스피어를낳은 엘리사밷 시대는 드라마에 있어전무후무한 시대였지만 한편 서정시내에 있어서도 참으로 찬란한 시대였습니다 문학사가들은 이시대를 Nest to singing birds라고합니다

엘리사밷 시대에서정시가 번성한 이유는 여러가지 있겠지만 그중에서 가장 직접적인 원인은 Choral music－즉 교회의 성가가 이때에 비로서 과학적으로 연구되면서 새로운 노래를 자구만 요구했다는것입니다

(…)

희랍의 철학자들은 시와 음악이 같은 자연법칙에 지배되는것을 발견하고 그법칙을 Rhythm이라 불렀습니다 그러나 Rhythm은 비단 음악이나 시의 세계에만 나타나는 자연법칙은 아닙니다 크게보면 달이커졌다 작아졌다 하는데 따라서 바다들이 일정한시간을두고 밀었가 씠다 하는것 또 적게보면 우리가 숨을내쉬고 디려쉬는데 따라서 우리의 심장이 일정한 시간을두고 고동하는것－이것이 모두 다 Rhythm 운동입니다 우주의 조화란 리듬 운동을 가리키는 별개의 명칭이라고 말할수 있습니다

리듬은 조물주께서 이 우주를 창조하시고 경영해 나가시는 바로 그 법칙이기때문에 리듬은 생명의 법칙이며 발전의법칙입니다 우리가 신체속에 리듬을 가질때에 우리의 건강은 보존될수있으며 영혼속에 리듬을 가질때에 우리의정신은 조화로운 발전을 해나갈수있읍니다

그러나 이 어지러운 세상에서 우리가 우리의 생활속에 리듬 을가진다는것은 지극히 어려운 일입니다. 인간사회에는 이해의 상반됨이 많고 의견의 충돌이 잦고 잡음과긴장이 심해서 우리가본연한 리듬 을 가지기란 거의불가능할 정도입

詩와 音樂

崔 載 瑞

詩와 音樂은 자妹藝術이라고 합니다 또한편 美술을 文學의 姉매藝술이라고도 합니다 만 音樂과 詩는그以上으로 密接한 關係에 있다는것입니다 서情詩를 英語에서 리릭이라 하는데 그것은 원대 希랍의 선금「리래」에 마추어 부르는 노래였기때문에 그렇게 일컫게되었다고 합니다 文字가 생기고 印刷術이 發明되고書적이 普及된이래로 詩를읽는文學으로 생각하는 傾向이있었지만 그것은 원래에 울르기 위한 文學이었었다는것을 알아야합니다

중을만합니다

그런데 詩와 音樂이 아폴로神에서 탄생된 남매라고 생각한 希랍사람들의 思想속에는 우리들이 깊이배울바가 있읍니다

여러분도 잘아시다시피 Apollo는太陽神입니다 Apollo 의 光明은 暗黑을 헤치고 人間으로하여금 宇宙를환하게 내다볼수있게 한다고 古代希랍사람들은 생각했던것입니다 人間이환한光明속에서 눈을뜨고 宇宙를내다볼때에 제일먼저 發見한것은 宇宙의調和였읍니다 이宇宙의 調和를 그들은

물이 一定한時間을두고 밀었다 썼다 하는것 또 적게보면 우리가 숨을내쉬고 디려쉬는데 따라서 우리의 心장이 一定한 時間을두고 고동하는것—이것이 모두다 Rhythm 運動 입니다 宇宙 의 調和 란 리듬 運動 을 가리키는 별개의 名稱이라고 말할수 있읍니다。

리듬 은 造物主 께서 이宇宙를 創造하시고 경영해 나가시는 바로 그 法則 이기때문에 리듬 은 生命의法則이며 發展의法則입니다 우리가 身體속에 리듬 을가질 때에 우리의健康은 보존될수있으며 靈魂속에 리듬 을 가질때에 우리의精神은 調和로운 發展을 해나갈수있읍니다

그러나 이 어지러운 世上에서 우리가 우리의 生活속에 리듬 을가진다는것은 지극히 어려운 일입니다 ,人間

『연희춘추』 1953년 7월 15일

니다

그러나 여러분 이삼십분 틈을내서 이잡음과 긴장에 시달린 몸을 이끌고 바다가에 나가십시오 바다가에서 눈을감고 조용히 들어 보십시오 바다의 우짖는 소리가 들립니다

바다 물결은 하늘이 문어지는듯한 요란한 소리를 내며 부서집니다 그뒤에는 죽은듯 고요합니다 조금있으면 또다시 물결 소리가 들립니다 일정한 간격을두고 바다물결은 우리의 고막을 울립니다 그러면 상상력이풍부한 시인이 아닐지라도 우리는 그 리듬의 물결을 타고 어느듯 유구한 대자연 영원한 꿈나라에 떠도는 나자신을 발견하게됩니다 마치 어머니의 자장가를 들으며 꿈나라로 떠나가는 갓난애기의 경우와 마찬가지입니다

이와 같은 리듬은 천당의 문을 여는 열쇠이며 영원한 영혼의 세계를 잠시 엿보게하는 주문인것입니다

여러분 앞으로 나오는 아름다운 노래들을 들으시고 잠시 하느님의 질서와 영원한 가치의 세계에 참여해주시기릴 바랍니다.[20)]

20) 최재서, 「시와 음악」, 『연희춘추』 1953년 7월 15일.

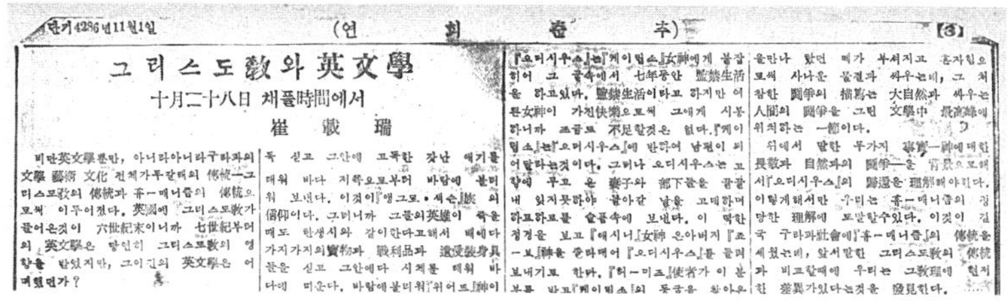

단기4286년11월1일 (연 희 춘 추) 【3】

그리스도敎와 英文學

十月二十八日 채플時間에서

崔 載 瑞

비단英文學뿐만, 아니라아니라구라파의 文學 藝術 文化 전체가두갈래의 傳統—그리스도敎의 傳統과 휴—매니즘의 傳統으로써 이루어졌다. 英國에 그리스도敎가 들어온것이 六世紀末이니까 七世紀부터의 英文學은 당연히 그리스도敎의 영향을 받었지만, 그이전의 英文學은 어떠했던가?

독 싣고 그안에 고독한 장난 애기를 태워 바다 저쪽으로부터 바람에 불리워 보낸다. 이것이『앵그로·색슨』族의 信仰이다. 그러니까 그들의英雄이 죽을때도 탄생시와 같이한다고해서 배에다 가지가지의寶物과 戰利品과 遺愛裝身具들을 싣고 그안에다 시체를 태워 바다에 띄운다. 바람에불리워『위어드』神이

『오디시우스』는『케이립소』女神에게 붙잡히어 그 굴속에서 七年동안 監禁生活을 하고있다. 監禁生活이라고 하지만 어떤女神이 가진快樂으로써 그에게 시봉하니까 조금도 不足할것은 없다.『케이립소』는『오디시우스』에 반하여 남편이 되어달라는것이다. 그러나 오디시우스는 고향에 두고 온 妻子와 部下들을 잠잠내 잊지못하야 돌아갈 날을 고대하며 하로하로를 슬픔속에 보낸다. 이 딱한 정경을 보고『애시너』女神 은아버지『조—브』神을 졸라대어『오디시우스』를 풀어 보내기로 한다.『허—미즈』使者가 이 분부를 받고『케이립소』의 동굴을 찾아오

을만나 탔던 배가 부서지고 혼자힘으로써 사나운 물결과 싸우는데, 그 처참한 鬪爭의 描寫는 大自然과 싸우는 人間의 鬪爭을 그린 文學中 最高峰에 위치하는 一節이다.

위에서 말한 두가지 事實—神에대한 畏敬과 自然과의 鬪爭—을 背景으로해서『오디시우스』의 歸還을 理解해야된다. 이렇게해서만 우리는 휴—매니즘의 정당한 理解에 도달할수있다. 이것이 결국 구라파社會에『휴—매니즘』의 傳統을 세웠는데, 앞서말한 그리스도敎의 傳統과 비교할때에 우리는 그敎理에 현저한 差異가있다는것을 發見한다.

『연희춘추』 1953년 11월 1일

"섹스피어를낳은 엘리사벧 시대"를 칭송하면서 이를 "Choral music—즉 교회의 성가"와 함께 묶고, "희랍의 철학자들"에게서 "Rhythm"을 가져와서 "이 우주를 창조하시고 경영해 나가시는" 조물주 "하느님의 질서와 영원한 가치"에 연결해주는 그의 논리와 수사는 그 자체로도 일품이거니와, 최재서가 아직도 영어이름은 '조선기독대학'(Chosun Christian College)이었던 연희대학 교수로서 학교의 정신과 학풍을 적극적으로 받아들였음을 말해준다.

최재서의 연희대학에서의 위상을 보여주는 또 다른 문건은 1953년 11월 1일자 『연희춘추』에 실린 「그리스도교와 영문학—10월28일 채플시간에서」라는 기고문이다[21]. 연희대학 및 오늘날 연세대학의 기독교 전통을 잇는 가장 중요한 제도인 채플시간에 「그리스도교와 영문학」이라는 본인의 전공과 관련된 내용을 강의한 최재서는 일제 강점기의 그의 과거가 어떠했건 간에 명실공히 연희대학의 대표적인 학자의 한 사람이었다. 이 흥미로운 강연의 전제는 영문학을 비롯한 "구라파의 문학 예술 문화 전체가 두 갈래의 전통—그리스도교의 전통과 휴-매니즘의 전통으로써 이루어졌다"는 것이니, 오늘날 "그리스도교"와 "휴-매니즘"을 모두 조롱하고 저버린 포스트모던 이론들이 무시하는 중요한 역사적 사실을 강연자는 적시하고 있다. 이어서 가장 오래된 영문학 작품으로 인정되는 게르만 이교도 서정시 『베어울프』(Beowulf)의 비장하고 비극적인 세계를 소개한 후, 영국 섬에 이주한 게르만인들인 앵글로색슨들에

21) 최재서, 「그리스도교와 영문학—10월28일 채플시간에서」, 『연희춘추』 1953년 11월 1일.

게 기독교가 전해진 의의를 다음과 같이 요약한다.

> 이러한 이교도들 가슴속에 그리스도교는 원죄의식을 각성시키는 반면에 하나님의 은총으로 말미아마 영혼이 구원되는 길을 가리켜주고, 그리하여 투쟁과 고난의 이 세상 저쪽에 영생과 지복의 세계가 있어 사람이죽으면 영혼이 광명세계로 갈것을 약속해주었다 Bede의 「영국교회사」를 보면 『앵그로·색슨』 사람들이 얼마나 기쁨을 기지고 이러한 복음에 귀를 기우렸던가를 잘 알수있다.

고대 앵글로색슨들에게 전해진 복음이 드디어 20세기에 한국민족에게도 전해져서 그 복음에 근거해 세워진 '조선기독대학'의 채플 시간에 전해주기에 매우 적절한 이야기가 아닐 수 없다. 그러나 영문학자 최재서는 "그리스도교"보다는 "영문학"이 전공이니만큼 "휴-매니즘의 전통"에 대해서 할 말이 더 많다. "휴-매니즘"을 소개하며 그는 곧장 영문학을 비롯한 서구문학의 뿌리인 호메로스의 서사시로 거슬러 올라가므로, 본인의 학문적 깊이를 가늠하게 해준다.

> 도대체 "휴-매니즘"의정신이란 무엇인가? 나는 장황한설명을 늘어놓는 대신에 그원천을 말해주는 지극히 구체적이면서도 소박한 이야기 한토막을 소개하려한다. 그것은 『호-머』의 서사시 『오디세이』에 나오는 이야기다. 대저 "휴-매니즘"이란 "헤레니"즘(희랍정신)에서 나온것이며, 헤레니즘의 발생과정은 『호-머』의 서사시속에서 가장구체적인 표현을 가졌기때문에 나는 이 샘터까지 올라가려는 것이다.

그가 인용하는 대목은 『오디세이』 5장, 고향으로 가는 오디세우스를 붙잡아 두고 있는 여신 칼립소 이야기이다.

> [오디세우스는] 고향에 두고 온 처자와 부하들을 끝끝내 잊지못하야 돌아갈 날을 고대하며 하로하로를 슬픔속에 보낸다. 이 딱한 정경을 보고 『애시니』여인은

아버지 『죠-브』신을 졸라대어 『오디시우스』를 돌려보내기로 한다. 『허-미즈』사자가 이 분부를 받고 『케이립소』의 동굴을 찾아온다. 『케이립소』는 이미 자기의 야망이 글려진것을 깨닫지만, 애착은 아직도 남아있다. 그때에 다음과 같은 대화가 있다.

이어지는 인용은 최재서 본인의 번역으로 보인다. 그가 본 원전은 위의 "애시니"나 "죠-브", "허-미즈", "케이립소" 등의 고유명사 표기에서 알 수 있듯이 영어번역본이었을 것이나, 번역문 자체는 잘 읽히는 글이다.

오.-여신이시어, 내가 하는 말씀에 노하지 마시기를 바랍니다. 조심 심성만은 나의 아내 『피네라피』가 당신과 비교해볼때에 높이와 아름다움에있어 보잘것없다는 것을 나도 잘 알고있읍니다. 그여자는 인간이지만, 당신은 영생하시며 영원히 청춘을 누리는 신이시니까. 그렇지만 나는 가고싶어요.-매일처럼 가고싶어요. 바다길을 건너 고향땅에 나리는 날을 내눈으로 보고싶어요, 또만약 어느신 한분이 다시한번 나를 바다에서 파선시키신다면 또다시 참지요. 기왕에도 환란으로 단련된 마음을 내가슴속에 지니고 있으니까요. 지나간 세월에도 물속에서 싸움터에서 많은환란을 겪고 많은 고생을 해온 이몸입니다. 지나간 환란에대 새로운 환란을 보태기로합시다.

채플 설교 시간에 이교도 여신 이야기를 한참 장황하게 설파하는 게 다소 부적절하게 보일 수는 있으나 친근한 어투로 옮겨서 읽어준 이 대사를 학생들은 즐겁게 들었을 법하다. 인용에 이어진 해석은 다음과 같다.

이 『에피소-드』속에서 우리는 두가지정신을 발견하는데 하나는 「오디시우스」가, 자기는 인간이니까 인간세계로 돌아가겠다고 말하는 겸허의정신, 또하나는 자기의 목적지에 도달하기 전에 어떠한 고난이있을지라도 이것을 인간의힘으로써 극복해보겠다는 노력의정신. 이것이 결국『휴-매니즘』의 탑을 버텨주는 두 지주인것이다.

인간이 자신의 노력으로 신에게 다가갈 수 있다는 믿음이 "휴-매니즘"임을 최재서는 다시 또 다음과 같이 부연한다.

휴-매니즘은 인간에게 경험의정신을 각성시키므로써 인간이 불완전한 존재라는것을 깨닫게하고, 따라서 완전한 모범을 모방할것을 가르친다.『아크로포리스』신전에가면 아포로이하 제신들의 대리석상이 도열하여 희랍사람들에게 완전한 인간상을 보여주고있었다. 그래서 희랍청년들은 체육에 힘써 그들과같이 완전한 육체의 소유자가되고저 열망했다. 그러나 건전한 육체속에 건전한정신이 들어있다는것을 믿는 그들이었다. 그래서 완전한인간성을 표징하는 신의 소(塑)상들속에는 아름다운 영혼이있다는 것을 그들은 신앙하고있었다.「푸라토-』의 이념철학은 희랍사람들의 그러한 신앙속에서 자라난것이었다.

이렇게 "휴-매니즘"의 원조격인 그리스인들의 정서와 사상을 요약해주는 최재서 교수의 수사에서 학생들에게 "휴-매니즘"을 배우라는 간접적인 '설교'를 하려는 의도를 읽을 수 있다. 전후에 폐허가 된 대학과 서울, 대한민국을 재건할 과제를 부여받은 대한민국의 "청년"들로서는 "완전한 인간상"에 도전하는 "희랍청년들"의 모습은 무척 매력적으로 다가왔을 법하다.

"휴-매니즘"에 대한 깊이 있고 선명한 이해를 보여준 최재서의 기독교 이해는 어떠한가? "그리스도교는 인간에게 원죄의식을 각성시키므로써 신의 은총을 받게한다"는 것이 그가 정의한 기독교 정신의 요체이다. 이는 원죄와 하나님의 일방적인 절대은총을 강조하는 아우구스티누스-칼뱅 계열 신학에 기울어 있는 시각으로, 그리스도의 대속과 이웃을 자신처럼 사랑하라는 신약 복음의 핵심과는 다소 비껴나 있다. 호메로스를 길게 인용한 데 비해 그가 인용하는 "그리스도교"의 경전은 신약이 아닌 유태교의 경전 구약이고 그것도 불과 다음과 같은 구절 하나뿐이다.

> 『나의 어머니가 죄악속에 나를 잉태했으니…』(시편, 제21편)를 전제로하는 그리스도의 가르침은 절대적이다.

복음서에 분명히 기록된 "그리스도의 가르침"은 인간으로 육화한 하나님 예수의 사랑과 희생 또한 그를 본받는 인간간의 이웃 사랑에 주안점이 있는 것이지, 최재서가 주장하듯,

> 하나님의 은총으로 말미아마 그 죄악을 눈같이 히게 씻어주지않으면 인간은 구원될길이 없다.

는 것만은 아니다. 이렇게 기독교를 (그것도 채플 시간에) 다소 으스스한 교리로 축소시켜놓은 후 그는 다시 "휴-매니즘"을 칭찬하는 데 진력한다.

> 그러나 은총은 하나님의 뜻이고 인간의 뜻은 아니다. 이리하여 신과 인간사이에는 절대로 뛰어넘을수없는 절벽이 서있다. 그러나 휴-매니즘의 세계에는 절대로 뛰어넘을수없는 절벽이란 아무것도없다. 물론 허다한 곤란이 있지만, 그것은 인간의 지혜와 노력으로서 능히 극복할수있는 곤란들이다. 인간의능력이 어디까지 갈수있는가?−체력과 지력과 의지력에있어 인간은 어느정도로 불완전을 극복하고 완전에 접근할수있는가, 그한계를 보혀 주는것이 과학, 예술, 문학등의 고전인것이다. 이런것들을 합쳐서 휴-매니즘의 전통이라한다.

최재서는 이렇게 "휴-매니즘"을 "그리스도교"보다 더 매력적인 세계로 제시하고 나서 "위에서 말한바와같은 그리스도교의 전통과 휴-매니즘의 전통이

어떤때는 분리해서 병행하고 어떤때는 충돌해서 상극하면서 구라파 이천년 문화를 건설했는데 우리가 가장충실하다고 하는 시대는 두갈래의 전통이 서로조화하고 융합한 시대였다"는 절충을 모색한다. 하지만 그의 글 속에서 두 주제어 사이의 관계가 대등하다고 할 수는 없다.

"휴-매니즘"이 문학연구자이자 문학교수인 최재서에게 극히 중요한 개념이자 구호였음은 다른 글들에서도 발견된다. 1953년 7월 1일자 『연희춘추』에 실린 「문학연구의 태도」에서 그는 "사회주의 문학이론가"들을 비판하며,

> 나는 이 무서운 문학체계를 볼적마다 북한에서 체험된 강제이민을 연상한다 공산주의들은 반동분자－반동분자란 그들 사상체계속에 들어오지 않는 사람들의 사회적명칭인것이다－들을 유예없이 토지와 주택으로부터 모라낸다 반대자를 처치하는정치기술로서는 가장 새로운 방법이다 그렇지만 그것은 과연 새로운가?[22)]

라고 묻는다. 공산주의자들과의 전쟁 기간에 쓴 글이라 유독 이들의 이념에 대한 적대감이 노골적으로 드러난 것이긴 하겠으나, 그러한 비판의 잣대를 다음과 같은 "휴-매니스트의 길"에서 찾기에, 단순한 반공이념을 반복하고 있지만은 않다.

> 18세기의 영국시인 포-프는 그 「인간론」에서 인류의 정당한 연구거리는 인간이다 라고 말했다 이것이 휴-매니스트의 길이며 또 문학의 길이다 체계를 세우고 그체계속에 들어오지않는 것들을 말살해버리는 길은 인간의 길이 아니고 악의 길이매 문학의 길은 될수없다 인간은 신이 될수없는 반면에 악마도 될수 없으니까 인간 으로 자처할수밖에 없다는 체관과 자중속에서 문학은 지어지며 또 그러니까

---

22) 최재서, 「문학연구의 태도」, 『연희춘추』 1953 7월 1일.

인간을 연구하는 가장 빠른 방법으로서 문학을 연구하자는것이 휴-매니스트들의 희원이었다.

이 글은 인간의 불완전함과 한계를 "체관"하고 그러한 겸허함 속에서 "자중"의 길을 걸으며 인간을 연구하는 "휴-매니스트"라는 말은 최재서 본인이 스스로의 모습을 정의한 발언으로도 읽힌다.

3. 전쟁 이후 최재서의 영문학 연구서 및 번역

한국전쟁이 휴전회담으로 일단락되고 다시 연희대학이 신촌으로 돌아온 후, 전쟁의 소용돌이에 휩쓸려 사라져버린 학자와 지식인들의 빈자리는 각 분야마다 살아남은 이들이 채워야했다. 다른 분야는 몰라도 영문학계로서는 살아남은 이들 가운데 당시 세대에서 가장 깊이 있는 영문학 연구자 중 하나였던 최재서가 있었다는 점은 큰 복이었다. 혜화전문과 고려대학에서 영문학을 공부했던 김치규는 『안과밖』과의 인터뷰에서 전후 열악한 상황에서의 최재서의 가치를 증언한다. "그 당시 대학 졸업할 때 선배 영문학자들의 글을 좀 읽으셨습니까? 그때는 그런 풍토가 있었나요?"라는 질문에 대한 대답은 다음과 같다.

> 그때는 선배 영문학자들의 글이란 게 거의 없었어요. 있다면 이양하 선생이나 최재서 선생 두 분인데, 이 두 분은 일본학계에서도 꽤 이름이 있었어요. (…) 최재서씨에 대해서 일제 말기 행적이 어떠니 하고 얘기하지만, 어쨌든 우리나라 1세대 영문학자로서의 업적은 컸다고 볼 수 있죠.[23)]

23) 김금주, 「한국 영문학의 어제와 오늘 (5) : 김치규 선생을 찾아서」, 『안과밖』 6, 1999, 234~235쪽.

최재서의 "일제 말기 행적"이 어떤 면에서는 (다른 '친일파'들과 마찬가지로) 한국전쟁의 충격과 혼란 속에 어느 정도 '세척'된 1953년 이후, 최재서는 영문학자로서 활발한 학술활동에 돌입한다. 완숙의 경지에 이른 영문학자의 왕성한 학문 활동이 그가 재직하고 있던 연희대학의 학생과 동료들에게도 큰 자산이 되었음은 굳이 실증적인 증거들을 제시하지 않아도 인정할 수 있을 것이다. 특히 교수로서 최재서의 업적에서 가장 높이 평가할 저서는 1959년에 나온 『영문학사』로, 이 저서는 영문학 교육의 기초과목 교재로 연희대학 및 기타 다른 대학 강단에서 바로 사용할 수 있는 실용성을 갖춘 업적이었다. 이 책의 「서문 : 외국문학 연구의 목적」은 한국어로 영문학사를 쓴 경성제대 출신 학자의 다음과 같은 '과격한' 발언을 담고 있다.

> 우리가 영문학사를 공부하면서 자주 우리의 문학을 반성하게 된다는 것은 자연스럽고도 필요한 일이다. 그렇지만 두 문학의 관계를 기계적으로 해석해서는 안 된다. 외국 문학을 기계적으로 모방하려는 일보다도 무모하고 유해한 일은 없다. 우리와 전연 언어구조가 다른 영문학을 기계적으로 이식하려는 노력은 아무 근거도 없는 일이라 무모하다. 번역조차도 결코 기계적인 일이 아니다. 하물며 원작품을 직접으로 이해하지도 않고 다른 나라 사람, 이를테면 일본인의 번역을 통해서 중역한다는 것은—만약 문화왕국에 정의가 실시된다면—그 죄는 마땅히 교수형에 해당된다.[24)]

자신의 경성제대 스승이던 일본인들과 자신도 스스로 (그 세대 지식인들이 대개 그렇게 했듯이) 요긴하게 참고했을 "일본인의 번역"을 질타하며 "교수형"까지 운운하는 모습에는 분명히 최재서의 복잡한 경력에 대한 자의식이 배어있다. 그러나 영문학을 하며 "우리의 문학을 반성"하는 일은 그가 경성제대를

---

24) 최재서, 『영문학사』, 동아출판사, 1959, iii쪽.

나온 이후로 일제가 조선어출간을 억압하기 전까지 꾸준히 해왔던 작업이라는 점을 기억해야 할 것이다. 그렇긴 해도 최재서의 영문학 연구 및 교육은 일본식 제국대학의 일본어로 강의하고 설명하는 독해위주의 영문학이었음을 보여주는 증거들이 있다. 연희전문의 영어구사력 위주의 영어영문학교육과는 달리 경성제대 및 일본식 영어영문학 교육은 '회화'보다는 '독해'에 맞춰져 있었다.[25] 「영문학사」의 첫 장에서는 가장 오래된 영문학 작품으로 인정되는 『베어울프』를 소개하고 있다. 이 작품은 오늘날 영어와는 모든 면에서 현저히 다른 게르만계열 '고대 영어'(Old English)로 읊은 시이지만 최재서는 그 리듬을 전달한다며 "Brooke의 현대역으로 scan 해 보면 아래와 같다"고 한 후, 강세를 다음과 같이 찍어서 운을 제시한다.

/ / / /
Gone the glee-wood's mirth ; nevermore the goodly hawk

/ / / /
Hovers through the hall ; the swift horse no more

/ / / /
Beats with hoof the Burh-stead. Bale of battle ruinous[26]

앞서 『연희춘추』에 실린 「시와 음악」에서 리듬의 중요성을 강조한 학자답게 강세운율(meter)을 전달하려 한 것은 치하할 일이지만 강세를 찍은 결과를 보면 당연히 강세를 받아야할 음절들이 빠져있으니, 영어소리의 특성을 정확히 파악한 사람의 흔적이라고 하기는 어렵다.[27] 위의 인용은 말하자면 '귀'나

---

25) 윤수안 저, 고영진 역, 앞의 책, 58~59쪽.

26) 최재서, 『영문학사』, 27쪽.

27) 정확한 강약운율은 다음과 같다(밑줄 친 부분이 강세를 받는 음절).
Gone the glee-wood's mirth ; nevermore the goodly, hawk
Hovers through the hall ; the swift horse no more
Beats with hoof the Burh-stead. Bale of battle ruinous

‘입’보다는 ‘눈’으로 영문학을 공부한 학자임을 드러내준다. 1946년 연희대학 영문과에 입학했다가 이후에 역사학으로 전공을 바꾼 이광린은 이 당시 제국대학 출신 한국인 영문과 교수들이 ‘소리’보다는 ‘뜻’에 정통한 ‘일본식’ 영문학자들이었다고 회고한다.

> 영문과에 입학하였다 해도 영문학을 꼭 전공하겠다는 생각은 별로 갖고 있지 않았다. 그러니까 목표가 뚜렷하였다고 할 수 없었다. 그저 영어라도 똑똑히 배워 미국유학이나 해 볼까하는 막연한 생각을 갖고 있었다. 그리고 선교사가 세운 학교니까 영문과에 들어가면 미국인 교수들과 많이 접촉을 가질 것이라고 생각하였다. 그러나 막상 들어가 보니 미국인은 없고 한국인 교수들 뿐인데다가 그 대부분이 일본의 제국대학 출신이어서 영어발음도 좋지 않을 뿐더러 내용도 별로 흥미를 갖게 하지 못하였다.[28]

일제 말기에 선교사들을 추방하고 학교를 강탈한 야만의 자취가 연희대학 초기 영문과 강의실에 그대로 남아있었던 것이다. 조선인 청년들의 입에 영어를 심어줬던 연희전문의 전통은 말끔히 단절된 채 복원되지 못했던 시절, 전후 연희전문 영문과를 대표하는 최재서도 “영어발음”에 관한한 여타 “일본의 제국대학 출신”과 별로 다르지 않았을 것이다.

앞서 인용했듯이, 최재서는 전쟁 중 피난길에 셰익스피어만은 꼭 챙겨서 내려갔다고 한다. 연희춘추사가 세워지면서 첫 번째로 기획한 출간물은 최재서의 『햄릿』 번역(1954년 출간)이었다. 『안과밖』과의 인터뷰에서 셰익스피어를 비롯한 영미희곡을 다수 번역했던 원로 영문학자 여석기는 해방 이후

최재서는 행마다 4개 강세만을 찾았지만, 현대영어로 옮긴 번역자는 호메로스 서사시의 효과를 모방하여 각 행마다 6개 강세를 부여하여 “hexameter”를 만들었음을 알 수 있다.

28) 이광린, 「나의 학문 편력」, 『한국사 시민강좌』 6, 1990, 153쪽.

『햄릿』 번역본들에 대해서 다음과 같이 말한 바 있다.

> 그뒤 해방 후에 설정식씨의 번역이 있죠. 그 양반은 좌파가 되어서 월북을 해가지고 여기선 도움도 안 되고 그냥 시들해버렸지만, 이 설정식이란 분은 해방 전 아주 드물게도 미국 컬럼비아 대학에서 석사학위를 받은 사람입니다. 시인이기도 하고. 내가 햄릿을 번역할 때 그분 것도 참고를 했죠. 그뒤에 무대 위주로 번역하신 분이 와세다 출신인 한노단씨가 있고, 완전히 강단 위주로 번역한 게 최재서 선생 것입니다. 이 번역은 분량이 훨씬 더 늘어난 게 특징이에요. 매우 세밀하게 했었지요.[29]

최재서는 연희전문 출신이자 미국유학파 설정식의 번역보다 늦게 나왔으나, 최재서의 번역이 "무대 위주" 번역이 아니라 "강단 위주" 번역으로, "매우 세밀하게" 연구자와 학생들을 염두에 둔 번역이었다. 말하자면 최재서는 연희대학 교수로서 이 번역작업에 몰두했고 연희대학의 연희춘추사에서 이 책이 출간되었기에, 여석기가 말한 "강단"은 연희대학의 강단이요 후대 영문학자들의 "명실공히 번역작품으로서 읽힐 만한 뛰어난 번역"이라는 칭송을 받은 이 번역 작품은[30] 연희대학과 속속들이 얽혀있었다. 신정옥은 최재서의 『햄릿』을 설정식의 『하므렡』과 비교하며, 여석기와 마찬가지로 "시적인 감각이나 연극 무대에는 맞지 않는 감이 없지 않아 있지만 철저한 작품 해석을 바탕으로 한 역서라고 할 수 있다"고 평가한다.[31] 이 번역 작품의 가장 유명한 대목인 햄릿의 3막 1장의 독백, "To be, or not to be"를 최재서는 다음과 같이 옮겼다.

---

29) 김금주, 「한국 영문학의 어제와 오늘 (4) : 여석기 선생을 찾아서」, 『안과밖』 5, 1998, 247쪽.

30) 영미문학연구회 번역평가사업단의 『영미명작, 좋은 번역을 찾아서』, 창비, 2005, 558쪽.

31) 신정옥, 앞의 글, 27쪽.

살아 부지할 것인가, 죽어 없어질 것인가, 그것이 문제다.
가혹한 운명의 돌팔매와 화살을 받고,
참는 것이 장한 정신이냐?
아니면 조수처럼 밀려드는 환난을 두손으로 막아,
그를 없이함이 장한 정신이냐?
죽는 일은 자는 일. 다만 그뿐이다.
잠들면 심로와 육체가 받는 온갖
고통을 끝낼 수 있다 할진대,
죽음이야 말로 인생의 극치되어,
우리가 열렬히 바라 원하리라.
죽는 일은 잠드는 일.
잔다! 그래 꿈도 꾸겠지! 아!
꿈을 꾼다면 문제다.
대저 생의 굴레를 벗어나 죽음 속에 잠들 때에,
그 어떤 꿈이 우리를 찾아올까 생각하면
잠드는 죽음으로 발길이 내키지를 않는다.
그 염려가 있기에 우리 인생은
불행을 일평생 끌고 나가게 된다.
불연이면 이 세상의 채찍과 조소를 누가 참을소냐?
한자루의 단도면 그자신을 깨끗이 청산할 수 있는데
압박자의 억울한 행사와 권세가의 무례를,
멸시받은 사랑의 쓰라림과 법률의 태만을,
관리들의 오만과 유덕한 사람이 가치 없는 자에게서
꾹 참고 받아야만 하는 발길질을, 누가 참을소냐?
죽은 뒤에 무엇이 올지 모르는 두려움과
나그네 한번 가면 다시 돌아 못 오는 미지의 나라가

사람의 마음을 망설이게 하고,
아지 못하는 저 세상으로 날아가느니,
차라리 갖은 환난을 참게끔 아니 한다면,
그 누가 이 무거운 짐을 걸머지고
지루한 인생고에 신음하며 진땀을 뺄 것인가?[32]

연희전문과 연희대학의 셰익스피어 연구 및 번역의 대를 이은 연세대학 영문과 (명예)교수 최종철은 "시적인 감각"과 "연극 무대"를 유념하고 운문으로 옮기려 진력한 번역자이다. 그는 같은 대목을 이렇게 옮겼다.

존재할 것이냐, 말 것이냐, 그것이 문제다.
어느 게 더 고귀한가? 난폭한 운명의
돌팔매와 화살을 맘속으로 맞는 건가
아니면 무기 들고 고난의 바다와 맞서다가
끝장을 보는 건가? 죽는 건 자는 것
그뿐인데, 잠 한번에 육신이 물려받은
마음의 고통과 수천 가지 타고난 갈등이
끝난다 말하면 그건 바로 경건히 바라야 할
결말이다. 죽는 건 자는 것. 자는 건
꿈꾸는 것일지도- 아, 그게 걸림돌이다.
왜냐하면 이 죽음의 잠 속에서 무슨 꿈이,
뒤엉킨 인생사를 다 떨쳐 버렸을 때
우리를 찾아올지 생각하면 망설일 수밖에-
그래서 불행의 생명은 끝없이 이어진다.

---

32) 최재서·최정우·이종수·오화섭·김재삼 역,『햄릿. 리어왕. 맥베스. 오셀로. 로오미오와 쥬리엣』, 세계문학전집 3, 정음사, 1962, 58~59쪽.

왜냐하면 그 누가 이 세상의 채찍질과 비웃음,
압제자의 잘못과 잘난 자의 오만불손,
짝사랑의 쓰라림과 법률의 늑장과
관리들의 무례함과 대접받을 양반들이
하찮은 자들에게 당하는 발길질을 견딜까?
짧은 칼 한 자루면 자신의 모든 빚을
청산할 수 있는데? 그 누가 짐을 지고
지겨운 한 세상을 투덜대며 땀 흘릴까?
그 어떤 나그네도 국경에서 못 돌아온
미지의 나라인 죽음 후의 무언가가
두렵지 않다면? 그래서 의지가 흐려지고
모르는 재난으로 달려가기보다는
이미 아는 재난을 견디는 게 아니라면?[33]

내용은 차치하고 외형적인 면만 비교해도 최재서는 총 31행으로 늘려놓은 이 독백을 최종철은 원문에 충실하게 27행에 맞춰놓았다. 각 행의 길이가 비교적 균등한 최종철에 비해 최재서의 번역은 정형시로 되어있는 원문을 거의 자유시처럼 보이게 만들어놓았다. 최재서의 『햄릿』은 이 점만 보아도 "철저한 작품 해석을 바탕으로 한 번역"이긴 해도 원작의 모습을 재구성해 내려는 노력의 결실이라고 보기는 어렵다. 그렇다고 해서 이 번역의 의의를 간과할 수는 없다. 앞서 살펴본 『영문학사』와 마찬가지로 1954년이라는 전쟁의 잿더미가 그대로 남아있던 시점에 영문학을 대표하는 셰익스피어의 『햄릿』을 우리말로 완역하였다는 점은 높이 평가할 일이다. 동시에 그러한 번역과 출간이 연희대학 및 연희춘추사의 후원과 독려에 의해 이루어졌기에, 이는

33) 최종철, 『비극 I : 로미오와 줄리엣, 줄리어스 시저, 햄릿』, 셰익스피어 전집 4, 민음사, 2014, 387~388쪽.

연세대학 역사 및 한국 영문학 역사에 당당히 기록되어야 할 중요한 사실이다.

최재서는 1954년에 나온 『햄릿』 외에도 1956년에는 주석본은 『햄릿』, 즉 원문 영어에 우리말 주해를 밑에 단 판본을 출간했는데, 명백히 교재용으로 만든 이 책은 1961년에 3판이 나올 정도로 "셰익스피어를 전공하는 대학생들의 애독서"였다.[34] 또한 그는 동아출판사 「영문학사」 시리즈 3호로 『셰익스피어』를 연희대학 재직 마지막 해인 1960년에 출간했다. 1954년 셰익스피어 작품 번역 출간, 1956년 교재용 주해본 『햄릿』 출간에 이어 셰익스피어 연구 참고서를 우리말로 집필하므로, 영문학의 초석인 셰익스피어 연구와 교육의 기반을 단단히 다져놓은 후, 그는 연희대학을 떠났다.[35] 이 책의 머리말은 이와 같은 그의 뜻을 전하고 있다.

> 셰익스피어가 영문학사에서 차지하는 바 지위에 비추어 보아, 그에게 완전히 한 권을 제공하는 것이 결코 부당한 처사라고는 생각하지 않는다. 그와 동시에 셰익스피어에 관한 참고서가 아직 한 권도 없는 우리 나라에서 이 책이 셰익스피어 연구의 안내서로서 사용될 것도 고려했다.[36]

이 머리말 말미에는

> 1960년 5월 19일 / 4·19 순국학도합동위령제 날 / 서울 남계숙(南溪塾)에서 / 최 재 서　식(識)"

이라는 서명을 남겼다. 일제강점기에 태어나 경성제대에 입학하여 영문학을

34) 신정옥, 앞의 글, 28쪽.
35) 이 저서에 들어갈 원고 일부를 최재서는 연희대학 문과 학술지인 『인문과학』에 「Shakespeare의 詩」(『인문과학』 4호, 1959, 123~267쪽)라는 제목으로 투고했다.
36) 최재서, 『셰익스피어』, 영문학사 제3편, 동아출판사, 1960, 머리말.

공부하며 대학원까지 마친 후 조선 문단에서는 평론가로, 일본학계에는 영문학자로 활동하다, 태평양전쟁 시기에 친일행위를 했던 소장학자 최재서, 해방 후 근신 중 본인과 별 인연이 없던 연희대학에서 영문학을 가르치기 시작해서 전쟁과 피난, 복귀와 재건의 과정에서 연희대학 영문과 중진 교수로서의 한국 영문학의 기반을 다져준 최재서가 연희대학에서 보낸 마지막 해는 4·19의 함성과 총성과 핏자국으로 물들었던 해이다. 역사의 소용돌이 속에서 문학의 자율권을 지키려했던 "휴-매니스트" 최재서는 "순국학도"들에 대한 안타까움을 "1960년 5월 19일 / 4·19 순국학도합동위령제 날"이라는 탈고 날짜표기에 담아놓았다. 이 책 본문에서 소개하고 논평하는 셰익스피어 작품 중에서 『리어왕』(King Lear)은 인생 황혼기에 접어든, 또한 아들이 없음을 넌지시 한탄하는 글을 썼던 최재서에게는[37] 유달리 심금을 울리는 작품이었을 법하다. 『리어왕』을 논하는 다음과 같은 대목은 나름대로 시대의 "수난"을 함께 겪은 영문학자의 자기고백으로도 읽힌다.

> *King Lear*는 인간의 극단적인 수난을 그리는 점에서 다른 어떤 비극보다도 처참하다. 그리고 수난의 원인이 일부 성격에 있음은 사실이다. (…) 그러나 그들의 사소한 과실의 대가로서 그 무서운 벌을 받았다고 해석한다면, 그것은 분명히 왜곡된 도덕관이다. (…) 그것은 무엇 때문인가? 도대체 약한 인간과 어리석은 인간은 왜 이렇게까지 악의 제물이 되어야만 하는가? 이것은 독자의 의문인 동시에, 작자의 의문이다.[38]

"도대체 약한 인간과 어리석은 인간은 왜 이렇게까지 악의 제물이 되어야만 하는가?" 연희대학 초기, 수난과 빈곤의 시절을 겪던 청년 학도들과 "학내 권위교수" 최재서에게도 이것은 생생하고도 고통스런 질문이었을 것이다.

---

37) 최재서, 「무자애(無子哀)」, 『연희춘추』 1959년 6월 8일자.

38) 최재서, 『셰익스피어』, 889~890쪽.

하지만 문학은 답을 주지 않는다. 다만 물음만을 던질 뿐이다.

> 셰익스피어는 인간의 가장 무서운 일면을 충실히 그리면서 인생의 근본 문제를 제출했지만, 그 자신의 해답을 전연 주지 않았다.[39]

의미 있는 물음을 묻게 하는 훈련을 시키는 것이 문학교육의 몫이라면 오늘날 필자를 비롯한 연세대학교의 문학연구자와 문학도들이 최재서를 기억하고 그의 물음을 이어받은 상속자임을 기억해야 마땅하다.

39) 최재서, 『셰익스피어』, 892쪽.

참고문헌

| 자료 |

김동석, 『김동석 평론집 : 예술과 생활, 뿌르조아의 인간상』, 서음출판사, 1989.
설정식, 『하므렡』, 설희관 편, 『설정식 문학전집』, 산처럼, 2002.
이광린, 「나의 학문 편력」, 『한국사 시민강좌』 6호, 1990.
최재서, 『문학과 지성』, 인문사, 1938.
최재서, 『매카-더 선풍(旋風)』, 向學社, 1951.
최재서 역, 『英雄매카-더 將軍傳』, 일성당서점, 1952.
최재서, 「문학연구의 태도」, 『연희춘추』 1953 7월 1일.
최재서, 「시와 음악」, 『연희춘추』 1953년 7월 15일.
최재서, 「그리스도교와 영문학－10월28일 채플시간에서」, 『연희춘추』 1953년 11월 1일.
최재서, 『영문학사』, 동아출판사, 1959.
최재서, 「무자애(無子哀)」, 『연희춘추』 1959년 6월 8일.
최재서, 『셰익스피어』, 동아출판사, 1960.
최재서, 「Shakespeare의 詩」, 『인문과학』 4호, 1959.
최재서 역, 『햄맅』, 정음사, 1962.
최종철 역, 『비극 I : 로미오와 줄리엣, 줄리어스 시저, 햄릿』, 민음사, 2014.
洪淳赫, 「都下各大學巡禮記」, 『新天地』 5권 5호, 1950년 5월호.

| 저서 |

김윤식, 『한국 근대문학 사상 연구 1 : 도남(陶南[조윤제])과 최재서』, 일지사, 1984.
연세대학교백년사편찬위원회, 『연세대학교 백년사 3』, 연세대학교출판부, 1985.
연세대학교백년사편찬위원회, 『연세대학교 백년사 1』, 연세대학교출판부, 1985.
연세대학교백년사편찬위원회, 『연세대학교 백년사 4』, 연세대학교출판부, 1985.
영미문학연구회 번역평가사업단, 『영미명작, 좋은 번역을 찾아서』, 창비, 2005.
윤수안 저, 고영진 역, 『'제국일본'과 영어·영문학』, 소명출판, 2014.

| 논문 |

김금주, 「한국 영문학의 어제와 오늘(4) : 여석기 선생을 찾아서」, 『안과밖』 5호, 1998.
김금주, 「한국 영문학의 어제와 오늘(5) : 김치규 선생을 찾아서」, 『안과밖』 6호, 1999.
김윤경, 「한국 영문학의 어제와 오늘(3) : 김갑순 선생을 찾아서」, 『안과밖』 4호, 1998.
신정옥, 「셰익스피어의 한국수용(1)－1906년~1961년까지」, 『드라마연구』 23호, 2005.

신현욱, 「한국 영문학의 형성 : 권중휘 선생을 찾아서」, 『안과밖 : 영미문학연구』 2호, 1997.
조은애, 「통역/번역되는 냉전의 언어와 영문학자의 위치－1945~1953년, 설정식의 경우를 중심으로」, 『한국문학연구』 45, 2013.
정종현, 「최재서의 '맥아더'－맥아더 표상을 통해 본 한 친일엘리트의 해방전후」, 『한국어문학연구』 59집, 2012.

제2부

북에서 펼쳐진 연희학문

김 도 형

정진석의 학술운동과 '조선철학사'

1. 머리말

해방 이후 전민족적 차원에서 자주적인 민주국가를 건설하기 위한 운동이 일어났다. 새로운 국가 건설을 위해서는 반제반봉건 민주주의혁명을 거칠 필요가 있었다. 이러한 운동은 정치경제적으로도 그러했지만, 문화적으로도 제기되어 신문화 건설, 민족문화 건설이 논의되었다. 새로운 문화건설 운동에서는 유교와 같은 봉건적 사상과 윤리를 청산하는 동시에 생활 속에 파고든 일본식 문화를 청산하고, 일제 강점 아래에서는 도저히 경험할 수 없었던 민주주의 국가·사회 체제를 구축하고자 하였다.

해방 공간 속에서 연희전문학교 출신들도 학술계와 문화계에서 중요한 역할을 담당하였다. 그들은 연희전문학교에서 정립한 '동서 화충(和衷)'의 학풍을 계승하여 해방 후의 새로운 국가건설 운동 속에서 정치운동이나 신문화, 학술운동을 주도하였다. 무엇보다 일제 강점 하에서 경성제대가 주도했던 고등교육 체제와 식민지 학문을 극복하고 새로운 교육, 학문 체계를 세울 필요가 있었다. 연희 출신들은 일본 식민체제가 주도하던 학문계의 빈자리를 민족주의적 입장에서 메우고 학문의 재건에 힘을 기울였다. 백남운이 주도하는 조선학술원과 민족문화연구소에 윤일선, 김봉집, 김일출, 정진석 등이 참여하였으며, 홍이섭, 민영규, 홍순혁 등은 역사학회를 창립하여 역사학

재건을 주도하였다. 유억겸, 백낙준, 이춘호 등은 교육계 재건을 위해 애썼다.[1) 당시의 정세 속에서 좌, 우익의 분립이 있었지만, 많은 사람들은 이를 극복하기 위해 노력하였다.

그러나 남북에 각각 정부가 수립되고 이어서 일어난 6·25전쟁으로 영토 분단과 더불어 이념과 학문도 분단되어 갔다. 이념적 분단의 원류가 된 것은 1920년대 이후 민족운동 속에서 제기된 좌우 대립이었지만, 이러한 대립은 해방 공간에서의 미소 분할 점령이라는 현실 속에서 재생산되어 나온 것이었다. 이런 과정에서 연세의 학문도 분단되었다. 남에 남은 사람들은 연희의 전통 아래 남한의 학문을, 북으로 간 사람들은 북한의 학문 재건에 기여하였다. 여기서 검토하고자 하는 정진석(鄭鎭石, 1912~1968)도 이런 학문의 분단 속에서 북쪽을 택한 사람이었다.[2)]

정진석은 연희전문학교 문과를 거쳐 메이지대학(明治大學) 법과, 교토제대(京都帝大) 대학원(동양철학 전공)에서 공부하였고, 해방 후에는 『자유신문』의 편집인 겸 주필로 줄곧 언론계에서 활동하였다. 신문기자로 활동하면서 민주적 자주통일 정부의 건설에 노력하였고, 이에 따른 신문화 건설에 이바지하였다. 1948년 4월, 정진석은 단독선거를 반대하며 열린 남북연석회담에 신문기자단의 일원으로 북한으로 갔다가 그곳에서 정착하여 돌아오지 않았다. 북에서는 송도정치경제대학 학장, 과학원 철학연구소 소장, 김일성대학 교수 등을 역임하면서 주로 조선시대의 철학사 정리에 기여하였다. 특히 정진석은 조선후기의 실학과 이를 계승한 김옥균의 철학 사상을 연구하였다. 본고는 시대적 변화에 따른 정진석의 활동을 살펴보면서 그의 해방 후의 신문화 운동과

1) 김도형, 「해방 후 대학교육과 연세학풍」, 『해방 후 연세학풍의 전개와 신학문 개척』, 연세학풍사업단·김도형 외, 혜안, 2015.

2) 정진석의 일대기를 다룬 것으로는 북에서 간행된 조국통일민주주의전선 중앙위원회, 『태양의 품에 안기여 빛내인 삶(17)－정진석 편』, 2005이 있다. 또 정진석이 짧게 쓴 '수기'로 임정혁 편저, 김향미 옮김, 「내 인생의 기록」, 『현대조선의 과학자들』, 교육과학사, 2003, 167~173쪽이 있다.

북한에서의 조선철학사 연구를 검토하고자 한다.[3)]

2. 연희전문학교 시절의 문학청년

(1) 정진석은 1912년 10월 25일, 변호사 정준모(鄭浚謨, ?~1940)의 장남으로 서울에서 태어났다.[4)] 정준모는 1909년 10월에 장례원(掌禮院) 주사로 있다가 제1회 사법시험에 합격하여[5)] 재령구 재판소 판사가 되었다.[6)] 병합 후, 조선총독부 아래에서도 청주, 밀양 등지에서 판사를 지냈다. 그러다가 1913년 11월에 공주지법 검사국에 변호사로 등록하여[7)] 이후 줄곧 서울에서 변호사로 활동하였다.

정진석은 수하동(水下洞)보통학교와 경성제2공립고보를 거쳐 1931년 4월 연희전문학교 문과에 입학하였다. 일제하 연희전문은 민족주의자의 소굴이었다.[8)] 특히 1930년 초반, 민족운동 진영은 큰 변동기를 겪고 있을 때였는데, 신간회 해소 이후의 부르주아 진영에서는 민족문화를 정립하는 방향으로

---

3) 이 글을 작성하는 데는 국사편찬위원회의 김광운 선생이 필요한 몇 자료와 사진을 제공해 주었고, 같은 학과의 도현철 교수, 연세대 사학과의 박사생 이준희, 노상균도 여러 자료를 구해주었다. 감사를 드린다.

4) 연세대학교 박물관에 보관 중인 「학적부」 상의 본적은 황금정 1정목(丁目)(현 을지로 1가) 45번지, 주소는 당주동 132번지였고, 후에 내수동 164번지로 이사한 것으로 보인다. 현재의 지번 상으로 서로 50m 정도 거리이다.

5) 1909년 6월 26일에 공고된 제1회 사법시험은 10월 13일부터 16일까지, 형법, 형사소송법, 민법, 민사소송법, 상법, 행정법, 국제법 등의 7개 과목으로, 광화문의 이전 법관양성소에서 시행되었다(해당 년도의 『관보』에 여러 차례 「광고」로 나옴).

6) 『承政院日記』 순종 3년(1909) 9월 10일(음) ; 『황성신문』 1909년 10월 22일, 「사법시험 입격」.

7) 『每日申報』(이하 『每日』) 1914년 2월 11일, 「청주발신」.

8) 백낙준은 당시를 회고하면서 "연희전문학교는 민족주의자들의 소굴이라고도 하였다. 물론 그 중에는 백남운과 같이 유물주의사상에 젖어 있던 사람이 없던 것은 아니었다"라고 하였다(「民族敎育 參與 첫 10年」, 『새교육』, 1968 ; 『백낙준전집(9)』, 16쪽).

정진석(연희전문학교 졸업앨범, 1935)

운동을 추진하게 되었다. 이러한 운동의 전환과 방향 모색 속에서 연희전문학교 교수진은 매우 중요한 역할을 담당하였다. 조선학의 본질을 조선후기의 실학에서 구하고 민족문화운동을 주도하던 정인보, 민족의 정신이 한글에 있다고 하고 한글보급운동을 주도하던 최현배, 그리고 사적유물론에 입각하여 보편적 발전의 역사로 조선경제사를 정리한 백남운, 민족주의적 역사학과 한글 강의를 하던 이윤재 등이 그러하였다. 연희전문에서는 이런 사회문화적 변동 속에서 학교의 교육방침을 "동서고근(東西古近) 사상의 화충(和衷)"으로 정립하였다.[9)]

정진석은 연희전문의 강한 민족주의, 그리고 사회주의도 허용된 자유로운 분위기에서 수학하였다. 재학 당시 정진석의 성적은 우수하여 상위권을 유지하였고 3학년 때는 학교에서 지급하는 장학금을 받기도 하였다.[10)] 그러나 4학년에는 중하위로 떨어졌다. 그는 재학 중에 문과에서 중점적으로 개설한 영문학 관련 과목을 많이 수강하였으며, 이에 못지않게 조선 문학, 한문학, 조선어, 동양사, 그리고 사회학, 심리학, 경제학 등도 수강하였다. 이런 과목들은 정인보, 최현배, 이윤재, 백낙준, 하경덕 등이 담당하였다. 정진석이 문학과 조선후기의 실학에 관심을 가졌던 것도 이런 교육의 영향이 있었을 것이다.

9) 김도형, 「1920~30년대 민족문화운동과 연희전문학교」, 『東方學志』 164, 2013 참조.
10) 『中央日報』 1933년 4월 13일, 「연희전문학교 장학금」.

정진석은 1935년에 연희전문학교를 졸업하였다. 당시 『동아(東亞)』에서는 전문학교를 졸업하는 남녀 학생들을 모아 간친회를 개최하곤 했는데, 그해 2월의 간친회에는 정진석이 초빙되었다. 기사에는 정진석을 "안경 쓰고, 체격은 마르고, 말은 명랑"한 것으로 묘사하였다. 정진석은 졸업감상담을 아래와 같이 말하였다.

> 지식계급은 지금 불안 중에서 헤매고 있습니다. 지식군은 혹은 종교로 들어가고 또는 그렇지 않으면 퇴폐의 길로 가고 있습니다. 또한 현대의 불안은 자연 그리로 들어가게 만들고 있습니다. (…) 내리는 폭포에도 거슬러 올라가는 물고기가 있는 것처럼 우리는 우리의 현실을 치밀고 나가는 사람을 사랑해야겠습니다. 때로는 이러한 태도가 우리에게 새로운 문제를 제공하고 있으니깐요. (후략).

현실의 불안감 속에서도 젊은 지식인답게 이를 '치밀고 나가는' 사람이 되어야 한다고 주장한 것이다.

정진석이 졸업하자 연전 학생들도 그에 대한 감상을 남겼다. 연전 학생기독교청년회에서 발간하는 『시온(詩蘊)』 3호에는 졸업생 '10걸'의 인물 만담(漫談)을 실었다.

> 수년간 문우회 總首領으로 老顔에 많은 풍상을 겪은 자최가 보인다. 가르스름한 얼굴에 온화한 웃음 빛이 떠나지 않고 안경 너머로 玉顔에 박힌 가느러지게 놓인 눈이 창틈으로 새여 드는 아침 햇빛이나 그믐밤 별빛 같이 玲瓏 혹은 화기롭게 보이니, 군의 성격도 可知로다. 일즉 문단에 진출하여 한때는 아기자기한 단편과 아리따운 시로 독자의 心琴을 울리는 바가 많더니 요새는 何故오니꼬? 졸업 후는 어디? 상급학교란 풍설이 떠도니 漫談者 그렇게 되어지이다 하고 빌며 큰 뜻의 이룸이 있기를 바라노라.[11]

(2) 정진석은 연희전문 1학년 시절부터 문학에 주력하였다. 그는 문과 문우회의 위원장으로 활동하면서 문학 활동으로 이름을 날렸다. 또한 재학 중에 그는 문학론, 시, 단편 등을 발표하였다.

정진석이 몸담았던 문우회(文友會)는 문과생 상호간 친목을 도모하고 학술 연구를 조장하기 위한 조직으로, 문과 교수와 문과 학생을 회원으로 하고 그 안에 사교부, 변론부, 연극부, 문예부, 연구부를 두었다. 정진석이 재학 중이던 1932년에 문우회는 잡지 『문우(文友)』를 발간하였는데, 앞서 언급한 연희전문의 민족적, 대중적 입장을 그대로 보였다. 곧 "대중이 요구하는 문예운동이란 그들의 생활 상태와 그들의 감정과 그들의 의식을 여지없이 그려내고 그들의 운동방침을 제시하는 데 있을 것"이라고 하였다. 문우회는 조선의 민중을 위한 문학을 지향하며 우리의 사회 실상을 살펴야 한다고 주장하였다.[12)]

정진석은 입학하자마자 「조선 문단의 위기」라는 논설을 작성하여, 이를 그해 말 연희전문학교의 교지 『연희』에 발표하였다.[13)] 이듬해 2학년이 되던 1932년 3월에는 『문학(文學)』이라는 동인지를 창간하였다.[14)] 이 동인지는 "흥미 본위의 영리적 저급 취미를 떠나 좀 더 생명 있는 문학을 산출하려는 데 그 의도"가 있다고 천명하였다. 동인지에 참여한 사람은 김천규(金天圭)·원

---

11) 『詩蘊』 3, 연희전문학교 학생기독교청년회, 1935, 109쪽. 정진석이 문우회의 위원장 역할을 할 때, 산하 연구부장이 한 학년 아래 문과생 薛貞植이었다. 설정식에 대해서는 윤혜준, 「해방전후사 속의 두 연세 영문학자, 설정식과 최재서」, 『해방 후 연세학풍의 전개와 신학문 개척』, 연세학풍사업단·김도형 외, 혜안, 2015 ; 정명교, 「설정식 시에 나타난 민족의 형상—조국건설의 과제 앞에 선 한 해방기 지식인의 특별한 선택과 그 시적 투영」, 『東方學志』 174, 2016 등 참고.

12) 연희전문문우회 문예부, 『文友』 1, 1932, 1쪽.

13) 鄭鎭石, 「朝鮮文壇의 危機」, 『延禧』 8, 1931. 정진석은 이 글의 말미에 논문의 탈고를 1931년 6월 5일로 적었다. 곧 입학하자마자 탈고한 것이었다. 시점으로 본다면 정진석의 이런 구상과 집필은 연전 입학 전으로 추정할 수는 있다. 그는 고보를 졸업하고 1년을 쉬다가 연전에 진학하였는데, 저간의 사정은 알 수 없다.

14) 『東亞日報』(이하 『東亞』) 1932년 3월 8일 ; 3월 24일, 「문학 창간호」.

유각(元裕珏)·승응순(昇應順)·김호규(金昊奎)·강영주(姜螢周)·양기철(梁基哲)·홍두표(洪斗杓)·장현직(張鉉稷) 등으로 이들은 대부분이 정진석의 연전의 입학 동기생(문과 및 상과)이었다.[15] 정진석은 편집 겸 발행인이었다. 창간호에는 장현직과 정진석의 평론, 원유각·양기철·장현직·홍두표의 시, 김호규·승응순·김천규의 소설 등이 수록되었다.[16]

1933년에 창간된 『문학(文學)타임스』(발행인 이무영) 창간호에는 「조선학생 문학운동에 대하야」라는 글이 게재되었다.[17] 이 잡지는 그 뒤 활동을 하지 못하다가 10월에 제호를 『조선문학(朝鮮文學)』으로 바꾸고 신년 특집호를 준비하였다.[18] 정진석은 여기에 「외투(外套)」라는 소설을 발표하였다.[19]

또한 아동문학가 윤석중의 동시집(童詩集) 「일허버린 당기」(잃어버린 댕기) 출판기념회의 발기인으로 참여하였다. 발기인은 정진석 외, 이광수(李光秀), 윤백남(尹白南), 주요한(朱耀翰), 이은상(李殷相), 박팔양(朴八陽), 정인섭(鄭寅燮), 이태준(李泰俊), 현제명(玄濟明), 홍난파(洪蘭坡), 독고선(獨孤璇), 신명균(申明均), 최봉칙(崔鳳則), 승응순(昇應順) 등이었다.[20] 이광수, 윤백남, 주요한 등은 당시 조선 문단의 중진들이었고, 더욱이 정인섭, 현제명은 재학 중이던 연희전문의 문과 교수(문학 및 음악)였다. 정진석의 동년배는 연전 문과 입학동기였던 승응순(金陵人, 1910~?, 후에 극작가, 대중가요 작사가) 뿐이었다. 문단에서도 정진석의 능력을 인정해주고 있었던 것으로 보인다.[21]

---

15) 당시의 입학생 명단은 『每日』 1931년 4월 5일, 「延禧專門學校 入學試驗合格者」.

16) 정진석은 창간호에 「現朝鮮 詩壇의 고찰」을, 2호에는 「朝鮮文學과 女流作家－眞伊의 時調를 紹介함－」 등을 발표하였다.

17) 『東亞』 1933년 2월 8일, 「新刊紹介」. 그런데 이 잡지 창간호의 원고가 대부분 검열에 걸려 5월 발간을 목표로 임시호를 준비하였다고 한다(『東亞』 1933년 5월 3일, 「문학타임즈 원고불허」).

18) 『東亞』 1933년 9월 29일 「잡지계」; 1933년 12월 27일, 「신간소개」.

19) 『朝鮮文學』 2권 1호, 1933년 12월 25일, 21~30쪽.

20) 『매일』 1933년 5월 18일, 「兒童文學의 天才兒 尹石重 君의 童詩集 「일허버린 당기」 出版記念會 五月卄日 午後六時 太西館에서」.

21) 어떤 연유인지는 알 수 없지만, 대련의 일본경찰 감옥에서 순국한 李會榮의 조문을

정진석은 이런 교내외의 문단에서 활동하면서 몇 편의 평론과 소설 등을 발표하였다. 특히 평론 속에서 정진석은 순수문학을 지향하면서도 예술, 문학이 가지는 사회적 측면을 강조하였다.

그 능력을 그는 제목 그대로, 당시의 조선 문단이 위기를 맞고 있다고 판단하였다. 대공황 이후에 순수한 문예 발표기관도 축소되고, 신문의 문예란도 축소되는 등의 불리한 사회적 여건 때문이었다. 정진석은 예술이 가지는 예술성 보다는 사회성에 주목하였다. 그는 "예술은 인류의 정신적 소산, 사회와 민중의 반영"이며, "예술은 계급과 시대와 민족을 초월하여 존재할 수 없는 것"이라고 표현하였다. 이런 생각에 따라

> (문학은) 인생이 요구할 정신의 고양과 생명의 동력을 급여하여 좀 더 좋은 생활로의 引火가 될 것을 잊어서는 안된다. (…) 사회가 요구치 않는 문학과 일반 민중의 생명과 정신이 煽動이 되지 못하는 문학은 아무리 이론의 확립 구성이 잇다 할지라도 문예로서의 의의를 갖지 못하는 似而非 문학이다.

라고 하였다. 사회에서 요구하는, 민중을 위한 문학을 지향하였던 것이다.

정진석은 이런 문학의식에서 당시 조선의 문학 가운데 시단(詩壇)의 조류를 분석하였다. 그는 시단의 조류를 4가지로 구별하여, ① 일종의 고전적 시조(時調), ② 저렴(低廉)한 애상(哀想)의 표현, ③ 신기(新奇)를 구하는 현대인의 섬세한 감각을 기초로 하는 신기교적(新技巧的) 일파, ④ 시대를 관류하는 사조 위에 사상의 기(旗) 폭을 날리며 진행하는 사회 여러 가지 사상파 등으로 분류하고, 오직 시조(時調)만이 기형적으로 번성하고 있다고 비판하였다. 따라서 ①~③의 조류보다는 ④의 '사회사상파'의 문학이 더 활발해져야 한다고 주장하였다. 그는 "사회사상만이 인간 사상의 전부가 아니므로 그들에서

위해 長湍역으로 나간 명단 중에도 보인다. 신석우, 정인보, 윤복영, 서정희 등의 중견 인사들의 말미에 이름이 끼여 있다(『東亞』 1931년 11월 27일 「소식」).

진의(眞意)의 시(詩)가 발생하리라고는 믿지 않지만 힘과 빛과 생명의 문학을 기다리는 차원에서는 '사회사상파'의 의무가 중대"하다고 하였다.[22)]

하지만 정진석은 문학, 예술의 사회성을 강조하면서 프롤레타리아 계열에 대해서도 찬성하지 않았다. 그는 당시 조선의 시단을 분석하면서, 시의 내용에는 사회사상뿐 아니라 예민한 감각 세계나 꿈을 좇는 공상도 표현되지만, "시(詩)는 사회적 산물"이므로 시가 사회에 미치는 효과를 고려하는 차원에서 파악해야 한다고 하였다. 정진석은 당시 조선의 시단을 크게 '의고적(擬古的)' 형태인 시조, 사회사상파의 주류인 프롤레타리아 시, 그리고 기타 기교주의적 예술파 시 등으로 구분하고, 이들이 행하는 잘못을 모두 비판하였다. 특히 프롤레타리아 계열의 시는 "사상 만이 앞서서 본질을 망각하는 일이 많고" 관념적인 과오를 범하고 있다고 하였다. 이론에 구속되어 본질을 망각하면 시가 성립되지도 않고, 효과가 있을 것 같은 사회적 반응도 "권태와 무력을 가져오게 되는 것"이라고 하였다.[23)]

이와 아울러 정진석은 진정한 조선 문학은 '조선어로 민중의 생활 감정을 전해야 한다'고 생각하였다. 그는 조선의 문학은 '일반 민중의 생활 감정을 전하는 것'으로 규정하고, 이런 점에서 정당한 의미의 조선 문학은 정음(正音) 반포 이후에 가능하다고 보았다. 지배계급, 식자계급이 사대주의적 윤리와 위선에 의해, 그것도 한자로 표현된 것은 조선인의 생활과 감정을 전할 수 없다고 보았던 것이다. 이런 점에서 그는 기생 등의 여류작가의 시조를 강조하고, 황진이의 작품을 분석하였다. 물론 '예술의 시대성과 사회성이 항상 전변(轉變)'하기 때문에 황진이의 시조가 현대인의 심금을 울리지 못하는 점이 많지만, 조선어로 평민의 감정을 섬세하고 예민하게 표현한 것에 주목하였다.[24)]

---

22) 정진석은 시조만 기형적으로 번성한 원인으로 ① 무능력한 작가가 쉽게 할 수 定形律, ② 시조 작가라는 이름의 선배적 자존심, 허영심, ③ 맹목적 崇古 관념 등을 들었다. 고전이 가지는 민족적 성격 보다는 이를 주도하던 집단의 성격과 옛것에 대한 존중 등을 지적하였던 것이다(鄭鎭石, 「朝鮮文壇의 危機」, 『延禧』 8, 1931, 52쪽).

23) 정진석, 「現朝鮮 詩壇의 고찰」, 『文學』 1, 1932년 3월.

이와 같이 정진석은 문단에서 평론과 창작으로 좋은 평가를 받았는데, 4학년 시절에는 별다른 활동이 없었다. 1934년도의 문단 회고 기사에서는 "정진석(鄭鎭石), 최고악(崔孤岳) 등 수씨(數氏) 또한 될 듯 하더니 소식이 묘연(杳然)하다"고 평가하였다.[25]

연희전문학교를 졸업한 정진석은 이듬해 1936년, 일본 메이지(明治)대학 법과로 유학하였고, 1938년 봄에 졸업하였다.[26] 그리고는 교토(京都)제국대학 대학원으로 진학하여 동양철학을 전공하였다. 연희전문 시절부터 사회주의 문학의 길을 걸었던 정진석은 문학공부를 더 하기 위해 일본으로 유학하였으나, 부친의 영향으로 법과를 공부한 것으로 짐작된다. 그러나 다시 대학원으로 진학하면서 철학의 길을 택했다. 대학원에서 중국철학사를 전공하였고 "중국 및 조선의 가족주의 사상의 발달"을 주제로 졸업논문을 작성하였다. 문학, 철학, 법학 등 다양한 학문을 공부한 덕에 해방 후 정진석은 신문기자로 활약하면서 학술운동, 신문화 운동을 전개할 수 있었고, 월북 후 북한에서는 조선철학사를 연구하게 되었다. 대학원 재학 시절에 조선의 철학사, 철학교과서가 없다는 사실을 깨달은 정진석은 대학원 시절 조선철학사 서술을 위한 준비를 하였다.[27]

---

24) 정진석, 「朝鮮文學과 女流作家－眞伊의 時調를 紹介함－」, 『文學』 2, 1932년 5월.

25) 『東亞』 1934년 12월 28일, 「금년의 문단을 회고함(중)」.

26) 『每日』 1938년 3월 9일, 「七千五百의 英俊 大學、專門에서 修業 錦夜還鄕하는 七百十七人 今春卒業生大觀」.

27) 조국통일민주주의전선 중앙위원회, 『태양의 품에 안기여 빛 내인 삶(17)－정진석편』, 2005, 65쪽.

3. 해방 후 자주독립국가 건설을 위한 학술·문화운동

교토제대에서 수학한 후 정진석이 언제 서울에 귀국했는지 알 수 없다. 북한에서 나온 그의 일대기에 의하면 해방 후에 들어온 것으로 짐작할 수 있다.[28] 그는 귀국하자마자 『자유신문』 창간에 참여하여 편집인 겸 주필이 되었다.[29] 1946년 4월에는 모교인 연희전문학교(1946년 8월 이후 연희대학교)에서 잠시 교편을 잡았다.[30] 해방 공간에서 정진석은 줄곧 신문기자로, "금일 우리가 기대하는 당면적 혁신의 추진은 부르주아 민주주의 혁명"이라는[31] 목표 아래 여러 활동을 전개하였다.[32]

1) 신문화건설을 위한 학술운동

(1) 해방 후, 새로운 민주주의적 자주국가를 건설하기 위한 방안의 일환으로

28) 『태양의 품에 안기여 빛 내인 삶(17)』, 7쪽.

29) 이 신문은 일제 하 『每日申報』 편집국장을 지낸 鄭寅翼이 창간하였고, 초대 사장은 河敬德이었다. 정진석이 어떤 연유로 이 신문에 관여했는지는 알 수 없지만, 다만 사장이었던 하경덕이 연희전문학교 문과 교수를 지냈으므로, 이런 사제의 인연이 작용하지 않았을까 짐작해 본다.

30) 이때 정진석은 조선철학사를 가르쳤다(「내 인생의 기록」, 171쪽). 그런데 당시의 학생(김동길)의 회고에 따르면, 정진석은 朴殷植의 『韓國痛史』를 강의하였다고 한다(연세대학교 영어영문학과 동창회, 『우리들의 60년』, 월인, 265쪽). 정진석은 학생들의 연구서클에서도 마르크스철학과 조선철학사를 가르쳤고, 학생들이 집으로도 찾아왔다. 그는 이 시간을 '기쁨과 보람'의 때였다고 하였다(「내 인생의 기록」, 171쪽). 곧, 스스로는 자기 생애에서 가장 긍지 높았던 때라고 자부하였고, 학생들에게는 학부모처럼 학습과 생활 형편을 세심하게 돌보아 주었다고 하였다(『태양의 품에 안기여 빛 내인 삶(17)』, 50~51쪽). 정진석은 미군의 비행을 신문에 비판하였다가 체포되었고, 대학에서도 쫓겨났다(「내 인생의 기록」, 171쪽).

31) 鄭鎭石, 「朝鮮インテリゲンチャ論」, 『民主朝鮮』 2-15, 朝鮮文化社, 1947, 9쪽. 『民主朝鮮』은 해방 후 재일동포 지식인들이 만든 잡지이다.

32) 몇몇 인명사전에는 정진석이 1945년 11월에 '김일성장군 지지동맹'에 참여하고 1946년에 남조선노동당에 입당한 것으로 적고 있다.

신문화 건설을 지향하는 학술운동이 치열하게 전개되었다.[33] 해방 직후 이 운동에 즉각적으로 착수한 사람은 연희전문의 교수를 지냈던 백남운이었다.[34] 그는 해방 이튿날인 8월 16일 조선학술원 설립 준비위원회를 만들고, 바로 그날 밤에 설립 총회를 열어 조선학술원을 세웠다. 해방후 지식인들은 백남운을 중심으로 좌익, 우익, 중도계를 망라한 학술계의 좌우합작을 통하여 신국가 건설에 요구되는 학술 사업을 행하고자 하였다.[35] 조선학술원은 "과학의 제부문(諸部門)에 걸쳐서 진리를 탐구하며 기술을 연마하야 자유 조선의 신문화건설을 위한 연총(淵叢)이 되며, 나아가서 국가의 요청에 대한 학술동원(動員)의 중축(中軸)이 되기를 목적으로 함"이라고 하였다.[36] 정치, 경제, 사회, 문화 등 사회의 모든 부문에 필요한 학문을 과학적으로 토의하여 마련한다는 것이었다.

문단에 이미 이름을 알렸던 정진석은 해방이 되자 바로 여러 문화 학술단체에서 식민지 문화를 청산하고 새로운 민주국가를 위한 민족문화 건설 및 학술계 재건을 위한 운동에 주도적으로 참여하였다. 정진석이 처음으로 이름을 올린 학술단체는 역사학회였다. 1945년 12월 25일 만들어진 이 학회는 "여러 분야의 역사를 학문적으로 연구하여 새로운 사학(史學)을 세우는 것"을 목표로 하였다. 참여했던 소장학자 35명(1949년 현재)은 주로 연희전문학교와 비(非)경성제대 출신으로, 이 가운데 연희전문 출신(洪以燮, 金一出, 閔泳珪 등)이 주도하였다.[37]

---

33) 이에 대해서는 한상도, 「해방정국기 민족문화 재건 논의의 내용과 성격」, 『史學硏究』 89, 2008.

34) 방기중, 『한국근현대사상사연구』, 역사비평사, 1993, 제3장 참조.

35) 김용섭, 『남북 학술원과 과학원의 발달』, 지식산업사, 2005, 40~41쪽.

36) 朝鮮學術院, 『學術』, 「휘보」, 227쪽

37) 歷史學會 편, 『歷史學硏究』 1, 1949, 329쪽. 정진석이 월북한 이후에 나온 잡지이지만, 그의 이름이 회원 명단에 그대로 실려있다. 당시 역사학계의 동향에 대해서는 方基中, 「解放後 國家建設問題와 歷史學」, 『韓國史認識과 歷史理論』(김용섭정년기념논총 1), 지식산업사, 1997.

해방 초기의 문화, 학술운동은 대체로 좌우익 연합의 형태로 전개되었다. 1946년 2월, 민족주의민족전선(민전)이 결성되었다. 민전이나 산하 위원회에는 좌익 세력을 중심으로 중도적인 개인이나 단체도 참가하였다. 정진석은 305명으로 구성된 중앙위원의 일원이 되었으며, "교육 및 문화대책연구회" 위원(총 56명)으로 지명되었다.[38] 곧 바로 좌익계 문화운동 단체들은 조선문화단체총연맹(문련)을 결성하였다.[39]

민전을 중심으로 문화계 인사들이 결집하자 우익 진영이 중심이 된 조직도 출범하였다. 민전 조직 한 달 후 3월에 조직된 전조선문필가협회(全朝鮮文筆家協會)가 그것이었다. 전조선문필가협회는 "인권이 존중되고 자유가 옹호되고 계급이 타파되고 빈부가 없는, 가장 진정하고 가장 민주적인 국가관, 세계관을 밝혀 민족국가 관념 위에서 조국을 재건함에 있어 진정한 민주주의 문화 건설에 이바지"할 것을 목표로 하였다. 회장 정인보(鄭寅普), 부회장 박종화(朴鍾和), 설의식(薛義植), 이병도(李丙燾) 등이었다. 강령은 "① 진정한 민주주의 국가건설에 공헌하자, ② 민족자결과 국제공약에 준거하여 즉시 완전자주독립을 촉성하자, ③ 세계문화와 인류평화의 이념을 구명(究明)하여 이 일환으로 조선문화를 발전시키자, ④ 인류의 복지와 국제평화를 빙자하여 세계 제패를 꾀하는 비인도적 경향을 배격하자" 등이었다. 즉 새로운 문화를 건설하여

---

38) 『자유신문』 1946년 2월 17일, 「民線의 확대 강화 등 각항 제안을 결의」; 『서울신문』 1946년 2월 26일, 「민전, 교육 및 문화대책연구회위원과 경제대책위원회위원 선정」; 『자유신문』 1946년 2월 26일, 「斯界의 권위를 총망라, 民戰의 교육, 경제대책위원」.

39) 『자유신문』 1946년 2월 21일, 「全國文化團體 전부 망라」. 24일 결성대회에 참여한 단체는 학술원, 과학자동맹, 진단학회, 사회과학연구소, 산업노동조사소, 과학기술연맹, 산업의학연구소, 문학가동맹, 공업기술연맹 생물학회, 연극동맹, 음악동맹, 음악가협회, 영화동맹, 미술협회, 미술가동맹, 가극동맹, 국악원, 어학회 국어문화보급회, 의사회, 교육자협회, 과학여성회, 신문기자회였다. 좌익 계열 단체를 중심으로 우익 학술단체도 참여하였다. 조선문화단체총연맹이 결성되자 해방 이후 문화재건운동을 선구적으로 이끌던 조선문화건설중앙협의회, 조선프롤레타리아예술동맹은 문련 결성대회 석상에서 과도적 사명을 다하였다고 해체를 선언하였다(『중앙신문』 1946년 2월 25일, 「찬연한 민족문화 계승」).

민주주의, 자주독립을 지향함과 동시에 세계 문화와 인류 평화에도 기여하자는 것이었다. 그런데 전조선문필가협회는 정인보 등의 우익 경향의 사람들이 주도하였지만 상당 수의 중도, 좌익계 인사도 망라하였다. 적극적인 참여 여부는 알 수 없지만, 정진석도 추천회원으로 조선문필가협회에 이름을 올렸다.[40]

정진석은 백남운이 주도하던 민족문화연구소에도 참여하였다. 백남운은 급변하는 정세 속에서 정계에 진출하였다. 좌익, 우익이 치열하게 대립하고 있던 사정 속에서 백남운은 좌우합작을 통한 통일된 독립국가를 지향하였다. 1946년 2월, 백남운은 조선신민당 경성특별위원회 위원장에 취임하였다. 4월 1일부터 서울신문에 「조선민족의 진로」를 연재하여 '연합성 민주주의론'을 주장하고, 이를 이 위원회 활동의 지침으로 삼았다. 이어서 5월에는 조선학술원의 자매기관으로 민족문화연구소를 설립하여, 경성특별위원회의 외곽조직 역할을 담당하게 하였다. 정진석은 민족문화연구소의 소원(所員)으로 학술운동에 참여하였다. 이러한 결정에는 백남운이 정진석의 연희전문 재학시절 교수였다는 관계도 작용했을 것이다.

민족문화연구소는 "조선민족문화를 비판적으로 연구하여 민주(民主) 문화의 건설에 노력"하고, 또 "국제문화의 진수(眞髓)를 조사 연구"하여 조선사회 문화의 발전에 이바지한다는 것을 목표로 하였다. 이를 위한 사업으로는 ① 조선민족 및 국제문화의 연구 조사, ② 기관지 『민족문화(民族文化)』 발간, ③ 외국학회와 논문 교환, ④ 학술서적의 번역출판 등을 구상하였다. 소장은 백남운이었고, 소원으로 윤행중(尹行重), 신남철(申南澈), 이청원(李淸源), 이북만(李北滿), 김사량(金史良), 왕명찬(王明燦), 허윤구(許允九), 그리고 정진석 등이 참여하였다.[41] 민족문화연구소에는 조선학술원에서 백남운의 측근으로

40) 『東亞』 1946년 3월 9일, 「全朝鮮文筆家協會 결성」; 『東亞』, 1946년 3월 11일, 「전조선문필가협회」; 『東亞』 1946년 3월 14일.

41) 『서울신문』 1946년 5월 7일, 「민족문화연구소 창립」.

활동했던 인사를 중심으로 청년 사회주의자가 가세하였으며, 진보적 자유주의자, 중도좌파 계열까지 망라하였다. 백남운은 이 연구소 활동을 통하여 진보적 중간층을 결집하여 신민당(경성특별위원회)의 대중적 기반을 확보하고, 민족통일전선을 위한 이론을 확립함과 동시에 선전활동 등을 행하였다.

민족문화연구소는 학술 논문집 『민족문화』를 3집까지 간행하였다. 동시에 일반인을 대상으로 고급 인문과학 강좌를 개설하였다. 강좌는 1946년 9월부터 이듬해 10월까지 모두 6차례 진행되었다. 수강자의 자격을 중등학교 졸업이상의 학력자로 한정하였음에도 150명 안팎의 수강생이 모여 강좌는 2개월간 진행되었다. 백남운은 자신의 정치노선으로 제기한 '연합성민주주의론'에 대한 논란이 일어나자 이에 대한 반론으로 「조선민족문제 재론」을 민족문화연구소에서 간행하였다. 정진석은 『민족문화』 2집(1946. 10)에 「조선문학론」이라는 글을 썼으며, 인문과학강좌의 제2기(1946. 12. 9.~1947. 2. 8)에 참여하여 '동양철학'을 강의하였다.

(2) 당시의 학술계에는 위의 조선학술원과 민족문화연구소(신민당)를 비롯하여, 조선공산당의 외곽조직이었던 조선과학자동맹(위원장 박극채, 1945. 10. 21. 발족), 그리고 인민당(여운형)과 관련이 있는 신문화연구소(김일출), 마르크스주의 원전 번역에 성과를 내고 있던 사회과학연구소 등의 단체가 있었다. 정진석은 조선과학자동맹에도 관여하였다.

1946년 중반 이후 정치계의 큰 변동에 따라 학술운동계도 더불어 재편되어 갔다. 7월에 민주주의민족전선에서 좌우합작 5원칙이 통과되고 북한에서 북조선공산당, 조선신민당이 합당하여 북조선노동당을 결성하기로 함에 따라, 남한의 3대 좌익정당도 이를 지지하면서 합당 문제가 논의되기 시작하였다. 그러나 합당 문제는 논란만 가중시켜 남조선노동당과 사회노동당이라는 양당 분립이 일어났다. 이런 혼란 속에서 학술계에서는 '합동' 논의가 일어났다. 사회노동당을 추진하던 백남운이 자신의 주장에서 후퇴하자 민족문화연구소

내부에서도 비로소 이런 논의가 제기되었다. 조선과학자동맹에서도 조직을 개편하고 사회노동당 진영에 대한 비판을 강화하였다. 이 일환으로 조선과학자동맹은 하부 조직을 정비하였고, 이에 서울시 지부를 조직하였다. 정진석은 1946년 12월에 서울지부장으로 선임되었다.[42]

좌익 계열의 학자들은 여기에서 한 걸음 더 나가 분립된 역량을 총결집하기 위한 '통일적인 신 조직체'를 추진하였다. 이리하여 1947년 2월 25일에 조선과학자대회를 열고 새로운 통합체인 '조선과학동맹'을 창설하였다.

과학자대회는 정진석의 사회로 진행되었다. 그 동안 진보적 과학자들이 반동세력에 대응하면서 많은 연구와 계몽에 공헌하였다고 하면서도, '민주건국 도상'에서 분산된 역량을 총집결하는 전국적인 하나의 큰 조직체가 필요하며 따라서 조선과학동맹으로 새 출발할 것을 결의하였다. 신남철이 「현대 정세와 과학자의 임무」라는 경과를 보고하고, 이어서 과학자동맹, 사회과학연구소, 조선경제연구소 등 세 단체가 대 조직체로 발전하기 위해 발전적으로 해소한다는 내용의 선언을 발표하였다.[43] 임원 선출에서 정진석은 윤행중(민족문화연구소), 김양하(학술원), 강정택(사회과학연구소), 이병남(과학자동맹) 등과 함께 임시 집행부로 선출되었으며, 규약 통과 후에 부위원장이 되었다. 위원장은 윤행중이었고, 부위원장은 정진석을 비롯한 김양하, 강정택, 신남철 등이었다.[44] 이들 대부분은 백남운이 주도하던 조선학술원, 민족문화

42) 『獨立新報』 1947년 1월 5일, 「科學者同盟, 서울支部結成」. 위원장 鄭鎭石, 부위원장 姜志元, 金鎭億, 사회과학부위원 高在國, 洪淳昌, 자연과학부위원 黃朱鳳, 鄭淳澤, 기술과학부위원 崔成世, 徐道源 등이었다.

43) 『民報』 1947년 2월 26일, 「科學 力量을 集結, 昨日, 科學者大會 盛況」; 『獨立新報』 1947년 2월 27일, 「朝鮮科學者同盟을 創設, 科學者大會서 三團體解消코」. 『독립신보』에서도 "종래의 사회과학연구소 조선경제연구소, 과학자동맹을 발전적으로 해소하고 조선과학자동맹을 창립할 것을 결의"했다고 보도하였다. 그런데 『自由新聞』 1947년 2월 26일, 「전국 과학자 대동단결, 3단체를 통합 朝鮮科學同盟 발족」에서는 "학술원, 사회과학연구소, 과학자동맹 세 단체의 통합을 위시하여 전국의 자연과학, 사회과학자가 전부를 망라한 과학자의 대동단결이 이루어졌다"고 보도하여, '조선학술원'을 거명하고 있다.

44) 신문보도에 따라 약간씩 다르며, 신남철이 임시집행부에 들어있기도 하다. 『자유신문』

연구소에 참여했던 사람들이었다. 이들은 '개인 자격'으로 새로운 조직에 통합되었다.[45]

조선과학동맹의 부위원장으로 선출된 정진석은 「조선과학도의 임무」라는 글을 통하여 과학동맹의 역할을 천명하였다. 그는 당시 가장 절실한 문제로 "민족 전체의 과학적 역량의 심화와 동시에 보급화"를 꼽았다. 정진석은 우선 일제가 식민지 교육을 통해 '과학의 보편화를 억압'하고, 식민지 착취를 위한 기형적인 과학교육만을 실시하여 전 민족이 "과학적인 색맹" 상태가 되었다고 지적하면서, 동시에 조선의 민족 혼란도 '과학적 무지'에서 온 것이라고 판단하였다. 그는 해방을 가져다 준 연합국의 승리는 과학(자연과학 및 사회과학)의 승리라고 설명하였고 조선의 낙후성을 극복하기 위해서는 과학 역량의 강화가 필요하다고 하였다. 이에 과학자 상호 간의 밀접한 단결이 있어야 하고, 과학 계몽 활동을 위한 핵심 단체가 필요하다고 하였다. 과학적 계몽 활동을 통해 생활 속에 남아 있는 정감록 같은 미신적 후진성을 극복하고, 동시에 변혁을 거부하는 반동적 과학가의 허위를 폭로하면서 진정한 조선 인민의 발전을 위한 진보적 민주주의 과학자의 주장을 펴자고 강조하였다.[46]

(3) 1946년 후반 이후 정계의 변화 속에서 정진석은 진보적 좌익 계열 문화운동의 중심인물로 활동하였다. 1947년 1월 30일, 수도경찰청장 장택상이 「극장에 관한 고시」에서 "극장에서 정치사상성을 띤 연극을 하지 말라"고 포고하였다. 그러자 문화단체총연맹을 중심으로 「문화옹호남조선문화예술

1947년 2월 26일, 「전국 과학자 대동단결, 3단체를 통합 朝鮮科學同盟 발족」에서는 정진석을 서기장이라고 적었다.

45) 백남운은 정계를 은퇴하고 학술원과 민족문화연구소를 중심으로 문화운동에 주력하였다. 윤행중, 신남철 등의 핵심 세력이 조선과학동맹으로 옮겨가자 민족문화연구소에는 중도 내지 온건한 마르크스주의자가 남았고, 일부의 민족적 성향을 띤 소장학자들도 동참하였다(방기중, 앞의 책, 286쪽). 이후에 잡지 『民族文化』 3호를 간행하고, 인문과학강좌도 1947년 10월에 이르기까지 모두 3차례 개최하였다.

46) 鄭鎭石, 「朝鮮 科學徒의 任務(上·下)」, 『自由新聞』 1947년 3월 3~4일.

가 총궐기대회」가 소집되었다. 이들은 "문화의 적은 민족의 적이다"라는 슬로건 아래, 국대안을 비롯하여 예술, 교육, 과학, 언론 등 민족문화 전반에 걸쳐 자유로운 활동을 억압하는 법령 조치를 반대하고, 압박 받는 남조선 문화를 옹호하자고 하였다. 김기림은 개회사에서 "조선 민족문화 예술의 새로운 발전을 억압하는 모든 문화 반동, 특히 국대안과 극장예술을 말살하는 1월 30일 「고시」를 총궐기로 투쟁을 하자"고 주장하였다. 정진석은 궐기대회 준비위원, 언론분과 위원장으로 선임되어 활약하였으며, 13일의 궐기대회에서는 임시 의장단으로 선임되었다. 대회 식순 가운데 정진석은 「언론 탄압을 중지하라」라는 제목으로 보고하였다.[47] 2월 15일에는 궐기대회를 대표하여 정진석, 윤행중 등이 장택상을 방문하여 「고시」 취소를 요구하였고, 장택상은 고시가 예술 활동을 간섭하는 것이 아님을 말하면서도 거리에 붙인 고시를 철거하겠다고 답하였다.[48]

정진석은 문화단체총연맹을 통하여 다양한 활동을 전개하였다. 1947년 1월, 문련은 문화의 대중화를 목표로 여러 사회과학 단체들-社硏[사회과학연구소], 科同[과학자동맹], 教協[교육자협회], 科技[과학기술연맹] 등-의 후원으로 문화 강연회를 개최하였는데, 정진석은 윤행중 등과 함께 연사로 초빙되었다. 정진석은 자신의 주전공인 동양철학 가운데서도 종법(宗法) 사상에 대해

47) 『大韓獨立新聞』 1947년 2월 5일, 「張總長 紋告의 波紋」; 『獨立新報』 1947년 2월 11일, 「文化藝術家總蹶起大會, 오는 十三日 侍天敎 大講堂에서」; 『자유신문』 1947년 2월 14일, 「문화를 옹호하자, 예술가 총궐기대회」; 『獨立新報』 1947년 2월 14일, 「民族文化擁護의 烽火, 文化藝術各界人士의 蹶起大會, 놈들에게 빼았겼든 藝術을 찾자」; 『獨立新報』 1947년 2월 15일, 「文化藝術家의 獅子吼, 文化의 敵은 民族의 敵이다」. 그런데 이때 우익 문인 단체인 「전국문화단체총연합회 결성대회」도 12일에 열렸다. 발기단체는 조선미술협회, 전조선문필가협회, 극예술연구회, 조선영화극작가협회 조선청년문학가협회 등이었고, 초청 및 참가단체는 조선공예총협회 외 28개 단체였다. 민주주의 문화 건설, 민족문화 창조 등의 구호는 동일하였다(『자유신문』 1947년 2월 12일, 「문화인 총동원, 좌우 양 단체에서 대회 개최」).

48) 『獨立新報』 1947년 2월 16일, 「張廳長談, 文化藝術 拘束은 않이다, 文化藝術에 干涉할 意思毫無」; 『자유신문』 1947년 2월 16일, 「市街에 붙인 고시 떼고, 예술 활동에 간섭 않는다, 문화인 항의에 張총감 언명」.

강연하였다.[49)]

문련은 조미문화협회(朝美文化協會), 음악건설동맹, 문학가동맹 등과 공동으로 171주년 미국독립기념일을 축하하는 행사인 「미국독립기념일 축하의 음악과 시의 밤」도 개최하였다. 정진석은 이 행사에서도 강연자로 참여하였다.[50)] 또 춘천에서 공연 중에 테러가 발생하여 중앙 문련에서 춘천으로 조사원을 파견할 때에는 정진석 등 5인이 서울에서 미군정청을 항의 방문하기도 하였다. 이들은 "민주주의의 등대가 되는 언론기관과 인민의 열광적 환호와 지지를 받는 문화 예술을 파괴하는 야만적 테러를 즉시 해체시키고 그 수괴를 단언 처단하라"는 항의서를 제출하였다.[51)]

학술운동을 문화운동 차원에서 실천했던 재미있는 일화도 있다. 조선연극동맹 서울지부에서 주최한 "자립극 경연대회"가 열리자 과학자동맹 서울시지부가 참여를 결정한 일이었다. 이 경연대회에서는 각 직장의 노동자와 젊은 연극 애호가들이 스스로 연극을 만들어 무대에 올려 생생한 생활을 연극으로 볼 수 있게 하였다. 이때 과학자동맹 서울시지부가 정진석 이하 허하백(許河伯) 여사, 윤행중, 전석담 등 37명의 과학계 중진들이 함께한 「프랑카-드」 1막을 가지고 참가하였던 것이다. 당시 신문에서도 이들의 활동을 두고 '자립극 경연대회에 하나의 이채'를 띠었다고 평가하였다.[52)]

(4) 정진석은 신문화 건설을 추구하면서 몇 편의 문학론, 예술론에 관한 글도 썼다. 그는 순수문학, 반동문학이 가지는 반민주주의적 성격을 비판하고,

---

49) 『獨立新報』 1947년 1월 23일, 「大講演會 今廿三日開催」. 참가 연사와 제목은 윤행중(미정), 朴俊泳(민주주의 발달사), 정진석(宗法思想에 대하여), 김영진(조선 사학계의 회고와 전망), 李炳南(조선 의학의 수준), 尹澄宇(국공 관계에 대하여), 金漢周(토지개혁안), 金彰漢(제2차 대전 후의 국제 전망), 韓仁錫(이론 물리학의 최근의 동향) 등이었다.

50) 『경향신문』 1947년 7월 9일, 「미독립기념일 축하 음악과 시의 밤 개최」.

51) 『獨立新報』 1947년 7월 22일, 「테로 首魁處斷을 文聯에서 抗議」.

52) 『獨立新報』 1947년 7월 31일, 「科學界重鎭들, 自立劇競演에 參加」; 『朝鮮中央日報』 1947년 8월 2일, 「科學者도 出演, 盛況이루는 自立劇大會」.

문학과 예술에 사회성, 계급성이 있어야 함을 주장하였다. 정진석이 구상한 문학, 예술은 민주주의 국가, 자주독립 국가 건설을 위한 것이었다.

「홍길동전」을 분석하는 글을 통해서도 이런 주장을 견지하였다.[53] 그는 "인간의 의식은 그 존재에 의하여 결정된다는 유물사관의 기본 명제는 '이조' 시대의 소설 연구에서도 보인다"고 하고, 또 "문학작품은 개인의 산물인 동시에 사회의 산물"이라는 차원에서 홍길동전을 분석하였다. 이에 따라 그는 홍길동전의 배경이 된 조선의 사회경제 구조에 대해 길게 설명하였다. 당시 조선학술원, 민족문화연구소를 지도하던 백남운과 모리타니(森谷克己)의 연구를 인용하여 조선 사회를 '아세아적 정체성을 사적 모반(母盤)으로 한 봉건적 단계'로 보고, 유교 문화와 유교적 관료주의화, 토지 겸병, 토호 발달, 전장(田莊) 설립, 토호의 침학 등의 특징을 열거하였다.[54] 이에 따라 『홍길동전』에는 열화와 같은 반항의 정신, 사회 질서의 모순과 빈부의 불공평에 대한 끝없는 투쟁 양상 등이 나타나게 되었다고 하였다.

특히 정진석은 『홍길동전』을 자신이 대학원에서 공부했던 동양(조선)의 종법사상에 근거한 가족제도의 모순을 통하여 분석하였다. 그는 유교사상의 중심점을 '도덕적 계급제도'라고 하였다. 곧 도덕적 계급제도는 유덕자(有德者)의 지배를 말하는 것으로, "대인(大人) 즉 학덕이 우수한 자는 지배가 되는 것이오, 소인 즉 학덕이 부족한 자는 피지배자가 되는 것"으로 분석하였다. 이에 따라 종법사상은 "엄격한 가부장적 가족제도와 적장자 상속제도를 확립하여 주(周)의 봉건제도의 권력 복종의 관계를 가족 도덕에 유지하려는 유가의

---

53) 鄭鎭石, 「朝鮮文學論－洪吉童傳에 나타난 反抗과 諦念－」, 『民族文化論文集』 2, 1946. 정진석은 이 글을 미완으로 남겼다. 아마도 더 이상 민족문화연구소에 관여하지 않았기 때문인 것으로 보인다.

54) 정진석은 다른 글에서도 "특수한 생산양식을 지닌 아시아 제 사회는 후진, 정체적"이라고 하였고, 이는 유럽보다 '후진'이었다고 하였다(「朝鮮インテリゲンチャ論」, 『民主朝鮮』 2-15, 1947, 5쪽). 그러나 이런 인식은 백남운의 연구를 인용하고 있음에도 불구하고 백남운과는 매우 달랐다. 이는 오히려 백남운과 학문적으로 대립했던 조선과학자동맹 쪽의 李北滿 등과 같은 입장이었다.

의도에서 나온 것"이라고 하였다. 이런 관점에서 본다면 서자(庶子)인 홍길동이 당시의 가족제도, 종법사상에 대하여 가진 '충천(衝天)의 분노'는 당연한 것이며, 이를 통해 양반사회를 비판하고 있다고 보았다. 하지만 정진석은 『홍길동전』에 왕권을 역성혁명에 의해 새롭게 하겠다는 유교적 천명관은 나타나지만 피압박 계급의 해방을 위한 역사의 주동력이나 자주적 정치운동을 시사하지 못했다는 점을 한계로 지적하였다.

정진석은 또한 당시 문단의 글쓰기에 한문 전고(典故)가 잔존하여 남용되고 있다고 비판하였다. 그는 이런 현상을 보수적 특권계급의 전유물이라고 비판하고 신문화 건설에서 극복해야 할 점으로 보았다. 정진석은 한문 고전의 남용을 특권계급의 권위적, 보수적 사상운동의 사술(詐術)이라고 규정하였다. 그 예로 든 것이 당시 군정청 하에서 만든 교육이념이었던 '홍익인간'과 대동주의(大同主義) 등이었다. 이는 중세적인 왕도사상 혹은 일제가 지배 이데올로기로 강조하던 '팔굉일우(八紘一宇)'와 같은 논리라고 비난하였다.[55] 정진석은 당시가 민중의 손에 의해 모든 것이 변하고 있던 시대이므로 문학도 민의를 표현해야 하고, 그렇게 하려면 평이하고 정확한 민중의 문장이 필요하다고 하고, 국수주의적인 특수 문자인 한자는 폐지해야 한다고 주장하였다.[56]

문학, 예술의 정치성, 사상성을 강조한 글은 정진석이 월북한 후 잡지 『개벽』에 게재되었다. 아마도 월북 전에 쓴 것으로 보인다. 이때에도 정진석은 문학이나 예술은 "정치성, 사상성 또는 세계관을 떠나서는 성립할 수 없다"는 사회주의적 문학 예술론을 견지하였다. 순수문학에서 정치성 내지 사상성을 부정하는데, 이를 비호하는 것은 민주주의를 반대하고 반민족성을 엄폐하는 것이라고 폭로하였다. 그리하여 그는 "예술가는 의식적, 무의식으로 일정한 계급의 이해를 표현"해야 하고, "예술가의 분명한 계급적 이해와 계급투쟁의

---

55) '홍익인간'을 교육이념을 제안한 사람은 공교롭게도 연전 시절의 은사였던 백낙준이었다. 홍익인간 교육이념에 대해서는 백남운도 '八紘一宇'라고 비판하였다.

56) 鄭鎭石, 「典故의 남용」, 『자유신문』 1948년 2월 2일.

자각을 위하여 확호(確乎)한 유물변증법적 세계관의 파악이 요구되는 것"이라고 주장하였다.[57)]

2) 자주통일국가를 위한 활동

(1) 해방 정국에서 정진석의 주된 직업은 신문기자였다. 그는 1945년 10월 5일에 창간된 『자유신문』의 발행인·편집인 겸 주필이었다. 『자유신문』은 "조선 민족 통일정권 수립을 위한 민중 여론의 공기(公器)"가 되겠다는 지향으로,[58)] 당시의 이념 대립 아래에서 중도적 입장을 취하였고, 신탁통치 문제를 둘러싸고 좌우대립이 심화되면서 점차 진보적 민주주의, 사회주의적 성격이 강화되었다.[59)]

『자유신문』이 창간된 직후, 1945년 10월 23~24일에 '전조선기자대회'가 열렸다. 일제 하에서도 그러했듯이 해방 후에도 신문사는 행동하는 지식인이 모인 장이었다. 기자대회에는 전국 24개사, 전현임 기자 250명이 참석했다. 이종모(李鍾模, 조선통신사)의 사회로 진행된 대회에서 양재하(梁在廈, 新朝鮮報社)의 개회사, 김진기(金鎭基, 해방통신사)의 경과보고가 있었다. 의장이 조선신문기자회 결성을 선언하여 조선신문기자회를 만들었고, 정진석(자유신문사)은 강령 규약을 발표하였으며, 김정도(金正道, 朝鮮人民報)의 선언문 낭독이 있었다.[60)]

선언문에서 기자들은 '씩씩한 건국'을 위해 무엇보다도 일제 잔재의 청산이

---

57) 鄭鎭石, 「藝術과 世界觀」, 『開闢』 80(제10권 제5호), 1948년 12월.

58) 『自由新聞』 1945년 10월 5일, 「創刊辭」.

59) 『자유신문』은 1946년 10월 27일, 申翼熙가 사장으로 취임하면서 우익지로 변모했다고 한다(정진석, 「내 인생의 기록」, 앞의 책, 171쪽). 하지만 정진석은 계속 주필, 논설위원으로 활동하였으며, 자유신문사를 자본금 1천만원의 주식회사로 조직하기 위한 발기인으로도 참여하였다(『자유신문』 1947년 4월 20일, 「朝鮮 言論界에 巨步, 自由新聞의 大飛躍」).

60) 『자유신문』 1945년 10월 25일, 「전조선신문기자대회 개최, 조선신문기자회 결성」.

필요하다고 주장하였다. 조선 사정에 대한 일제의 기만적 선전이 여전히 남아있기 때문에 연합국이 조선 정세를 정확하게 판단할 수 없다는 것이었다. 이에 기자들은

> 우리들 붓을 든 자, 진실로 우리의 국가건설에 대한 제 장애물을 정당히 비판하여 대중 앞에 그 정체를 밝힘으로써 민족 진로에 등화가 될 것을 그 사명으로 한다. / 단순한 春秋의 필법 만으로서는 우리는 만족치 않는다. 때는 바야흐로 우리에게 필봉의 무장을 요구한다. (…) / 민중이 갈망하는 바는 우리의 힘 있고 바르고 용감한 필봉일 뿐이다. / 우리는 이러한 대중적 요망에 저버림이 없도록 진력한다.[61]

라고 하면서, 이를 위한 기자들의 단결을 주장하였다. 이에 따라 "① 우리는 민족의 완전독립을 기한다, ② 우리는 언론 자주의 확보를 기한다"라는 강령을 채택하였다.

행사에는 인민공화국 중앙인민위원회 허헌, 조선공산당 김삼룡, 그리고 이승만, 여운형, 미군정 장관 아놀드 소장 등 좌우를 망라한 정치계의 유력한 인사들이 참여했다. 이승만의 연설은 서울방송을 통해 전국에 생중계되기도 했다.[62]

이듬해 4월 25일 두 번째 '전국신문기자대회'가 서울 명동천주교회 강당에서

---

61) 위와 같음.

62) 당시 축사를 한 사람을 보면 기자대회의 성격, 영향 등을 알 수 있다. 축사한 사람은 군정장관 아놀드소장(代 뿌스대령), 뉴욕타임즈기자 찐스톤, 인민공화국중앙인민위원회 許憲, 조선공산당 金三龍, 이승만, 建國同盟 呂運亨(代 呂運弘), 朝鮮學術院 尹行重, 朝鮮文化建設中央協會 李源朝 등이었다. 더욱이 이승만의 연설은 서울방송국을 통하여 전 조선에 중계되었다. 이승만은 장소가 YMCA라는 점에서 월남 李商在를 회상하고, 또 자신의 신문 발행 경험(배재학당의 협성회보, 매일신문)을 거론하고, 현재는 언론 자유를 누리고 있으니, 신문의 자유를 공명정대하게 활용하여 사회의 진보 발달에 공헌해 주기를 바란다고 하였다. 좌우 진영의 인사들이 모두 참여하였던 것이다.

열렸다. 준비위원장은 이종모였고, 정진석은 7명의 기초위원 중 한 사람으로 참여하였다.[63] 이 대회에서는 남한에 있던 31개 신문사 대표들이 모여 "우호친선과 신의를 중상(重傷)하는 반동신문 폐간"을 군정 당국에 요구하기로 결의하였다. 또 민주언론의 확립, 민주과도정권수립 촉진, 국민생활 안정, 조선신문기자회 확대 강화, 기자의 질적 향상 강화 등 당면 긴급 문제를 토의하였다. 이들은 진보적 민주주의를 표방하면서 미소공동위원회가 민주주의로 통일된 임시정부를 빨리 수립하기를 요망한다고 밝혔다. 그리하여 "민족의 정기를 고양시키고 창의를 고무하면서 조국 건설을 위한 3천만의 선두에 서서 나아갈 것"이라는 내용의 선언서를 채택하였다.[64]

(2) 해방 공간에서 정진석은 민주주의 자주독립국가를 지향하였다. 사회주의 계열에서는 민주주의 정부의 건설이 미소공동위원회의 성사 여부에 달려있다고 보았기 때문에 삼상회의의 총체적 지지 및 미소공동위원회 참여와 지지로 의지를 표출하였다. 이를 위해 그들은 '보수적, 반동적'인 부르주아 세력을 상대로 싸웠다.

정진석도 '부르주아 민주주의 혁명'을 지향하면서 '그 과업의 완수는 모스크바 삼상회의를 총체적으로 지지함으로써 급속하게 임시정부를 수립'하는 것이라고 하였다.[65] 정진석은 1947년 8월, 조선과학동맹에서 주최한 해방 2주년 기념 학술강연에서도 미소공위를 촉진하기 위하여 「민족문화 건설을 위한 투쟁」이라는 제목으로 강연에 참여하였으며,[66] 이를 이어 「해방 2년 회고와 전망」이라는 글에서

63) 『서울신문』 1946년 4월 17일, 「제2회 전국신문기자대회 개최 예정」.
64) 『中央新聞』 1946년 4월 27일, 「진정한 민주언론을 수립」.
65) 鄭鎭石, 「朝鮮インテリゲンチャ論」, 『民主朝鮮』 2-15, 1947, 9쪽.
66) 『中央新聞』 1947년 8월 12일, 「文化」.

조선 민족의 자주 독립을 실할 수 있는 유일 정확한 첩경이 미소공동위원회 성공에 있는 것이오, 이 회의를 추진시키고 협력하는 것은 민족 발전의 역사적 요청인 것은 물론이다.[67]

라고 하였다.

정진석은 미소공위가 난관에 봉착한 것은 이를 방해하려는 세력, 곧 "친일파 민족반역자 팟쇼분자들"의 끊임없는 음모에 그 원인이 있다고 보았다. 이들 반역자들은 미소공위에 의해 남북통일과 민주주의 임시정부가 수립되면 자신들이 저지른 매국적 죄악으로 처단되거나 자신들의 많은 재산이 환수될 것으로 두려워하여 "그들의 권력이 영구히 유지될 수 있는 남조선 단독의 독재정부를 수립"하려 한다고 폭로하였다. 그리하여 민주주의민족전선에 집결된 민주세력이 지금까지 해왔던 것과 같이 "진용을 정비하여 단결의 위력을 중외에 표명"하여 공위의 성공적 결과를 전취하고, 나아가 "조선의 남북을 통일한 민주주의 건설"을 실현해야 한다고 하였다.[68]

정진석은 자주독립 국가를 만들기 위한 지식층(인텔리겐치아)의 역할을 진보적 재일동포 지식인과도 공유하였다. 무산계급의 성장이 미약했던 3·1운동 이전의 민주주의 운동 단계에서는 소부르주아계급이나 자본가 계급이 일정한 역할을 했지만, 그들 가운데 점차 반(半)봉건 및 일본 제국주의 세력과 결탁하려했던 지식층이 해방 이후에 다시 반동성을 드러내고 있다고 하였다. 따라서 노동자, 농민의 능동적 혁명 추진이 부족하고, 또한 인텔리층의 정치적 이념이 빈곤한 상태를 극복하기 위해서 인텔리층의 정치 이념, 혁명성을 재건하여 이를 제시하는 것이 그 임무라고 하였다.[69]

3·1운동을 보는 시각에서도 정진석은 민주주의 국가 건설에 대한 염원을

67) 鄭鎭石, 「解放 二年 回顧와 展望」, 『獨立新報』 1947년 8월 17일.
68) 위와 같음.
69) 鄭鎭石, 「朝鮮インテリゲンチャ論」, 『民主朝鮮』 2-15, 1947.

드러내었다.[70] 먼저 그는 3·1운동을 "일본제국주의의 식민지적 착취와 압박을 반대하고 일어난 조선 인민의 부르주아 민주주의 혁명의 성질을 띤 민족해방투쟁"으로 규정하였다. 3·1운동이 전국적으로 전개된 반제국주의 민족해방투쟁이었지만 '진정한 민주주의 혁명운동'으로 발전하지 못하고 자연발생적 대중투쟁으로 그치고 말았다고 평가하면서, 이러한 한계는 일제 하의 사회경제 상태에서 비롯된 것이라 하였다. 즉 일제의 억압으로 자본주의 발전이 제약되면서 자본계급이 성숙되지 못하고 노동계급도 미약하였으며, 이로 인해 부르주아 민주주의 혁명운동을 이끌 핵심 세력이 성장하지 못했기 때문이라는 것이었다. 또한 부르주아 지도자들이 농민문제를 해결하기 위한 토지혁명을 내세우지 못하고, 혁명적 이론이나 전술도 가지지 못했다고 보았다. 하지만 3·1운동은 이후 민족해방운동에 커다란 영향을 끼쳐 반제·반봉건적 민주주의 운동이 전개될 수 있었으며, 나아가 진보적 분자와 사회주의자가 연합하여 반제투쟁의 통일전선의 방향으로 나아갈 수 있었다고 평가하였다.

그리하여 정진석은 당시의 반제반봉건 투쟁 역시 3·1운동 정신을 계승해야 한다고 주장하였다. 당시 미소공동위원회가 답보 상태(무기 휴회)에 빠지고 남북분단, 단정이 노골화되고 있던 상황에서 그는 소련이 제안한 양군 동시 철퇴와 조선인에 의한 자주적 정부 수립 방안에 찬성하였다. 또한 그는 북한에서의 헌법 발표와 인민군 창설이 통일민주공화국 건설 기반이 될 것이라는 점에 동의하였다. 그는 이에 대하여 "이제야 3·1운동의 정치적 교훈을 살려 양군 철퇴에 의한 자주독립을 위하여 지혜롭고 용기 있는 구국 투쟁에 전진하고 있는 것을 볼 때, 더욱 분기하지 않을 수 없다"고 주장하였다.

한편, 정진석은 민주국가 건설에서 필요한 '학문의 자유'도 주장하였다. 당시 국대안 문제를 위시하여 권력이나 보수 반동세력이 대학을 장악하고 있는 현실을 비판하였던 것이다. 정진석은 당시 국대안 반대운동 등에서

---

70) 鄭鎭石, 「三一運動의 政治的意義(上·下)」, 『獨立新報』 1948년 3월 3~4일.

일어난 학생들의 맹휴는 '학문의 자유'를 지키기 위한 것이라고 보았다. 특히 대학에서 교수들의 학문 연구는 물론 가르치는(교수) 자유가 확보되어야 진리 탐구가 가능하다고 하면서, 학문의 가치도 정치성의 진보적 가치 여하에 달려 있다고 하였다. 교수들이 갖는 '교수의 자유'는 대학 자유의 제1항목이며, 교수가 생각한 바를 자유롭게 연구, 저술하는 것에서 '진퇴'에 위협을 느끼지 않아야 한다고 하였다. 또한 학생들이 요구하는 학습의 자유도 중요하다고 지적하였다. 학습의 자유를 보장하기 위해서는 대학 강단에서 행해지는 비민주주의적 폭언, 일제 잔재 교육 등과 같은 반동적인 악영향에서 청년들을 구해야 한다고 주장하였다. 그는 당시의 학생들이 온갖 경제적인 어려움 속에서도 "건국 이념에 불타는 열의로서 진정한 민주주의 교육을 열망"하고 있음을 언급하고, 특히 학원에서는 일제의 잔재를 조속하게 숙청해야 하며 양심적 교육자의 성의 있는 교수를 행하여 "새로운 참된 민주주의적 분위기"를 만들어야 학생들이 결사적으로 요구하는 학습의 자유에 일치되는 것이라고 주장하였다.[71]

(3) 조선신문기자회는 1947년 6월에 조직을 개편하였는데, 이때에도 정진석은 이상호(노력인민), 양재하(한성일보), 문동표(조선일보), 김기림(공립통신) 등과 함께 공동의장단으로 선임되었다. 기자회는 이때 미소공위 참가를 결정하였다.[72]

그러나 이때의 현실은 미소공위가 유명무실화되고, 남북 분단으로 치달았다. 기자 정진석의 남한에서의 마지막 활동은 1948년 4월, 평양에서 열린 남북연석회담에 남조선신문기자단을 이끌고 참여한 것이었다. 잘 알다시피, 남북협상은 5·10단독선거를 반대한 김구, 김규식이 평양으로 가서 김일성,

71) 鄭鎭石, 「大學自由問題(上.下)」, 『民報』 1947년 2월 23일 ; 25일.

72) 『獨立新報』 1947년 6월 22일, 「新聞記者會機構改革, 中央擴委서 共委參加決定」 ; 『경향신문』 1947년 6월 22일, 「조선신문기자회 공위 참가 결정」.

김두봉 등과 통일정부를 세우기 위해 회담을 개최한 것이었다. 그해 2월, 민족자주연맹(위원장 김규식)은 김구에게 남북요인회담을 제안하고, 협의 후에 이를 북쪽의 김일성, 김두봉에게 통고하여 회담을 협의하였다. 3월 11일에 김구, 김규식, 조소앙, 김창숙, 조완구, 홍명희, 조성환 등 7인이 '남북협상으로 민족자결을 달성하자'는 성명을 발표하였고, 3월 25일에는 북쪽에서도 전조선 정당사회단체 대표자 연석회의를 4월 14일부터 개최하자고 하였다. 김일성, 김두봉 이하 9개 정당·단체 대표자(북로당 김일성·김두봉, 민주당 최용건, 청우당 김달현, 직업동맹 최경덕, 농민동맹 강달현, 민주여성동맹 박정애, 민애청 박옥진, 민주기독교연맹 박상군, 불교연맹 김숭격 등 10명)의 연서로 남한의 김구, 김규식, 조소앙, 김붕준, 백남운, 홍명희, 김일청, 이극로, 박헌영, 허헌, 유영준, 허성택, 김원봉, 김을수, 김창준 등을 초청하였다.

회담이 성사되어가자 4월 14일에는 남북협상을 지지하는 108명의 성명이 있었다. 정진석도 이에 동참하였다. "조국은 지금 독립의 길이냐, 예속의 길이냐 또는 통일의 길이냐 하는 분수령상의 결정에 서 있다"고 하고, "재건될 우리의 민주국가는 민주적 자주독립, 남북이 통합된 전일체의 자주 독립"이어야 한다고 하면서 이 길은 오직 남북협상과 남북통일의 과제 해결을 위한 정치적 합작에 있다고 주장하였다.[73] 실제 남북협상이 착수되자 정진석은 남조선신문기자단을 이끌고 회담도 취재하면서, 4월 27일~30일 '남북조선제정당사회단체지도자협의회'(남북요인회담)에 남조선신문기자단의 대표로 참여하였다. 30일에 공동성명을 발표하였는데, 16개 정당, 40개의 사회단체가 서명하였다.[74] 남조선신문기자단의 대표였던 정진석은 이 회담이 끝난 후에

---

73) 『세계일보』 1948년 4월 19일. 참여자는 좌우익을 망라한 지식인들이었다. 이순탁, 이극로, 설의식, 이병기, 손진태, 유진호, 배성룡, 정구영, 윤행중, 김일출, 송석하, 조동필, 홍기문, 정인승, 이관구, 김기림, 김양하, 최문환, 고승제, 장기원, 최호진, 김봉집, 김계숙, 안기영, 정지용, 차미리사, 박태원 등의 이름이 보인다.

74) 연석회의에 참여한 기자들과 김일성이 4월 29일에 만나는 광경은 다음의 책에 묘사되어 있다. 정리근, 『력사적인 4월 남북련석회의』, 과학백과사전종합출판사, 1988,

남쪽으로 돌아오지 않고, 평양에 체류하였다.[75]

4. 북한 역사학의 정립과 실학사상 연구

1948년 4월, 남북연석회담 후에 북에 남게 된 정진석은 곧 바로 김일성종합대학교의 철학교수, 연구원 원장이 되었다. 그 이후 줄곧 북한의 학문 재건, 특히 조선시대의 철학사 연구에 주력하였다. 1950년 6·25전쟁 때 점령한 서울에서 숙명여대의 학장, 『해방일보』 논설위원장을 지내기도 하였다. 휴전 후에는 개성에 설치된 송도(松都)정치경제대학 학장직을 수행하였다(1953~1961). 1961년 8월에 과학원 철학연구소장이 되었고(~1964), 1962년에 교수, 1964년에 후보원사 칭호를 받았다. 1965~1968년에 김일성종합대학 철학연구소 소장으로 활동하였다. 『조선철학사(상)』(정진석, 정성철, 김창원 공저, 1961년 10월, 과학원 철학연구소)을 저술하였으며,[76] 정약용, 김옥균, 서경덕 등의 철학사상을 연구하였다.

1) 통일 대비를 위한 교육 사업 : '신해방지구' 개성의 송도정치경제대학

북한에서 정진석이 맡은 중요한 첫 과업은 개성에서 개교한 송도정치경제대

214~219쪽 ; 『태양의 품에 안기여 빛 내인 삶(17)』, 30~38쪽.

75) 남북으로 갈린 정진석의 가족에 대한 기사는 『민족 21』 27(2003. 6.), 「기억나는 것은 아버지의 '안경' 뿐」.

76) 과학원 철학연구소, 『조선철학사(상)』, 과학원출판사, 1960.(남한에서 나온 『조선철학사연구』, 광주, 1988은 제2판이며, 이하 이 책을 인용함). 그런데 편자에 대해서는 일어본 번역본(宋技學 역, 弘文堂, 1962)에는 '과학원 철학연구소'로, 위의 『조선철학사연구』에는 '과학원 력사연구소'로 소개하고 있다.

학 학장이었다. 6·25전쟁 휴전 후에 북한 당국이 개성에 이 대학을 세운 것은 개성이 본래 남한 관할이었다가 휴전 후에 북한 영토가 된 이른바 '신해방지구'였기 때문이었다. 북한의 입장에서는 이 지역을 새로운 '인민'으로 편성해야 할 필요가 있었다.[77] 또한 '휴전' 상태에서 통일을 위한 지역으로도 활용하여야 하였다. 이런 점에서 개성에 대학을 세워 주로 남한 출신 학생으로 대학을 운영하는 것은 바로 앞으로 다가올 조국 통일에 대비하기 위한 것이었다. 김일성이 이 대학의 이름을 짓고, 여러 차례 방문하여 '이 대학은 앞으로 조국이 통일되면 남반부에 나가 사업할 당 간부를 양성하는 당학교이고 대학의 사명을 명철하게 밝혀 줄 것'이라고 '교시'하였다.[78]

대학교육의 경험을 지닌 남한 출신인 정진석이 송도정치경제대학을 운영하는 것은 매우 적합한 것이었다. 정진석은 '교육에서 주체를 철저히 세워 조국통일과 남조선 혁명에 이바지할 수 있는 혁명가들을 양성하기 위한 사업에 주되는 힘'을 기울였다. 1957년 8월, 제1회 졸업식이 거행되었고, 김일성도 졸업식에 참석하였다. 김일성은 다음과 같이 치사를 하였다.

> 신해방지구인 이곳 개성에 창설 (…) 송도정치경제대학은 다른 대학과는 다른 중요한 사명을 띠고 있습니다. 대학의 사명은 지난날 남조선에서 인민항쟁 또는 지하운동에 참가하였으며 특히 조국해방전쟁 시기에는 인민 군대에 복무하면서 적들과 영용하게 싸운 많은 남조선 출신 동무들을 재교양하여 그들을 공화국의

---

77) 이준희, 「한국전쟁 前後 '신해방지구' 개성의 농촌사회 변화」, 연세대학교 사학과 석사학위논문, 2015, 31~32쪽.

78) 『태양의 품에 안기여 빛 내인 삶(17)』, 43~47쪽. 북한 당국은 6·25전쟁 후에 통일 방안과 관련하여 남한 출신들을 여러 형태로 활용하였다. 정진석을 비롯한 많은 남한 출신 교수, 과학자들을 모아 회의를 하기도 하였다. 이 회의에 참석한 사람은 다음과 같았다. 정진석 부교수(전 서울 연희대학교 교수), 최삼열 원사(전 금강전기회사 고문), 김일성대학 교수 도상록(전 민전 교육문화부장), 과학원 화학연구소장 려경구(전 서울대 교수), 김일성대학 부교수 최익한(민전 중앙위원회 기획부장), 김일성대학 신남철 부교수(전 서울대 교수) 등이 참여하였다(『로동신문』 1955년 5월 23일, 「남반부 출신 교수, 교원, 과학자 회의 진행」).

중요한 민족 간부로 양성하는데 있으며, 또한 앞으로 조국이 통일된 후에 남반부에서 당 및 국가건설의 여러 분야의 사업을 조직 지도할 중요한 간부를 육성하는데 있습니다. 그렇기 때문에 당과 정부는 대학에 큰 기대를 걸고 있습니다.[79]

그리고 김일성은 이 대학의 교수교양 사업도 '교시'하였다. 즉 ① 지난날 남조선노동운동과 당 사업 경험을 연구하고 결함 분석, ② 학습을 실생활과 결부시켜 조직할 데에 대한 문제, ③ 우리 당의 투쟁사와 형제당들의 투쟁 경험을 연구, ④ 국가 및 경제 건설 분야에서의 경험들과 사회주의 경리의 운영 방법들도 배울 것, ⑤ 학생들의 당성을 훈련하여 확고한 혁명적 세계관을 세울 것 등이었다.[80]

정진석은 송도정치경제대학 학장직을 수행하면서도 조선철학사 연구를 계속하였다. 교토제대 철학과 대학원 시절 정진석은 "우리 것이라고 할 만한 철학교과서, 철학사가 없다는 것"을 아쉬워하고, 중국철학사를 전공하면서 조선철학사 집필을 위한 자료 작업도 진행하였다.[81] 그리하여 송도정치경제대학 학장으로 있을 때 『조선철학사』(상)의 간행을 주관하게 되었다(1960. 8.). 그리고 그 이듬해 1961년 8월에 과학원 철학연구소가 만들어지자 소장으로 임명되었다.

2) 실학과 정약용 연구

(1) 북한의 역사학은 정치 변동에 따라 몇 차례 큰 변화를 겪었다. 해방 직후 북한에서도 마르크스-레닌주의 역사론에 따라 일제에 의해 왜곡된 역사학을 재건하기 시작하였다. 6·25전쟁 후, 전후복구사업을 진행하면서 부르주

79) 『태양의 품에 안기여 빛 내인 삶(17)』, 61쪽.
80) 위의 책, 62쪽.
81) 위의 책, 65~75쪽.

아혁명을 완결하였으며, 이를 추진하는 데 필요한 사상교양을 위해 역사학을 동원하였다.

그런데 이 과정에서 매우 중요한 정치적 변동이 일어났다. 곧 6·25전쟁 후에 전개된 정치적 숙청이었다. 전후 복구 방안을 비롯한 정치, 국방, 경제 건설의 방안을 둘러싸고 여러 정파의 다툼이 일어났다. 김일성은 박헌영 등의 남로당 계열을 먼저 제거하고, 이어서 소련, 중국에 기댄 정치세력도 숙청하였다. 이들을 제거하는 구실은 '주체', '자주', '자립' 등이었다. 그 가운데서도 1955년 12월 28일, 당선전선동원대회에서 김일성이 한 「사상사업에서 교조주의와 형식주의를 퇴치하고 주체를 확립할 데 대하여」라는 연설은[82] 모든 혁명사업의 지침이 되었다. 곧 "우리는 지금 다른 나라의 혁명을 하는 것이 아닌 바로 조선혁명을 하고 있는 것입니다. 조선혁명이야말로 우리 당 사상사업의 주체입니다"라고 강조하였다. 이런 원칙에 따라 역사 연구도 마찬가지로 혁명을 위해 필요하였다. 김일성은 "조선혁명을 하기 위해서는 조선 역사를 알아야 하며, 조선의 지리, 풍속을 알아야 합니다"라고 하였던 것이다.

김일성의 교시는 역사학 연구의 지침이 되었다. 노동당의 당역사연구소가 설치되고, 역사학계에서도 ① 일본 어용학자들이 주장한 외인론 극복, ② 부르주아 사상의 형성과 운동의 발전, ③ 민족해방운동에서의 김일성의 역할 등을 집중적으로 연구하였다. 이는 주체의 이념 아래 사회주의 건설이 본격화되는 1958년 이후에 더 활발하였다. 이해 3월, 김일성은 조선노동당 중앙위원회 총회에서 우리나라 부르주아 혁명의 가능성을 거론하고, 김옥균을 부르주아 혁명가로 보았다. 김일성은 일반적으로 김옥균을 친일파로 규정하고 있지만 김옥균은 동양에서 처음으로 자본주의적 발전을 이룬 일본을 이용하여 우리나라를 개명시키려고 하였다고 하면서 이를 함께 토론해 보자는 지시였

82) 서대숙 편, 『북한문헌연구(III)』, 경남대 극동문제연구소, 2004.

다. 이를 계기로 1959년에는 "부르조아 민족운동에 대한 과학 토론회"를 행하여 갑신정변에 대해 집중 토론을 행하였다. 전석담이 기조 발표하였고 '갑신정변은 사회발전의 합법칙성에 즉응한 애국적 진보적인 부르조아 개혁운동'으로 결론을 내렸다. 이러한 결론의 결과물로 『조선근대혁명운동사』(1961)가 간행되었다. 그 이후 역사 서술에서의 민족주체성이 더욱 강조되고, 또한 역사발전의 합법칙성에 의한 자본주의 맹아 문제가 집중 분석되었다. 이런 변화를 반영한 김옥균, 갑신정변, 개화파에 대한 연구들이 진전되어 마침내 1964년에 사회과학원 역사연구소에서 『김옥균』이 간행되었다.[83)]

정진석 등의 『조선철학사(상)』(초판 1960, 재판 1961)도 이런 정치, 학계의 움직임 속에서 나온 것이었다. 서문에는 책의 간행 목적으로 다음과 같이 제시하였다.

> 오늘 우리 철학사를 과학적으로 정리하는 사업은 조선 철학도들 앞에 제기된 시급한 과업의 하나이다. 이는 우리 선조들이 남긴 우수한 철학 유산을 계승 발전시킴에 있어서 중요한 의의를 가질 뿐만 아니라 우리들에게 아직도 남아있는 낡은 사상 잔재와의 투쟁을 위하여서도 지극히 필요한 것이다. / 그러나 조선철학사에 대한 연구는 아직 그 시초에 불과하며 많은 부분이 미개척지로 남아 있다. 본 저서는 현재까지 우리나라의 철학 사상을 체계적으로 서술한 저서가 없는 조건 하에서 근로자들의 조선철학사에 대한 학습을 방조하기 위하여 집필한 것이다.[84)]

요컨대, ① 우수한 철학 유산의 계승 발전, ② 낡은 사상 잔재와의 투쟁,

83) 주진오, 「북한에서의 '갑신정변' 연구의 성과와 문제점-『김옥균』을 중심으로-」, 『김옥균』, 역사비평사, 1990 ; 하원호, 「부르주아민족운동의 발생, 발전」, 안병욱·도진순 편, 『북한의 한국사인식(2)』, 한길사, 1990.
84) 과학원 철학연구소, 『조선철학사(상)』, 과학원출판사, 1960, 제1판 서문.

③ 근로자들의 학습 교재 등을 목표로 한 것이었다. 대중의 애국심을 위한 학문이어야 한다는 학문 연구의 기본과 더불어 '조선의 혁명을 위한 조선의 역사 문화를 연구'한다는 '주체'가 관철되고 있었던 것이다.

이듬해 1961년 10월, 제2판(재판)이 다시 과학원출판사에서 간행되었다. 저자들은 "책을 대할 때 마다 그 부족한 과학성과 빈약한 내용"에도 불구하고 "시급한 대중의 수요"에 따라 재판을 찍는다고 했지만, 실제로는 그해 9월에 조선노동당 제4차대회에서 김일성이 '조선로동당중앙위원회사업 총화보고'를 통해 "우리 당과 인민은 사회의 혁명적 개조와 경제문화 건설에서 이미 많은 귀중한 경험들을 축적하였습니다. 사회과학분야에서는 이러한 경험들은 이론적으로 개괄하고 당의 노선과 정책을 맑스-레닌주의적으로 심오하게 해설 선전하여야하며, 당의 혁명전통과 민족문화의 유산들을 전면적으로 연구하여야 합니다"라고 교시하였던 것을 반영한 것이었다. 이에 따라 조선철학사 연구자들도 "전체 사회과학자들과 함께 민족문화 유산의 연구를 위한 새로운 과업 수행을 위하여 천리마의 기세로 달려 나갈 결의에 충만"되어 있다고 천명하였던 것이다.[85] 당시 학문연구를 통한 대중의 사상 교육이 바로 천리마 운동의 일환이라는 점이 강조된 것이었다.

『조선철학사(상)』은 대중 학습을 위해, 철저하게 마르크스-레닌주의에 입각하여 저술되었다. 이 책을 소개하는 「광고」에 이 책의 의도와 내용이 압축적으로 정리되어 있다.

> 이 책에는 고조선 및 삼국 시기에 있어서 종교와 관념론을 반대하는 유물론 철학의 투쟁으로부터 시작하여 통일 신라, 고려 시기의 유물론과 관념론의 투쟁이

85) 과학원 철학연구소, 위의 책, 제2판 서문. 그런데 『조선철학사(상)』 재판을 선전하는 광고에는 1판에 비해 한 개 절이 첨가되었다고 하였다. 동시에 광고에는 "철학 학습, 특히 우리나라의 철학 유산에 대한 근로자들의 증대되는 학습 열의와 그들의 요구에 의하여" 제2판을 간행하였다고 하였다(『근로자』 1962년 12월호 「서적 안내」).

밝혀져 있다. / 또한 책은 매 력사적 단계에 따르는 선진적 철학 사상과 관념론 제 종류들을 반대하는 철학 조류들, 조선 봉건 제도 붕괴기와 자본주의 발생기의 철학을 보여 주고 있다. / 이와 같이 이 책은 고조선 시기로부터 우리나라에 맑스-레닌주의 철학이 전파되기 전 시기까지에 유물론 사상이 어떻게 발생하였으며 그것이 관념론 제 조류들과의 투쟁에서 어떻게 발전하여 왔는가를 체계적으로 서술하였다. / 이렇듯 이 책은 조선에서 철학 사상의 발전을 맑스-레닌주의 방법론에 서서 리론적으로 체계화한 것으로서 조선 철학사를 연구하려는 광범한 근로자들의 학습에 많은 방조를 줄 것이다.[86)]

이 소개에서 알 수 있듯이 『조선철학사(상)』은 마르크스-레닌주의 철학이 수용되기 이전의 조선(한국)의 철학 사조를 사회경제 상태의 변화 과정에 따라 서술하면서, 유교나 불교 속에서 발전되던 관념론 철학과 이를 반대한 선진적인 철학이었던 유물론과의 대립으로 파악하였다.[87)] 요컨대 조선 철학은 관념론 철학을 비판하면서 발전했던 유물론 철학을 중요한 축으로 두고 정리하였다.

유물론 철학은 고조선 시기부터 그 흔적을 찾아 볼 수 있고, 삼국시기에는 음양오행 사상과 도교 등으로 제기되었다고 하였다. 최치원이 거론한 풍류사상 등은 유물론적 측면이 풍부하고 국가에 대한 충의와 부모에 대한 효성, 인간에 대한 선행을 주장하고 있다고 하였다. 이러한 유물론 철학은 애국주의에로 인민을 고무한 우리나라의 독특한 진보적 사상체제였다고 규정하였다. 고려시기에도 도교철학이 발전하였고, 유물론 철학자로는 이규보를 언급하였

86) 『근로자』 1962년 12월호, 「서적 안내」.

87) 이런 점에서 남한의 철학계에서는 "북한의 저자는 철학적 구명에 있어 한결 같이 강변과 왜곡 해석, 객관적 관념론의 주장을 거의 모두 유물론자로서 거짓말 논증"하였다고 비판하였다(李楠永, 「북한의 조선철학사 서술의 특징과 문제점」, 『철학연구』 23-1, 1988). 『조선철학사(상)』에 대한 비판은 같은 논문집의 성태용, 「조선철학사의 사실성(史實性) 문제」; 이준모, 「조선철학사에 적용된 유물사관」 등 참조.

다. 15~16세기에도 객관적 관념론 조류를 반대한 유물론자로 김시습, 서경덕, 이구 등을 들었다. 그 이후에 비로소 관념론을 비판하는 선진적 실학사상가들의 투쟁이 제기되었다고 보았다. 그리고 실학사상은 이후 개항 이후 부르주아 계몽사상의 한 형태인 개화사상에도 영향을 끼쳤다고 하였다.

아울러 『조선철학사(상)』에서 정리한 우리나라 철학에서의 유물론의 발전은 김일성의 철학을 위해 필요한 것으로 보았다. 즉 마르크스-레닌주의 수용 이전의 철학은 결국 '맑스-레닌주의 철학을 창조적 발전인 조선로동당과 김일성에 의해 이룩된 철학사상을 연구 실천하는 데 도움이 됨으로써 자기의 사명을 다한 것'이라는 궁극적인 의미도 첨부하였다.[88]

(2) 정진석이 『조선철학사(상)』의 어느 부분을 집필했는지는 알 수 없다. 다만 정진석이 이후에 쓴 글들이 주로 조선후기의 실학과 관련된 글이 많았던 것으로 보아 그 부분을 집필한 것으로 보인다.[89] 정진석이 실학사상에 관심을 기울인 것은 어쩌면 1930년 전반기 연희전문 재학 중에 연전의 정인보가 주도하던 조선학운동에서의 실학 연구에 영향을 받을 것으로 보인다. 해방 이후 새로운 학문을 정립해가면서 남북한 모두 실학 연구를 심화하였고, 그 가운데, 북한에서는 최익한이 1935년 『동아일보』에 연재되었던 것을 다시 단행본으로 출간하여 그런 분위기를 고조시켰다.[90]

당시 북한의 역사연구 성과와 지향 속에서 정진석 등이 『조선철학사』에서 제기한 실학사상의 내용 및 특징은 다음과 같이 정리할 수 있다.[91] 첫째,

---

88) 『조선철학사(상)』, 318쪽.

89) 정진석은 「실학파의 선진적 철학 사상(상, 중, 하)」, 『로동신문』 1962년 5월 24일, 26일, 30일 ; 「다산 정약용의 철학사상」, 『정다산』, 과학원 철학연구소, 1962 ; 「정다산의 실학 사상」, 『근로자』 1962년 12호 ; 「서경덕」, 『천리마』 66, 1964년 3월 등을 썼다.

90) 최익한, 『실학파와 정다산』, 국립출판사, 평양, 1955. 최익한의 실학연구에 대해서는 宋讚燮, 「일제 해방초기 崔益翰의 실학 연구」, 『韓國史學史研究』, 조동걸정년기념논총, 1997 참조.

실학사상은 17세기 40년대 이후 진행된 상품화폐 경제발전을 반영한 사회역사적 조건 속에서 발생하고 발전하였다. 이때 농업 생산력 회복, 관부(관장) 수공업의 쇠퇴와 민간수공업의 발전, 1천개 이상의 시장, 대외무역의 증가, 상품유통의 증가에 상응한 금속화폐의 주조 및 유통, 그리고 이에 수반된 봉건착취자의 치부욕 증가와 같은 상품화폐 경제의 발전으로 인하여 봉건 자연경제 지반이 분해되고 농민의 계급분화가 촉진되었다는 것이다. 이런 사회경제적 변화 속에서 진보적 양반 출신의 선진적 지식 분자들이 고루하고 보수적인 주자학을 반대한 선진적 사상조류가 실학사상이라는 것이다.

둘째, 실학사상은 과학적 지식에 근거하여 발전된 유물론을 내포하고 있었다. 실학자들은 중국에 빈번하게 왕래하거나 표착(漂着)인들을 통하여 유럽의 자연과학과 기술, 지리 등을 새롭게 인식하게 되었고, 이에 따라 선진적 학자들의 세계관도 바뀌어 갔다. 사회와 사물의 변화가 물질의 변화로 파악되었다. 또한 중국이 세계의 중심이라는 사대주의 사상과 관념론인 성리학이 만능이라는 생각이 동요되고, 종래의 주자학이 인민생활 개선에 아무런 도움을 줄 수 없음을 폭로하였다.

셋째, 실학사상은 실사구시(實事求是)의 구호 하에 현실생활과 결부된 학문이며, 봉건사회의 위기와 모순을 반영한 반봉건적인 개혁안이었다. 실학은 우리나라의 정치 경제 문화 군사 등 구체적 현실을 예리하게 분석 비판하고 사회적 모순을 조정하고 인민생활을 향상시키며 조국의 부강 발전을 지향하는 애국주의 사상이며, 구체적이고 선진적, 이상적인 개혁안이었다.

넷째, 실학사상은 시대적으로 새로운 부르주아적 관계의 발전이 미숙성하고, 주장한 선진 학자들이 양반 출신이라는 계급적 제한성으로 인하여 근대적 사상으로까지 발전하지는 못하였다. 주자학의 스콜라적 성격을 반대하고 유학을 실천적 입장에서 해석하였으나 유학의 테두리를 완전히 벗어나지는

91) 『조선철학사(상)』, 169~172쪽.

못하였으며, 유물론을 주장하면서도 여전히 관념론적 요소도 내포하고 있었다. 또한 인민들의 지향과 요구를 반영하여 투쟁하였으나 실천적으로 인민들의 혁명 투쟁에 합류하지는 못하였다.

다섯째, 실학사상은 사회경제의 변화와 사상의 진전에 따라 3단계로 구분하였다. 즉 ① 실학의 선구 : 17세기 중엽 이후의 경제발전을 배경으로, 이수광, 한백겸, 김육, 유형원에 의해 토대 형성, ② 실학의 개화 발전 : 17세기 말엽의 생산력 발전과 더불어 18세기에 독자의 학문체계 완성, 이익, 홍대용, 박지원, 박제가 등, ③ 실학의 집대성 : 18세기 후반~19세기 초, 정약용에 의해 집대성 등으로 구분하였다. 그리고 실학사상은 후에 조선조 말기의 부르주아 계몽사상, 그 한 조류인 개화사상의 사상적 원천이 되었다고 하였다.

정진석은 특히 정약용의 사상을 강조하였다. 정약용이 봉건제도를 비판하고 농민의 입장을 대변한 사상으로, 민주주의, 사회계약설 혹은 농민적 공상적 사회주의 등의 성격도 지니고 있다고 평가하였다.

> 정 약용은 덕과 예를 정치의 기본으로 인정하였는바 이것은 그의 선진적 민주주의 사상과 연관되여 있다. (…) 통치자의 발생 과정에 대한 정 약용의 견해는 일종의 사회계약설이다. (…) 정 약용은 상에서 하로의 전제정치에 대한 항의와, 하에서 상으로의 민주주의적 정치에 대해서 찬의를 표명했는 바, 여기에는 그의 민주주의적 사상이 확실히 나타나고 있다. (…) 정 약용은 민권 옹호, 인민 평등 민주주의적 협의에 기반을 둔 봉건적 군주제를 꿈꾸었다. (…) 여전제에 대한 그의 견해에는 극히 선진적인 농민적 공상적 사회주의 사상이 포함되여 있다. (…) 그는 봉건사회를 완전히 부정하고 새로운 역사적 방향을 제시할 수는 없었다. 그러나 토지겸병을 반대하고 무위도식을 근절하고 일하는 자에게만 보수를 주라고 주장한 것은 양반지주의 착취와 봉건적 착취제도를 반대하는 농민의 이익을 대변한 선진적인 사상이다.[92]

정진석은 『조선철학사(상)』 연구를 바탕으로 실학파의 철학사상을 간략하게 정리하여 『로동신문』에 3차례에 걸쳐 연재하였다.[93] 이 글에서 언급한 각 실학자의 특징을 발췌하면 다음과 같다.

> ① 유형원 : 세계의 근원을 물질적 기로 보았으며, 리는 물질 발전의 법칙성으로 인정하였다. (…) 사물의 발전 법칙이 구체적인 사물을 떠나서 존재할 수 없으며 사물을 통해서만 나타난다는 유물론적 견해이며, 철학에는 또한 풍부한 변증법적 요소가 있는 바 (…) 유 형원은 세계에 대한 유물론적 견해를 전개함과 동시에 조국의 융성 발전에 대한 불타는 염원과 인민에 대한 열렬한 사랑으로써 당시의 사회적 모순을 폭로 비판하고 토지 문제, 노비 문제 등을 비롯한 각종 선진적 사회 개혁안을 제기하였다.
>
> ② 이익 : 천문, 지리, 력사, 제도, 풍속, 군사, 문학 등 광범한 학문에 밝은 학자로서 유 형원의 실학사상을 계승 발전시켰다. (…) 그는 종래까지 하늘은 둥글고 땅은 모가 났다던 《천원 지방설》을 반대하고 지구는 둥글며 돌아간다고 하였다. (…) 진보적 자연 과학 사상은 낡은 관념론적인 사상을 반대하고 새로운 선진적 세계관을 형성하는 기초로 되였다. (…) 조선의 탁월한 유물론자 서 경덕(서화담, 1489~1546)의 사상을 계승하여 물질적 기 불멸의 사상을 전개하였다. (…) 진보적 사회 정치적 견해를 가지고 (…) 토지 문제를 비롯한 허다한 사회 개혁안을 내놓았다.
>
> ③ 홍대용 : 탁월한 자연 과학자이며 유물론 철학자이다. (…) 당시로서는 가장 선진적인 과학 사상이었으며, 유물론적 세계관과 진보적 사회 정치적 견해의 기초로 되었다. (…) 그는 인식과정에서 감성적 단계와 이성적 단계의 변증법적 통일을 어느 정도 이해하고 있었다. (…) 부패한 리조 봉건 제도를 분석 비판하고 선진적 사회 개혁 사상을 내놓았다. 당시 지배 계급의 사대주의를 배격하고 나라의

92) 『조선철학사(상)』, 222~227쪽에서 발췌.

93) 정진석, 「실학파의 선진적 철학 사상(상, 중, 하)」, 『로동신문』 1962년 5월 24일, 26일, 30일.

자주성, 국방의 강화를 적극 주장하였으며 성곽의 구조, 병기의 제작 등에 대한 탁월한 견해를 내놓았다.

④ 박지원 : 탁월한 유물론적 철학자이며 문학가이다. 그는 천문, 력사, 지리, 경제, 문학, 군사, 음악 등 각 분야에 정통한 백과전서적 학자였으며 방대한 저작과 우수한 문학작품을 썼다. (…) 주자학자들을 배격하고 유물론적 자연관과 선진적 사회 정치적 견해들을 전개하였다. (…) 철학적 견해에는 변증법적 요소도 풍부하다. (…) 우리 나라의 우수한 전통을 계승하고 그것을 토대로 하여 새 것을 창조해야 한다고 주장하였다. (…) 조국에 대한 열렬한 사랑과 인민의 이익으로부터 출발하여 진보적인 전체 개혁 사상과 농업 발전을 위한 일련의 개혁안들을 내놓았으며 봉건적 신분 제도의 철폐, 외국과의 통상 및 선진 과학 기술의 섭취를 적극 주장하였다.

⑤ 정약용 : 실학사상을 집대성화한 탁월한 유물론 철학자이며 선진적 사상가이다. (…) 풍부한 자연 과학 지식과 기술에 대한 깊고 올바른 이해는 그의 선진적 세계관 형성의 기초로 되었다. (…) 철학적 견해에서 중요한 것은 그의 철학에 내포하고 있는 변증법적 요소이다. (…) 인식론에서 심오한 유물론적 견해를 내놓았다. (…) 그는 착취 받는 농민의 립장에서 당시의 봉건 제도를 비판하였으며, 전제 군주 제도를 반대하였다. (…) 선행 실학 사상가들의 전제 개혁 사상을 계승 발전시켜 《려전제》라는 독창적이며 이상적인 토지 개혁 사상을 제기하였다. (…) 전제 개혁 사상은 (…) 공상적이었으나 봉건적 착취 제도를 반대하는 농민의 이익을 대변한 선진적인 사상이였다. (…) 정 약용의 모든 저서를 관통하고 있는 것은 그의 애국주의 사상이다. (…) 선행한 실학자들의 사회 개혁 사상을 높은 단계에까지 제고시켜 조선 철학 발전에 큰 기여를 하였다.

정진석은 『조선철학사(상)』에 이어 '정약용 탄생 200주년 기념 논문집'으로 편찬한 『정다산』(과학원 철학연구소 편, 1962)에 「다산 정약용의 철학사상」이라는 논문을 썼다. 이 책은 "정다산의 빛나는 생애와 선진 사상과 학문적 업적을 정당하게 구명"하여 "전체 인민의 심장 속에서 민족적 긍지와 애국주의적 정열을 더욱 북돋아주며 민족문화유산의 계승 발전을 위한 과학 연구 사업에 일층 박차를 가하는 하나의 계기"로 삼고자 한 것이었다.[94] 정진석은 앞서 『조선철학사(상)』에서 거론했던 틀 안에서 정약용의 철학사상과 사회정치적 견해를 정리하였다. 대체로 정약용 철학의 특징을 유물론, 변증법적 요소, 인식론에서의 자주권능(自主權能), 그리고 정치사회론에서는 사회계약설, 민주주의적 정치사상, 사회발전에서의 생산력의 역할, 기술의 발전과 생산력, 애국주의 사상과 자주사상 등으로 정리하였다. 이런 연구들을 바탕으로 대중을 위해 「정 다산의 실학 사상」이라는 것을 발표하였다.

실학사상과 정약용에 관한 정진석의 연구는 전후 복구 과정과 부르주아 사회의 완성, 그리고 사회주의 체제로 나아가던 북한 사회의 정치 경제 사정을 반영하였다. 북한의 '혁명'을 주체적으로 완수하기 위한 학문의 주체성이 관철된 결과였다. 그리고 실학과 정약용 연구는 앞서 간행된 최익한의 연구를 전폭적으로 수용하면서, 최익한 당시에 규명하지 못한 조선후기의 사회경제적 발전을 반영한 진보적인 실학사상으로 정립하였다.

3) 갑신정변과 김옥균의 철학사상

앞서 본바와 같이 김일성이 1955년 12월, 사상 사업에서의 주체를 강조하고, 1958년에 부르주아 혁명과 김옥균의 재평가를 요구하고, 이를 이어 부르주아 민족운동에 대한 토론회가 진행된 결과 1964년에 사회과학원 역사연구소에서

---

94) '기념논문집'에 집필한 사람은 김석형(력사학 박사), 「다산 정약용의 생애와 활동」; 정진석(교수), 「다산 정약용의 철학사상」; 김광진(과학원 후보 원사), 「다산 정약용의 사회, 경제사상」; 리룡대(부교수, 문학학사), 「다산 정약용의 자연과학 사상」; 신구현(부교수, 문학박사), 「다산 정약용의 창작과 문학적 견해」; 박시형(과학원 원사), 「다산 정약용의 력사관」; 정학모, 「다산 정약용의 력사관」; 박형성(교육학 석사), 「다산 정약용의 교육사상」 등이었다. 본고에서는 남한에서 간행된 책(1989, 『정다산 연구』, 한마당)을 참조하였다.

『김옥균』을 편찬하였다.[95] 따라서 이 책에서는 역사 서술에서의 민족주체성, 역사발전의 합법칙성에 의한 자본주의 맹아 문제, 그리고 부르주아 개혁사상의 발생과 근대 계몽사상의 발전, 부르주아 개혁운동 등을 담고 있었다.

『김옥균』의 목표는 이 책의 「서문」에 김옥균과 갑신정변을 평가한 대목에서 잘 드러난다.

> 김옥균은 우리나라 근세의 여명기에 조국의 자주독립과 사회적 진보를 위하여 투쟁한 탁월한 애국적 정치활동가이며, 사상가였다. 그는 낙후하고 부패한 봉건제도를 반대하며 외래 자본주의 침략으로부터 나라의 자주권을 수호하기 위한 투쟁에 자기의 전 생애를 바친 고결한 애국자였다. 그에 의하여 지도된 갑신정변은 우리나라에서의 첫 부르주아개혁 시도로서 조선 근세역사에서 빛나는 자리를 차지한다.[96]

라고 하여, 김옥균을 부르주아개혁을 지도한 애국적 정치가, 사상가로 규정하였다. 이렇게 규정할 수 있게 된 것은 "그간 우리나라 역사연구에서 주체를 철저히 확립하며 온갖 반동적 반 맑스-레닌주의적 사상 조류를 반대하는 비타협적 투쟁을 통하여" 역사학계가 김일성의 교시 이후 얻은 일정한 연구성과였던 것이다.

정진석은 『김옥균』에 「김옥균의 철학 및 사회정치사상」이라는 글을 발표하였다. 이 글의 논지는 책의 취지에서 벗어나지 않는 것이었다. 정진석은

---

95) 집필자 및 제목은 김석형, 「김옥균의 생애와 활동」; 홍희유·허종호, 「19세기초.중엽의 경제 형편」; 오길보, 「개화파의 형성과 그의 초기 활동」; 이국순, 「임오군인폭동 이후의 개화파 활동」; 이나영, 「갑신정변」; 임광철, 「망명시기의 김옥균」; 정진석, 「김옥균의 철학 및 사회정치사상」; 김영숙, 「개화파 정강에 대하여」; 이상호, 「한성순보와 개화사상」; 김사억, 「갑신일록에 대하여」; 김희일, 「갑신정변의 역사적 지위」 등이다. 각각 논문의 논지와 주장에 대해서는 주진오, 앞의 글, 467~471쪽.

96) 『김옥균』, 사회과학원 역사연구소, 1964, 「서문」(재간행본, 역사비평사, 1990).

개화사상의 의미를 다음과 같이 서술하였다.

> 개화사상은 1860~1880년대 우리나라 사회경제 발전과정에서 새로 자라나는 자본주의적 요소의 반영이며 사상적으로 부르조아 계몽사상의 한 개 조류로 되는 것이다. 그 주요 내용으로 되는 것은 부패하고 허물어져 가는 봉건주의를 반대하고 정치, 경제, 문화의 모든 면에서 나라의 자본주의적 발전을 도모하자는 것이다. (…) 개화사상 발생에서 그가 계승한 직접적, 사상적 원천은 17세기 후반기부터 19세기 전반기에 걸쳐 발생 발전한 우리나라 봉건사회 말기의 선진적 학자들에 의하여 제창된 실학사상이다.[97]

실학사상을 계승한 개화사상이 개항 후에 발전된 사회경제 속에 보인 자본주의적 요소를 반영한 부르주아 계몽사상의 한 조류이므로, 개화사상의 대표적 인물인 김옥균은 "철학적으로는 형이상학적 유물론적 세계관과 경험론적 인식론에 입각하였으며, 정치적으로는 민주주의적 중앙집권제를 지향하였으며, 경제적으로는 산업과 상업을 주요시하였다"라고 평가하였다.[98]

정진석은 김옥균이 유물론적 인식을 가졌다고 분석하였다. 김옥균은 "실용을 떠난 공허한 이론을 경시하였으며 스콜라적 철학적 논의를 배척"하였고, 자연과학을 중요하게 인식하여 세계관에서 유물론적 입장을 보였다. 김옥균은 일체 미신을 반대하고, 초자연적 능력의 존재를 부인하여 무신론과 유물론적 요소를 현저하게 발휘하였다고 보았다.

하지만 정진석은 김옥균의 유물론이 아직은 미숙하고 불철저하다고 보았다. 이런 점은 김옥균이 미숙한 자연과학 지식을 가졌고, 또한 김옥균이 봉건세력과 혁명적으로 대결하지 못하는 연약한 부르주아지의 이익을 반영한 까닭이라고 하였다. 김옥균은 이론적으로 무신론자이었음에도 불구하고 그의

97) 위의 책, 217쪽.
98) 위의 책, 222쪽.

무신론은 현실생활과 타협적이어서 인민의 교화를 위해 종교를 시인하고 있다고 하였다. 이에 김옥균은 유교적 봉건 윤리를 극복하고자 하면서도 이를 부르주아 민주주의적 도덕으로 대치하게 되었고, 불교를 신앙하고 동시에 서양의 기독교를 긍정적으로 인정하게 되면서 그의 유물론은 약화되고 불철저하게 되었다는 것이었다. 정진석은 김옥균의 철학적 입장이 "풍부한 유물론적 요소와 경험론적 요소를 내포하고 있음에도 불구하고 전투적인 유물론에 도달할 수 없었다"고 표현하였다.

하지만 김옥균의 유물론이 미숙하지만 정진석은 김옥균의 철학이 나름 역사적 진보성을 지니고 있다고 평가하였다.

> 유물론적 인식론적 기초가 낡은 유교의 전통과 권위, 봉건적 종교적 교조를 뒤집어 엎고 봉건사회에 대한 변혁적 세계관의 무기를 발생 발전하는 부르조아 개혁운동에 제공한 데 있다. 여기에 바로 김옥균의 철학사상이 내포하는 거대한 역사적 전보성이 있다.[99]

다음으로 정진석은 김옥균의 사회정치적 견해가 가진 진보성도 언급하였다. 먼저 김옥균이 "사회발전의 물질적 기초를 무엇보다도 기술발전에서 본 것"은 진보적인 것으로 특히 주목해야 한다고 하였다. 당시 자본주의의 침략 아래에서 새로운 자본주의 발전의 길에 들어서려면 전적으로 선진자본주의제국이 도달한 수준으로 근대문명의 성과를 급속하게 이룩해야 하고, 그 요인으로 근대자본주의적 기술을 강조하고 이를 인민에게 계명하려고 한 점은 김옥균의 커다란 공적이라고 평가하였다. 정진석은 김옥균의 이런 견해를 '사회발전에 대한 일종의 유물론적 견해'를 보인 것으로 보았다. 하지만 김옥균이 사회발전에서의 생산기술의 중요성을 인식하면서도 사회발전의

99) 위의 책, 225쪽.

근원으로서의 생산방식에 대한 이해는 없었다고 한계를 지적하였다.

또한 정진석은 김옥균이 계급사회의 모순을 알고 있었다고 지적하였다. 김옥균은 사회발전의 역사를 양반, 귀족의 역사로만 보지 않고, "인민이 역사의 담당자"라는 것을 어느 정도 인정하였으며, 인민의 생활 조건을 형성하는 경제사정이 역사발전에 미치는 중요한 의의도 알았다고 하였다. 따라서 김옥균은 역사발전에서 지배계급의 착취가 중대한 장애가 된다는 점을 인식하여 당시 계급사회의 모순을 어느 정도 폭로하고, 인민의 정치적 투쟁을 호소한 것은 중요한 의의가 있다고 보았다. 하지만 정진석은 김옥균이 '계급투쟁이 역사발전의 추동력'임을 정확하게 보지는 못했다고 분석하였다.

정진석은 김옥균의 사회정치적 견해를 전반적으로 평가하여, "그의 사회정치적 견해는 관념론적이고 역사적 유물론에 도달할 수는 없었다"라고 하였다. 하지만 이러한 제약성에도 불구하고 김옥균의 사회정치적 견해가 가지는 실천적 의의에 대해서는 높게 평가하였다. 정진석은 "그의 견해가 봉건적 낙후성과 몽매를 지양하고, 부강하고 자주적인 근대 국가건설을 위한 부르주아 개혁상의 사회 정치적 이론적 기초를 제공하였으며, 개화파들의 실천 활동의 방향과 방도를 제시하여 준 데 있다"고 하여, 실천적 의의와 역사적 진보성이 있다고 보았다.

무엇보다도 정진석은 김옥균의 사상에서 가장 빛나는 것이 '애국주의 사상'이라고 강조하였다. 정진석은 그 애국주의를 "나라의 진보와 인민의 이익에 대한 절실한 염원과 결부되었으며, 조국의 강토에 대한 열렬한 사랑과 아울러 당시 우리나라의 낙후한 사회제도에 대한 자각과 결부된 것"이라고 하였다.[100] 이러한 애국주의 사상으로 김옥균은 당시 조국의 위기를 타개하기 위해 청국, 일본도 믿지 않았으며, 갑신정변에서는 "조국의 자본주의적 발전을 위하여 일시 일본을 이용"하였다고 하였다. 김옥균이 일본의 여야 정객들과 교제를

100) 위의 책, 228쪽.

가졌다 하여 그로 하여금 "친일파라고 비난하는 것은 사실과 어긋나는 것"이라고 주장하였던 것이다.[101)]

물론 정진석은 김옥균의 애국주의가 가지는 시대적, 계급적 한계성을 지적하는 것도 잊지 않았다. 즉 "그의 애국주의는 부르조아적인 것이었고, 참으로 전일한 인민적인 것으로 될 수는 없었다"고 하고, 이는 "그의 부르조아적 애국주의가 가진 불가피한 제한성"이라고 하였다.[102)]

그럼에도 불구하고 정진석은 김옥균의 애국주의 사상이 가지는 진보성을 다음과 같이 서술하였다.

> 그것은 그의 사상이 외래자본주의 침략으로 인하여 조성된 민족적 위기를 자각하고 자본제 생산에 기초한 자주적 민족국가를 건설할 데 대한 선진적 사회세력의 지향을 반영한 애국주의였으며, 따라서 그것이 당시의 사회발전을 촉진시키려는 선진적 사회세력의 전반적 요구와 유기적으로 결합된 새로운 애국주의였고, 부르조아 개혁은 애국적 반침략적 방향으로 추동한 사상적 무기로 복무하였다는 데 있다. 여기에 바로 김옥균의 애국주의사상이 가지는 역사적 진보성이 있다.[103)]

그리하여 정진석은 김옥균의 사상이 역사적 제한성이 있지만 '(그의) 선진적 철학과 진보적 사회정치적 견해'이며, 김옥균은 우리나라 '초기 부르주아의 사상적 대표자'라고 평가하였다. 아울러 김옥균의 사상은 이후 부르주아 민주운동에도 큰 영향을 주었다고 그 역사적 의미를 지적하였다.

---

101) 위의 책, 229쪽.
102) 위의 책, 229쪽.
103) 위의 책, 229~230쪽.

5. 맺음말

1930년대 초반 연희전문학교는 민족 문화와 서양 문화를 '화충(和衷)'한다는 학풍을 정립하고 이를 교육방침으로 세웠다. 정진석은 이런 학풍 속에서 수학하면서 문학청년으로 필명을 날렸다. 그는 문과 문우회의 위원장을 지내면서 교내외 여러 잡지에 제법 많은 논문과 시, 단편 등을 발표하였다. 문학 논문을 통해서 볼 때, 그는 민중을 위한 문학을 지향하고 있었다. 문학 공부를 하고자 했던 그는 일본 유학 중에는 법학을 거쳐 대학원에서는 동양철학을 전공하였다. 동양의 유교 사상과 가부장제도가 가진 봉건적 성격을 밝히고, 이를 비판, 극복하고자 했던 점에서, 문학에서 지향했던 사상, 예술의 사회성, 계급성을 그대로 견지하였다. 이런 연구 속에서 그는 훗날 조선철학사를 정리하겠다는 사명감도 가지게 되었다.

해방 후, 모교인 연희전문학교(연희대학교)에서 잠시 교편을 잡았지만, 정진석은 줄곧 『자유신문』의 주필, 기자로 활동하였다. 그는 해방 후의 새로운 자주적이고 통일된 민주주의 국가건설을 지향하였다. 이를 위해 그는 좌익계열의 여러 학술단체에 참가하였다. 연전교수 출신 백남운의 신문화연구소와 조선과학동맹에서 활동하였으며, '진보적 과학자'들을 합하여 조직된 조선과학동맹의 부위원장으로 활동하였다. 식민교육을 통해 왜곡된 '과학' 교육을 복원하고 또 '반동적' 우익 계열의 학술 활동을 반대하는 논리를 정립하였다. 이런 학술운동을 통하여 정진석은 신문화를 건설하고, 현실적으로는 미소공동위원회의 민주정부 수립을 지지하였다.

그러나 정세는 점차 단독정부 건립으로 흘렀고, 한국문제는 유엔으로 이관되었으며, 마침내 5·10 총선거가 추진되었다. 이를 반대한 다양한 활동이 전개되는 가운데, 그 일환으로 김구, 김규식의 남북연석회담이 추진되었다. 정진석이 이끄는 남조선기자단도 이를 지지하는 성명을 내고, 남북연석회담 취재 차 북한으로 갔다. 정진석은 남조선기자를 대표하여 '남북조선제정당사회단체지도자협의회'에도 참석하였다. 그 회담이 끝난 후에 정진석은 남쪽으로 귀환하지 않았다.

북한에 정착한 정진석은 북한의 학술계 진흥에 기여하였다. 전공이었던 동양철학을 기반으로 김일성종합대학과 과학원 철학연구소 등에서 교수와 연구를 행하였다. 6·25전쟁 후에는 '신해방지구' 개성에서 남한 출신 학생들을 교육하여 통일 사업에 활용할 목적으로 세운 송도정치경제대학의 학장직을 오랫동안 수행하였다. 전후 복구과정에서도 북한 정권이 매우 신경 썼던 부문이었다. 학장직을 끝낸 후 과학원 철학연구소 소장으로 활동하면서 『조선철학사(상)』을 간행하였다.

이 책은 당시 북한의 정세 변화의 결과물이었다. 6·25전쟁 복구 과정에서 노출된 정치노선상의 대립을 정리하면서, 김일성은 조선혁명을 위한 학문 연구의 원칙을 천명하였다. 곧 "사상 사업에서 교조주의와 형식주의를 퇴치하고 주체를 확립해야 한다"는 것이었다. 정진석은 이런 흐름 속에서 조선 철학의 주체적 발전을 규명하였다. 그는 조선 철학의 역사를 관념론에 반대한 유물론의 발전과정으로 정리하였다. 마르크스-레닌주의 도입 이전에 우리 역사 속에서 이룬 유물론의 주체적 발전이 실학사상으로 총결집되고, 이것이 다시 계몽사상(그 한 조류인 개화사상)을 거쳐 김일성에 의해 결집된다고 정리하였다.

정진석이 가장 공을 들여 정리했던 것은 실학사상이었다. 북한의 역사학계에서 추진한 주체적인 역사학 정립의 일환이었다. 실학사상은 17세기 중엽부터 미흡하지만 자본주의적 생산관계가 나타나고 있었다는 사회경제적 조건 속에서 형성되었으며, 봉건적인 주자학을 비판하고, 봉건적인 정치사회 질서를 개혁하고자 한 것이었다. 물론 실학사상은 당시 사회 경제 발전의 수준에서 오는 시대적 제약성과 선진적 양반계급의 사상이라는 계급적 제약성은 있었지만, 정약용의 단계에서는 사회계약설, 민주주의 사상으로 발전하였다고 정리하였다. 이를 바탕으로 정진석은 김옥균의 철학사상도 연구하여, 선진적

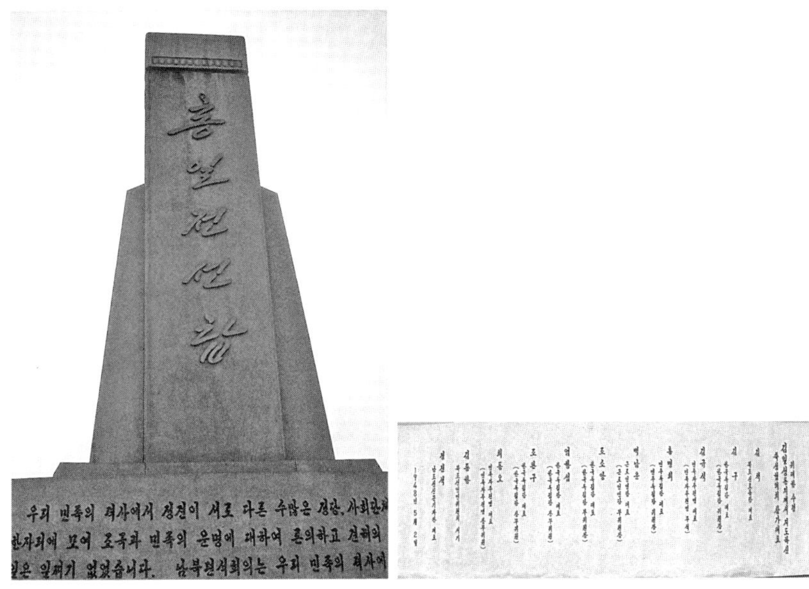

통일전선탑 앞면(왼쪽)과 뒷면 아래쪽(오른쪽)

실학사상을 계승하여 봉건주의를 반대하고 주체적으로 개화를 추진한 애국주의 계몽사상가로 정의하였다. 이런 논의는 당시 북한 역사학계의 갑신정변, 부르주아 사상 연구의 동향과 보조를 같이하여 철학사를 정리한 것이었다. 이러한 정진석의 견해는 그의 사후, 주체사상이 형성되어 가면서 일정하게 비판을 받게 되었다. 곧 "실학자들도 올바르게 평가하여야 한다"는 김일성의 '교시'에 따라 실학사상을 너무 과대평가했다는 점을 비판하고, 실학파의 사회계급적 제한성을 더 정확하게 인식해야 한다고 하였다.[104)]

104) 정성철, 『실학파의 철학사상과 사회정치적 견해』, 사회과학출판사, 1974(서울판, 한마당, 1989). 정성철은 정진석과 함께 『조선철학사(상)』을 집필한 사람이다. 그는 자신의 책이 "실학파 인물평가와 관련된 교시를 철저히 관철하기 위한 첫 시도"라고 자임하였는데, 그는 "실학파가 그 당시 봉건사회에서 일정한 진보적인 역할을 했다고 볼 수 있는 것이지 오늘에 와서까지도 무슨 큰 의의가 있는 것처럼 볼 수는 없다"고 하고, '진보적 양반계급'인 실학자들이 지닌 "사회계급적 제한성과 당시 생산력과 과학 발전 수준의 제한성을 면할 수 없었다"고 하면서 '실학파의 세계관은 주자학적 테두리를 벗어나지 못하고, 유물론적이 못되고 관념론적이었고, 사회정치적 견해도

평양 애국열사릉의 정진석 묘

정진석은 1968년, 김일성종합대학 철학연구소장으로 재직할 때 사망하였다. 그리고 북한 사회의 변화에 따라 정진석의 실학연구가 너무 과대평가되었다는 점에서 비판되기도 하였다. 정진석은 현재 애국열사릉(1986년 조성)에 안장되어 있다. 1990년에 '조국통일상'을 받았고, 남북회담을 기념하는 쑥섬 유원지의 '통일전선탑'(1991년 조성)에 '남조선기자단 대표'로 그 이름이 새겨져 있다.

봉건제도와 양반 신분제도를 영구히 보존하려는 근본 입장'이라고 평가하였다. 그 10년 후에 최봉익, 『조선철학사개요』, 사회과학출판사, 1986(서울판, 한마당, 1989)가 출판되었는데, 그 부제가 "주체사상에 의한 『조선철학사』(1962)의 지양"이었다. 저자는 머리말에서 "주체사상은 조선철학사연구의 유일하게 정확한 사상리론적 및 방법론적 지침"이라고 하고, "조선철학사는 조선 인민의 자주적인 지향과 요구를 반영한 유물론과 변증법 사상이 관념론과 형이상학을 반대하는 투쟁의 역사로 총화할 수 있었다"고 하였다.

참고문헌

| 자료 |

『文學』, 『朝鮮文學』, 『文學타임스』.

『獨立新報』, 『東亞日報』, 『경향신문』, 『서울신문』, 『自由新聞』, 『朝鮮中央日報』, 『中央新聞』.

『근로자』, 『로동신문』.

『學術』(朝鮮學術院), 『文友』(연희전문학교 문우회 문예부), 『延禧』(연희전문학교).

과학원 철학연구소, 『조선철학사(상)』, 과학원출판사, 1960(『조선철학사연구』, 광주, 1988).

鄭鎭石, 「朝鮮文壇의 危機」, 『延禧』 8, 1931.

정진석, 「現朝鮮 詩壇의 고찰」, 『文學』 1, 1932.

정진석, 「朝鮮文學과 女流作家－眞伊의 時調를 紹介함－」, 『文學』 2, 1932.

정진석, 「조선 학생 문학운동에 대하야」, 『文學타임스』 1, 1933.

정진석, 「朝鮮文學論－洪吉童傳에 나타난 反抗과 諦念－」, 『民族文化論文集』 2, 1946.

정진석, 「大學自由問題(上·下)」, 『民報』 1947년 2월 23일자 ; 25일자.

정진석, 「朝鮮 科學徒의 任務(上·下)」, 『自由新聞』 1947년 3월 3~4일자.

정진석, 「朝鮮インテリゲンチャ論」, 『民主朝鮮』 2-15, 朝鮮文化社, 1947.

정진석, 「解放 二年 回顧와 展望」, 『獨立新報』 1947년 8월 17일자.

정진석, 「三·一運動의 政治的意義(上·下)」, 『獨立新報』 1948년 3월 3~4일자.

정진석, 「藝術과 世界觀」, 『開闢』 80(제10권 제5호), 1948.

정진석, 「典故의 남용」, 『자유신문』 1948년 2월 2일자.

정진석, 「다산 정약용의 철학사상」, 『정다산』, 과학원 철학연구소, 1962.

정진석, 「실학파의 선진적 철학 사상(상, 중, 하)」, 『로동신문』 1962년 5월 24일, 26일, 30일자.

정진석, 「정 다산의 실학 사상」, 『근로자』 1962년 12월호.

정진석, 「서경덕」, 『천리마』 66, 1964.

정진석, 「김옥균의 철학 및 사회정치사상」, 『김옥균』, 사회과학원 역사연구소, 1964.

| 저서 |

방기중, 『한국근현대사상사연구』, 역사비평사, 1993.

서대숙 편, 『북한문헌연구(Ⅲ)』, 경남대 극동문제연구소, 2004.

정리근, 『력사적인 4월 남북련석회의』, 과학백과사전종합출판사, 평양, 1988.

정성철, 『실학파의 철학사상과 사회정치적 견해』, 사회과학출판사, 평양, 1974(서울판, 1989, 한마당).

조국통일민주주의전선 중앙위원회, 『태양의 품에 안기여 빛 내인 삶(17)－정진석편』, 2005.
최봉익, 『조선철학사개요』, 사회과학출판사, 1986(서울판, 1989, 한마당).
최익한, 『실학파와 정다산』, 국립출판사, 평양, 1955(남한판, 청년사, 1989).

| 논문 |

김도형, 「홍이섭의 현실인식과 역사연구」, 『東方學志』 130, 2005.
김도형, 「1920~30년대 민족문화운동과 연희전문학교」, 『東方學志』 164, 2013.
김영수, 「北韓에서의 實學硏究實態 : 주요 저작을 중심으로」, 『統一問題硏究』 1-4, 國土統一院, 1989.
이남영, 「북한의 조선철학사 서술의 특징과 문제점」, 『철학연구』 23-1, 1988.
방기중, 「解放後 國家建設問題와 歷史學」, 『韓國史認識과 歷史理論』(김용섭정년기념논총 1), 지식산업사, 1997.
성태용, 「조선철학사의 사실성(史實性) 문제」, 『철학연구』 23-1, 1988.
송찬섭, 「일제·해방초기 崔益翰의 실학 연구」, 『韓國史學史硏究』, 조동걸정년기념사학사논총, 1997.
연세대학교 영어영문학과 동창회, 『우리들의 60년』, 월인, 2006.
이준모, 「조선철학사에 적용된 유물사관」, 『철학연구』 23-1, 1988.
이준희, 「한국전쟁 前後 '신해방지구' 개성의 농촌사회 변화」, 연세대학교 사학과 석사학위논문, 2015.
정종현, 「'茶山'의 초상과 남·북한의 '實學' 전유」, 『서강인문논총』 42, 2015.
주진오, 「북한에서의 '갑신정변' 연구의 성과와 문제점－『김옥균』을 중심으로－」, 『김옥균』, 역사비평사, 1990.
하원호, 「부르주아민족운동의 발생, 발전」, 『북한의 한국사인식(2)』(안병욱·도진순 편), 한길사, 1990.
한상도, 「해방 정국기 민족문화 재건 논의의 내용과 성격」, 『史學硏究』 89, 2008.

도 현 철

김일출의 학술활동과 역사연구

1. 머리말

김일출(金一出, 1911~?)은 일제하 해방시기를 거쳐 북한에서 활동한 지식인, 한국학 연구자이다. 그는 연희전문학교를 졸업하고, 해방 후에는 서울대학 사학과 교수, 북한에서는 고고학연구소 연구사를 맡으면서 역사학회를 조직하는 등 열정적인 학술 활동을 전개했다. 또한 조선 민족문화와 공자·양명학 등 동양사상 관련 글을 쓰고, 동양사 개설서를 몇몇 사람과 같이 완성하였으며, 모택동(毛澤東)의 『新民主主義論』과 도희성(陶希星)의 『中國封建社會史』를 번역하였다. 북한에서는 『조선민속탈놀이연구』를 저술하기도 하였다. 한국문화, 동양사, 민속학 등 한국학 전반에 걸친 시론과 논저로 한국 근대 학술의 성립에 노력했던 것이다.

또한 김일출은 해방정국기에 여운형의 근로인민당에 참여하여 미국과 소련이 주도하는 국제 정세에 조선의 나아갈 방향을 모색하였고, 김기림·이상백·한상진 등과 신문화연구소를 창립하여, 해방 후 세계사적 변화에 객관적인

* 이 글은 「김일출의 학술활동과 역사연구」, 『한국사연구』 170, 2015에 수록된 바 있다.

** 김일출 관련 자료 수집과 복사에 연세대 사학과의 한창균 교수와 김성보 교수, 교토대학교 야기 다케시(矢木毅) 교수, 도시샤대학교 아사이 요시수미(淺井良純) 교수, 연세대 사학과 안정준 박사와 최민규 박사생, 배종열·이상민 석사생의 도움이 있었다.

김일출(연희전문 졸업앨범, 1937)

입장에서 세계정세를 연구하고 대응하고자 하였다.

김일출은 서울대학 교수 시절 동료 교수와 제자들에게 지적인 영향을 주었다. 사학과 동료 교수였던 김성칠은 그를 학문 연구와 학생지도에 열성이었다고 소개하고 있다.[1] 서울대학교 사학과 1회 졸업생으로 미국학의 대가인 이보형은 자신이 미국사를 전공하게 된 것은 김일출의 조언에 의한 것이라 술회하였다. 김일출이 자신에게 "우리나라가 두 세력에 의해 남북으로 나뉘어져 있듯이 이제부터 미국과 소련의 대결 상태에서 세계가 두 계열로 분할이 되는데 누군가 미국사를 공부해서 미국이라는 나라를 알아야 한다"고 하였다는 것이다.[2]

말하자면 김일출은 일제시대와 해방시기를 살면서 한국 사회가 당면한 과제 해결을 위해 뚜렷한 문제의식을 가지고 지식인과 연대하면서 적극적으로 대처한 역사학자, 한국학 연구자로서의 일면모를 보여주고 있다고 하겠다. 그러나 김일출에 대한 연구는 북한 민속학을 다루면서 일부 언급되었을 뿐 전무한 상태이다.[3] 그의 학술 활동과 한국학 연구의 도정을 살펴보는 것은

---

1) 김성칠 지음, 정병준 해제, 『역사앞에서—한 사학자의 6 25일기』, 창비, 2010, 122~124쪽.

2) 이보형, 「변두리 역사, 미국사를 개척하다」, 『우리시대의 역사가 1』, 경인문화사, 2011, 264~266쪽.

3) 북한의 민속학사를 소개한 주강현은 김일출을 북한 민속학 초기의 민간예술 부분을 정리한 인물로 소개하였다. 그에 의하면 김일출은 1957년에 과학원 창립 5주년

지식인 김일출 개인뿐만 아니라 일제시기와 해방 후 학술계의 동향, 한국 근대 학술의 탄생을 파악하는 데 기여할 것이다.

2. 생애와 학술활동

1) 생애

김일출은 연희전문학교와 일본 동북제국대학(東北帝國大學) 문학부를 졸업했다. 본관은 전라도 광주이고, 부인은 경주이씨 이필경(李畢瓊, 1914년생)[4]이며, 동생은 김태홍(金泰弘), 김태연(金泰然) 등이고, 자식은 정인(貞仁, 1936년 8월생), 철규(哲圭, 1940년 4월생), 인규(仁圭, 1943년 1월생), 원규(原圭, 1944년 2월생), 진규(晋圭, 1946년 2월생), 문규(文圭, 1950년 2월생)이 있다. 본적은 경북 영덕군(盈德郡) 남정면(南亭面) 장사동(長沙洞) 63이다. 연희전문학교 학적부에 의하면 부는 김두명(金斗明, 1890~1961)으로 직업은 상업이다. 보증인은 당시 동아일보 조사부장인 이여성(1901~1958. 이명건, 청정)이다. 이여성은 『조선복식사』, 『수자조선연구』로 유명하며 김일성 종합대학 역사학 강좌장을 역임하였는데, 1958년 종파주의로 숙청되었다.[5] 이여성은 해방 정국시기 김일출이 중심이 되어 조직한 역사학회의 창립 멤버였고 1947년 1월 10일 제1회 월례회에서 「조선공예사(朝鮮工藝史)에 관(關)하여」라는 제목으로 논문을 발표하기도 하였다.[6]

학술보고회에서 고고학 및 민속학 연구소를 대표해서 보고하였다(주강현, 「제2장 연구자별 북한민속학사 연구사」, 『북한민속학사』, 이론과 실천, 1991, 97~98쪽)고 한다.

4) 본적은 경북 칠곡군 지천면 신동 57번지이다. 부는 李在玖이고, 모는 李貴賢이다.

5) 신용균, 『李如星의 政治思想과 藝術史論』, 고려대 박사학위논문, 2013.

6) 歷史學會, 「彙報」, 『歷史學研究』 1, 正音社, 1949, 326쪽.

1937년 연전 문과 졸업생 일동(김일출은 둘째줄 오른쪽)

김일출은 1919년(대정 8) 4월부터 1921년 3월까지 영덕군 남정면 사립국어 강습소에서 수업하고 1921년 4월에 영덕군 공립보통학교 4학년에 전입하여 졸업한다. 1925년 6월부터 1928년 3월까지 대구공립상업학교 3학년을 수업하였고, 1928년 9월부터 1930년 6월까지 북경의 화북대학교(華北大學校) 문과 예과를 수료하고, 1931년 6월에 본과 경제학계를 수업하였다. 1932년에는 대구지검에서 치안유지법위반·보안법위반으로 기소유예 불기소 처분을 받는다.[7] 그리고 1934년 4월에 연희전문학교 문과 별과 2학년에 전입학하여 1937년 3월에 졸업하였다. 학적부에 의하면 졸업 당시 학업성적이 1934년 30명 중 1등, 1935년 19명 중 1등, 1936년 28중 1등으로 '품행방정 학술우수하여 문과연구실에서 포상 금일봉을 수여'로 되어 있다.

조선문학과 한문학은 정인보에게, 동양사는 손진태에게 배웠는데,[8] 후일

7) 국가기록원, 독립운동 관련 판결문, 대구지검 김일출, 판결 날짜 : 1932년 11월 30일, 나이 : 22세, 주소 : 경상북도 영덕군 남정면 장사동 63번지.

민족의식과 민족문화 형성 노력에 영향을 주었을 것이다. 1938년 4월 일본 동북제국대학 문학부에 입학하고 1941년 3월에 졸업하였다.[9] 한 기록에 의하면 김일출의 아들 김인규(金仁圭)가 1943년 1월에 만주국 신경특별시 길림대로(吉林大路)에서 출생한 것으로 되어 있기 때문에, 1943년 무렵에 김일출은 중국 신경(심양)에서 생활한 것으로 보인다.

해방 후 1945년 12월 25일에 민영규·홍이섭 등 연희전문 출신들과 함께 역사학회를 창설하여 조선의 새로운 역사학의 구축에 진력하였고, 신문화연구소를 설립하여 민족문화 건설과 세계사적 흐름에 대응하는 신문화 운동을 전개하였다. 1946년 무렵 서울대학교 사학과 교수로 부임하여 동양사학을 강의하였다. 당시 서울대 사학과에는 이병도·강대량(강진철)·유홍렬 교수가 한국사를, 김상기·김일출·김성칠이 동양사를, 김재룡이 서양사를 강의하였다.[10] 김일출은 1946년 5월 18교수단의 일원으로 법문학부장인 조윤제의 퇴진 운동에 동참한다. 서울대 18교수단 사건은 당시 법문학부장인 조윤제 교수가 독선 독재적 학사운영을 펴고 있다고 하여 백남운·박극채·이병도·김상기·이숭녕·이병기·이상백 등 18인 교수의 서명으로 조윤제 부장을 배척한 것이다.[11]

서울대 사학과 교수인 김성칠은 동료 교수인 김일출에 대하여 "인민당에 참여하여도 학문연구를 소홀히 하는 일이 없고 또 학생지도에도 퍽은 열심이었으며 강의도 매우 호평이었다" "그가 반대하던 인민당의 공산당에의 합동이 기어이 실현되고 또 그가 늘 말하던 여(呂)선생이 조난(遭難)한 후로 그는

8) 연세대학교 문과대학, 「일제시기 문과 교수진의 학력 및 경력」, 『연세대학 문과대학 100년사-문과대학 학과사』, 연세대학교 출판문화원, 2015, 65~68쪽.

9) 東北帝國大學, 『東北帝國大學一覽』, 昭和 16년(1941), 658쪽.

10) 心岳, 「都下各大學巡禮記 : 文理大學編」, 『新天地』 5-3, 1950 ; 김성칠 지음, 정병준 해제, 앞의 책, 456쪽 ; 강진철, 「학창시절과 연구생활을 되돌아보며」, 『한국사시민강좌』 3, 1988, 152쪽.

11) 김성준, 「나와 한국사」, 『歷史와 回顧』, 국학자료원, 1997, 133쪽.

연구실에 있는 시간이 더 많아졌으며 그는 유물사관에 투철하게 이해하고 또 이에 공명하였건만 이를 함부로 휘둘러서 말썽을 일으킴과 같은 일이 없었다"고 회고하였다.[12] 연구 활동과 제자 양성에 진력했다는 평가이다.

해방 직후에는 여운형이 중심이 된 인민당에 참여하였다. 연희전문학교 입학 보증인인 이여성, 역사학회의 창립 멤버인 이상백 등과 함께 여운형과 정치 활동을 같이 하며 조선인민당의 중앙위원겸 중앙집행위원이 되었고, 1946년 8월에 조선공산당과 합당을 반대한 31인의 일원이었으며, 남조선노동당 결성에 맞서 사회노동당에 참가했다.[13] 1948년 4월 14일에 문화인 108명이 연서하여, '남북회담 지지성명'을 낼 때, 참여하였다.[14] 해방 후 한반도는 미소의 대립이라는 세계사적 갈등, 남북의 분립이라는 한반도 차원의 대립, 좌우의 갈등이라는 사상의 대립 등 3층위의 갈등·대립 구도 속에 위치하고 있었다. 즉 미소·남북·좌우 갈등이라는 현실적 난국을 타개하고 독립국가·통일국가를 수립하기 위해서는 미소와 협력하고, 남북이 연대하며, 좌우가 합작하는 것이 평화로운 방법으로 통일국가를 수립하기 위한 바람직한 안이었다. 그러나 미소냉전의 국제적 규정력이 남북대결·좌우갈등을 심화시켰고, 결국 소련 - 북한 - 좌익, 미국 - 남한 - 우익의 분단노선이 현실에서 승리했다. 김일출은 이여성·이상백 등과 함께 여운형의 건국동맹·조선인민당·사회노동당·근로인민당에 참가하고, 좌우합작운동의 열렬한 지지자로서 활동하였던 것이다.[15]

---

12) 김성칠 지음, 정병준 해제, 앞의 책, 123쪽.

13) 심지연, 『인민당연구』, 경남대 극동문제연구소, 1991, 18~19쪽, 주56) ; 김성칠 지음, 정병준 해제, 위의 책, 447~448쪽.

14) 강영철, 「좌우합작과 남북협상」, 『국사관논총』 20, 1990, 주81) ; 김성보, 「민족과 고락을 같이 한 연희의 인재들—졸업생의 사회진출 양상」, 『근현대 한국의 지성과 연세』, 혜안, 2016, 43쪽.

15) 정병준, 『몽양 여운형 평전』, 한울, 1995 ; 「김일출의 학술활동과 역사연구」, 『근현대 한국의 지성과 연세』, 연세대 국학연구원 제441회 국학연구발표회 토론문, 2015, 3~4쪽.

1948년 대한민국 정부가 들어서면서 반공노선이 확고해지고 좌익이 완고해졌던 시대 분위기에서, 중간파의 통합적 입장은 그 입지가 넓지 못하였다. 노동당에서는 근로인민당이 자기비판을 하고 전향을 해야 한다고 공공연히 말하고 다닌다고 하여 불편한 심기를 드러냈다. 그는 스스로 "사회적으로 어떠한 규정을 받으면 좀체 거기서 발을 씻고 나설 수 없음을 이번에 절실히 느끼었다. (…) 김일출은 근민당 사람이란 레떼르를 지워버릴 수 없다" 하였고, 항상 "이북에도 자유주의는 용납되지 않은 것 같으니 우리는 갈 곳이 없어요"라고 하였다.[16]

1949년 당시 문교장관인 안호상이 서울대내 좌익 척결을 내세웠고, 1950년 6월 해직되었다.[17] 대한민국 정부 수립에 참여한 주도층은 분단체제를 수용하고 대한민국을 철저한 반공국가로 육성하고자 하였다. 1948년 12월 공포된 국가보안법은 그 적용 대상이 공산주의자들만이 아니라 자주통일과 남북간의 교류를 주장하는 중도 우파에 속하는 민족주의자들까지로 확대 적용되어 갔다. 이어 1949년 반민법이 국회프락치 사건과 맞물려, 반공이 강화되고 보도연맹 등 일련의 정치적 사건들은 중도파 정치인들이 추구한 정치적 다원주의 등이 설자리를 좁게 만들었다.[18] 6·25전쟁 중인 1950년 7월 김일출은 서울대 자치위원회 부위원장이 되고, 대학원 책임자가 되었다.[19] 1950년 7월에 조선학술원의 추가위원으로 선임되었다.[20]

---

16) 김성칠 지음, 정병준 해제, 앞의 책, 123~124쪽.

17) 『서울대학교 20년사』(서울대학교 출판부, 1966. 10, 511쪽)의 전교직원 명부에 의하면, '김일출(依願免職)'으로 표시되어 있고, 『서울대학교40년사』(서울대학교 출판부, 1988. 10, 1100쪽)에는 서울대학교 전직교수 명단이 표로 제시되어 '조교수 김일출 1950년 6월'에 퇴임한 것으로 되어 있다. 이 자료를 보면, 1950년 6월에 퇴임한 사람으로 김두헌(철학), 김진섭(독문학), 민태식(철학), 이인영(국사학), 정규만(종교학), 유응호(언어학), 이명선(중문학), 한남귀(독문학), 김재룡(서양사학)이 있다.

18) 서중석, 「정부수립후 반공체제 확립과정에 대한 연구」, 『한국사연구』 90, 1995.

19) 김성칠 지음, 정병준 해제, 앞의 책, 447~448쪽.

20) 김용섭, 「과학자들의 '중앙 아카데미'구상과 조선학술원의 설립」, 『남북학술원과 과학원의 발달』, 지식산업사, 2005, 39쪽.

1950년 9월 이후 북한에서의 김일출의 활동은 분명하지 않다. 북한에서 간행된 『력사과학』과 『문화유산』을 통하여 그의 행적의 편린만을 알 수 있을 뿐이다. 그는 1957년 고고학 및 민속학 연구소 주최로 열린 과학원 창립 5주년 학술보고회에서 「문화적인 농촌건설과 민족 유산의 계승을 위하여」라는 주제를 보고하였고, 1958년 『조선민속탈놀이연구』를 저술하였다. 그 이후의 행적은 보이지 않는다. 적어도 1958년까지는 과학원의 고고학 및 민속학 연구소 연구사로 활약한 것으로 보인다.

2) 학술 활동

연희전문학교 시절 최우수 모범생이었던 김일출은 일본 동북제국대학에 입학한 후 제국주의와 식민 지배, 민주주의 등 근대 세계의 성립에 관한 다양한 논의를 접하게 되었고 장래 조선이 나아갈 방향에 대하여 연구하였다. 김일출의 학술활동과 관련하여 중요한 계기를 마련한 것은 여운형과의 만남이었다. 여운형은 1940년 3월 일본의 전 수상 고노에(近衛文磨)의 초청으로 일본에 가게 될 때 고노에에 관한 예비지식을 얻기 위해 "그를 잘 아는 이상백과 유학생들을 불러 말을 들어 보았다"고 한다. 이때 여운형은 유학생 청년들과 만나게 되었고 일본 유학생 다수가 여운형의 인품과 학식에 반해 그를 지지하게 되면서 1944년 여운형이 조직한 건국동맹에 가입하고 근로인민당에 참여하게 되었다고 한다.[21] 김기림·이상백·한상진 등이 대표적인 인물이다.

김기림(1908~1988)은 시인·문학평론가로 함북 학성 출생으로, 동북제국대학 영문과를 1939년에 졸업했다. 1942년 경성중학교에 영어교사, 1946년 1월 연희대학 강사, 서울대 교수가 되었고 한국전쟁 때 납북되었다. 여운형의 인민당에 참여하였으며 신문화연구소 소장을 역임하였다. 이상백(1904~

21) 김필동, 「이상백의 생애와 사회학 사상」, 『한국사회학』 28, 1994, 8쪽 주)18.

1966)은 1927년 와세다 대학을 졸업하고, 1945년 12월 서울대학 사회학과 교수가 되었다. 1944년 건국동맹에 가입하고 근로인민당의 중앙정치위원으로 활동하였는데, 역사학회에 발기인, 간사를 역임하고, 신문화연구소에도 참여하였다. 1947년 7월 여운형이 암살되자 정치 참여를 중단하고 학문적 엄격성과 과학성에 투철한 전형적인 학자로 변신한다. 민주주의에 대한 확고한 신념과 진보적 사고, 학문의 이념적 편향을 경계하면서 서로 다른 관점을 조화시키려고 노력했다고 평가된다. 홍순창(1917~1998)은 와세다 대학을 졸업하고 신문화연구소의 간사로 활약하면서 역사학회의 간사로도 참여하였다. 『쏘베트의 민족정책론』(스타-린 저, 대성출판사, 1947), 『청년운동의 이론과 역사, 쏘베트 百科全書板』(文友印書館, 1947. 8) 등을 번역하고 이상백과 『美蘇의 教育制度』(을유문화사, 1947. 2)를 공동 번역하였다. 홍순창은 『소련의 신문화 : 쏘비에트 민주주의』(科學舍, 1947)를 김우암(金愚巖)과 함께 번역하였는데, 공역자인 김우암은 김일출로 추정된다. 이 밖에 한상진은 미술사학자로서 이화여대 교수를 역임하다가 월북한 인물로, 역사학회와 신문화연구소에 참여하였다.[22]

해방 직후인 1945년 8월 20일 김일출은 신문화연구소를 창립하고 『신문화』[23]라는 잡지를 발간하여 신문화 연구와 이해를 위해 노력했다. 이는 "새로운 문화의 종합연구를 목표로 김일출·한상진·김태홍·김만선 제씨들은 신문화연구소를 만들고 기관지 『신문화』를 신년호부터 발간하리라는데, 사무실은 시내 관훈동 112, 전화 광화문 1625번"이라는 신문기사를 통해서도 확인된다.[24] 신문화연구소는 당시 세계사적 흐름에 대응하는 학술 활동, 곧 자본주의와

---

22) 홍지석, 「해방 공간 예술 사회학의 이론과 실천－1940~1960년대 한상진(韓相鎭)의 미학 미술사론을 중심으로」, 『미학 예술학 연구』 36, 2012.

23) 『신문화』는 1947년 4월에 창간호를 발간하다가 1948년 4월에 제6호 '특집 : 역사의 제문제'를 끝으로 정체상태에 빠졌다고 한다(洪淳赫, 「解放後 國史學界의 動向」, 『新天地』 5-6, 1950, 116쪽).

24) 『中央新聞』 41, 1945년 12월 11일.

사회주의로 분기하는 지적 동향을 파악하고 이에 대응하려는 신문화 운동을 전개하였다. 신문화연구소에서 간행한 책은 『美國의 極東政策』·『아메리카史概說』·『소련의 신문화 : 쏘비에트 민주주의』·『人民黨의 路線』·『바다와 나비』·『문학개론』 등이다.[25)]

김일출은 서울대 사학과 학부생인 이보형[26)]에게 미국사에 관한 개설서를 쓰도록 권하였고, 이보형이 쓴 글을 고쳐주면서 『아메리카史概說』을 간행하게 하였다.[27)] 그리고 자신은 『신민주주의론』(1948. 7, 정음사)과 『중국봉건사회사』(1948. 1, 정음사)를 번역 출간하였다. 이는 미국과 소련, 중국에 대한 연구를 통하여 새로운 세계사의 조류를 파악함으로써 주변 강대국의 실상에 대한 학술적 차원에서의 검토를 행하고자 했음을 의미하는 것이다.

김일출은 해방 직후 역사학회를 조직한다. 역사학회는 "여러 분야의 역사를 학문적으로 연구하여 새로운 사학을 세우는 것이 그 목적이다"고 한 것에서 확인할 수 있듯이 한·동·서를 아우르는 새로운 역사학의 건립을 목표로 창립되었다.

역사학회의 초대 간사는 염은현·홍이섭·김일출·민영규 등 연희전문 출신

---

25) 신문화연구소 발행 도서

번호	저자	책이름	간행년도	출판사
1	조선인민보	人民黨의 路線	1946	신문화연구소 출판사
2	김기림	바다와 나비	1946.4	
3	김기림	문학개론	1946.12	
4		美國의 極東政策	1946.11	文友印書館
5	金愚巖·洪淳昶 譯	소련의 신문화 : 쏘비에트 민주주의	1947.7	科學舍
6		아메리카史概說	1948.10	科學舍

26) 이보형 선생의 회고에 의하면 김일출은 동북제국대학에서 위진남북조시대 전공교수인 오카자키 후미오(岡崎文夫, 1888~1950) 교수에게 한문이 뛰어나다는 평을 받았고, 서울대 사학과에서 중국근대사를 강의하였다고 한다. 김일출이 만든 신문화연구소는 여운형의 근로인민당의 외곽 문화 단체로 이해하였다.

27) 金一出, 「序文」, 『아메리카史概說』, 科學舍, 1948(김일출, 도현철 편, 『김일출 저작선집』, 선인, 2017, 346~347쪽) ; 이보형, 「변두리 역사, 미국사를 개척하다」, 『우리시대의 역사가 1』, 경인문화사, 2011, 264~266쪽.

이었다. 1947년 2월에 개편된 간사는 이상백·최문환·홍순창·염은현·한상진·김일출이고, 1948년 2월에 개편된 간사는 조의설(서양사부)·김정학(조선사부)·김일출(동양사부)·고재국, 한상진(서무부)였는데, 김일출은 3차례의 개편 과정에서도 간사로 유임되었다. 이는 그가 역사학회의 실질적 운영의 주체였음을 말해주는 것이다.

역사학회 회원은 김일출을 중심으로 이상백·한상진·홍순창 등이 주축이 되어 참여층을 확대한 것으로 보인다. 연희대학 사학과 교수인 민영규·염은현·조의설·조좌호, 연희대학 강사로서 연희전문을 졸업하고 김일출과 같은 동북제국대학을 다닌 심리학의 방현모와 물리학의 한인석,[28] 연희대학 강사인 철학의 전원배(1903~1984), 연희전문 동문인 홍이섭·이용희·정진석, 1946년 서울대학 재직시 동료 교수인 김성칠·강대량(강진철)과 학생인 고병익·김재룡·전해종·한우근·김홍주 등이 함께 참여하였다. 서울사대 역사 담당 교수인 이능식(1919~1996)·유홍렬(1911~1995), 고려대 사학과의 김정학(1911~2006) 교수는 물론 김일출의 연희전문 보증인인 이여성과 서울대 사회학과 강사인 이덕성,[29] 연희전문과 동북제국대학 동문으로 철학 전공인 김준섭(1912~1998), 동북제국대학 동문인 전석담, 국대안 반대운동을 벌인 숙명여전의 이삼실[30]도 포함되었다. 한상진은 미술사연구회 회원인 김원룡·민천식·김영기와 함께 동참했던 것으로 보인다.[31] 연희대학 사학과의 홍순혁과 진단학회의 중심인물인 서울대의 이병도·김상기, 고려대의 신석호는 빠져 있다.[32]

---

28) 洪淳赫,「都下各大學巡禮記 : 延禧大學編」,『新天地』 5-5호, 1950, 161쪽.(홍순혁, 연세학풍사업단 편,『홍순혁저작집』, 혜안, 2015, 288~294쪽.)

29) 金一出,「跋 故 李德星氏를 吊함」,『朝鮮古代社會硏究』, 正音社, 1949, 145~149쪽.(『저작선집』, 348~351쪽.)

30) 최혜월,「미군정기 국대안반대운동의 성격」,『역사비평』 2, 1988, 20쪽.

31) 김재원,『경복궁 야화』, 탐구당, 2013, 35~38쪽.

32) 역사학회의 회원은 다음과 같이 35명이다. 姜大良(姜晉哲), 金聖七, 金永基, 金一出, 金元龍, 金廷鶴, 金俊燮, 金在龍, 金弘柱, 高柄翊, 高在國, 李能植, 李德星, 李三實, 李想伯, 李順基, 李如星, 李用熙, 廉殷鉉, 閔泳珪, 閔天植, 方顯模, 柳洪烈, 全錫淡, 田元培, 全海宗,

김일출은 역사학회의 기관지인 『역사학연구』의 원고 수합에 노력한다. 그는 1946년 무렵 서울대 사학과 교수가 되면서 사학과 1회 졸업생과 긴밀한 관계를 맺는다. 『역사학연구』 1집의 필자[33]는 한우근·김재룡[34]·고병익·전해종·김일출·고기양·조의설과 한국사 2명, 동양사 3명, 서양사 2명 등이다. 앞의 4명은 1947년 8월에 졸업한 서울대 사학과 1회 졸업생인데, 김일출이 이들의 학부논문을 『역사학연구』에 수록하게 한 것으로 보인다.[35] 김일출의 글은 동북제국대학 학부 졸업논문이다. 당시 서울대 사회학과 강사로 김일출의 연구실에 자주 왕래하던 이덕성(1916~1949)은 김일출의 소개로 「신라왕계와 골품의 형성과정」이란 논문을 『역사학연구』에 기고하려 하였는데 갑자기 사망하여 이루어지지 못하였다고 한다.[36] 이덕성은 역사학회의 1948년 6월 발표회에서 「원시 조선사회의 연구」를 발표하기도 하였다.[37]

鄭鎭石, 趙義卨, 曹佐鎬, 崔文煥, 韓仁錫, 韓相鎭, 韓佑劤, 洪淳昶, 洪以燮(역사학회, 「휘보」, 『역사학연구』 1, 1949, 326쪽).

이들 가운데 이런 저런 연유로 북으로 간 사람은 金一出, 高在國, 李能植, 李如星, 全錫淡, 鄭鎭石, 韓仁錫, 韓相鎭 등 8명이다.

33)

번호	필자	제목	분류	비고(1949.5 현재)
1	조의설	생활원리로서의 정치사상	서양사	연희대교수
2	고기양	이조후기의 정치지배관계	한국사	
3	김일출	춘추회맹고	동양사	서울대교수
4	김재룡	Chilasmus(千年天國信仰)와 Magister Thomas Muenzer	서양사	서울대교수
5	고병익	이슬람교도와 원대사회	동양사	서울대강사
6	한우근	천주교전파와 이조봉건사회	한국사	서울대강사
7	전해종	당대균전고	동양사	서울대강사

34) 김재룡은 사학과 졸업후 조교가 되고 1949년 서울대 교수가 되어 서양사(독일사)를 강의하였다가, 1950년 6월에 죽었다(서울대학교, 『서양사 30년사』).

35) 전해종, 「나의 역사 연구의 길」, 『한국사시민강좌』 10, 1982, 138쪽 ; 고병익, 「동숭동 동부연구실과 졸업 논문」, 『선비와 지식인 고병익 에세이』, 문음사, 1985, 132쪽 ; 민현구, 「한우근의 한국사학 방법론에 대한 고찰」, 『진단학보』 120, 2014, 248~253쪽.

36) 金一出, 「跋 故 李德星氏를 弔함」, 『朝鮮古代社會硏究』, 정음사, 1949, 145~149쪽.(『저작선집』, 348~351쪽.)

37) 歷史學會, 「彙報」, 『歷史學硏究』 1, 1949, 326쪽.

해방 직후 역사학계는 진단학회와 유물사관사학으로 분화되어 있었다. 진단학회는 일본의 대학 혹은 경성제대에서 근대 인문학 훈련을 받은 이들이 발기인과 임원이 되어 순수 학문으로서의 사학 내지 문헌고증사학을 지향하였다. 여기에는 사회주의자와 비타협적 민족주의자의 전통을 잇는 흐름도 있었지만 체제내적인 문화운동을 지향하는 세력이 주류를 형성하고 있었다. 그런데 전시체제기에 접어들면서 학회 내 일부 회원들 사이에서 민족 현실을 극복할 수 있는 실천적 역사학을 모색하고자 하는 새로운 흐름이 나타났다. 예컨대 손진태와 조윤제 등 이른바 '동산학파'[38]에 의한 신민족주의사학이 그것이다.[39]

해방이 되자 '동산학파'가 전면에 나서고 일제하에서 학회 운영을 전담했던 이병도는 2선으로 물러났다. 해방 이튿날 재건 총회가 열려 송석하를 회장으로 선임하고 조윤제·도유호·이여성 등이 참여하면서 좌우합작, 통일전선적 관점이 우세하였던 것이다. '동산학파'가 주도하는 진단학회의 활동은 일제시대 진단학회의 주류 학풍과 전통을 부정하는 것이었다. 송석하는 이병도를 지목하여 학회 내 친일파의 제명을 주장하였는데, 이는 진단학회의 발전 방향과 연관하여 학문관의 차이를 노정한 것이었다.[40]

진단학회는 '동산학파'와 이병도 그룹간의 내면적 갈등이 첨예화되고 학회 내부의 분화가 본격화되면서 대체로 세 방향으로 분화되어 갔다. 하나의 방향은 이병도가 김상기·신석호 등과 함께 조선사연구회를 설립하고(1945. 12. 12), 문헌고증사학의 새로운 활로를 모색한 것이었다. 조선사연구회는

38) 김용섭, 「제6장 한국 근대 역사학의 발달−1930-1940년대 민족주의 역사학①」, 『역사의 오솔길을 걸으면서』, 지식산업사, 2011, 663쪽, 주28).

39) 洪淳赫, 「解放後 國史學界의 動向」, 『新天地』 5-6, 1950.(『홍순혁저작집』, 295~301쪽.)

40) 진단학회의 변화 이유는 당시 회장이던 송석하의 병세 악화, 회원간의 좌우대립, 총무 조윤제가 제기한 친일학자 제명문제, 이병도·신석호·김상기 등이 별도로 조선사연구회를 결성한 것과 염은현·홍이섭 등 젊은 역사학자들의 역사학회 결성 등이라고 한다(조동걸, 「제5장 해방후 韓國史硏究의 발흥과 特徵」, 『現代韓國史學史』, 나남출판, 1998, 324~328쪽).

『史海』 1집을 발행한 뒤 뚜렷한 활동을 하지 않다가, 이병도가 1954년 환도하여 진단학회 이사장을 맡게 되면서 활동을 재개하였다. 다른 하나는 손진태와 이인영 등 '동산학파'가 신민족주의 사관의 이론화와 새로운 민족사 체계를 준비한 것이었다. 하지만 손진태와 이인영이 납북되자 그 계획은 중단되었다. 마지막 하나는 이상백·이여성·김일출 등의 활동이었다. 이들은 역사학회를 창립하면서 좌우합작의 진보적 입장을 견지하였다.[41]

1946년 서울대학 사학과 교수가 된 김일출은 한국의 동양사학계 1세대로 이능식·이명원과 함께 진보적인 학자로 분류된다.[42] 1946년 2월 15일 진단학회 제4회 월례회에서 「年代에 依한 世界史 比較」라는 주제로 발표했다.[43] 그는 초기 중국 고대사에 관한 수준 높은 글을 발표함으로써 한국의 중국사 연구에 전진적인 희망을 불어 넣었다.[44] 이와 함께 김상기(1901~1977)·김성칠(1913~1951) 등 동료 교수와 더불어 동양사 개설서를 펴낸다. 『新東洋史』와 『이웃 나라의 생활, 중등생활과』가 그것이다. 전자는 초급 중학 동양사 교본으로 편찬된 것인데, 상고부터 남북조(1~46쪽)까지는 김상기, 수당부터 원대(47~84쪽)까지는 김성칠, 명대 이후(85~149쪽)는 김일출이 집필한 것이다.[45] 후자는 1949년 문교부 검정 중등학생용으로 출판된 것인데, 제1장에서 제4장(1~53쪽)까지는 김상기, 제5장에서 제6장(54~108쪽)까지는 김성칠, 명대 이후(109~176쪽)는 김일출이 집필을 담당하였다.[46] 이후 한국의 동양사 개설은

---

41) 方基中, 「解放後 國家建設問題와 歷史學」, 『韓國認識과 歷史理論』(김용섭교수정년기념한국사학논총 1), 1997 ; 도현철, 「홍순혁의 학술활동과 한국사학」, 『학림』 35, 2014, 11~12쪽.

42) 하세봉, 「한국 동양사학계에 대한 비판적 검토」, 『동아시아 역사학의 생산과 유통』, 아세아문화사, 2001, 25쪽.

43) 震檀學會, 『震檀學會六十年誌－1934~1994－』, 1994, 115쪽.

44) 이성규, 「한국의 중국사연구 30년」, 『현대한국역사학의 동향(1945~80년)』, 일조각, 1982, 192쪽.

45) 金庠基·金一出·金聖七 共著, 『新 東洋史』, 同志社, 1948.(『저작선집』, 142~188쪽.)

46) 김상기·김일출·김성칠 지음, 『중등 사회생활과, 이웃 나라의 생활(역사)』, 同志社, 1949.(『저작선집』, 189~238쪽.)

이 두 책을 골격으로 만들어졌다고 평가된다. 두 책은 1950년 이후 대한민국에서 김상기만이 활동하게 되자 김상기의 이름으로 간행되었다. 그 과정에서 1950년 이전의 목차는 그대로 유지되었는데, 내용은 김상기의 글로 재정리되었다.[47)]

특징적인 것은 김일출이 동양사 중에서도 중국근대사를 포함한 동양근대사에 치중하였다는 사실이다. 그의 학부논문은 「춘추회맹고」로 중국고대사 분야였지만, 서울대 사학과 강의 과목은 동양근대사이고 위의 두 개설서의 동양근대사 부분을 집필했다(〈부록〉 참조). 해방 조선의 민족문화 건설과 사회주의라는 사상적 고뇌 속에서, 동양근현대사의 동향에 대한 관심이 연구로 표출된 것으로 보인다.

---

47) 『중등 사회생활과, 이웃 나라의 생활(역사)』의 마지막 부분 절인 '이웃나라 역사를 통해서 본 사명과 각오'인데, 김상기·김일출·김성칠이 지은 1949년판에 없는 내용이 1953년 김상기 단독 저술에 첨가(굵은 글자)되어 있어서 눈에 띈다.
"아시아 여러 나라의 역사를 통틀어 살펴보면 아시아인의 정치적 세력과 문화의 소장(消長)은 대개 삼기로 나누어 볼 수 있다. ① 태고(太古)로부터 근세에 이르기까지 오랫동안 아시아인의 세력과 문화는 세계에서 가장 우월한 지위를 차지하고 왔다. ② 그런데 근세 이래로 과학 문명을 누린 유우롭인의 진출로 말미암아 아시아의 대부분은 그들의 침략을 받았으며 마침내 서양의 본을 뜬 일본까지도 우리나라를 비롯하여 대륙국가를 침구(侵寇)하였던 것이니, 이 시대는 실로 아시아인의 수난기(受難期)라 할 것이다. ③ 그러나 제이차 대전을 계기(契機)로 현금 세계는 일대전환기(一大轉換期)에 들어 있어 침략에서 해방으로 독재주의에서 민주주의로 바뀌고 있다. 그리하여 유우롶 열강과 일본의 침략을 받아온 아시아의 여러 민족은 빼앗겼던 국토를 도로 찾고, 잃어바렸던 권익을 회복하여, 부강한 독립국가를 이룩하며 평등한 사회를 건설하고저 눈부신 활동을 하고 있다. **특히 우리 대한민국은 건국이래로 사회, 경제, 외교, 문화 등 각 방면에 걸친 힘찬 발전을 보이던 중 이에 불안을 느낀 북한 괴뢰집단과 그 뒤를 이은 중공의 불법하고도 무모한 침구(侵寇)를 받게 되었다. 이 결과로 38선은 이미 깨어져 국토 통일의 계기(契機)가 되었으나 우리의 강토는 초토(焦土)로 화하여 그의 부흥은 실로 세계의 관심을 자아내고 있다. 이때야 말로 우리 겨레의 중대한 시련기(試鍊期)로서 통일과 부흥의 성업(聖業)이 우리의 두 어깨에 지워졌다.**
유구한 역사와 탁월한 문화를 가진 우리 민족은 이러한 전환기에 있어 우리의 역사적 사명을 깨닫고, 시대의 조류(潮流)를 잘 파악하여, 안으로는 조국의 발전과 민족문화의 선양에 힘쓰고, 밖으로는 국제평화와 인류 문화에 이바지 하여, 문화 국민의 일원(一員)으로서의 임무를 다하지 아니하면 아니될 것이다.

김일출은 1950년 전쟁 후 과학원의 고고학 및 민속학연구소 연구사가 되었다. 연구 영역은 동양사학에서 한국고대사, 민속학으로 바뀌어갔다. 「고구려 〈유국 900년〉설에 관하여」나 「진수의 〈삼국지〉와 그 고구려전의 사료적 가치」, 「조선 민속학의 발전을 위하여」라는 글이 이를 증명한다. 특히 『조선민속탈놀이연구』는 한국 민속학의 새로운 지평을 연 노작으로 평가받고 있다.

3. 민족문화 건설과 역사학

1) 민족문화 건설과 민속학

김일출은 해방 후 조선 문화의 나아갈 방향에 대한 이론적, 실증적 연구에 노력했다. 그는 세계적인 보편성에 기초한 주체적 민족문화 건설을 목표로, 세계사의 중심으로 떠오르던 미국과 소련, 중국의 신문화에 대한 학술적 검토의 필요성을 강조하였던 것이다.

널리 알려져 있듯이, 해방정국기 최우선 과제는 민족국가 건설과 민족문화의 재건이었다. 민족문화 재건을 위해서는 일제 식민 잔재와 봉건적 잔재의 극복이 우선적으로 요구되었다. 이를 위해 민족문화를 세계의 보편문화의 차원에서 재건함으로써 국제사회에서 위상을 확보하고 국제정치 환경의 변화에 대처할 수 있는 능력을 갖추는 일이 절실하였다. 이는 신민족주의가 민족사의 개별성과 세계사의 보편성을 함께 강조하는 이해와도 맥락을 같이하는 것이다. 전통문화에서 계승과 창조의 교훈을 찾아내고 외래문화로부터 지혜를 받아들여 새로운 민족문화를 건설하자는 것이 그것이다. 이때 재건될 민족문화는 일부 계급 계층의 전유물이 아니라 개방적이고 대중적인 체제를 갖추어야 한다. 그 과정에서 좌우익의 민족문화 재건론에 차이가 있을 수 있으므로 국가적 사회적 합의를 토대로 상이한 견해와 그 기반의 차이를 극복하고 조정할 것인가가 관건이었다. 그런데 식민잔재 청산이 채 끝나기 전에 냉전체제가 현실로 다가왔고 민족문화 건설을 위한 객관적인 기반은 상실되어 갔다.[48]

김일출은 사회주의 이념을 공부하고 민족의 유구성과 독자성을 발견한 후에 미국과 소련, 중국의 신문화를 주목하였다. 그의 역서로 추정되는 『소련의 신문화 : 쏘비에트 민주주의』 서문에서 "우리 신문화연구소가 8·15의 감격 중에서 조직된 이래 모택동을 소개하고 월레쓰를 소개하고 또 이번에 쏘련의 새문화를 소개하는 일관된 못토는-네 자신을 거듭 만들기 위해서 우선 남의 새로운 것을 알라-는 것이다. 수많은 남들 중에서도 두만강의 일위대수(一葦帶水)를 격(隔)한 인국(隣國) 쏘련이야말로 우리에게 장래토록 가장 달가운 남인 것은 이제 새삼스러이 말할 필요가 없다. 우리는 이 책자가 좌우를 막론하고 널리 읽혀져서 쏘련 문화의 실상이 알려지고, 한 걸음 더 나아가서는 새 조선 문화 건설에 유효한 참고가 되기를 기대하여 마지 않는다"[49]고 천명하였다. 소련은 해방된 우리나라의 객관적인 연구 대상으로 우리에게 가장 달가운 남이라고 하면서 좌우를 막론하고 소련문화의 실상을 파악하여 새조선 문화 건설에 유효한 참고로 삼을 것을 희망하였던 것이다.

그는 『아메리카史概說』 서문에서

> 조선은 예로부터 '아메리카'란 미국을 알지 못했다. (…) 조선의 외교 상대국에 대한 무지는 비단 한말이 그러했을 뿐만 아니고, 38선 이남에 강력한 군정을 실시한 지 4년에 가까운 오늘의 아메리카에 대해서도 현대의 조선은 그를 아는 바가 적다. (…) 해방의 감격으로 국가 독립의 자유에로 승화시키지 못한 채로, 군정이 연장되어 가는, 세계 정국의 다단성에 그 한 반(半)의 원인이 있다고

48) 한상도, 「해방정국기 민족문화 재건 논의의 내용과 성격」, 『사학연구』 89, 2008.
49) 新文化硏究所, 「머릿말」, 『소련의 신문화 : 쏘비에트 민주주의』(金思巖, 洪淳昶 譯, 科學舍), 1947.

하지만, 그 뿌리 깊은 근저에는 피아의 국민사이에 서로 알지 못하기 때문에 느껴지는 거리와 격절이 있다. 우리는 역량의 부족에도 감히 아메리카사의 편정 착수한 것은, 실로 저들 국민의 역사적 발전의 모습을 통해서, 한걸음 깊이 아메리카를 이해함으로써, 피아의 사이를 담친 거리의 장막을 터버리려는데 있었다.[50]

고 하였다. 미국 역시 세계 강대국으로 떠오르는 현실을 인정하여 객관적으로 이해해야 한다고 하였다. 이처럼 그는 새조선 문화 건설이 당면한 조선의 목표이고, 이를 위해서 남북한에 영향력을 행사하고 있는 소련과 미국의 신문화를 파악해야 한다고 보았다.

김일출은 해방조선이 건설해야 할 새 문화의 기초 작업으로 봉건적인 문화유산의 재정리와 일본 잔재의 청산 그리고 새로운 문화 창조의 주체성 확립을 들었다. 이를 위해 가장 먼저 중국의 모택동이 지향하는 신문화론을 참고해야 한다고 주장하였다. 그는 모택동이 "중화민족의 존엄과 독립을 주장하면서, 중국 고대 문화에서 봉건적 조박(漕粕)을 버리고 민주적인 정화를 흡수하여 민족적 신문화를 발견하며, 민족적 자기 의식을 구축함으로써 중화 문화의 세계적인 보편적인 원리까지도 추출하여야 한다"고 하였음을 상기시켰다. 같은 맥락에서 조선문화 역시 왜곡, 위조한 조선 고유문화의 진정한 가치를 과학적으로 천명하여 내(內)로는 조선 문화의 독자성, 자주성, 내지 우수성을 교육하고, 밖으로는 세계적인 보편성을 밝혀내야 한다고 역설하였다. 이때의 '세계적 보편성'에 대해 그는 세계와 더불어 공동(共同)하게 향유할 수 있는 객관적 원리이고, 민주주의이면서 발전적 형태로서의 사회주의의 실현을 목표로 하는 것이라고 보았다. 문제는 우리의 전통과는 전연 이질적인 민주주의 내지 사회주의의 원리를 여하히 조선 자체의 '구체적 실천'에 완전히

50) 金一出, 「序文」, 『아메리카史槪說』, 科學舍, 1948.(『저작선집』, 346~347쪽.)

적합하게 통일함으로써 조선의 체질에 맞는, 민족적 형식을 갖게 할 수 있는가 하는 점에 있다고 하였다. 그는 이를 위해 ① 주권의 민족적 독립성이 확보되어 정치의 자주 독립이 실현되는 것이 조선의 새문화가 독자의 형식을 갖기 위한 기본적인 요건이다. ② 주권은 근로 인민에게 있어야 한다. 이때 주권은 한 계급에 의하여 농단 혹은 독재될 수 없고, 근로인민이 전체의 복리를 위한 공동 목적하에 연합 협동하는 성질의 주권이어야 하다. 그리고 새 조선의 문화는 한 개의 공동한 윤리를 가져야 한다[51)]고 역설하였다.

이러한 김일출의 문제의식은 신문화연구소의 활동과 병행해서 중국의 주목받는 책을 번역 출간한 것을 통해서도 확인할 수 있다. 도희성(陶希星)의 『中國封建社會史』와 모택동(毛澤東)의 『新民主主義論』[52)]을 번역한 것이 그것이다. 전자는 중국에서 5·4운동 전후로 중국사회의 과학적 해명에 힘을 쏟아 사회사 논전을 벌였던 도희성의 저작으로, 중국사회의 전모를 엿보는 데 긴요한 책이라고 평가하고 이를 통해 조선에서 사회사 연구에 대한 관심과 연구가 진전되기를 바라는 의도에서 번역한 것이다.[53)] 후자는 중국공산당이 세력을 확대해 가는 와중에 진행하였던 공산당의 독특하고 융통성 있는 실천방식이 일종의 독특한 중국적 풍모를 보여주고 있어 조선 지식인에게 참고가 될 만하다는 평가에 기초해 출간한 것이다. 본문 말미에 "신중국은 모든 인민의 목전에 나타났다. 신중국을 실은 배는 돛대 끝이 이미 지평선에 솟아 올라있다. 우리는 박장(拍掌)으로 그를 영접해야겠다. 두 손 들자 신중국은

51) 金一出, 「새-朝鮮 民族文化의 基本 課題」, 『新文化』 2, 1947(毛澤東著, 金一出譯, 「跋 새-朝鮮 民族文化의 基本 課題」, 『新民主主義論』, 正音社, 1948).(『저작선집』, 45~51쪽.)

52) 김일출이 번역한 毛澤東의 『新民主主義論』(정음사, 1948)은 1946년 2월에 新人社 譯編, 左翼書籍出版協議會 監修(新人文庫 1, 73쪽), 『新民主主義論』(노획문서, Rg 242, 2008-121, 국립중앙도서관 디브러리 해외기록 수집물)과는 다른 번역이다. 노동당과 직접적인 관계없이 활동하였기 때문에, 서로 교감 없이 똑같은 책을 각각 별도로 간행하였던 것으로 보인다.

53) 陶希星 著, 金一出 역, 역자서문, 『中國封建社會史』, 정음사, 1948 ; 민두기 편, 『中國史時代區分論』, 창작과비평사, 1984 ; 김대환·백영서 편, 『중국사회성격논쟁』, 창작과비평사, 1988.(『저작선집』, 343~344쪽.)

우리의 것이다"라는 구절 속에 숨은 그 굳센 신념과 자신감으로 '신중국'이라는 글자 대신에 '신조선'이라는 말을 바꾸어 넣어서 그대로 우리의 것을 삼게 하고 싶다."[54]는 염원을 표현하고 있다. 중국이 신중국을 외치고 신문화를 모색하듯이 우리도 신조선을 위하여 신문화를 건설하려 하였던 것이다.

사회주의와 자본주의 어느 한쪽에 극단적으로 경도되지 않았던 김일출의 입장은 1930~1940년대 식민지 지식인들의 특징을 보여주는 것으로, 1920년대 식민지 지식인들이 극단으로 나누어져 있던 현실과 대비되는 것이었다고 할 수 있다. 1930~1940년대 식민지 지식인들은 시장경제의 파탄으로 고전경제학 혹은 자본주의가 위기를 맞게 된 상황하에서[55] 자본주의를 극복해야할 또 하나의 대상으로 설정하고 좌우 양쪽을 균형 있게 바라보려는 중간적 노선을 추구하는 경우가 많았다. 김일출이 여운형의 근로인민당에 참여하여 민족주의적 자주성과 마르크스주의적 민주주의를 결합하고자 한 것도 동일한 문맥에서 설명 가능한 것이다.

김일출은 1948년 이후 반공 노선이 강화된 한국사회에서 이탈하여[56] 북한사

---

54) 『現代日報』 1946년 4월 16일(김기림) 書評 : 毛澤東著 金一出譯 『新民主主義論』, 新文化研究所. 김일출은 1946년 6월에 毛澤東의 『新民主主義論』을 신문화연구소에서 번역 출간하였는데, 『新文化』 2(1947)에 실린 「새 – 朝鮮 民族文化의 基本 課題」를 발문으로 추가하여, 1948년 7월 正音社에서 다시 간행하였다. 『現代日報』 1946년 4월 16일의 기사에 의하면, 毛澤東著 金一出譯 『新民主主義論』, 발행처 黃金町 2丁目 신문화연구소, 1946년 정가 5圓으로 표시되었는데, 1948년 7월 정음사 간행의 판권에는 正音社 서울시 회현동 1가 3의2 頒價 120圓으로 되어 있다. 발행처가 신문화연구소에서 정음사로 바뀌고 책값이 올랐다.

55) 이수일, 「1920~30년대 산업합리화 운동과 조선 지식인의 현실인식」, 『역사와 실학』 38, 2009.

56) 김일출이 북한으로 간 이유는 살펴볼 주제이다. 이에 대하여 다음의 최근 연구가 참고된다. 이 연구에 의하면, 당시 지식인의 월북 이유는 '이념적 지향과 그 선택', '학문의 장으로서의 대학에서 주도권 문제', '학자로서 연구 성과를 낳기에 유리한 곳이 어디인지를 따지는 합리적 선택의 문제'로 구분하여 설명된다고 한다. 또한 국어학계의 경우, 이극로와 같은 중도우파 인사들이 북한을 선택한 이유는 북쪽이 남쪽과 달리 친일파 처리를 비롯한 여러 분야에 개혁이 이루어지고, 언어정책론에 집중된 국어학적 관심을 펼치기에 사회주의 사회가 더 적당하다고 판단했을 가능성이

회에 참여하면서 민족과 사회주의를 결합시킨 민족문화 연구에 매진한다. 그는 북한에서 한국고대사, 민속학으로 연구 영역을 바꾼다. 이는 동양사학과 민족문화의 건설에 대한 초기의 연구가 한국고대사와 민속학 연구로 그 영역이 확장되어 갔음을 뜻한다. 그는 1950년 이후 초기 북한 민속학 연구를 주도하며 민간 예술과 생활풍습에 대한 연구를 진행하였다. 그 과정에서 북한지역 농촌의 전래 풍습에 대한 연구 조사를 광범위하게 전개하였는데, 특히 황해도 지역에 대한 현지조사를 통하여 『조선민속탈놀이연구』를 저술하였다.[57]

김일출은 탈놀이가 인민생활의 소산이라는 점을 바탕으로 현실 속에 생동하고 있는 자료를 직접적으로 조사 수집하고 그것을 정리하여 과학적으로 기술하는 것을 방법론으로 하여, 자료에 대한 1차적 보고에 머무는 낡은 실증주의를 넘어 민족과학 차원의 분석적 연구를 진행하였다. 그는 『조선민속탈놀이연구』에서 "탈놀이에 대한 민속학적 연구는 과학적으로 수집 정리한 자료들의 비교연구와 역사적 분석을 통하여 탈놀이 모습의 특성들을 밝히고 그 발생 발전의 역사를 구명하여 나아가서는 탈놀이와 인민 생활과의 관련, 그것이 체현하는 계급성, 사상성 및 민족문화에서 차지하는 위치를 구명하는 것을 중요한 과업으로 삼는다"고 기술하고 있다.

『조선민속탈놀이연구』는 탈놀이의 역사적 연원과 전승 맥락을 담은 1편과 황해도 탈놀이를 중심으로 현행 탈놀이의 양상과 특성을 기술한 2편으로 구성되어 있다.[58] 본서는 역사적 실체와 관련된 폭넓은 자료를 확보하고 이를 역사적 맥락 속에서 구명하고 있다는 점에서 특징적이다. 즉 민속행사는

있으며, 좌우합작운동에 정열을 바친 만큼 남한만의 단정 수립을 추진하는 이승만 세력과 미군정에 환멸을 느끼고 있던 가운데 김두봉의 권유가 있었다고 한다(이준식, 「지식인의 월북과 남북 국어학계의 재편 : 언어정책을 중심으로」, 『동방학지』 168, 2014, 4~5쪽, 14~15쪽).

57) 주강현, 「제1장 시기별 북한민속학사 연구사」, 『북한민속학사』, 이론과 실천, 1991, 50~54쪽.

58) 제1편 1. 원시적 탈놀이의 유습 2. 처용무 3. 가면 검무 향악 〈5기〉 나례와 나희. 제2편 4. 사자놀이 5. 산대놀이 6. 황해도 탈놀이 결론.

당시의 생산활동과 관련이 있다는 전제 아래 처용무 등을 인민들의 삶과 연결시켜 설명하였다. 탈놀이는 일제의 민족문화 말살정책과 군중집회 제한 정책 그리고 탈놀이가 갖는 내재적 한계로 인하여 쇠퇴하였지만, 시대에 맞는 연희로서 오늘날 새롭게 되살려야 할 소중한 문화유산이라고 평가하였다. 아울러 탈놀이 가면을 현대적으로 개작하는 것과 관련하여 연출가의 자의로 해서는 안 되며 인민대중의 미학적 관점을 충분히 고려해야 한다고 지적하였다.

김일출의 연구는 북한에서 1950년대 진행된 문화적 실천 과업과 연계된 것이었지만 그 이후 계승되지 못하였다. 오히려 남한에서는 1960년대 이후 전통극과 탈놀이에 대한 연구가 활발해지면서 탈춤 계승운동과 마당극, 민족극 운동으로 이어져가고 있다. 김일출의 저작은 한국문화의 미래를 추동하는 힘이 될 것으로 본다.[59]

2) 동양사학

김일출의 학문 연구는 동양사 영역에서 시작되어 한국고대사 연구로 바뀌어 갔다. 그의 학문 연구는 근대 역사학의 방법과 실증에 충실한 객관적인 연구태도를 보이고 있다. 그는 기왕의 중국과 일본의 연구를 비판적으로 성찰한 기초 위에서 중국 유교사상을 당대의 시대적 배경 속에서 검토하고자 하였다.

김일출은 동북대학에서 「춘추회맹고」를 학부 논문으로 제출하고 이를 『역사학연구』에 투고한 이래 중국사상과 문화에 대한 폭넓은 연구를 벌였다. 그의 「춘추회맹고」는 『역사학연구』에 실린 다른 동양사 관련 2편의 글과 더불어 실증성(實證性)과 역사안(歷史眼)은 전전(戰前)과 전후(戰後)를 구분할 수 있는 광복에 이루어진 근대적 동양사연구의 최초의 성과였고 분과적 연구의

59) 신동흔, 「폭넓은 실증 작업을 통해 복원한 탈놀이의 역사와 현장-김일출의 『조선민속탈놀이연구』(1958)에 대하여」, 『조선민속탈놀이연구』, 민속원, 2009.

기점이 되는 것이었다.[60] 「춘추회맹고」는 중국 춘추전국시대에 주왕실의 쇠퇴에 따라 생긴 새로운 질서형태인 회맹을 고찰한 글이다. 회맹적 국제질서는 각국 간의 혈연적 연대의식과 공동 문화의식 그리고 동일 조상을 제사지낸다는 주술적 종교관을 기반으로 하여 성립되었다고 하였는데, 현재 동양사 개설서에 인용되고 있다.[61]

김일출은 역사학 입장에서 사상이 갖는 사회적 성격을 염두에 두고 중국의 사상을 검토하였다. 그는 「孔子의 倫理政治觀－東洋政治思想의 中心理念」에서 유가의 정치사상을 역사학의 입장에서, 인(仁)은 덕치주의와 예치주의의 정치사상으로 귀결되고 통치자 혹은 귀족사회의 이른바 '군자'가 자기 자신을 수양함으로써 일반 인민을 편안하게 할 것을 말한 것으로서 치자계급의 입장을 반영한 것이라 평가하였다. 결론에서는 "오늘에 공자를 재림하시게 한다면 공자께서는 행여 이 혼란한 세계 정치에 직면하여 또다시 홀로 곽(郭)의 동문에 서서 갈 바를 잃지 않으실가. 그러나 누가 감히 저 정인(鄭人)의 유모어를 본받아 공자를 '상가지구(喪家之狗)'라고만 비웃고 말겠는가"라 하여 공자를 춘추시대 속의 인물임을 상기시키면서 마무리하고 있다.

「王陽明의 人間과 그 思想」에서는 이상백이 주도적으로 이끌고 있는 『학풍』이라는 학술지에 정인보의 1931년 저작인 『양명학연론』을 다시 게재하기에 앞서, 해제 격으로 왕양명 개인과 사상을 시대적 배경 속에서 살펴보고 있다. 그러나 1950년 6·25전쟁으로 『학풍』이 정간되고 위당이 납북되자 실리지는 못한 듯하다. 그 뒤 백낙준의 추천과 장준하의 검토 하에 『양명학연론』 전문이 『사상계』[62]에 실린 바 있다.[63] 이에 관한 사정은 『씨알의 소리』(1972. 11)에서

60) 윤남한, 「東洋史硏究의 回顧와 課題」, 『역사학보』 68, 1975, 107쪽.

61) 신채식, 「국의 해체와 군현제의 출현」, 『동양사개론』, 삼영사, 1993, 61쪽.

62) 정인보, 「陽明學演論(상)」, 『사상계』 1953-3, 2~98쪽 ; 「陽明學演論(하)」, 『사상계』 1953-4, 70~122쪽.

63) 김일출의 이 논문과 정인보의 『양명학연론』이 『사상계』에 실리고 『씨알의 소리』에서 소개되는 내용은 한정길 선생(연세대 국학연구원)의 조언에 의한 것이다.

장준하가 소개하고 있다.

김일출은 논문에서 양명학을 양명이라는 인간을 통해서 이해하고 양명이라는 인간을 그 시대의 사회정치적 배경 속에서 살피는 방법을 취하였다. 글은 양명의 어린 시절부터 37세 '용장오도(龍場悟道)'가 있기까지의 삶을 다섯 부분으로 나누어 소개하였다. 양명의 생애 가운데 37세까지만 다룬 이유가 무엇인지는 밝히고 있지 않다. 양명의 젊은 날의 생애만으로도 그의 학문적 특성을 충분히 드러낼 수 있다고 본 것인지, 아니면 별도로 후속편의 글을 기획하고 있었는지는 알 수 없다.

김일출은 "양명이 20세 전에 성현의 학문에 뜻을 두었다"고 본 풍우란의 견해를 비판한다. 비판의 논거를 양명이 '임협, 기사, 문학, 신선, 불교에 빠졌다가 유학으로 돌아왔다'는 담감천(湛甘泉)의 언급에서 찾는다. 그런데 양명『연보』에 따르면 양명은 어려서부터 성인이 되고자 하는 의식을 지니고 있었으며, 성인이 되는 공부법으로 주자학을 탐구하다가 벽에 부딪히자 도교와 불교에 관심을 갖고 연구를 하는 과정을 거치는 것으로 되어 있다. 그 점에서 풍우란에 대한 김일출의 비판은 문제가 있다고 하겠다. 아울러 김일출은 "주자학과 양명학의 갈림길이 대학의 '치지재격물(致知在格物)'에 대한 해석에서 시작된다"고 말한다. 이것은 주자학과 양명학의 갈림길에 대한 정확한 이해라고 하겠다. 그는 양명이 구체적인 삶의 체험을 통하여 진리를 획득하고자 한 탐구정신을 높이 평가하면서 "양명의 성현다운 점은 몸소 바다 물속 깊이 헤엄쳐 들어가 거기서 제 손으로 진주를 캐내는 것과 같은 피투성이의 탐구에 있다고 하겠다"고 기술한다.

김일출은 서울대학 사학과 김상기·김성칠 교수와 함께 동양사 개설서를 펴낸다. 『新東洋史』는 초급 중학 동양사 교본으로 편찬된 것인데, 사료의 취사를 엄밀히 하여 사실(史實)의 파악을 정확히 하려 하였다고 하였다. 국사와 관련된 사실은 상호관계에서 자세히 서술하여 국사와 동양사의 연관성을 밝히려 힘썼다고도 하였다.[64] 또한 여기에서 김일출은 동양 제국의 최근세사에는 유럽의 열강과 일본 제국주의의 침략을 물리치고 자유롭고 부강한 나라를 만들어 평등하고 독립한 국가를 건설하려는 민족적인 운동이 강렬하게 전개한 것이 그 특징이라 보고, 우리는 이러한 역사의 대세를 잘 파악하고 장차로 자유로운 동양의 건설을 위하여 공헌할 깊은 각오를 가져야 하겠다는 말로 끝을 맺었다.[65] 같은 중고등 학생용으로 『이웃 나라의 생활, 중등생활과』를 펴냈는데, 이는 문교부의 검정을 필한 교과서(단기 4282년(1949) 7월 25일)로 저술한 것이다.[66]

북한에서 그는 한국고대사 연구에도 힘썼다. 그는 근대 역사학의 방법에 따라 자료에 대한 비판적 검토 작업을 행하고 그를 바탕으로 민족의 기원과 고대 국가, 특히 고구려사 연구를 진행했다. 「삼국지 동이전 성립의 사료학적 고찰」과 「진수의 〈삼국지〉와 그 고구려전의 사료적 가치」는 한국고대사의 기초가 되는 중국측 자료에 대한 비판적 검토를 행한 것이다.

김일출은 한국 민족문화 형성의 기본 전제로, 레닌의 "사회 발전의 부르죠아적 시기의 불가피한 산물이며, 불가피한 형식이다"라는 말을 출발점으로 하여, 민족의 요소인 언어, 지역, 공통한 문화 등은 자본주의 이전의 시기에 점차적으로 창조된 것이라는 입장을 취하였다.[67] 민족의 4가지 요소 중 민족문화의 공통성을 중심으로 논하면, 중국 역사학자들이 동이라고 하는 것은 문화의 공통성을 지칭하는 것으로, 고조선이 국가로서 형성된 후, 또 부여·고구려·동옥저·삼한 등이 생산력의 성장, 교환의 발전을 토대로 하여 국가를 형성하고, 그들 상호간에서는 인종적 근친성, 장기간의 연계, 호상 영향, 역사적 운명의 공통성 등의 결과로 인하여 기원전 3~2세기경부터 조선 사람의

---

64) 金庠基·金一出·金聖七 共著, 『新 東洋史』, 同志社, 1948.(『저작선집』, 142~188쪽.)

65) 金庠基·金一出·金聖七 共著, 위의 책, 149쪽.(『저작선집』, 188쪽.)

66) 김상기·김일출·김성칠 지음, 『중등 사회생활과, 이웃 나라의 생활(역사)』, 同志社, 1949.(『저작선집』, 189~238쪽.)

67) 이하 민족주의에 대해서는 사학과 김성보 선생의 조언과 박찬승 선생의 글을 참고하였다(박찬승, 『민족·민족주의』, 소화, 2010).

문화의 민족적 형식이 갖추어지게 된다고 하였다.[68)]

김일출은 『삼국사기』의 고구려 기원에 대한 기원전 37년설을 반대하여 『삼국사기』를 신뢰할 수 없다는 전제하에 기원전 200년설을 주장하였다. 이러한 그의 입장은 고구려 유국(有國) 900년설로 표현되고 있다. 이는 북한학계가 『삼국사기』의 초기 기록을 부정하고 민족의 유구성과 역사성을 강조한 것과 연관되는 것이다.[69)] 이처럼 1950년 이후 김일출은 북한에서 민족과 결합된 사회주의를 지향하였고 민족문화 건설에 매진하였으며 중국사학에서 한국고대사 연구로 그 영역을 확장하였다.

일제시대와 해방시기를 살다간 김일출은 사회주의와 자본주의 어느 한쪽에도 경도되지 않은 중간적인 입장에서 민족과 결합된 사회주의를 지향하였고 동양사학과 한국사학, 민속학 등 연구에 진력하였다고 하겠다.

4. 맺음말

본고는 한국사회가 안고 있는 당면한 과제 해결에 주력하며 고뇌한 김일출의 삶과 지향을 살펴보고 그를 통해 일제하·해방기를 살다간 지식인의 일면모를 살펴보는 데 목적이 있다.

김일출은 연희전문학교와 동북제국대학 문학부를 졸업하였다. 해방후 민영규·홍이섭 등 연희전문 출신들과 함께 역사학회를 창설하여 해방된 조선의 새로운 역사학의 구축에 진력하였다. 1945년 12월에 발족한 역사학회는 "여러 분야의 역사를 학문적으로 연구하여 새로운 사학을 세우는 것이 그 목적이다"

---

68) 김일출, 「우리나라에서의 민족적 문화의 형성시기에 관하여」, 『조선에서의 부로죠아 민족형성에 관한 토론집』, 과학원 역사연구소, 1957.(『저작선집』, 241~249쪽.)

69) 김일출, 「고구려 〈유국 900년〉설에 관하여」, 『력사과학』 1, 1957.(『저작선집』, 250~256쪽.)

고 하여 한·동·서를 아우르는 새로운 역사학의 건립을 목표로 창립되었다고 할 수 있다. 역사학회의 초대 간사는 연희전문 출신이 주축이었는데, 김일출은 실질적인 운영의 책임을 맡았다.

1946년 무렵 김일출은 서울대학 사학과 교수로 부임하여 동양사학을 강의하였다. 그는 서울대학 동료 교수인 김성칠과 학술 교류를 꾀하고 제자인 이보형에게 미국사 연구를 권하기도 하였다.

한편 김일출은 여운형이 중심이 되는 인민당에 참여하였다. 연희전문학교 입학 보증인인 이여성, 역사학회의 창립 멤버인 이상백 등과 함께 여운형과 정치 활동을 같이 하며 조선인민당의 중앙위원겸 중앙집행위원이 되었고, 조선공산당과 합당을 반대한 31인의 일원이었으며, 남조선노동당 결성에 맞서 사회노동당에 참가했다.

또한 김일출은 이상백, 김기림과 함께 신문화연구소를 설립하여 세계사적 흐름에 대응하는 학술 활동 곧 자본주의와 사회주의로 나누어지는 세계사의 흐름에 대한 지적 동향을 파악하는 신문화 운동을 전개하였다. 김일출은 조선문화의 나아갈 방향에 대한 이론적, 실증적 연구에 노력했다. 그는 우리나라가 남북으로 나뉘어져 있듯이 세계는 미국과 소련의 두 강대국의 대결 상태로 변화할 것으로 보고 미국과 소련 그리고 중국에 대한 연구를 해야 한다고 하였다. 『美國의 極東政策』·『아메리카史概說』·『소련의 신문화 : 쏘비에트 민주주의』를 번역하고 소개한 것은 그러한 노력의 일환이었다.

그는 해방조선이 건설해야할 새 문화의 기초 작업을 봉건적인 문화유산의 재정리와 일본 잔재의 청산 그리고 새로운 문화 창조의 주체성 확립이라고 보았다. 그는 모택동의 『신민주주의론』을 번역하면서, 중국공산당이 중국 전역을 석권해 가는 와중에 중국공산당의 독특한 융통성 있는 실천방식과 일종의 독특한 중국적 풍모를 부여하고 있어 신민주주의와 팔로군의 이름이 조선지식인에 참고될 만한 것이 있다고 보았다. 그리하여 중국이 신중국을 외치고 신문화를 모색하듯이 우리도 '신조선'을 위하여 신문화를 건설하고자 하였다.

1950년 전쟁후 김일출은 사회과학원 연구사로 활약하면서 역사학뿐만 아니라 민속학으로 연구 영역을 넓히며 민족문화 연구를 계속하였다. 그는 민족문화의 형성과 관련하여 "사회 발전의 부르죠아적 시기의 불가피한 산물이며, 불가피한 형식이다"라는 말을 출발점으로 하여, 민족의 요소인 언어, 지역, 공통한 문화 등등은 자본주의 이전의 시기에 존재한 것으로 보았다. 그는 민족의 요소 가운데 민족문화의 공통성을 중심으로 조사해보면, 고조선 이래, 부여, 고구려, 동옥저, 삼한 등이 발전하여 국가를 형성하고, 그들 상호간에서는 인종적 근친성, 장기간의 연계, 호상 영향, 역사적 운명의 공통성 등의 결과로 인하여 기원전 3~2세기경부터 조선 사람의 문화의 민족적 형식이 갖추어지게 된다고 하였다.

또한 그는 민속학의 대표적인 저서인 『조선민속탈놀이연구』에서 탈놀이를 비롯한 우리 전통 연희에 대한 실증적 과학적 분석을 통한, 탈놀이에 대한 민속학적 연구를 행하였다. 그는 이 연구를 탈놀이가 인민 생활의 소산이라는 점을 바탕으로 현실 속에 생동하고 있는 자료를 직접적으로 조사 수집하고 그것을 정리하여 과학적으로 기술하는 것이라고 하여, 자료에 대한 1차적 보고에 머무는 낡은 실증주의를 넘어 민족 과학 차원의 분석적 연구를 행하였다.

일제하·해방기를 살다간 김일출은 사회주의와 자본주의 어느 한쪽에 경도되지 않은 균형있는 입장에서 민족과 결합된 사회주의를 지향하였고 민족문화 건설에 매진하였다. 하지만 분단 이후 경직되어가는 남북 두 체제에서 중간적인 입장은 설자리는 점점 줄어들고 있었다. 김일출에게서 냉전체제와 그에 따른 정세 변화에 현실과 이상 속에서 고뇌하며 극복하려는 지식인의 한 모습을 보게 된다.

참고문헌

| 자료 |

강진철, 「학창시절과 연구생활을 되돌아보며」, 『한국사시민강좌』 3, 1988.
고병익, 「동숭동 동부연구실과 졸업 논문」, 『선비와 지식인 고병익 에세이』, 문음사, 1985.
김성준, 「나와 한국사」, 『歷史와 回顧』, 국학자료원, 1997.
김성칠 지음, 정병준 해제, 『역사앞에서－한 사학자의 6·25일기』, 창비, 2010.
김일출, 도현철 편, 『김일출 저작선집』, 선인, 2017.
홍순혁, 연세학풍사업단 편, 『홍순혁저작집』, 혜안, 2015.

| 저서 |

심지연, 『인민당연구』, 경남대 극동문제연구소, 1991.
정병준, 『몽양 여운형 평전』, 한울, 1995.

| 논문 |

김용섭, 「과학자들의 ‘중앙 아카데미’구상과 조선학술원의 설립」, 『남북학술원과 과학원의 발달』, 지식산업사, 2005.
김용섭, 「제6장 한국 근대 역사학의 발달－1930-1940년대 민족주의 역사학①」, 『역사의 오솔길을 걸으면서』, 지식산업사, 2011.
김필동, 「이상백의 생애와 사회학 사상」, 『한국사회학』 28, 1994.
도현철, 「홍순혁의 학술활동과 한국사학」, 『학림』 35, 2014.
민현구, 「한우근의 한국사학 방법론에 대한 고찰」, 『진단학보』 120, 2014.
방기중, 「解放後 國家建設問題와 歷史學」, 『韓國認識과 歷史理論』(김용섭교수정년기념한국사학논총 1), 1997.
서중석, 「정부수립후 반공체제 확립과정에 대한 연구」, 『한국사연구』 90, 1995.
신동흔, 「폭넓은 실증 작업을 통해 복원한 탈놀이의 역사와 현장－김일출의 『조선민속탈놀이연구』(1958)에 대하여」, 『조선민속탈놀이연구』, 민속원, 2009.
신용균, 『李如星의 政治思想과 藝術史論』, 고려대박사논문, 2013.
신채식, 「국의 해체와 군현제의 출현」, 『동양사개론』, 삼영사, 1993.
심 악, 「都下各大學巡禮記 : 文理大學編」, 『신천지』 5권 3호, 1950.
윤남한, 「東洋史研究의 回顧와 課題」, 『역사학보』 68, 1975.
이보형, 「변두리 역사, 미국사를 개척하다」, 『우리시대의 역사가 1』, 경인문화사, 2011.
이수일, 「1920-30년대 산업합리화 운동과 조선 지식인의 현실인식」, 『역사와 실학』 38,

2009.
주강현, 「제2장 연구자별 북한민속학사 연구사」, 『북한민속학사』, 이론과 실천, 1991.
전해종, 「나의 역사 연구의 길」, 『한국사시민강좌』 10, 1982.
한상도, 「해방정국기 민족문화 재건 논의의 내용과 성격」, 『사학연구』 89, 2008.
홍지석, 「해방 공간 예술 사회학의 이론과 실천 – 1940-1960년대 한상진(韓相鎭)의 미학 미술사론을 중심으로」, 『미학 예술학 연구』 36, 2012.

유 춘 동

남북 이데올로기로 인한 지식인의 좌절 : 월북 국문학자 김삼불의 삶과 행적

1. 머리말

1988년 노태우 정부의 월북문인(越北文人)과 월북학자(越北學者)[1]에 대한 전격적인 해금 조치가 실시되면서, 분단 이후 문학사적으로 중요했지만 "월북"이라는 이유로 남한에서 금기시 되었던 문인과 학자들에 대한 자유로운 논의와 학문적인 연구가 가능해졌다.[2] 그 결과 그동안 빛을 보지 못했던 수많은 문인과 학자들의 복권(復權)과 문학사에서의 자리 매김이 이루어졌다.[3]

그러나 지난 몇 년 간 남북 관계가 경직되고 북한 정권 자체의 폐쇄성이

* 이 글은 『평화학연구』(서울 : 한국평화연구학회 16(3), 2015)에 처음 게재되었다. 이후 근대서지학회의 요청으로 "납·월북 예술가 지식인의 행로"라는 기획주제의 하나로 발표하기도 했다.

1) 이 글에서는 월북문인·월북학자라는 용어를 사용했지만 이 용어에 대해서는 현재 첨예한 입장 차가 있다. 이 문제는 이신철이 자세히 다루었다. 이신철, 「월북과 납북」, 『역사비평』 75, 2006, 1쪽.

2) 해금 조치의 실시로 인하여 중등교육과정에서 이전 세대는 배울 수 없었던 임화, 백석, 한설야, 이태준, 박태원을 교과서를 통해서 쉽게 만날 수 있다.

3) 대표적인 논의로 권영민, 『월북문인연구』, 문학사상사, 1989 ; 채훈 외, 『월북작가에 대한 재인식』, 깊은샘, 1995 ; 이미림, 『월북작가 소설 연구』, 깊은샘, 1999 등이 있으며, 그동안 이루어졌던 월북문인에 대한 다양한 연구 성과를 『북한의 문학과 문예이론』, 『북한 생활문화 연구목록』 등에서 자세히 정리하기도 했다. 동국대 한국문학연구소, 『북한의 문학과 문예이론』, 동국대 출판부, 2003 ; 건국대 통일인문학연구단, 『북한 생활문화 연구목록』, 선인, 2011.

지속되면서 이 분야의 연구는 답보 상태에 빠져있다.[4] 이념은 서로 달랐지만 우리 지성사(知性史)에서 큰 업적을 남겼던 사람들을 기억하고, 이들을 객관적인 시각에서 살펴보는 것은 분단 70년을 지난 현 시점에서, 분단의 의미와 남북문제의 심각성을 새로 인식하는 중요한 작업이다.

김삼불(연희전문학교 졸업앨범, 1941)

이 글에서 다룰 김삼불(金三不, 1920~?)은 해방 직후에 한국 고전문학 분야의 판소리·판소리계 소설에 대한 성과를 점검할 때마다 늘 거론되는 인물로 "판소리 연구의 개척자"로 평가받고 있다.[5] 그럼에도 불구하고 지금껏 그는 "월북학자"라는 이유로 생애와 같은 기초적인 정리도 되지 못했고,[6] 그의 연구 업적 전반에 대한 의미 부여도 이루어지지 못했다.[7] 따라서 이 글의 주된 목표는 그의 생애를 복원하고, 해방 직후 남한과 월북한 뒤로 북한에서에서 거둔 연구 전반을 검토하여 그를 조명하는 일이다.

---

4) 이 문제는 김종군 외, 『고전문학을 바라보는 북한의 시각』, 박이정, 2012 ; 민족문학사연구소 남북한문학사연구반, 『북한의 우리문학사 재인식』, 소명출판, 2014.

5) 김종철, 「해제 : 신오위장연구」, 『판소리연구』 10, 1999, 1쪽.

6) 그의 생애는 2005년 연세대학교 국학연구사를 정리하면서 최초로 정리되었다. 이 글에서는 이러한 기반 위에서 새로 확인된 사항과 빠진 부분을 보충하기로 한다. 연세대학교 국학연구원편, 『연세국학연구사』, 연세대출판부, 2005.

7) 최철이 김삼불의 민요관을 다룬 것이 현재 김삼불에 대한 유일한 논문이다. 최철, 「김삼불의 민요관」, 『한국민요학』 2, 1994. 한편, 한국정신문화연구원에서 광복 50주년을 맞아 그간의 국학의 성과를 점검하면서 이러한 문제를 제기했다. 한국정신문화연구원편, 『광복 50주년 국학의 성과』, 한국정신문화연구원, 1996.

그러나 대부분의 월북문인과 월북학자가 그렇듯이, 김삼불 또한 남한에서는 그의 삶을 증언해 줄 제보자를 찾기 어렵고, 북한에서의 활동 역시 쉽게 살펴볼 수 없는 상황이다. 다만 그의 삶과 학문적 업적은 남과 북에서 단편적인 자료만이 확인될 뿐이다.[8] 따라서 그를 살펴보는 일은 이러한 자료를 최대한 활용하고 입체적으로 조명해야 한다.

일제 식민지 시기와 해방정국, 한국전쟁으로 이어지는 격동의 대한민국 현대사에서 이 땅의 많은 사람들이 자신의 희망과 꿈을 이루지 못하고 비운의 최후를 맞았다. 김삼불 또한 그런 인물이었다. "국문과의 수재로 장래가 촉망되는 젊은 학자"[9]라는 평가를 받던 그 또한 이러한 우리 현대사의 비극에서 예외일 수 없었다.

김삼불은 자신의 이상을 실현하기 위하여 "월북"을 택했다. 그러나 월북 초기에만 활동이 확인될 뿐 이후 북한의 공식 문서나 관련 자료 어디에서도 그의 이름을 찾아볼 수가 없다. 이 글은 "월북학자" 김삼불 개인의 삶을 조망하는 작업이지만 우리 현대사에서 동일한 운명에 놓였던 수많은 비극적 인물들에 대한 한 단면이기도 하다. 이 글에서는 이러한 점에 초점을 두고 그를 조명해 보기로 한다.

2. 김삼불의 삶과 행적

김삼불의 삶의 자세한 이력을 알려줄 제보자는 현재까지 확인되지 않고 있다. 다만 남한에서는 그가 졸업했던 연희전문학교의 학적부와 동기생들의

8) 이 글을 준비하면서 김삼불과 관련된 중요한 자료를 연세대 김도형 교수님, 원광대 정명기 교수님, 부산교대 김준형 교수님으로부터 제공받았다. 이 자리를 통해서 세 분 선생님들께 감사의 뜻을 전한다.

9) 김성칠, 『역사 앞에서 : 한 사학자의 6. 25 일기』, 창비, 1993, 126쪽.

증언, 『매일신보』와 『경향신문』 등의 신문·잡지에 실린 기사, 시인 정지용, 역사학자 김성칠, 국문학자 이병기·이명선·임동권 등의 회고, 북한에서는 월북한 뒤로 그가 남긴 저작물들만이 남아있다. 2장에서는 이 자료들에 의거하여 그의 삶을 1) 출생에서부터 연희전문학교 졸업시기, 2) 서울대학교의 편입과 본격적인 학문 활동 및 좌익활동의 시기, 3) 한국전쟁 때의 행적과 월북 직전의 활동, 4) 월북 이후의 활동으로 구분해서 살펴보기로 한다.

1) 출생에서부터 연희전문학교 졸업시기

김삼불의 가계(家系)와 출생, 연희전문학교에 입학하기 전의 상황, 연희전문학교에서의 학업 활동 등은 그의 연희전문학교의 학적부를 통해서 확인할 수 있다.

그는 경산(慶山) 김씨의 집성촌인 경북(慶北) 경산군(慶山郡) 경산면(慶山面) 서상동(西上洞) 95번지(현재 경산시 서상동)에서, 1920년(대정 9) 8월 27일 김술이(金述伊)의 셋째 아들로 태어났다.

학적부를 보면 부친의 직업이 농업(農業)으로 적혀있어 농민의 아들로 생각하기 쉽다. 그러나 그의 집안은 명망 있는 경산 김씨 집안의 일원으로, 자식의 이름을 『춘추좌씨전(春秋左氏傳)』의 "太上有立德, 其次有立功, 功次有立言, 雖久不廢, 此之謂不朽"에서 차용할 정도로 지체 높은 집안이었다. 그리고 학적부를 보면 부친의 자산(資産)을 19,000원으로 기재해 놓았는데, 당시 경제상황을 고려해 볼 때 비교적 부유하게 살았음을 알 수 있다.

김삼불은 이곳에서 줄곧 성장하여 1927년(소화 2) 7살이 되던 해에 경산공립보통학교(慶山公立普通學校)에 입학하고 전 과정을 마쳤다. 그리고 1933년(소화 8)에는 인근 대도시인 대구의 대구공립농림학교(大邱公立農林學校)에 진학하여 18세가 되던 1938년(소화 13)에 이 학교를 졸업했다.

그는 대구공립농림학교를 졸업하자마자 같은 해인 1938년 연희전문학교(延

禧專門學校) 문과본과(文科本科)에 진학하였다. 동기생은 모두 46명으로 윤동주, 송몽규, 엄달호, 김문응, 허웅, 이순복, 유영 등이 포함되어 있다. 이들은 뒷날 국문학, 언어학, 영문학 분야에서 일가를 이룬 인물이 되었다. 김삼불은 이들과 어울리며 학창시절을 보냈는데 특히 윤동주와 함께 문학 동아리 '문우회'를 운영하며 그와 돈독하게 지냈다.

入學試驗合格

延禧專門學校

文科本科

文科別科

商科本科

『동아일보』 1938년 4월 3일

연희전문학교에 입학한 김삼불은 정인보, 최현배, 손진태 등으로부터 민족의 유산인 국학(國學)을 배우며 학자로서의 소양을 길렀다.[10] 당시는 일제강점기로 조선어를 대학에서 정규과목으로 가르칠 수 없었다. 그러나 연희전문학교에서는 조선어를 선택 과목에 편입시키는 방법으로 조선어를 가르쳤다. 그는 외솔 최현배로부터 우리말에 대한 체계적인 교육을 배웠는데, 그 덕분에 그의 저작물에서는 당시 다른 학자들의 것에서 볼 수 없는 어학적(語學的)인 분석과 주석이 늘 존재하게 되었다.

연희전문 재학 시절 김삼불은 학과에서 전체 석차가 10% 안에 드는 비교적 우수한 학생이었다. 동기생들과 비교하여 그가 두각을 나타낸 과목은 1학년 때에는 조선어와 문학개론, 2학년 때에는 영문학 관련 과목, 3학년 때에는 중국어, 4학년 때에는 중국어, 영어, 국문학사, 프랑스어였다. 그의 성적을 볼 때 어문학 과목, 특히 외국어 과목에서 탁월한 능력을 지녔던 것으로 보인다.

김삼불은 연희전문을 다니면서 시 창작에도 많은 관심을 보였던 청년학도였다. 앞서 언급한 것처럼 '문우회'의 회원으로 동기생인 윤동주와 항상 어울렸고

---

10) 백낙준, 『백낙준전집 10』, 연세대출판부, 1995, 88쪽.

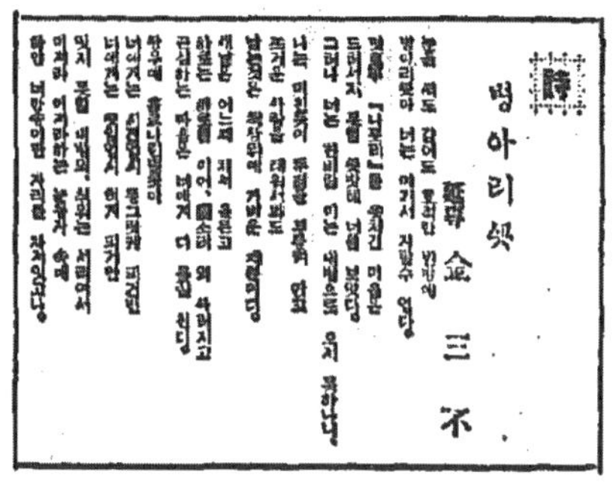
詩

병아리쏫

金三不

『매일신보』 1939년 4월 2일

직접 몇 편의 시도 남겼다. 그의 시적 재능은 『매일신보』 학생란에 직접 투고한 두 편의 시, 『문우』에 게재된 「산가의 밤」, 윤동주의 추도식 때 동기 대표로 선정되어 추도사는 물론 그의 시 전반에 대한 해설과 품평을 했다는 점에서 엿볼 수 있다.[11] 현재 확인되는 것은 『매일신보』에 실린 「병아리꽃」과 「極光」 등 네 편으로, 이 시를 보면 그의 시적 재능이 어떠했는지를 가늠해 볼 수 있다.

> 눈을 써도 감어도 호적한 빈방에 / 병아리꽃아 너는 여기서 자랄 수 업다. / (…) / 새날은 어느세 ■■ 올흔고. (「병아리꽃」, 『매일신보』 1939년 4월 2일)

> 告白 못할 가슴 속의 앳처러운 사랑은 / 그리운 냇가에 달빗과 속삭이고 / (…) / 그러나 나는 告白을 두려워 마리. (「極光」, 『매일신보』 1939년 7월 2일)

이 시는 감상적 서정시로 보이지만 시를 자세히 읽어보면 역경과 시련을 극복하고 당당히 자립하겠다는 자아의 의지를 표현하고 있다. 이 시가 발표된 시점은 그가 2학년이 되던 해(1939년)로 일본의 전쟁 준비와 군국주의화(軍國主義化)가 극에 달한 시기였다. 이로 인해 대학생들의 사찰과 탄압이 그 어느 때보다 심한 시기였다. 김삼불은 시 발표 몇 달 전에 송몽규, 이순복 등과 더불어 치안유린죄로 구속되기도 하였다.[12] 이 시는 자신의 처지와 어두운

11) 송우혜, 『윤동주 평전』, 세계사, 2003. 이 모임에는 시인 정지용도 참여하여 윤동주의 시 세계를 김삼불과 함께 평가하였다.

12) 연세대학교 국학연구원편, 앞의 책, 612쪽.

시대 속에서 현실을 이겨내려는 자신의 모습을 표출한 것이다.

그의 성격과 성향은 『삼천리』에 실린 「연희전문 문과학생의 문화감상기」[13]에서 볼 수 있다. 김삼불은 헤르만헤세의 『고독한 혼』, 임어당의 『생활의 발견』에 대한 짤막한 독후감과 자신의 생각을 적었다. 고독의 의미, 인간관계의 어려움 등을 기술해 놓았는데, 이상과 현실의 괴리, 복잡한 사회와 다양한 인간 군상(群像)에서 겪었던 자신의 어려움이 주 내용인 것으로 보아 내성적 성격의 소유자였음을 알 수 있다.

내성적 성향의 문학청년 김삼불은 3학년이 되던 1940년부터 학문의 세계에 입문하였다. 그가 관심을 쏟았던 것은 전북 전주(全州)로 내려가 이 일대를 돌며 완판 방각본 소설을 집중적으로 수집하고 구매한 것이었다.[14] 이때 양책방(梁冊房)의 양승곤(梁承坤)으로부터 완판 방각본 소설의 책판(冊版) 수백 장을 집중적으로 사들였다.[15]

그가 어떠한 이유에서 완판 방각본 소설을 수집했는지 자세히 알 수 없다. 이 무렵에 김태준에 의하여 판소리계 소설 『춘향전』에 대한 중요성이 부각되었고, 동학(同學)이었던 김수경이 모리스 쿠랑의 『조선서지(朝鮮書誌)』를 번역하고 조선의 서적과 인쇄문화의 중요성을 알리게 되자 이에 자극을 받아, 책판을 수집하고 본격적으로 판소리, 판소리계 소설 연구에 몰두했던 것으로 보인다.

김삼불은 1941년 연희전문학교를 졸업한다. 졸업과 동시에 교편생활을 했던 것으로 보인다. 일설에는 아예 전주로 내려가 교편생활을 하면서 고소설의 수집과 판소리 연구를 병행했다는 말도 있지만[16] 구체적인 확인은 어렵다.

---

13) 편집부, 「연희전문 문과학생의 문화감상기」, 『삼천리』 12(6), 1940년 6월 1일.

14) 윤규섭, 「완판」, 『문장』 2권 2호, 1940. 그는 김삼불의 완판 방각본 소설의 수집 과정을 증언했다.

15) 그가 수집했던 완판 방각본 소설의 책판은 한국전쟁 때 모두 소실되었다고 전한다.

16) 이 무렵 판소리, 판소리계 소설 연구를 위하여 아예 전주로 내려와 교편생활을 했다는 증언도 있다. 김종철, 「해제 : 신오위장연구」, 『판소리연구』 10, 1999.

2) 서울대학교의 편입과 본격적인 학문 활동 및 좌익 활동의 시기

1941년부터 1945년까지 김삼불의 행적은 파악되지 않고 있다. 앞서 언급했던 것처럼 교편생활을 하면서 연구를 진행했고, 당시 좌익계열의 진보적인 학자들과 교유했을 것으로 추정된다.[17]

26살이 되던 1946년에 김삼불은 서울대학교에 진학했다. 당시 서울대학교는 일제에 의해 세워진 경성제국대학이 교명을 바꾸고, 1946년 9월에는 구제(舊制)와 신제(新制)로 학부 과정을 구분하여 신입생과 편입생을 받아들였다. 이때 김삼불은 신제 3학년으로 편입했다.

당시 서울대학교에서는 이병기, 이희승, 이숭녕, 방종현, 이명선 등이 학생들을 가르쳤다. 김삼불은 가람 이병기를 지도교수로 모시고 그의 문하에서 국문학 전반을 다시 배웠다.[18] 당시 가람 선생은 시가(詩歌) 문학의 최고 권위자로, 시조는 물론 가사, 판소리 등 "노래문학" 전반에 걸친 달인이었다. 이 무렵 가람 선생은 우리나라 최초로 "조선의 극가"라는 과목을 개설하여 판소리를 가르쳤다. 김삼불은 이러한 가람 선생의 학문적 관심과 궤를 같이했다.

가람 선생이 남긴 『가람일기』를 보면 1948년 4월 2일에서 4일까지 3박 4일에 걸쳐 고창으로 내려가 신오위장(申五衛將, 신재효)에 대한 자료를 수집했다는 기록이 있다.[19] 가람 선생은 이때 김삼불을 데리고 함께 작업을 진행했다.[20] 이처럼 김삼불은 그의 문하에서 자신의 주 전공인 판소리, 판소리계

---

17) 1940~1941년 윤규섭은 김삼불과의 친교를 언급했다. 이런 점에서 그의 활동을 추정해 볼 수 있다. 참고로 윤규섭은 월북한 뒤에 윤세평으로 이름을 改名하고 북한 현대문학 연구를 주도하였다.

18) 김민수, 「우리 스승 가람 선생」, 『제140회 학술대회 : 가람 이병기선생 기념특집』 학술대회, 247~248쪽.

19) 이병기 저, 정병욱·최승범 편, 『가람일기 Ⅱ』, 신구문화사, 1976, 594~595쪽.

20) 이병기의 제자 김삼불에 대한 사랑은 『가람일기』 곳곳에서 볼 수 있다. 가람 선생은 늘 김삼불을 데리고 다녔으며 1948년 9월 16일에는 아들 돌잔치에도 참석했다. 이병기 저, 정병욱·최승범 편, 위의 책, 1975, 605쪽. 한편 한국전쟁의 서울수복이

이명선, 김하명과 함께 찍은 사진 (출처 : 부산교대 김준형 교수)

소설, 동리 신재효 연구를 택할 수 있었고, 더불어 시조와 가사에 대한 새로운 안목을 배웠던 것으로 보인다. 이러한 기반에서 그는 자신의 졸업논문 주제를 "신오위장 연구"로 택한 것이다.

김삼불은 서울대학교에서 활발한 학문 연구 이외에 좌익계열의 인물들과도 깊은 관계를 맺었다. 좌익계열 문학단체의 수장이었던 이명선과도 친분이 깊었고, 고정옥과 김하명처럼 서울대학교에 재학하면서 좌익계열 문학단체의 실질적인 활동을 맡았던 사람들과도 교유했다.

김삼불은 좌익 활동에 가담하면서 수차례 연행되기도 했는데 이때의 정황은 가람 선생의 『가람일기』를 통해서 확인된다.

김삼불이 좌익 활동에 가담한 시기가 연희전문학교 때부터인지, 서울대학교에 진학한 뒤인지는 확실치 않다. 다만 당시 이 땅의 대학생이라면 누구나

일어난 뒤에 김삼불의 스승이자 평소 친하다는 이유로 고초를 겪는다. 이때 가람 선생은 "김삼불, 이명선과의 친분은 학술 관계뿐이고 사상 관계는 아니다"라고 했다.

지지 세력에 의하여 우익학생들은 학련, 좌익학생은 민연(민주학생연맹)에 가담했다. 좌익세력을 지지한 학생들은 "독서회"를 조직하여 마르크스-레닌주의, 공산주의 의식 등을 읽고 공부했는데,[21] 당시 서울대학교 소속의 학생들이 주로 이 조직에 가담했다. 이명선, 고정옥, 김하명과 친해졌던 시기가 이 시기였던 것으로 보아서는 서울대학교에 진학한 후에 좌익 활동에 본격적으로 가담했던 것으로 보인다.[22]

시내 국문학 대회 서울대 대표로 참석했던 김삼불
(출처 : 임동권 교수 회고록)

좌익계열에 동조했던 김삼불이 적극적으로 자신의 성향을 표출한 것은 1947년에 '국립 서울대학교 설립안'(일명 국대안)이 제출되고 동맹휴학이 전역으로 확산될 때, 자신이 근무하던 광신상업학교 교사직을 사직하고 동맹휴학을 지지했던 일에서 볼 수 있다.[23]

서울대학교에 진학한 김삼불은 이처럼 학문과 좌익 활동에 정력적으로 매진했다. 학문적으로는 신진학자로서 조선진서간행위원회에서 간행했던 『열녀춘향수절가』의 영인(影印) 및 해제(1949년)를 맡으면서 완판 방각본 소설의 중요성을 세상에 알렸다. 그리고 같은 해에 국문학도를 위하여 『국문학 참고 도감』을 간행하기도 했다. 그리고 이 해에 자신의 역작이자 졸업 논문인 『신오위장연구서설』도 완성했다.[24]

21) 조한범 외, 『구술사로 본 북한현대사 재인식 : 김남식/이항구』, 선인, 2006, 242~243쪽.

22) 신동흔, 「고정옥의 삶과 학문세계(상)」, 『민족문학사연구』 7~8, 1995.

23) 『경향신문』 1947년 2월 8일, 「배우며 요구하라」.

24) 김종철, 「해제」, 『판소리연구』 10, 1999. 한편 『가람일기』를 보면 김삼불이 1949년 6월 4일 「판소리와 신오위장예술」이란 제목으로 발표했다고 적고 있다. 논문 발표

좌익활동은 물론 사회참여 활동을 열심히 했던 김삼불은 1947년 2월에는 윤동주 2주기 모임에 참여하여 추도사를 낭독하기도 했고, 신문을 통해서 「내방문학과 내간」처럼 여성과 민중의 삶을 보여주는 자료를 일반인들에게 소개하였으며, 시내 국문학대회에 서울대 대표로 참여하여 자신의 학문적 역량을 보여주었고 좌익단체에서 주관하는 "교육자협회"의 회원이 되어 동대문 경찰서에 구류되기도 하였다.

3) 한국전쟁 때의 행적과 월북 직전의 활동

김삼불은 한국전쟁이 일어났던 해인 1950년에는 학문 활동에서 더 큰 두각을 나타냈다. 3월에는 당시 활자본으로만 유통되었던 경성제국대본 『해동가요』를 대상으로 이본과의 대조, 정밀한 교주, 일반인도 읽기 쉽게 현대역을 시도하여 출간했다. 그리고 4월에는 『배비장전/옹고집전』의 현대역 및 교주를 시도함으로써 『춘향전』 이외의 판소리계 소설에 대한 중요성과 가치를 세상에 알렸다.

한국전쟁이 일어나기 직전까지 김삼불은 학문 활동에만 매진하였기 때문에 그가 좌익계열에 가담하고 활동했다는 것은 누구도 몰랐다. 심지어 가람 선생의 경우에는 김삼불이 좌익 혐의를 받아 검거되었을 때도 "퍽 근신하고 공부에나 열중한 사람이 왜 그런데 들었던고. 한 액(厄)이다"라고 말했을 정도였다. 그러나 한국전쟁이 발발하면서 김삼불은 곧바로 서울대 대학건설 대지원사업의 총책임을 맡게 되었다. 이때 사학자였던 김성칠은 평소에 김삼불을 "국문과의 수재", "장래가 촉망되는 젊은 학도"로 평가했다가 공산당의 주역이 된 그를 보고 "맹랑한 친구"라며 실망했다.

이후에 제목을 수정했던 것으로 보인다.

○ 1950년 7월 18일

(…) 학교에 나가 보니 책상 위에 '건설대 지원서'라는 것이 놓여 있고 이미 여러 교수들이 서명 날인하였다. 못 본 척하고 말려니 김삼불 군이 은근히 불러서 "선생님 저기에 서명하시는 것이 좋을 것 같습니다. 모두들 하시니까요. 내용은 전재지(戰災地)의 복구라든가 하는 건설사업에 가담하겠다고 지원하는 것인데, 뭐 지원하셨다고 도까다(土方, 농사일)처럼 날마다 일터에 나가셔야 한다든지 하는 그런 일은 없습지요. 당국에서도 그저 여러 선생님의 성의를 보려고 하는 것일 게고, 여러 선생님으로 말씀하면 이리함으로써 과거를 청산하고 우리 인민공화국에 적극 협력하시겠다는 결의를 표명하시는 게 되구요. 봅시요, 늙은 선생님들까지 죄다 지원하셨답니다." 하고 각근히 권한다. (…)

김삼불 군이란 국문과의 수재로 장래가 촉망되는 젊은 학도이다. 그가 좌익에 공명하는 것쯤은 평소부터 알고 있었지만 이처럼 맹랑한 친구일 줄은 몰랐다. 이즈음 학교에는 김삼불 군, 임건상 군 같은 졸업생들이 나와서 어느 사이엔지 모르게 차츰 자리를 잡고 앉게 되었다. 교협(教協)에서 삐라나 써주고 붙어다니던 얼치기 친구들이 모두 문리과대학 교수로 등장하게 되었다.[25]

공산당 치하의 김삼불은 서울대학교에서 이명선과 함께 여러 일들을 수행했던 것으로 보인다. 그러나 이때의 구체적인 일들은 확인되지 않는다. 이처럼 서울대학교를 책임졌던 김삼불은 전세(戰勢)가 역전되어 서울수복이 이루어졌던 9월 27일 직전에 월북했다.[26] 김삼불은 이명선과 함께 월북했던 것으로 추정되는데, 이명선은 도중에 죽었고 혼자만 살았다.[27]

---

25) 김성칠, 앞의 책, 126~126쪽.

26) 이미일, 김미영, 김세연, 『한국전쟁납북사건사료집 1~2』, 한국전쟁납북사건자료원, 2006.

27) 한편 서울대학교 대학총책임자를 맡았던 이명선은 월북 도중에 사망했다. 김준형, 『이명선 전집 1~4』, 보고사, 2007.

4) 월북 이후의 학문 활동 시기

월북한 뒤로 김삼불이 북한에서 어떤 직책에 있었고 어떤 사업들을 진행했는지 알 수 없다. 다만 김일성종합대학 어문학부의 교수로 임용되었다는 사실만이 확인된다.

북한에서 그가 학자로서 어느 정도의 위상이 있었는지는 고정옥, 김하명과 함께 김일성종합대학의 학생들과 북한주민을 위한 교재와 교양서를 집필했다는 점에서 알 수 있다. 두 사람은 지금까지도 북한 고전문학 최고의 연구자로 평가받고 있다. 두 사람과 함께 교재를 집필했다는 것은 그만큼 김삼불이 학자로서 학문적 업적과 위상이 뛰어났음을 보여준다.[28]

북한에서 김삼불이 가장 먼저 집필했던 것은 『토끼전/장끼전』이다. 이는 남한에서 간행했던 『배비장전/옹고집전』과 마찬가지로 판소리계 소설을 알기 쉽게 현대어로 옮기고 어려운 내용을 주석한 것이다.[29] 그러나 『토끼전』과 『장끼전』에서 이전 간행물에서는 볼 수 없었던 공산주의 이념에 의거하여 작품을 해석하고 평가를 내렸다.[30] 예를 들어 『장끼전』에서 "장끼전은 장끼와 까투리의 갈등을 통하여 봉건도덕이 녀자에게 강요하는 삼종지의와 봉건사회의 가부장제의 모순을 비판하면서, 동물을 통하여 개가를 강조하고 과부가 수절하여 렬녀가 되는 허망성을 주장하며 류류상종하여 재혼함이 의당하다는 인간성을 천명하였다."[31]고 한 것이다.

---

28) 전영선, 「고전문학연구의 두 인물 김하명과 고정옥」, 『북한』 342, 2000.

29) 김삼불, 『토끼전·장끼전』, 국립출판사, 1955, 13~16쪽.

30) "봉건 이데오로구들은 실상 토끼전은 자라의 충(忠)을 찬양하는 문학이라고만 주장하였다. 그러나 토끼전은 인민들의 집체적 력량에 의하여 만들어진 작품이다. (…) 총체적으로 룡왕과 자라와 모든 지배층을 조롱하는 토끼의 지혜와 재간을 과장하는 수법으로 리해하는 것이 더 정당할 것이다. (…) 본 토끼전은 신재효의 토별가처럼 량반통치층을 신랄하게 풍자하지는 못하였으나 작품 구상의 전반을 두고 볼 때에는 봉건상층의 본질을 총체적으로 비판하고 있다. 특히 량반계급의 착취성이 자라를 통하여 굴곡반사한 토끼의 산중생활의 팔난(八難)은 그들의 가렬한 걸갱이질을 그린 것이다."(김삼불, 위의 책, 1955, 3~16쪽).

고정옥과 함께 집필한 『가사집』에서 김삼불은 「봉선화가」, 「선루별곡」, 「농가월령가」, 「한양가」, 「북천가」, 「계녀가」, 「초당문답가」, 「성주본풀이」, 「황제풀이」의 해설과 교주를 맡았고, 「새타령」과 「토끼타령」 두 작품은 해설만을 집필했다. 이 중에서 김삼불이 집필한 「봉선화가」를 보면 노래문학에 대한 그의 관점을 뚜렷하게 볼 수 있다. "봉선화는 그 수수하면서도 알뜰한 품이, 지난 몇 세기에 걸쳐 봉건사회의 신분적 질곡 속에서 꾸준히 싸워 이겨온 조선 녀성들의 고결한 품성과 방불하기 때문이다. 그러하기에 온갖 꽃 가운데서 조선 녀성은 봉선화를 첫째로 좋아하였으며, 봉선화는 그들에게 자랑찬 벗이었다. (…) 규방가사가 봉건사회에 살던 조선 녀성들의 고상한 기풍의 발로로써 이루어졌다면, 봉선화가는 모든 규방가사 중에서 일품으로 손꼽을만 하다."[32]라고 하면서, 여성과 민중의 힘, 더 나아가 이들이 지녀야 할 새로운 역할을 제시했다. 이는 「한양가」의 해설에서도 그대로 드러난다. "무엇보다 한양가의 작자는 19세기 전반기 영미로불 자본주의의 침입을 배격 증오하고 싹트는 시대적 민족적 자의식으로써 그에 반발하여 자성재인 어린 소견 우리 한양 제일일다 원생고려 한단말은 중원사람 말이로세라 하여 자기 조국에 대한 높은 긍지감과 시대적 애국심을 토로하고 있다"[33]라고 하며 노래문학에 반영된 여성과 민중의 힘을 강조했다. 김삼불은 이러한 맥락에서 송강 정철의 가사 전부를 주석하고 해석을 내리기도 했다.[34]

1957년에는 김하명과 함께 『우리나라의 고전문학』[35]을 집필했다. 이 책은 북한의 국문학 전공자가 아닌 일반 주민들을 위한 국문학 개론서이다. 김삼불은 이 책에서 시가(詩歌) 14세기, 극(劇) 두 항목을 맡아서 집필했다. 그의 관심은 '극'에 집중되어 있는데 그 중에서도 판소리에 초점이 맞추어져 있다.

---

31) 김삼불, 위의 책, 1995, 154~155쪽.
32) 고정옥·김삼불, 『가사집 1~2』, 국립출판사, 1955, 241쪽.
33) 고정옥·김삼불, 위의 책, 1955, 422쪽.
34) 김삼불, 『송강가사연구』, 국립출판사, 1956.
35) 김하명·김삼불, 『우리나라의 고전문학』, 국립출판사, 1957.

그는 이 책에서 판소리가 "유구한 자기 전통의 골간인 내용에 있어서나 형식에 있어서의 높은 인민성과 예술성의 체현은 실로 조선 연극의 첫째가는 특징"을 지녔기 때문에 공산주의에서 무엇보다 필요한 문학 갈래라는 견해를 보였다. 아울러 같은 해 9월에는 『문학신문』에 「신재효와 광대가」라는 글을 발표하기도 했다.[36] 김삼불은 월북한 뒤로 1957년까지 이처럼 북한에서 나름의 업적을 제출하고 존재를 알렸다.

그러나 이후부터 북한에서 그의 이름을 더 이상 찾아 볼 수가 없다. 김삼불이 갑자기 사라진 이유는 1957년 이후 북한에서 벌어진 리얼리즘 논쟁,[37] '8월 종파사건'의 여파, 1964년에 11월 김일성이 내린 교시에서 찾아야 할 것이다.

북한에서는 체제 안정 및 주체사상의 확립을 위하여 인민들의 생활과 밀접한 '문학작품'을 적극적으로 활용했지만 판소리는 노골적으로 거부했다. 그 이유는 김일성이 문학적, 음악적, 이념적인 측면에서 비판을 내렸기 때문이다. 비판의 핵심은 내용은 유교사상이 강조되어 있고, 노래말은 어렵고 음악적으로도 부르기 어렵다는 것이었다.[38] 이러한 이유로 북한에서의 판소리 연구는 사실상 퇴출되었다. 그리고 '8월 종파사건' 뒤로 성분 분류를 통해 남로당파, 소련파, 연안파에 대한 대대적인 숙청 작업이 이루어진다.[39] 이때 김삼불도 함께 숙청되었던 것으로 보인다.

현재까지 김삼불이 숙청되었다는 공식적인 기록은 없다. 그러나 최근 북한

---

36) 김성수, 『북한 「문학신문」 기사 목록(1956~1993)』, 한림대학교 출판부, 1994.

37) 김성수, 「북한학계 리얼리즘 논쟁의 검토」, 『실천문학』 여름호, 1990.

38) 한정미, 「북한의 문예이론과 구비문학」, 북한연구학회 편, 『북한의 언어와 문학』, 경인문화사, 2006 ; 전영선, 「북한 고전문학의 진정성과 특성 연구」, 같은 책. 김일성은 "판소리는 너무 옛날 것이기 때문에 흥미가 없고, 사람을 흥분시키지 못하고 투쟁에로 불러일으키지 못하며 군대를 전투 마당으로 달려 나가게 하지 못하며, 보존은 하지만 장려할 필요는 없다는 것이다. 특히 양반의 노래 곡조이고 탁성(쐑소리)을 내는 남도창을 바탕으로 하는데, 이것은 인위적인 소리이며 민족적 선율이 아니다"라는 교시를 내렸다.

39) 사단법인 북한민주화운동본부, 『잊혀진 이름들』, 시대정신, 2004.

에서 탈북한 사람들의 증언, 북한에서 그와 함께 활동했던 신불출을 통해서 그의 행방을 짐작해 볼 수 있다. 신불출은 월북해서 문화선전대 책임자, 북조선문학예술총동맹위원, 공훈배우로 활동했다. 그러나 1957년 즈음에 출신 성분, 사상 등의 이유로 숙청되었고 이후 요덕수용소에서 1974년에 사망했다.[40] 북한에서는 일부를 제외하고 대다수 남한출신의 문인과 학자들이 이러한 운명을 겪었다. 김삼불 또한 이 길을 걸었던 것으로 보인다.[41] 순수했던 문학청년, 전도유망했던 국문학자 김삼불은 이제 북한 관련 서적 어디에서도 그의 이름 석 자를 찾아볼 수 없다.

3. 김삼불의 학문 및 학자로서의 위상

3장에서 살펴볼 것은 김삼불의 학문과 국문학자로의 위상이다. 이를 위해서 그의 주요 활동과 남북한에서의 업적을 검토하고 그 의미를 살펴보려 한다. 앞서 검토한 사항 중에서 연희전문학교에서부터 월북 이후의 주요 활동 및 저술만을 재정리하면 아래와 같다.

[김삼불의 주요 활동과 남북한에서의 업적]

전주에서 완판 방각본 소설 판목(板木) 수집 활동(1939~1940)

고창에서 가람 선생과 함께 신재효의 사적 및 사설 정리(1948~1949)

『국문학 참고도감』(신학사, 1949)

「열녀춘향수절가 해제」(조선진서간행회편, 1949)

---

40) 사단법인 북한민주화운동본부, 위의 책, 2004, 196~197쪽.

41) 한편 심경호는 북한학자와의 대담에서 김삼불이 1957년 이후에 평양이 아닌 다른 곳에서 학생들을 계속 가르쳤다는 증언을 제시하기도 했다.(지교현, 심경호 외, 『북한의 한국학 연구성과 분석』, 한국정신문화연구원, 1991). 그러나 최근에 북한의 국문학자 김상훈 유족의 이야기를 들어보면 그는 숙청당했다고 한다.

『신오위장연구』(서울대 졸업논문, 미간행, 1949)

「내방문학(內房文學)과 내간(內簡)」(국제신문, 1949)

『해동가요』(정음사, 1950)

『배비장전/옹고집전』(국제문화관, 1950)

『토끼전/장끼전』(평양국립출판사, 1955)

『가사집 1/2』(평양국립출판사, 1955)

「옛 조선의 자장가」(조선여성, 1956)

『송강가사연구』(평양국립출판사, 1956)

『우리나라의 고전문학』(평양국립출판사, 1957)

「신재효와 광대가」(문학신문, 1957)

그의 학문적 활동과 업적을 통해서 1) 좌익계열 문학연구자들이 제시한 문학 연구의 실천, 2) 고전문학의 주석본, 현대역본의 새로운 방향 제시, 3) 여성과 민중에 대한 관심 및 묻혀진 자료의 복원, 4) 판소리의 주역 신재효의 복원, 판소리계 소설의 형성 원리 규명이라는 네 가지 의미를 찾을 수 있다. 이를 좀더 구체적으로 제시하면 다음과 같다.

1) 좌익계열 문학연구자들이 제시한 문학 연구의 실천

해방 직후 좌익계열 문학 연구의 핵심 이론가는 김태준, 고정옥, 이명선 등이었다. 김태준은 문학유산의 정당한 계승방법으로, "고문헌의 수집, 학습, 연구, 보급의 일반화, 고문학의 엔사이클로페디아식 연구가 아닌 과학적 입장에선 인민문화적인 연구, 문학연구자의 예술비평, 정치비평과의 통일과 새 시대의 문화이론의 수립의 기여, 문학자의 대중에의 투입과 선전 계몽활동, 민주주의 민족문화의 수립"을 제시한 바 있고, 고정옥은 민요 연구의 필요성을 제기하면서 "상류문학에서 찾을 수 없는 면면한 민족적 생활전통이 흐르고 있으며, 남의 밑에서 살던 서민과 부녀자의 진솔한 감정이 깃들어 있다"는 점을 강조했으며, 이명선은 "고전문학연구에서 고소설 연구의 경우 자료의 수집, 정리의 필요성을 제기했고, 이본 연구의 필요성, 판소리계 소설 연구의 필요성, 소설 유통의 문제"의 방법론을 주장했다.

김삼불은 세 사람이 제시한 문학 연구의 방향을 누구보다 잘 실천했다. 인상비평에만 머물렀던 해방정국의 고전문학연구에서 과감히 벗어나 먼저 고문헌을 발굴하고 이를 고증하는 데 주력했다. 예를 들어 판소리계 소설 『춘향전』처럼 해방정국에서는 작품을 주로 '유물론적 사관'에 입각하여 해석했다. 그러나 김삼불은 이에서 벗어나 작품 자체가 지닌 특징 파악에 주력했다. 먼저 판본을 수집했고, 이에 의거하여 작품을 해석했다.

좌익계열에 해당하는 문학연구자들은 고전문학 연구의 방향, 더 나아가 문학 연구의 새로운 방향을 일찍부터 제시했지만 이를 실천한 사람은 없었다. 김삼불은 이러한 방향 설정에 맞게 이에 근접하여 문학작품의 의미를 찾아냈고 이로 인해 다른 좌익계열 학자들과는 다른 주제 및 작품에 대한 새로운 접근이 가능했다. 따라서 그를 단순 이론가가 아닌 실천적인 학자라고 규정할 수 있다.

2) 고전문학의 주석본, 현대역본의 새로운 방향 제시

김삼불이 『해동가요』를 출간할 무렵, 이병기, 조윤제, 고정옥, 방종현, 노영호, 신영철, 이희승, 양주동, 유열, 윤곤강, 이명선, 주왕산, 지헌영, 김사엽, 박노춘, 송신용, 성경린, 장사훈처럼 쟁쟁한 학자들이 시조, 가사, 민요 등의 주석서와 현대역본을 간행했다.

김삼불의 출판물이 이들과 다른 점은 해당 문헌만을 그대로 출간한 것이 아니라 꼼꼼한 이본(異本)의 대조를 시도하여 문헌이 지닌 가치를 제시했다는 점이다. 그 결과 문헌이 유통되어 읽히면서의 변화 및 변천 등을 규명해 낼 수 있었다. 다음으로 '옛노래'를 단순히 당시의 말로 바꿨던 것만이 아니라 현대어로 만들어지기까지의 변천 용례, 현대어로 바꾸기가 어려운 어휘 등에 대한 정치(精緻)한 주석을 했다는 점이다. 이처럼 어휘 하나하나에 공력을 다한 저서는 현재까지도 보기가 어렵다. 이로 인하여 그의 저작물은 해방 직후 간행된 여러 출판물 중에서 가장 뛰어난 명저(名著)로 평가받고 있다.[42)]

3) 판소리의 주역 신재효의 복원, 판소리계 소설의 형성 원리 규명

김삼불이 신재효 연구를 본격적으로 뛰어들 당시에 학계에서는 정노식의 『조선창극사』와 김재철의 『조선연극사』가 간행되어 판소리의 중요성이 어느 정도 부각된 상황이었다. 그러나 정작 판소리를 집대성했다고 평가받는 동리 신재효에 대한 단독 연구는 이루어지지 못했다. 이러한 문제의식에서 김삼불은 판소리 연구에서 가장 중요한 신재효를 정리했다. 이는 고전문학 연구에서 최초로 작가론에 대한 연구이면서 판소리에 대한 실질적인 연구라고 할 수 있다.

그리고 김삼불은 『춘향전』에만 몰입해 있는 당시 연구 풍토에서 벗어나 판소리 12마당과 이와 긴밀한 관계에 놓여 있는 판소리계 소설 전반으로 연구 영역을 확장했다. 『배비장전/옹고집전』은 판소리 12마당 중에서 가장 문제작인 두 작품을 선정하여 정치한 주석, 현대역을 시도했고 동시에 판소리계 소설 연구의 새로운 방향을 제시했다. 김삼불의 결과물은 지금도 이 분야의 연구를 할 때 반드시 거론되고 있다. 또한 그가 제시한 판소리 사설은 서민문학의 조류에서 생긴 장르라는 점, 판소리의 발생 단계를 설화→ 타령→ 서민소설로 규정한 도식은 현재까지도 유효한 것으로 받아들여지고 있다.[43)]

42) 『동아일보』 1993년 8월 26일, 「횡설수설」.

43) 김동욱, 『증보 춘향전 연구』, 연세대출판부, 1976, 8쪽. 이는 김태준이 제시한 방향과는 정면으로 대치된다.

4) 여성과 민중의 묻혀진 자료의 복원과 관심

그가 펴낸『국문학참고도감』은 조선시대 복식, 가옥, 풍속, 기구 등의 그림과 고서목록을 집대성한 자료집이다. 이 책을 간행한 목적은 글로만 과거를 이해했던 연구자들의 문제를 생각하고 시각적으로 관련 자료를 제시하여 연구에 도움을 주기 위해서였다. 현재 이 책을 보면 당대에는 그나마 볼 수 있었던 유물들이 지금은 흔적조차 없어진 것들을 많이 볼 수 있다.

『가사집』을 고정옥과 함께 집필한 이유는 가사가 창극, 신가, 시조, 창가 및 민요와 긴밀하게 연결되어 있으며, 당대 사람들의 사상이 그대로 담겨 있다고 보았기 때문이다. 김삼불은 그 중에서도「봉선화가」,「계녀가」처럼 여성이나 일반 백성들이 만들어낸 노래에 각별한 관심을 보였다. 그 이유는 당시까지만 해도 이 분야의 연구가 전무했기 때문이다. 이는 국문학 연구자로서 무엇이 국문학 연구에 긴요한 것인지를 아는 예리한 감각의 소유자였음을 보여주고 있다.

『송강가사 연구』는 북한에서 펴낸 그의 단독저서이다. 이 책을 간행할 당시 북한에서는 여러 학자들이 송강 정철과 관련된 책들을 간행한 상황이었다. 이 책은 송강 정철이 풍부한 예술성과 인민성으로 후대 가사문학 발전에 크게 영향을 미쳤다는 가설에서 시작하여, 북한의 체제, 마르크스 미학의 관점에서 송강을 어떻게 해석해야 하는 것인가를 보여주고 있다. 다른 한편으로 체제의 변화, 사상의 강조에 의해서 그의 학문적 신념과 경향이 어떻게 변했는지도 가늠해 볼 수 있다. 이상과 같이 김삼불의 학문적 업적을 검토하면서 그의 국문학자로서의 위상을 살펴보았다.

4. 마무리와 남는 문제

지금까지 해방 이후 신진학자로 판소리, 판소리계 소설 연구에 큰 기여를 했으나 학문 외적 이유로 제대로 조명하지 못했던 김삼불의 삶과 행적, 그의 저술이 지닌 의미 등을 살펴보았다.

김삼불의 삶과 행적을 추적하면서 다음과 같은 삶의 궤적 변화를 볼 수 있었다. 연희전문학교에서는 시대를 고민했던 지식인이면서 감수성이 충만했던 청년시인이었다면 서울대학교에 진학하면서부터는 신진학자이자 사회문제에 관심을 갖고 적극적으로 좌익 활동에 가담했던 지식인으로 변모했다. 한국전쟁이 일어나면서 남한 내 공산주의에 입각한 대학개혁의 책임자가 되어 여러 활동을 벌였으나 좌절되었고, 월북한 뒤로는 김일성대학의 교원으로 고전문학 연구의 중요한 역할을 하였으나 남한 인사의 숙청, 김일성 교시에 의하여 판소리연구가 사실상 퇴출이 되면서 그의 이름이 사라지게 되는 운명을 맞았다.

그의 학문적 활동과 업적을 검토하면서 1) 좌익계열 문학연구자들이 제시한 문학 연구의 실천, 2) 고전문학의 주석본, 현대역본의 새로운 방향 제시, 3) 여성과 민중에 대한 관심 및 묻혀진 자료의 복원, 4) 판소리의 주역 신재효의 복원, 판소리계 소설의 형성 원리 규명이라는 네 가지 의미를 찾았다.

그의 저작물을 통하여 그의 학문적인 경향을 도출해 낼 수 있었는데, 이 글에서는 크게 네 가지로 제시했다. 좌익계열 문학연구자들의 문학 연구 방향의 실천, 고전문학의 주석본, 현대역본의 새로운 방향 제시, 신재효의 복원, 판소리계 소설의 형성 및 이본 정리, 묻혀진 자료의 복원, 여성과 민중에 대한 관심을 볼 수 있었다. 이 분야를 좀더 면밀히 다루는 것이 본령이겠으나 이 글에서는 주로 그의 삶 전반을 복원하는 데 주력했다. 가장 큰 이유는 월북학자로 분류되어 생애와 같은 기초적인 자료조차도 정리되지 않았기 때문이다.

차후 이 글에서 보완해야 할 점은 김삼불이 좌익계열, 공산주의 계열의 학자와 어떻게 긴밀한 관계에 있었으며, 이들과의 학문적인 교유 관계 및 학문적 업적의 비교, 월북한 뒤로 북한에서의 좀더 자세한 활동을 파악하는 것이다.

현재 월북학자로 분류된 이들은 몇 명을 제외하면[44] 대부분 생애와 같은 기초적인 자료도 정리되지 못하고 있다. 이는 월북문인과 대조해 볼 때 더욱더 뚜렷하게 알 수 있다. 식민지 시기, 해방정국, 한국전쟁으로 이어지는 격동의 대한민국 현대사에서 지금까지도 방치되고 있는 이들이 월북학자들이다. 한국문학사의 온전한 복원과 균형감 있는 서술을 위해서는 이들의 학문적 업적에 대한 온당한 평가와 수용이 필요하다. 이 글은 김삼불의 삶과 행적을 추적하는 글이었다. 차후 관심과 논의가 확대되어 월북학자 전반에 대한 후속 연구가 활성화되길 기대한다.

---

44) 강영주, 『벽초 홍명희 평전』, 사계절, 2004 ; 김헌선, 「고정옥(1911~1968)의 구비문학 연구」, 『구비문학연구』 2, 1995 ; 신동흔, 「고정옥의 삶과 학문세계(상)」, 『민족문학사연구』 7, 1995 ; 신동흔, 「고정옥의 삶과 학문세계(하)」, 『민족문학사연구』 8, 1995 ; 김용찬, 「고정옥의 장시조론과 작품 해석의 한 방향 : 〈고장시조선주〉를 중심으로」, 『시조학논총』 22, 2005 ; 임경화, 「민족에서 인민으로 가는 길 : 고정옥 조선민요연구의 보편과 특수」, 『동방학지』 163, 2013.

〈부록〉 김삼불의 연보

1920년(1세)	8월 27일 경북 경산군 경산면 서상동 95번지에서 아버지 김술이(金述伊)의 셋째로 출생.
1927년(7세)	경산공립보통학교 졸업.
1938년(18세)	대구공립농림학교 졸업.
1938년(18세)	연희전문학교 문과에 입학. 윤동주와 입학 동기생(同期生).
1938년(18세)	송몽규·이순복 등과 함께 치안유린죄로 구속.
1939년(19세)	『매일신보』 학생란에 「병아리꽃」, 「극광」을 게재하고 이후 몇 편을 더 발표함.
1940년(20세)	『삼천리』에 「연희전문 문과학생의 문화감상기」 인터뷰.
1940년(20세)	전주에서 완판 방각본 소설의 판본 및 판목(板木)을 수집.
1941년(21세)	연희전문학교 시동인지 『문우』에 「산가의 밤」 게재.
1941년(21세)	연희전문학교 졸업.
1946년(26세)	군정청(軍政廳) 법령에 의거하여 서울대학교 신제(新制) 3학년으로 편입.
1947년(27세)	정지용, 안병욱, 이양하, 정병욱 등과 함께 소공동 플로워 회관에서 윤동주 2주기 추도 모임을 갖고 친우(親友) 대표로 추도사를 낭독함.
1947년(27세)	광신상업학교 교사 면직.
1949년(29세)	동대문 경찰서에 검거.
1949년(29세)	신학사에서 『국문학 참고도감』 발간.
1949년(29세)	조선진서간행회에서 간행한 「열녀춘향수절가 해제」를 집필.
1949년(29세)	이병기, 이희승, 이숭녕, 방종현의 지도로 졸업논문 『신오위장연구』 작성.
1949년(29세)	서울대학교 졸업.
1949년(29세)	『국제신문』에 「내방문학(內房文學)과 내간(內簡)」 게재.
1949년(29세)	시내 각 대표 국문학 연구회 서울대 대표로 학술대회 발표.
1950년(30세)	정음사에서 『해동가요』 발간.
1950년(30세)	국제문화관에서 『배비장전 · 옹고집전』 발간.
1950년(30세)	서울대 건설대지원사업 책임자로 활동.
1950년(30세)	서울 수복 이후 월북.
1955년(35세)	평양국립출판사에서 『토끼전 · 장끼전』 발간.
1955년(35세)	고정옥과 함께 평양국립출판사에서 『가사집』 두 권 발간.
1956년(36세)	『조선녀성』에 「옛 조선의 자장가」 게재.
1956년(36세)	평양국립출판사에서 『송강가사연구』 발간.

1957년(37세)	김하명과 함께 평양국립출판사에서 『우리나라의 고전문학』 발간.
1957년(37세)	『문학신문』에 「신재효와 광대가」 게재.
1958년 이후	북한에서의 행방이 묘연해짐.
1999년	김종철 교수에 의하여 졸업논문이었던 『신오위장연구』가 『판소리연구』에 영인됨.
2005년	연세대 국학연구원에서 편찬한 『연세국학연구사』에서 그의 이력이 상당수 밝혀짐.
2015년	서울대 기록관에서 그의 졸업논문을 전시함.

참고문헌

| 자료 |

고정옥·김삼불, 『가사집 1~2』, 국립출판사, 1955.
김삼불, 『토끼전·장끼전』, 국립출판사, 1955.
김성수, 『북한 「문학신문」 기사 목록(1956~1993)』, 한림대학교 출판부, 1994.
김하명·김삼불, 『우리나라의 고전문학』, 국립출판사, 1957.
동아일보, 「횡설수설」, 『동아일보』, 1993. 8. 26.
윤규섭, 「완판」, 『문장』 2(2), 1940.
이병기 저, 정병욱·최승범 편, 『가람일기 Ⅱ』, 신구문화사, 1976.
편집부, 「연희전문 문과학생의 문화감상기」, 『삼천리』 12(6), 1940. 6. 1.

| 저서 |

건국대 통일인문학연구단, 『북한 생활문화 연구목록』, 선인, 2011.
권영민, 『월북문인연구』, 문학사상사, 1989.
김동욱, 『증보 춘향전 연구』, 연세대출판부, 1976.
김성칠, 『역사 앞에서 : 한 사학자의 6·25 일기』, 창비, 1993.
김종군 외, 『고전문학을 바라보는 북한의 시각』, 박이정, 2012.
동국대 한국문학연구소, 『북한의 문학과 문예이론』, 동국대 출판부, 2003.
민족문학사연구소 남북한문학사연구반, 『북한의 우리문학사 재인식』, 소명출판, 2014.
백낙준, 『백낙준전집 10』, 연세대출판부, 1995.
사단법인 북한민주화운동본부, 『잊혀진 이름들』, 시대정신, 2004.
송우혜, 『윤동주 평전』, 세계사, 2003.
연세대학교 국학연구원편, 『연세국학연구사』, 연세대출판부, 2005.
이미림, 『월북작가 소설 연구』, 깊은샘, 1999.
이미일, 김미영, 김세연, 『한국전쟁납북사건사료집 1~2』, 한국전쟁납북사건자료원, 2006.
조한범 외, 『구술사로 본 북한현대사 재인식 : 김남식/이항구』, 선인, 2006.
지교현, 심경호 외, 『북한의 한국학 연구성과 분석』, 한국정신문화연구원, 1991.
채훈 외, 『월북작가에 대한 재인식』, 깊은샘, 1995.
한국정신문화연구원편, 『광복 50주년 국학의 성과』, 한국정신문화연구원, 1996.

| 논문 |

김민수, 「우리 스승 가람 선생」, 『제140회 학술대회 : 가람 이병기선생 기념특집』 학술대회.
김성수, 「북한학계 리얼리즘 논쟁의 검토」, 『실천문학』 여름호, 1990.

김종철, 「해제 : 신오위장연구」, 『판소리연구』 10, 1999.
신동흔, 「고정옥의 삶과 학문세계(상)」, 『민족문학사연구』 7-8, 1995.
이신철, 「월북과 납북」, 『역사비평』 75, 2006.
전영선, 「고전문학연구의 두 인물 김하명과 고정옥」, 『북한』 342, 2000.
전영선, 「북한 고전문학의 진정성과 특성 연구」, 북한연구학회 편, 『북한의 언어와 문학』, 경인문화사, 2006.
최 철, 「김삼불의 민요관」, 『한국민요학』 2, 1994.
한정미, 「북한의 문예이론과 구비문학」, 북한연구학회 편, 『북한의 언어와 문학』, 경인문화사, 2006.

허 경 진

김상훈의 학창시절과 고전번역

1. 김상훈전집을 편집하면서

필자는 올해 연희전문학교 설립 100주년을 맞으면서, 우리에게서 잊혀졌던 문과 선배 김상훈(金尙勳, 1919~1988)의 전집 출판을 기획하였다. 해방공간에서 시집 3권과 영화작품집 『녀성일기』를 출판하며 가장 활발하게 활동했던 시인 김상훈은 북한에 가서도 10권이 넘는 번역서를 출판하였지만, 그 동안 연세대학교 학술사에서 잊혀져 있었다. 윤동주의 동기인 김삼불은 『연세국학연구사』의 한 항목을 차지했지만,[1] 그의 3년 후배로 그와 함께 북한에 가서 고전번역가로 활발하게 활동했던 김상훈은 이름 석 자도 소개되지 않았다.

김상훈의 역·저서는 해방공간에서 『전위시인집』·『대열』·『가족』 등의 시집 3종이 서울에서 출판되었으며, 월북한 뒤에는 평양에서 『사가시선』·『가요집 1·2』·『한시집 1·2』·『풍요선집』 등의 우리나라 한시 번역서, 『두보시선』·『리백시선』 등의 중국 한시 번역서, 교양서적 『우리나라 한시이야기』·유고시집 『흙』 등이 평양에서 출판되었다.

1980년대부터 서울에서도 10여 종의 번역서가 출판되었지만, 모두 저자나 유가족의 저작권 허락을 받지 않은 이른바 해적판이다. 필자는 처음으로

---

1) 연세대학교 국학연구원 편, 『연세국학연구사』, 연세대학교출판부, 2005, 612~616쪽.

김상훈의 아내 류희정으로부터 저작권 사용 허락을 받아 전집을 편집중이다. 형식적으로는 김상훈의 아내 류희정이 북한을 방문한 친정동생 유석종 목사에게 저작권을 위임했으며, 미국시민 유석종 목사가 다시 필자에게 저작권을 위임하여 전집을 출판하게 하였다.

유석종 목사는 전집을 편집하는 과정에서 평양에 사는 누나 류희정(숙명여전 출신)과 류희성(이화여고 출신)을 두 차례 방문하여 김상훈 관련 사진과 자료를 구해왔으며, 김상훈의 두 아들이 정리한 김상훈 회고담도 필자에게 전달해 주었다. 김상훈 문학과 시대인식에 관한 기존의 연구가 몇 편 있기에, 이 글에서는 전집을 편집하기 위한 자료 소개를 중심으로 정리하고자 한다.[2)]

2. 김상훈전집에 들어가는 역·저서 목록

현재까지 필자와 유가족이 파악한 김상훈의 역·저서는 다음과 같다.

NO	성격	제목	저자명	발행처	발행 년도	원고 분량
1	시집	전위시인집	김상훈·유진오·김광현·박산운·이병철	노농사	1946	74
2	시집	대열	김상훈	백우서림	1947	99
3	영화문학	녀성일기	김상훈	전위영화사	1947	
4	서사시	가족	김상훈	백우사	1948	136
5	번역한시집	역대중국시선	김상훈	정음사	1948	
6	장편수기	인민복수자들	김상훈	청년출판사	1952	103
7	번역한시집	사가시선	김상훈	국립문학예술서적출판사	1958	

2) 발표와 별도로, 필자는 연세대학교 인문학연구원에서 간행된 『인문과학』 제103집(2015년 4월)에 박태일(경남대)·최현식(인하대)·이승이(목원대) 등 세 교수의 논문으로 김상훈 특집을 기획하였다. 역시 연희전문학교 문과 설립 100주년을 자축하는 기획이었다.

8	번역한시집	한시선집(1)	김상훈	조선문학예술총동맹출판사	1960	455 (폐기)
9	단행본	우리나라 한시 이야기	김상훈	조선문학예술총동맹출판사	1961	162
10	번역시가집	박인로작품선	상민·김상훈·한진식 공역	조선문학예술총동맹출판사	1961	
11	번역한시집	력대시선집	김상훈	조선문학예술총동맹출판사	1963	460
12	번역한시집	풍요선집	리용악·김상훈 공역	조선문학예술총동맹출판사	1963	411
13	번역한시집	두보시선	김상훈·리유선 공역	조선문학예술총동맹출판사	1964	198
14	번역한시집	리백시선	김상훈·리유선 공역	조선문학예술총동맹출판사	1966	124
15	번역시가집	가요집 (1)	김상훈	문예출판사	1983	399
16	번역시가집	가요집 (2)	김상훈	문예출판사	1983	323
17	번역한시집	한시집(1)	김상훈	문예출판사	1985	487
18	번역한시집	한시집(2)	김상훈	문예출판사	1985	478
19	번역한시집	리규보작품집(1)	김상훈·류희정 공역	문예출판사	1990	246
20	번역한시집	리규보작품집(2)	김상훈·류희정 공역	문예출판사	1990	271
21	번역한시집	중국고전시선	김상훈	문예출판사	1991	491
22	유고시집	흙	김상훈	문예출판사	1991	119

이 가운데 첫 번째 저술인 『녀성일기』만 원본을 구하지 못하고, 나머지는 모두 확인하여 10권 분량으로 편집하였다.

연대순으로 편집해놓은 전집 목록을 보면 김상훈 저술활동의 시기적인 특성이 한눈에 드러난다.

해방공간에서는 3권의 시집과 영화문학(시나리오) 1권을 출판했는데, 영화문학 『녀성일기』는 현재 어느 도서관에서도 확인할 수 없으며, 개인 소장자도 확인되지 않고 있다. 전집 대상 역·저서 가운데 유일하게 구입하지 못한 책이다. 유석종 목사는 김상훈의 세 번째 아내인 강재화 선생을 찾으면 아마도 구할 수 있을 것이라고 했지만, 강재화 선생의 생사도 확인조차 되지 않고 있다.[3]

가족들로부터 전해들은 이야기로는 1948년 가을에 전위영화사를 발족하여 『녀성일기』를 집필하고 영화를 제작하여 상영했다고 하는데, 그 줄거리는 다음과 같다. "백만장자이며 과부인 황온순의 개인 전기에 기초하여, 한 녀인이 불의의 아이를 낳아서는 그것을 자기 손으로 기르지 못하고 남에게 맡겨 기르게 하였다가 마침내 그 아이가 죽게 되자 자기의 비행을 깊이 뉘우쳐 애육원을 경영하여 자선사업가가 되는 이야기다."

그가 시나리오를 쓴 이유가 확실치 않지만, 영화의 중요성을 일찍 깨달아 영화평론을 18편이나 쓰고 영화배우로도 활동했던 임화[4]의 영향이 아닌가 생각된다. 김상훈의 해방공간과 북한 초기 생활에는 임화가 언제나 옆에 있었기 때문이다. 정영진의 글에 의하면, 남한에서 『녀성일기』를 기억했던 신상옥 감독이 북한에 납치되어 1980년대에 '신필름'이라는 제작사를 만든 뒤에 김상훈을 평양에서 만나 이 영화를 다시 제작하자고 제안했다고 한다. 신상옥 부부가 얼마 뒤에 탈출하고 김상훈도 세상을 떠나 실현되지는 못했지만, 김상훈의 작은아들 김종석이 평양에서 영화감독으로 활동하고 있으므로 언젠가 제작할 가능성은 있다.

김상훈이 해방공간에서는 시를 많이 써서 『전위시인집』(4인 공저)·『대열』·『가족』 등의 시집을 출판했지만, 북한에 가서는 시집을 출판하지 않았다.

북한에서 번역서를 많이 출판했지만, 모두 한시 번역이고, 산문을 번역하지 않았다는 점도 특이하다. 김상훈이 한문번역가로 활동하던 시기에 북한에서 대규모의 『리조실록』 번역작업이 국가사업으로 진행되었는데, 홍기문이 책임

---

3) 정영진, 「김상훈, 변신의 일생과 갈등의 시」, 『문학사상』 1989년 4월.에 의하면 "일어판을 중역한 것이기는 하지만 그는 1950년 이른봄 『푸시킨 시집』을 번역 출판했다. 『역대중국시선』 이래 두 번째의 번역출판이었다. 그 결과 짭짤한 수입을 올렸다고 한다. 총판인 종로의 Y서점을 통해 제법 팔려나가는 바람에 상훈과 강재화는 추운 밤 늦도록 손수 접고 제본하여 다음날 납품 즉시 대금을 받는 등 쏠쏠한 재미를 보았다고 한다."

4) 백문임, 『임화의 영화』, 소명출판, 2015.

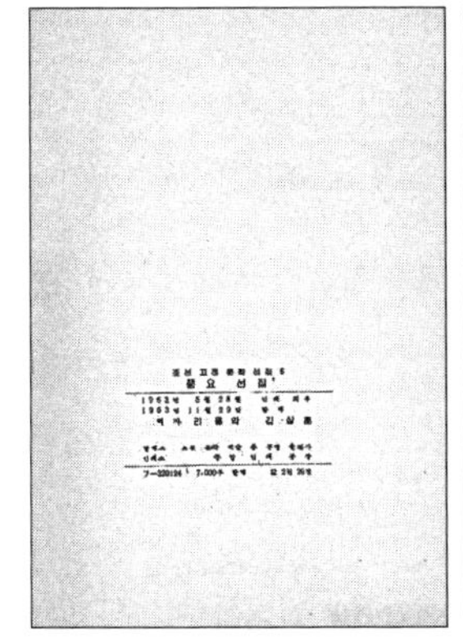

리백시선

저자 리 백 역자 김 상훈, 리 유선
발행소 조선 문학 예술 총동맹 출판사
주소 평양시 중구역 대동문동
인쇄소 평양 종합 인쇄 공장
인쇄 1966년 4월 30일 발행 1966년 5월 10일
편집 강 학태 교정 김 양숙
7-520195 발행 부수 2,000 부 값 35 전

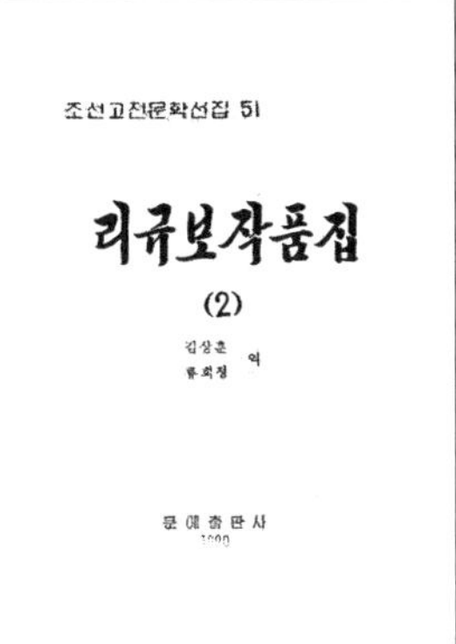

조선고전문학선집 51

리규보작품집

(2)

김상훈
류희정 역

문예출판사

〈그림 1〉 조선고전문학선집 1-풍요선집 〈그림 2〉 리백시선 〈그림 3〉 리규보작품집(2)

자였던 이 사업이 400권이나 진행되면서 김상훈이 한 권도 참여하지 않은 것을 보면 젊은 시절 시인이었던 경험을 살려 한시 번역에만 전념했던 듯하다.

시기별로 같은 출판사에서 간행하였다. 1960년대에는 조선문학예술총동맹출판사에서 계속 출판하다가 1980년대에는 문예출판사에서 계속 출판했는데, 이는 『조선고전문학선집』을 편집하는 출판사가 바뀌었기 때문이다. 출판부수도 60년대에는 7,000부였다가(그림1), 80년대에는 2,000부로 줄어들었다. 『리백시선』은 1960년대에 조선문학예술총동맹출판사에서 출판되었지만, 「문예문고」였기 때문에 2,000부 출판하였다.(그림2)

1990년대에 출판한 『리규보작품집(2)』는 김상훈 사후에 아내 류희정이 원고를 정리하여 출판했기에 두 사람의 공역으로 나왔으며, 가로쓰기로 편집되었다.(그림3)

이외에 류희정이 남편 김상훈의 시를 편집해 『김상훈작품집 : 통일을 불러』(문학예술출판사, 2015년 1월)를 출판했는데, 연희전문학교를 졸업하던 1943년부터 세상을 떠나던 1987년까지 지은 시와 예술산문 3편을 327쪽 분량으로 편집한 것이다. 기존의 시집과 겹치는 부분도 있지만 미발표 시도 있어, 전집에 넣을 예정이다.[5]

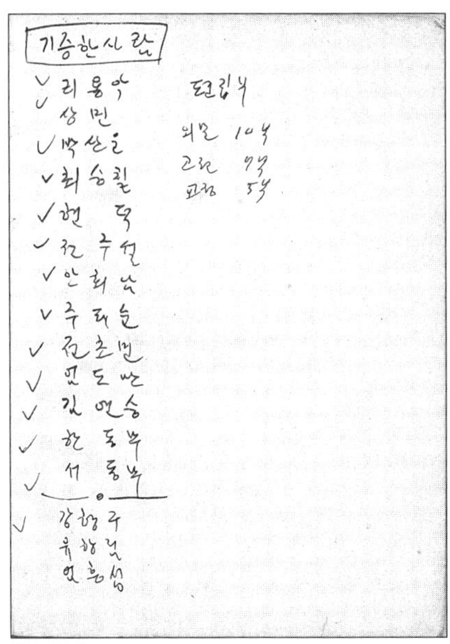

〈그림 4〉『리백시선』에 쓰여진 기증자 명단

북한에서 간행된 『조선고전문학선집』은 중국과 한국에서 앞서거니 뒤서거니 출판되었는데, 저작권자로부터 허락받지 않은 출판이다. 영인본으로도 나오고, 제목을 바꾸어 활자본으로도 나왔는데, 보리출판사에서 2008년에 『겨레고전문학선집』으로 간행한 『옹헤야 어절씨구 옹헤야』와 『타박타박 타박네야』는 『가요집(1)』과 『가요집(2)』의 한 구절을 따서 제목을 붙인 경우이다. 전집 편집에는 물론 이러한 책들은 들어가지 않는다.

『리백시선』의 표지 다음 장에 "리용악 / 상민 / 박산운 / 최승칠 / 현덕 / 전주설 / 안회남 (…) 엄흥섭" 등의 명단이 김상훈의 글씨로 쓰여 있는데, 이 책을 기증한 사람들의 명단인 듯하다. 이 명단을 통해서, 이 시기 북한에서의 교유관계를 확인할 수 있다. 대부분 해방공간에서 함께 활동하다가 월북한 문인들인데, 가장 먼저 쓴 리용악은 1947년 문화공작대 제3대에서 함께 활동하던 동지로, 1963년에 『풍요선집』을 함께 번역하였다. "한동무 / 서동무"는 누구인지 확실치 않다.(그림4)

이외에 단행본에 실리지 않은 평론이나 창작시는 아들이 입력해서 유석종 목사에게 보내왔는데, 한 권의 책으로 편집할 수 있는 분량이다.

---

5) 김상훈의 처남 유석종 목사의 주선으로 김상훈 시선집이 미국에서 번역 출판되었는데, 성격이 다르므로 전집에는 편집하지 않았다.

3. 김상훈의 학창시절

1) 지주 집안에 입양되어 한문을 배우다

김상훈은 1919년 7월 10일 경상남도 거창군 가조면 일부리 662번지에서 아버지 김채완과 어머니 권태성의 차남으로 태어났다.[6] 아버지는 100석쯤 되는 유산을 물려받은 양반의 후손이었는데, 첩을 얻어 살다가 가산을 탕진하였다. 어머니가 길쌈을 하거나 벼이삭을 주워 남매를 키우다가, 김상훈이 6세 때에 5촌 김채환의 양자로 보냈다.

할아버지 김호는 3·1운동 때 의병을 끌고 헌병대를 습격하여 징역까지 살았던 민족주의자였는데, 아이들은 서당에 가서 한문을 배웠고, 예외없이 조혼을 시켰다. 이때 배운 한문이 뒷날 많은 한시를 번역하는 데 바탕이 되었다.

양아버지 김채환은 6~7백석 소작료를 받는 지주였으며, 김씨 집안의 종손이었다. 3·1운동이 진압되자 곧 일제의 앞잡이로 도의원까지 지냈다. 양아버지는 그에게 "일제는 무서우니까 일제를 반대해서 싸우는 것은 망하는 길이다"라고 가르쳤으며, 김상훈은 뒷날 "양아버지의 철저한 투항주의가 감수력이 풍부한 소년기의 나에게 적지않은 영향을 주었다"고 회상하였다.

보통학교 5학년이던 12세에 장가를 갔는데, 아내도 지주의 딸로 김상훈보다 두 살 연상이었으며, 키가 크고 목소리도 우렁찼다. 김상훈은 장가가는 것이 부끄러웠으며, 아내를 대할 때에는 일종의 공포심까지 느꼈다. 16세 되던 1934년 겨울에 아내가 우연히 병이 들어 세상을 떠나자, 양아버지는 종손을 얻기 위해 김상훈을 다시 장가보내려고 했다. 김상훈이 어떻게든지 서울 학교를 다니고 싶어하자, 양어머니가 "다시 장가를 가면 서울로 유학을 보내

---

6) 전반부는 평양에 사는 김상훈의 맏아들 김종설이 기록해준 원고의 주어를 바꿔 정리하였다.

주겠다"고 절충안을 제시하였다. 17세 되던 해 6월에 결혼한 아내 임봉호는 동갑이었는데, 학교라고는 구경도 못해본 여성이었다. 3남 2녀를 낳고 살면서도 정이 들지 않았다.

18세 되던 1936년 4월에 서울로 가서 중동학교 별과에 입학했는데, 그 당시에 전덕규, 함세덕 등 민족의식이 강한 교사들이 있어서 성장기에 큰 영향을 받았다. 이기영의 작품을 많이 읽었으며, 이태준·정지용 등의 작품도 탐독하였다. 3학년 되던 해에 조선총독부령으로 각 중학교에 조선어과목이 폐지되자, 전덕규, 유정렬 등 오랜 교사들이 교단에서 물러나게 되었다. 3학년 담임인 김옥두 선생이 시험문제를 누설시킨 사실이 드러나자, 김상훈은 이 문제를 내세우고 스트라이크를 준비하였다. 3학년 학생들이 한 사람도 남지 않고 학교에서 뛰쳐나갔지만, 맹휴가 5일째 계속되던 날 김상훈이 주모자로 종로경찰서에 체포되면서 지도부가 와해되어, 동맹휴학은 결국 흐지부지되었다.

〈그림 5〉 전위시인집 표지

경찰서에서 풀려난 그는 교과서보다 문학잡지 『문장』을 더 소중하게 들고 다녔으며, 조선일보 학생문예란에도 여러번 투고하였다. 그 가운데 「석별」이라는 시가 게재되었으며, 수필도 잇달아 발표되었다. 뒷날 시인으로 함께 활동했던 유진오를 이때 만났으며, 이 시기의 인연으로 1946년에 첫 시집 『전위시인집』을 함께 출판했다.(그림5)

김상훈이 중학교 3학년이 되던 해 봄에 아내에게 정신분열증이 생겼다. 첫 아이를 낳고 시집살이를 참으며 살다가 하루아침에 횡설수설을 하고 길거리에 뛰쳐나갔으며, 가구를 부수고 음식을 먹지 않았다. 김상훈은 5년 넘게 병든 아내를 보살펴 주었다.

2) 연희전문 문과 재학 중에 인월회를 조직하여 시를 짓다

23세 되던 1941년 4월 연희전문학교 문과에 입학하였는데, 좌익서적에 빠져 지내던 중에도 역시 한문 성적이 가장 뛰어나 1학년 1학기 95점, 2학기 100점에 전체 과목 평균 84점, 35명 가운데 4등이었다. 3년 재학중에 100점은 한문 한 과목뿐이었는데, 2학년 성적은 평균 75점, 33명 가운데 21등인 것을 보면 그의 관심이 학문에서 멀어졌음을 짐작할 수 있다.

학적부의 주소는 경성부 가회정 31-16이었고, 종교는 기독교(장로교), 재산은 15만원이었으니 당시로서는 상류층이었다. 한문에 관심이 많던 김상훈은 명륜전문학원 급비생 출신의 편입생 정준섭(丁駿燮)과 의기가 통해 인월회(引月會)라는 조직을 만들었다.

정준섭은 명륜전문학원 재학 중에도 이가원(李家源, 뒷날 연세대학교 국문과 교수)과 마음이 통해 부정풀이를 즐겼는데, "왜놈 세상이라 침울하고 답답해서 견딜 수 없었으므로 한시(漢詩)를 지어 울적한 마음을 풀어내는 모임"이었다. 김태준의 영향으로 사회주의 사상에 젖었던 정준섭은 백남운(당시 연희전문학교 상과 교수)을 찾아다니다가, 결국 연희전문학교 문과에 입학했으며,[7] 이번에는 김상훈과 함께 문학청년 10여명을 모아 주로 보름날 밤에 모여서 시사에 관한 이야기를 나누고 술을 마시며 자신들이 지어온 문학작품을 낭독하였다. 예전의 풍류적인 시사(詩社)를 본뜬 모임이었는데, 황민화운동에 가담하려는 일부 친일적인 학생들과 대립하자는 의도도 있었다.

김상훈은 정준섭을 통해서 노촌(老村) 이구영(李九榮)과도 친구가 되었는

---

7) 허경진, 「이가원(李家源)」, 연세대학교 국학연구원 편, 『연세국학연구사』, 연세대학교 출판부, 2005, 494쪽.

데,[8] 이구영이 1943년에 경남 합천독서회사건으로 투옥된 뒤에 더 가까워졌다. 이구영은 이 시기에 영등포 공장지대에서 노동자들을 중심으로 좌익운동을 하다가, 뒷날 해방 공간에서 남조선노동당의 외곽단체인 유림연맹(儒林聯盟)에서 이육사(李陸史)의 아우 이원일과 함께 활동했으며, 1950년에 월북했다.[9]

김상훈의 첫 개인시집 『대열(隊列)』에 발문을 쓴 유종대의 기억에 의하면 "中東을거처 延專文科에 드러갔을때엔 벌서 數十篇의詩를 갖이고 있었으며 奢侈한조히에 정성스리써서 板畵까지 삭여부처서 들고단이든 것을 우리는 記憶한다"[10]고 하였다.

김상훈은 아버지의 소실이 데려온 딸을 짝사랑하였는데, 이구영의 증언에

---

8) 1939년 명륜전문학원 연구과에 급비생으로 입학한 이가원은 동기생 정준섭과 함께 한시를 즐겨지었으며, 1942년 명륜전문학교 경학연구원에 입학하여 김태준의 지도를 받았다. 그와는 별도로 연희전문학교 정인보 교수와 한시를 주고받거나 비평을 받으며 교유하였다. 이가원이 1956년에 이승만대통령 하야권고문을 발표하고 성균관대학 교수에서 파면된 뒤 1958년에 연세대학교 전임대우교수로 취임한 것도 정인보 선생 부인의 추천 덕분이었다. 정준섭이 연희전문학교로 편입한 뒤에 명륜전문학원의 부정풀이 회원들과 연희전문학교 인월회 회원들이 함께 모여 시를 지은 듯한데, 이가원의 문집 『연연야사재문고』에 1942년 섣달 그믐날 성균관에서 모여 지은 한시 「반관여제사백수세(泮館與諸詞伯守歲)」가 실려 있다. 이 시의 서문에 의하면 "이유우·명의철·이수익·정준섭·이철화·박두희·이진영 등이 이형근·김상훈·한담과 함께 모였다"고 한다. 정준섭을 통해서 연희전문의 김상훈과 명륜전문의 이가원이 만나 한시를 주고받은 흔적인데, 이 시기에 이가원이 연희전문의 이구영과 주고받은 한시가 많다.

9) 정준섭·이가원의 명륜전문학교 시절 스승이었던 김태준(金台俊)은 1944년에 중국으로 망명하여 연안(延安)에서 조선의용군에 합류했다가, 조국 광복의 소식을 듣고 걸어서 1945년 12월 서울에 도착하였다. 김태준의 환영대회에서 이구영이 김상훈·정준섭과 다시 만났다. 연희전문학교를 잠시 다녔던 이구영은 1950년 월북한 뒤에 언론사·학교· 병원 등지에서 근무하다가 1957년에 남파되어 이가원을 비롯한 여러 학자들을 만났지만 한 사람도 포섭하지 못하고 다시 월북하다가 체포되어, 22년 동안 감옥에서 지냈다. 이때 함께 지냈던 심지연이 이구영의 구술을 정리한 『역사는 남북을 묻지 않는다–격랑의 현대사를 온 몸으로 살아온 노촌 이구영 선생의 팔십년 이야기』(소나무, 2001)에 이 시기 연희전문학교 친구들과 남로당 계열 지식인들의 이야기가 자세하게 실려 있다.

10) 유종대, 「後記」, 김상훈, 『隊列』, 백우서림, 1947, 97쪽.

의하면[11] 이때의 경험을 살려 연희전문학교 1학년 즈음에 소설 「열(熱)」을 지었다고 한다. 이 모티브는 1948년의 서사시 『가족(家族)』에까지 이어진다.

김상훈은 이 시기에 카프 시인들은 물론, 두보(杜甫)·이백(李白)의 한시와 함께 마르크스-레닌주의를 비롯한 사회주의 서적을 탐독하였다. 역사 수업 보고서 「春秋戰國時代의 思想潮流」에 "노예제의 붕괴", "원시공산제", "계급의식의 각성" 등의 용어를 사용하여 영점 가까운 처리를 받았다고 한다.[12] 1학년 국사 성적이 90점, 80점, 동양사 성적이 78점, 72점인데 비해 2학년 서양사 성적이 50점, 80점인 것을 보면 2학년 1학기 서양사 과목에서 생긴 일인 듯하다. 2학년 동양사는 90점, 95점으로 여전히 높은 점수를 받았기 때문이다.

김상훈의 입학 동기들은 1943년도 1학기를 마치고 "전시비상조치"로 2년 반만에 조기 졸업하였다. 학도병으로 전선에 보내기 위한 조치였는데, 여러 학교 학생들이 11월 초순 일제히 시가지에서 데모를 계획하였다. 연희전문에서도 서대문광장까지 와서 데모를 하라는 지시가 내려오고 김상훈이 조직책임자로 추천되었지만, 누군가의 밀고로 데모는 무산되었다. 20일쯤 강원도로 숨어 다니다가 12월에 청량리 역전에서 붙들려 학도 징용공으로 갈 것을 약속하고 원산철도공장에서 선반공으로 일했다.

김상훈은 열악한 근로환경 속에서 노예처럼 일하고 있던 3천명 철도공장 조선인 노동자의 비참한 현실을 체험하고 민족 현실에 관심을 돌리게 되었다. 이 시기의 고통스런 체험이 녹아 있는 작품이 첫 시집 『대열』의 3부에 실린 「징용터에서」이다.

1944년 7월에 맹장염에 걸려 수술받고 전지요양이라는 명목으로 서울에 돌아왔다. 정준섭이 학병과 징용을 피해 도망다니며 지하단체인 조선민족해

11) 신영복의 옥중 스승으로 널리 알려진 이구영(李九榮, 1920~2006)은 23년 투옥생활 끝에 1980년에 석방되었는데, 필자는 이 시기에 이가원 교수 댁에서 자주 만나 연희전문 시절과 해방공간 문인들의 이야기를 많이 들었다.

12) 김상훈, 「恩師에게 드리는 말」, 『현대일보』 1946년 7월 13일.

방협동당과 연계되어 있었는데, 김상훈은 그를 통해 협동당 당수 김종백을 만나보고 포천 별동대 본부에 들어갔다. 훈련 중에 백운산 본부가 탄로되어 관계자 100여 명이 경기도 무장 경찰대에게 일망타진되고, 김상훈도 원산에서 체포되어 1945년 7월에 징역 2년에 집행유예 3년을 선고받았다.

해방공간에서 중동학교 동창 유진오와 함께 『전위시인집(前衛詩人集)』을 내고 연희전문학교 동창 이구영과 함께 『민중조선(民衆朝鮮)』을 편집했으니, 이 시기 활동도 학창시절의 연장이라고 볼 수 있다.

4. 북한 시기의 고전 번역

1) 해방공간에서 편집자와 시인으로 활동하다

해방이 되자 김상훈은 유진오와 함께 민중조선사라는 출판사를 창업하고, 주필로 활동하였다. 그가 투쟁전선에 나서게 된 계기는 학병동맹사건이었다. 그는 학병사건수습투쟁위원회를 조직하고 비장한 조사를 낭독하였으며, 하지 사령관에게 보내는 항의문을 써서 유명해져 학병동맹의 대표로서 민주주의민족전선 중앙위원으로 선임되었다.

1946년 2월에 김남천의 소개로 현대일보에 입사하여 제일면 편집을 담당하였고, 1947년 3월에는 독립신보에 입사하여 임화 밑에서 일하였다. 이 시기에 시집 『대열(隊列)』과 『전위시인집(前衛詩人集)』을 출판했는데, 문학동맹 서기국에 나가서 일하며 「테로문학론」을 발표한 뒤에 종로경찰서에서 체포령이 발부되었다. 가회동에 있는 그의 집은 형사들이 와서 살다시피 하여, 시골로 내려가서 서사시집 『가족(家族)』을 집필하였다. 1949년 10월 초순 용산경찰서에 체포되었을 때에도 약혼녀 강재화가 이화여중 신봉조 교장을 통하여 석방운동을 벌였으며, 경찰서장이 신봉조의 제자였기에 10일만에 병보석으로 석방되었다. 출옥하자마자 11월 초순에 신봉조가 주례하여 결혼하였다. 형사의 강압에 못이겨 "문학동맹과 인연을 끊겠다"는 광고까지 냈다.

어린 시절 두 차례의 결혼이 종부(宗婦)를 맞아들여 종손을 얻으려는 집안의 압력 탓이었기에 사랑을 느끼지 못했는데, 강재화와 결혼하기 전날 지은 시 「국화」를 보면 중혼(重婚)임을 인식하면서도 결혼을 감행한 그가 얼마나 기뻐했는지 알 수 있다.

너무도
늦게 만난 여인아

우리들의
눈물겹도록 기쁜
결혼식장은
오직 국화로만 장식하자

보는 이 하나 없는
새벽하늘의
외로운 성좌처럼

들들이
싸늘한 바람에
쏠리우며 그래도 피어 있는
들국화로만 윈방을 꾸미고

혹은 누가 와서
복을 빌어 주거든
숙연히 머리숙이고

기인 고난의 이야기를 회상하자

1950년 『백민』을 개제한 『문학』 창간호에 발표한 이 시는 그가 남한에서 발표한 마지막 시가 되었다. 연시만을 필사본으로 한 권 묶어 신부에게 결혼선물로 주었다고 하지만, 1년도 못 되어 생이별하는 바람에 이 시집은 끝내 출판되지 못했다.

2) 담시(譚詩)에서 서사시를 거쳐 한시 번역으로

김상훈은 1948년에 백우사에서 서사시 『가족』을 출판했는데, 이 시집에는 시인 스스로 담시(譚詩)라고 이름붙인 「小乙이」·「北風」·「草原」·「獵犬記」가 실려 있다. 한동안 풍자시를 쓰다가 서사시를 쓴 것인데, 민중의 현실을 폭넓게 담아내기 위한 노력이었다. 임화가 1929년 2월호 『조광』에 「우리 오빠와 화로」라는 시를 발표하자 김기진이 단편서사시라는 명칭을 부여하여 칭찬했는데, 김상훈이 자신의 시 몇 편에 담시(譚詩)라는 명칭을 사용한 것은 임화의 문학성과를 이어받기 위한 시도이다. 그는 자신의 담시가 그리스의 서사시와 다른 점을 이렇게 설명하였다.

> 끝까지 希臘的인 意味에서 英雄을 그려야 된다든지 民族全體가 共感하는 神話나 運命을 노래해야만 敍事詩가 될수있다면 이 「家族」은 아무래도 敍事詩가 되지 못할것입니다. 너무도 無力한 사람들을 取扱하였고 또 지나처 主觀에 치우쳤기 때문입니다.
>
> 그러나 나는 장르의 分類에 機械的으로 忠實하기보다 허구싶은 이야기를 마음껏 해보려 들었습니다. 나와 내周圍에 있는 가장가까운 사람들의 모습을 虛飾없이 詩안에 登場시키고 또 그들이 典型的인 오늘 이땅의 家族들이기를 祈願하였습니다. 다만 그것이 지나친 力量不足으로 헛된 祈願에만 끄치고 말지 않었는가 하고 생각해볼때에 머릿속이 몹시 어두워 집니다.
>
> 그리고 後篇에 부친 몇 개 譚詩도 나의 허구 싶은 이야기가 얼마만큼 讀者여러분

에게 傳達될는지 대단히 마음을 조리면서 그래도 發表하구싶은 一念에 넣어둡니다.[13]

그가 말하는 담시(譚詩)는 서정시에 서사시의 요소를 도입하려는 시도였는데, 해방공간에서 박세영·권환·조벽암 등의 시인들이 시도하다가 한동안 잊혀졌으며, 김지하가 1970년 5월호 『사상계(思想界)』에 「오적(五賊)」을 발표하면서 다시 독자들의 관심을 끌었다. 김상훈의 담시가 장르적 성격에서 혼란스런 모습을 보이긴 했지만, 그의 전공이 한시번역으로 넘어가면서 자연스럽게 민중에게 친숙한 문장이 되었다. 한시번역의 출발이 『시경』의 민요투에서 시작되었기 때문이다.

담시(譚詩)의 전통은 서사민요에서 시작되는데, 그는 북한에서 『가요집(1)/(2)』를 편찬하면서 상당한 분량의 서사민요를 소개했다. 남한에서 책제목으로 사용되었던 「타박타박 타박네야」뿐만 아니라 "인간 세상 사람들아 이내 말씀 들어 보소 / 인간 만물 생긴 후에 금수 초목 짝이 있다"(노처녀노래1), "어와 이 몸이여 섧고도 분한지고 / 인간 만사 설운 중에 이내 설움 같을쏜가"(인간 만사 설운 중에), "남편이라 바라보니 군자인가 성인인가 / 동에 동창 뜨는 달은 서에 서창 지건마는 / 곁눈질도 아니 하고 속눈질도 아니 하네."(남편이라 바라보니) 등의 서사민요들이 모두 쉬운 말투로 정리되어, 그가 담시의 전통을 서사민요에서 찾아냈음을 알 수 있다.

해방공간에서 김상훈의 문학활동은 『전위시인집』(1946)·『대열』(1947)·『서사시집 가족』(1948) 사이에 『역대중국시선』(1948) 번역이 돋보이는데, 20대 청년의 번역 치고는 상당히 깊이가 있다. 그는 1년 전에 이미 「시경에서 보는 계급의식」이라는 논문에서 "소부분을 제외하고는 모도가 피입박 대중의 압박 당하며 부른 노래인 까닭에, 이 소박하고 원시적이고 단조로운 구절

13) 김상훈, 『家族』, 백우사, 1948, 3~4쪽.

중에서도 차츰 각성되어가는 그들의 계급의식을 발견할 수 있"다고 설명했는데, 『역대중국시선』에서도 『시경』부터 명·청대까지 골고루 뽑았지만 민중의 현실을 노래한 시가 중심이 되었다.

3) 조국통일상을 받고 용성애국열사묘에 안장되다

한국전쟁이 일어나자 7월 7일 빨치산에 지원한 김상훈은 937군부대 포탄수송중대에 배치되어 서울을 떠났다. 조선독립유격대 제6지대에 소속되어 기관지 『유격전선』을 편집하며 현리전투, 가례골전투 등 수십여 회 전투에 참가하였다.[14]

1952년에 제대하여 조쏘출판사에 배치되자, 주필 임화가 잡지 『조쏘친선』을 편집하는 과장으로 임명하였다. 10월호에 여성기자 류희정이 이효운의 소련 재학시절 회상기를 인터뷰하여 대필하였는데 출판사고가 났다. 김상훈은 과장으로서 무책임하게 교열하여 인쇄한 책임을 지고 교정원으로 배치받았으며, 류희정도 평양제4중학교 영어교원으로 배치받았다.

책벌을 받고난 두 사람은 서로 가까워졌다. 류희정은 남쪽에서 결혼하여 어린 아이를 데리고 와 있었고, 김상훈 역시 가족을 남쪽에 두고 온 몸이었다. 남쪽 가족들과 만날 희망이 점점 멀어지자, 통일이 될 때까지 함께 살기로 약속하고 결혼하였다.

1952년부터 세상을 떠나던 1987년까지 조선작가동맹 중앙위원회 시분과 작가로 활동했지만, 이 시기의 가장 큰 업적은 한국한시 번역이다. 『사가시선』(1958)을 시작으로 『한시선집(1)』·『력대시선집』·『풍요선집』·『두보시선』·『리백시선』·『가요집1·2』 등을 출판했으며, 그의 사후에 아내 류희정이 『리규보작품집1·2』(1990)을 공역 출판하였다.[15]

---

14) 여기부터는 김상훈의 처남 유석종 목사가 유족들을 만나 들은 이야기를 정리한 것이다.

김상훈과 함께 『조선고전문학선집』 편집을 주도하였던 오희복은 고전번역의 중요성에 대해 "광복후 무엇보다 먼저 민족 고전을 수집, 정리하는 사업을 벌리도록 하시였다. (…) 수령님께서는 우리 인민의 투쟁 력사와 민족적 전통으로 인민들을 교양하여야 그들의 민족적 자부심을 북돋아줄 수 있고 광범한 대중을 혁명투쟁에로 고무할 수 있다고 하시면서 민족 고전을 번역하고 연구하는 사업에 힘을 기울이도록 (…) 이끌어 주시였다"[16]고 설명하였다.

북한에서는 사상교화의 측면에서 일찍부터 고전번역에 주력했다. 누구를 위한 번역을 할 것인지 분명했던 것이다. 남한에서 『조선왕조실록』 번역을 먼저 시작했지만 결국은 북한에서 먼저 끝냈는데, 남한에서 소수 학자들을 위한 연구자료로 활용하기 위해 번역하는 것과는 달리 북한에서는 일반 대중을 위해 번역하기 때문에 독자 수가 많았고 출판부수도 많았으며, 당연히 국력을 집중할 수도 있었다.

일반 독자를 위해 번역하려면 알기 쉽게 번역해야 하는데, 오희복은 "〈리조실록〉을 원문 그대로, 알기 쉽게 번역하는 것은 〈리조실록〉 번역에서 력사주의 원칙과 현대성의 원칙을 철저하게 구현한다는 것을 의미한다"[17]고 하였다. 역사주의 원칙대로 하면 원문을 있는 그대로 옮겨야 하지만, 현대성을 구현하려면 대중이 알기 쉽게 바꾸어 놓아야 한다. 오희복은 고전을 번역하는 방법을 구체적으로 이렇게 설명하였다.

---

15) 류희정은 다른 책도 많이 편찬했는데, 1980년대부터 출판되기 시작한 『현대조선문학선집』 상당수를 류희정이 편찬하였다. 현재 국립중앙도서관에 들어온 류희정 편찬 작품집은 『1920년대 아동문학집(1) (2)』, 『1920년대 수필집』, 『1930년대 시선(1) (2)』, 『1930년대 수필집』, 『1930년대 아동문학작품집(1) (2)』, 『1940년대 문학작품집, 해방전편』, 『1940년대 시선, 해방후편』, 『해방전 평론집』, 『해방전 녀류문학작품선』, 『(소설집) 출범전후』, 『(소설집) 철도교차점』, 『(소설집) 질소비료공장』, 『꽃 피였던 섬. 소설집』, 『비 오는 길, 소설집』, 『백두산, 희곡집』 등이다.

16) 오희복, 「우리 당의 현명한 령도 밑에 민조 고전 번역에서 이룩한 자랑찬 성과」, 『김일성종합대학학보』, 1986, 36~37쪽.

17) 오희복, 위의 글, 36쪽.

> 첫째로, 하나의 어휘를 구체적인 장면에 따라 서로 다르게 번역하며, 둘째로 어휘의 뜻을 독자들이 리해하기 쉽게 풀어서 번역하며, 셋째로 어휘의 뜻을 리해하는데 참고가 되도록 필요한 설명을 보태거나 또는 불필요한 반복을 줄여서 번역하며, 넷째로 일부 어휘에 대한 번역은 뜻을 합치거나 뜻을 나누어서 번역하며, 다섯째로 필요에 따라 우리말의 어휘조성법에 맞게 새로운 어휘를 만들어서 번역하였다.[18]

이러한 원칙은 오희복 개인의 의견이라기보다는 집단창작을 내세웠던 북한 문단, 학계의 공통적인 의견이기도 했다. 따라서 김상훈의 한시번역도 이러한 원칙에 따라 읽기 쉽게 번역되었으며, 남한 독자들에게도 널리 읽혔다. 학자의 번역보다는 번역가의 번역이 훨씬 읽기가 편했던 것이다.

번역선집의 경우에는 어떤 작품을 선정하여 어떻게 번역하느냐가 중요한데, 그의 번역이 원숙기에 들었던 1985년 번역본 『한시집(1)』에 실린 선정 기준을 보자.

> 1. 외래침략자를 반대하며 민족자주정신을 찬양한 애국적인 시가들
> 2. 봉건지배층과 착취계급을 반대한 시가들
> 3. 조국의 자연을 찬양한 시가들
> 4. 인민들의 생활과 감정을 반영한 시가들
> 5. 민속·습관 등을 반영한 시가들
> 6. 옛날의 력사와 옛날사람들의 생활을 아는데 도움이 될 수 있는 시가들
> 7. 조선적인 정서가 풍기며 조선의 기상이 들어있는 시가들
> 8. 절개와 지조를 노래한 시가들
> 9. 감정이 아름답거나 표현이 특이한 시가들

18) 오희복, 위의 글, 40쪽.

10. 시의 형식미가 잘 갖추어진 시가들.[19]

1번과 2번에서 이념적인 기준이 보이지만, 9번, 10번까지 내려오면서 결국 좋은 시는 다 뽑은 셈이다. 그가 한시(漢詩)라는 용어 대신에 시가(詩歌)라는 용어를 쓴 까닭은 민중들이 부르기 쉬운 노래였다는 점을 강조하기 위한 것인데, 첫 번째 시 「공후의 노래 / 箜篌引」부터 "강 건느지 말랬는데 / 왜 굳이 건느셨소 / 물에 빠져 죽었으니 / 님아, 이 일 어이하오"라는 4·4조의 읽기 쉬운 노래투로 번역하였다. "한시번역은 직역을 피하고 시의 사상성과 예술성을 살리면서 시를 시로 옮기기에 노력하였다"[20]는 그의 번역의도가 실천됨 셈인데, "시를 시로 옮기기에 노력하였다"는 표현에서 학자가 아닌 시인 번역가 김상훈의 시정신이 살아 있음을 알 수 있다.

해방공간에서 가장 활발하게 창작생활을 하던 그가 북한에서는 이따금 시를 발표하거나 필명으로 발표하였을 뿐, 한시번역에 전념하게 된 이유는 분명치 않다.[21] 임화를 비롯해 남한에서 함께 활동하던 문인들이 대부분 숙청당하는 상황에서 한걸음 물러선 선택일 수 있으며, 한학자(漢學者)를 갑자기 양성하지 못한 문단에서 그를 창작보다는 한시번역으로 배치했을 가능성도 있다. 둘 다 투쟁적이기보다는 낭만적이었던 그의 성격 때문인데, 1952년에 조선작가동맹 중앙위원회 시분과 작가로 선발된 그가 1958년부터 1960년까지 2년간 평안북도 락원기계공장에서 현실체험을 하고[22] 돌아온

19) 김상훈, 「우리 나라 한시에 대하여」, 『한시집(1)』, 문예출판사, 1985, 4쪽.

20) 김상훈, 위의 글, 5쪽.

21) 이에 관해, 맏아들 김종설의 아버지 회고담이 숨겨진 이유를 짐작케 해준다. "많은 독자들을 가지고 있는 아버지의 시집이 사후에 출판되게 된 것은 적지 않은 시들이 발표를 전제로 쓴 것이 아니기 때문이다. 통일없이 지나는 어느 섣달그믐날 밤에, 남녘의 아픈 소식이 실린 어느 신문지 여백에, 피울음을 울면서 쓴 시들이 바로 아버지의 시들이기 때문이다. 아직도 아버지의 시에 조용히 손을 얹으면 《속가슴 타는 것이 밤초불 그뿐이며 피울음 우는 것이 산접동새 그뿐이더냐》 하던 아버지의 목소리가 막 터져나오는 것 같다."

상황도 한시번역에 전념하게 된 이유라고 생각된다.[23]

만아들 김종설이 정리한 김상훈의 자서전 마지막 부분에 아버지에 대한 회상이 실렸는데, 결코 투쟁적인 이념시인이 될 수 없었던 김상훈, 결국 한시번역가로 활동하며 자신의 진면목을 드러낸 김상훈의 모습이 엿보인다.

> 나의 아버지 김상훈에게는 창작의 넓은 길이 열려 있었고 인생곡절은 있었지만 그것이 아버지의 창작방향을 독특하면서도 개성적인 면으로 발전하게 만들었다. 아버지는 일생 놀음을 모르는 사람처럼 직심스럽게 시를 써오셨다. 그중의 많은 시가 어머니와 두고 온 가족에 대한 시편들이였다. 취미라면 붓을 들어 글을 쓰시거나 란초나 대죽을 치길 좋아하셨고 홀로 앉아서 중얼중얼 한시를 읊군하셨다.
>
> 휴식일에는 우리 아이들의 손목을 잡고 대동강가에 있는 미술박물관에 가기도 하였다.

---

22) 그가 락원기계공장으로 좌천된 이유는 확실치 않지만, 아들 김종설의 회고담이 시사점을 던져준다.
"이외에도 많은 시가 로동자신문을 비롯한 수많은 출판물들에 발표되였는데 저작권이 없었다느니, 여기서 도대체 시비질을 끝내지 않는 사람들에게 밝혀둔다. 우리나라에는 설사 그가 죄를 진 사람이래도 저작권을 빼앗는 법이 없다. 아버지에게는 그때 작가동맹 맹적이 없었던 것이다. 맹적을 가지자면 두사람의 보증이 필요한데 남조선에 고향을 둔 아버지에겐 그때 자기를 전위시인이라고 추어올리던 사람들밖에 보증해줄 사람들이 없었다. 그런데 그들이 보증을 서주지 않았다. 리유인즉은 아버지가 해방직후 남조선에서 발표한 시 때문이였다. 《나는 불우한 식민지조선의 지주집 자식, 해방과 함께 어버이를 잃었으니, 아 아버지와 아들이 함께 손잡고 저 항쟁의 거리 환희의 거리로 달려나갈 수는 없느뇨》 하는 내용의 시가 문제라는 것이다. 자기들도 물론 왜정때 사각모자를 쓰고 공부한 부자집 자식임은 부인하지 못하지만 공개적으로 지주집 자식이라고는 웨치지 않았다는 것이다."

23) 이 역시 김종설의 회고담이 시사점을 던져준다.
"퍼올려도 퍼올려도 끝없이 솟구치는 샘물처럼 때없이 눈물이 솟아도 남이 볼세라 소스라쳐 놀라며 말없이 북녘하늘을 바라보실 것만 같은 어머니… 아버지는 이 어머니를 계급이라는 말로 거부할 수가 없었던 것이다. 그래서 아버지는 작가라는 의태를 포기하고 옛날 지주집 장자로 키우려고 양아버지가 회초리를 들고 배워준 구한문을 민족을 위하여 유리하게 쓰리라 굳게 다짐하였던 것이다."

내가 본 아버지는 키가 큰 미남자형의 호남아였으며 시인으로서나 생활에서나 성공한 시인, 무척 다복한 집안의 가장이였다. 날마다 지면에 아버지의 시가 발표되고 련이어 저작들이 출판되였다. 하지만 새해를 맞는 설날이면 아버지는 얼굴빛이 어두워졌고 반드시 남쪽이야기를 해주군 하시였다. 어느 설날에는 두 팔을 걷고 직접 깨강정이며 엿을 만들어 주군하시였는데 일부러 우리 자식들에게 어릴 때 자신이 맛본 남쪽음식을 먹이고픈 심정에서였다.

1987년 8월 30일 취장암으로 세상을 떠나자 평양 룡성애국렬사묘에 안장되고 조국통일상을 수상하였다. 숙명여자전문학교 출신의 아내 류희정과의 사이에 2남3녀를 두었는데, 둘째 아들 김종석이 평양에서 영화작가, 소설가로 활동하고 있다. 연희전문학교 개교 100주년을 맞아 그의 전집이 10권 분량으로 민속원에서 모두 출판되면 그에 대한 연구가 더욱 활발해질 것이다.

〈그림 6〉 김상훈 묘지

참고문헌

| 자료 |

김상훈, 「恩師에게 드리는 말」, 『현대일보』 1946년 7월 13일.

김상훈, 『家族』, 백우사, 1948.

김상훈, 「우리 나라 한시에 대하여」, 『한시집(1)』, 문예출판사, 1985.

| 저서 |

백문임, 『임화의 영화』, 소명출판, 2015.

심지연, 『역사는 남북을 묻지 않는다-격랑의 현대사를 온 몸으로 살아온 노촌 이구영 선생의 팔십년 이야기』, 소나무, 2001.

연세대학교 국학연구원 편, 『연세국학연구사』, 연세대학교출판부, 2005.

| 논문 |

오희복, 「우리 당의 현명한 령도 밑에 민조 고전 번역에서 이룩한 자랑찬 성과」, 『김일성종합대학학보』, 1986.

李家源, 〈泮館與諸詞伯守歲〉, 『淵淵夜思齋文藁』, 通文館, 1967.

정영진, 「김상훈, 변신의 일생과 갈등의 시」, 『문학사상』 1989년 4월.

제3부

남북분단 속에서

신 규 환

해방 이후 남북 의학교육체계의 성립과 발전

—이용설과 최명학의 생애와 의학인식을 중심으로—

1. 머리말

해방 이후 남과 북의 의학분야를 대표하는 인물 중에 이용설(李容卨, 1895~1993)과 최명학(崔明鶴, 1898~1961)이라는 의학자가 있다. 이용설과 최명학은 세 살 터울로 평양과 함흥 등지에서 기독교 신앙을 배경으로 기독교적인 교육환경에서 자랐으며, 선교사들과의 친분으로 세브란스병원과 인연을 맺게 되었다. 그들은 모두 1919년 3·1운동에 참여하여 일제로부터 고초를 당하기도 했다. 그들은 세브란스연합의학전문학교(이하 세브란스의전)를 졸업한 선후배로 1930년대 세브란스의전에서 임상의학(정형외과)과 기초의학(해부학) 분야를 개척하며 교수생활을 함께 했다. 둘 다 교수생활을 접은 후인 1940년대에는 서울과 함흥 등지에서 외과의로 개원의 생활을 했다. 해방 이후 남북이 갈라지면서 남한에 남아있던 이용설은 미군정 초대 보건후생부장, 국회의원, 세브란스의과대학 학장, 병원장 등으로 정계와 학계에서 활약했으며, 최명학은 함경남도인민위원회의 부위원장, 보건국장 등을 거쳐 함흥의과대학 학장, 의학과학원 원사 등 북한의 대표적인 의학자로 활동했다.

이용설과 최명학에 대해서는 이미 한국 근대인물사나 한국의학사 연구를 통해 그들의 생애와 활동에 대한 글들이 다수 발표되고 있다.[1)] 그러나 그 내용은 대부분 각 인물의 일대기를 나열한 것에 그치고 있다. 일제시기 한국인

이 의학교육을 마친 후 일정한 연구경력을 갖추고 교수직에 진출할 수 있는 기회가 많지 않았을 뿐만 아니라 정치가나 행정가로 성장한 사례는 더더욱 많지 않았다.[2] 이용설과 최명학은 일제시기 3·1운동을 주도했을 뿐만 아니라 해방 전후기 남북한을 대표하는 의학자로서 한국 의학교육의 기틀을 마련한 인물로 주목된다.

그들의 인생행로를 결정하는 데 있어 세브란스의전에서의 교육경험은 중요한 자산이자 의학인식의 기초를 제공했다. 세브란스의전은 제중원의학교 시기의 영미의학, 세브란스의전 시기의 교파연합의학, 해방 이후 세브란스의과대학 등의 계보를 형성하면서 알렌과 에비슨 등에 의한 선교의료의 전통을 발전시켰다고 할 수 있다.[3] 특히 해방과 분단은 세브란스의전 출신들이 남과 북이라는 새로운 환경에 적응해야 하는 중요한 분기점이었다. 학창시절과 교수생활을 함께 했던 두 사람은 해방 이후 남북분단을 계기로 서로 다른 길을 모색해야 했다. 두 사람의 생애와 의학인식에 관한 연구는 해방 이후 남북한의 대표적인 의학자의 행로를 이해하고, 남북분단을 계기로 20세기 한국의 의학교육체제가 어떻게 형성되고 발전했는지를 살펴볼 수 있는 중요한 사례를 제공할 것이다.

이런 인물들의 생애와 사상을 고찰할 때 가장 토대가 되는 자료 중의 하나는 이력서 등 자전적 서술들이다.[4] 이용설은 1977년 8월에서 10월까지

---

1) 대표적으로 박형우·여인석, 「해부학자 최명학」, 『의사학』 1-1, 1992 ; 이원규, 『하늘은 아신다 : 여천 이용설』, 현존사, 1999 ; 신유섭·신재의·유형식, 「여천 이용설의 의료계몽과 학술활동」, 『연세의사학』 17-1, 2014 ; 신규환·박윤재, 『제중원 세브란스 이야기』, 역사공간, 2015.

2) 김근배, 「일제강점기 조선인들의 의사되기 : 해방 직후 북한의 의과대학 교원들을 중심으로」, 『의사학』 23-3, 2014, 457쪽.

3) 의료선교가 '의료를 수단으로 하는 선교'라는 의미로 선교에 강조점을 둔다면, 선교의료는 '선교를 목적으로 하는 의료'라는 의미로 의료에 중점을 둔 개념이다. 선교의료는 기독교적 종교성과 의료적 과학성이라는 이중적 성격을 가졌다. 이에 대해서는 여인석, 「한국 근대 선교의료기관의 형성과 성격」, 연세대학교 의학사연구소 편, 『한국 근대의학의 탄생과 국가』, 역사공간, 2016, 310~311쪽.

『한국일보』에 총 40회에 걸쳐 「나의 이력서」를 게재하였고, 적지 않은 자전적 기록과 회고담 등을 남겼다. 반면 해방 후 북한에 남아 있던 최명학에 대한 자전적 기록을 찾기는 쉽지 않다. 다행히 최근 해방 후 북한 의과대학 교원들의 이력서와 자서전이 발견되어 이를 활용한 의학사 연구가 활발해지고 있다. 한국전쟁시기 북한에서 노획된 이 문서들은 미국 국립문서보관소(NARA) 문서군(RG242)에 보관되었고, 현재 국사편찬위원회(이하 국편) 사료관에 수집되어 있다. 최명학의 이력서와 자서전은 국편에는 보관되어 있지 않으며, 그에 대한 조사서와 자필 이력서가 NARA에 소장되어 있다. 북한 의과대학 교원들의 이력서와 자서전은 대부분 해방 직후 교원 임명 당시에 작성되었다. 그것과 달리 최명학은 임명 당시에 작성한 이력서와 자서전이 없고, 교장과 학장으로 재직 중에 작성된 조사서와 자필 이력서가 존재한다. 자필 이력서와 회고담 등은 거시사가 간과하기 쉬운 촘촘한 여백을 아래로부터 복원할 수 있는 소중한 자료이긴 하지만, 기록을 남긴 자가 처한 현실이나 개인적 관점에 의해 사실이 왜곡되거나 누락될 여지도 적지 않다. 따라서 이력서와 같은 개인기록은 가능한 한 충실한 사료비판을 전제로 역사적 사실에 근접해야 할 것이다.

2. 3·1운동과 세브란스에서의 경험

1) 이용설의 3·1운동 참여와 사회계몽운동

이용설은 1895년 평안북도 희천(熙川) 출생으로 평양 장대제교회의 장로였

4) 실제로 이용설의 손자 이원규가 엮은 책(이원규, 『하늘은 아신다 : 여천 이용설』, 현존사, 1999)은 1977년 8월 16일부터 10월 14일까지 『한국일보』에 연재된 「나의 이력서」를 근간으로 작성된 전기이다.

던 부친의 영향으로 독실한 기독교적 분위기 속에서 자랐다. 이용설은 평양에서 선교사들이 세운 숭덕소학교와 숭덕중학교를 졸업하고 숭실전문학교에 다녔다. 숭실전문학교 2학년 재학 중인 1915년 의대 진학을 계획한 이용설은 세브란스연합의학교 에비슨(Oliver R. Avison, 1860~1956) 교장을 직접 만나 의사가 되고 싶다는 뜻을 전한 후 곧바로 세브란스연합의학교에 입학하게 되었다. 1919년 졸업을 앞둔 이용설은 선교사 및 목사들과의 친분으로 국내외 정세를 잘 파악하고 있었다. 그는 세브란스의전 YMCA(기독교 청년회) 회장으로 활동하면서 의학생들의 선교활동과 사회운동을 주도해오고 있었다. 3·1운동 전야의 이용설은 YMCA의 인맥과 연계되어 학생들과 기독교계를 대표하여 3·1운동에 참여하게 되었다.[5]

세브란스의전 교수 재직 시절의 이용설

3·1운동 당시 이용설은 세브란스의전 YMCA의 회장직은 마친 상태였지만, 세브란스의전 대표자격으로 만세운동을 위한 대표모임에 참석했다. 그는 학생동원의 책임을 맡아 가두시위를 진두지휘하였다. 이용설은 이갑성으로부터 받은 독립선언서를 대구, 마산, 군산 등지로 배포하는 책임을 졌다.[6] 학생들이 주도했던 3월 5일 만세시위 이후 일본경찰의 검거열풍이 일자 이용설은 중국 망명 길에 올랐다. 이용설은 3·1운동에 대한 직접적인 처벌을 받지 않았지만, 1938년 수양동우회사건으로 다시 체포되어 징역 2년 집행유예 3년의 판결을 받았다.[7]

이용설과 함께 만세운동을 주도했던 동료들은 대개 징역 6월에서 1년

5) 이원규, 위의 책, 14~32쪽.

6) 『동아일보』 1920년 4월 10일, 「47인 예심결정서(5)」.

7) 「李容卨 判決文」, 『朝鮮總督府裁判所(京城覆審法院)』(1940. 8. 21), 관리번호CJA0000588.

6월 정도를 선고받았다. 이용설은 1920년 북경협화의학원(北京協和醫學院, PUMC)에 진학하여 수련의 생활을 하던 중 북경에서 에비슨 교장을 만났다. 1921년 에비슨 교장은 이용설의 귀국을 제안했고 경무총감과의 담판을 통해 수배자인 이용설의 무사귀환을 보장받게 되었다. 당시 세브란스병원 외과에는 러들로(Alfred Irving Ludlow, 1875~1961) 교수와 고명우(高明宇, 1883~1951) 등이 있었는데, 1922년 8월부터 1924년 8월까지 이용설은 그들과 함께 외과를 주도해 나갔다. 1924년 9월, 이용설은 시카고 노스웨스턴 의대에 편입하여 MD학위를 취득하였고, 정형외과학을 수련하였다. 1926년 9월, 이용설은 세브란스의전 외과 교수로 임용되었고, 1937년 7월에는 경성제국대학 의학부 약리학교실에서 의학박사 학위를 받았다. 이용설은 1937년 수양동우회사건에 연루되면서 1940년 1월 교수직을 사임하고 서울 종로구 견지동에서 개원의로 활동했다.[8)]

1920~30년대 세브란스의전 재직시절의 이용설은 교육 및 진료활동 이외에도 연구와 사회운동에서 두각을 나타냈다. 먼저 연구분야에서는 1929년 하와이에서 열린 범태평양외과학회(The Pan-Pacific Surgical Conference)에 한국대표로 참석하여 「아메바성 간장농양에 대하여」라는 논문을 발표하였는데, 이것은 한국인이 세계학회에 연구성과를 보고한 효시였다.[9)] 이 내용은 1931년 한국어 학술지인 『조선의보』에 「간장농양(아메바성)에 관하여」라는 제목으로 발표되었다. 그 밖에도 유문협착증, 폐농양의 백신용법, 경련성 사경증 등에 관한 논문을 『조선의보』에 발표하였고, "Tuberculous Joint Disease in the Korean"을 *China Medical Journal* 44(1930)에 발표하기도 했다.[10)]

사회운동 분야에서 이용설은 주로 의학 및 위생지식을 대중에게 선전하는

8) 이원규, 앞의 책, 1999, 35~89쪽.
9) 『동아일보』 1935년 11월 19일, 「세전 통속의학강연 연제해설」.
10) 신유섭·신재의·유형식, 「여천 이용설의 의료계몽과 학술활동」, 『연세의사학』 17-1, 2014, 9~29쪽.

사회계몽운동에 주력했다고 할 수 있다. 의학지식을 대중에게 보급하기 위한 활동은 대중강연과 신문잡지에 대한 기고 등으로 이루어졌다. 그의 대중강연은 세브란스의전 학생 YMCA가 주관한 통속의학강연회가 중심이 되었고, 의학 및 위생지식은 『동아일보』를 비롯하여, 『동광』, 『시조사』, 『기독신보』 등 다양한 신문잡지에 발표되었다. 그 내용은 두창, 성홍열, 장티푸스 등 급성전염병의 예방과 치료, 성병과 공창, 결핵 등 만성전염병에 의한 사회문제, 각종 질환 및 민간요법과 한의학에 이르기까지 다양한 질병과 사회문제를 다뤘다. 특히 민간요법과 한의학 등에 대해서는 비판적인 자세를 유지하였다.[11] 이용설은 1925년 정식으로 흥사단 단우가 되었고, '무실, 역행, 충의, 용감'의 기본 정신을 함양하여 독립정신과 인격수양을 위한 흥사단 활동에도 주력했다. 결국 일제가 흥사단의 서울지부격인 수양동우회가 비밀결사를 조직하고 군대를 양성할 음모를 꾸미고 있다는 죄목으로 주모자를 체포하는 과정에서 이용설도 체포되어 옥고를 치렀고, 결국 이용설은 교수직을 사임하였다. 세브란스의전에서 사임한 이후인 1940년 1월, 그는 견지동에 '이용설 외과의원'을 개원하였다.[12]

이용설의 '나의 이력서'상에 누락된 내용 중의 하나는 1940년대 친일행위와 관련된 사항이다. 3·1운동 참가, 수양동우회사건 등 항일운동 경력으로 인해 그는 일제로부터 끊임없는 회유와 협박에 시달렸다. 출소 이후 이용설이 종로경찰서 인근에 '이용설 외과의원'을 개원하자 고등계 형사들은 수시로 찾아와 창씨개명을 요구했다. 그는 고등계 형사들에게 "알다시피 의사라는 직업은 이름으로 먹고 사는 것 아니냐. 환자들이 병원을 찾는 것은 의사로서 알려진 이용설이란 이름 때문인데 그 이름을 바꿔 놓으면 병원 문을 닫으라는 것과 다를 것이 없지 않느냐"고 설득하여 끝내 창씨개명을 하지 않았다.[13]

11) 신유섭·신재의·유형식, 위의 글, 29~30쪽.

12) 이원규, 앞의 책, 74~87쪽.

13) 이원규, 위의 책, 88쪽.

그러나 이용설은 친일단체인 조선임전보국단의 발기인으로 참여하고, 일제의 대동아전쟁에 대하여 지지 발언을 하는 등 전쟁 말기 일제에 협력하는 모습을 보였다.

2) 최명학의 3·1운동 참여와 연구 및 사회운동

최명학은 1898년 함경남도 함흥군 함흥면 중존리에서 최봉익의 장남으로 태어났다. 그는 1913년 함흥영신보통학교, 1917년 함흥영생학교 등 선교계통의 학교를 졸업하였다. 졸업 후 그는 캐나다 장로교가 설립한 함흥 제혜병원 서기로 근무하였다. 캐나다 장로교의 선교학교를 거쳐 선교병원에서 근무하면서 최명학은 세브란스의전에 진학하여 의사가 되고 싶다는 꿈을 키웠다. 1919년 3·1운동이 일어나자 그는 함흥지역에서 만세운동에 참여하였고, 함흥지역 만세사건을 주도한 혐의로 징역 10월을 선고받았다.[14)]

최명학의 학창시절 이래로 중요한 활동 중의 하나는 YMCA와 관련된 활동이다. 함흥영생학교 시절 시작된 그의 학생 YMCA 활동은 졸업 이후인 함흥 제혜병원 재직시절에도 계속되었다. 최명학이 3·1운동에 참여하게 된 계기도 함흥 YMCA 활동으로 인한 것이기도 했다. 최명학의 YMCA 활동은 출감 이후에도 계속되었다. 1921년 5월, 그는 함흥 YMCA(회장 모학복)가 주관하는 음악회에서 '어여쁜 여인이 곰보딱지 싫어'라는 독창을 부르기도 했는데, 음악회가 열렸던 신창리 교회당에는 2천여 명의 시민들이 참여하여 성황을 이루기도 했다.[15)]

1922년 4월, 최명학은 세브란스의전 별과(別科)에 입학하였다. 당시 세브란

---

14) 『매일신보』 1919년 3월 31일, 「騷擾事件의 後報, 함경남도 咸興, 주모자 사십 일명 기소됨」; 『매일신보』 1919년 4월 25일, 「함흥소요공판, 사십일명판결」; 『독립신문』 1920년 4월 1일, 「咸興獨立運動記」.

15) 『조선일보』 1921년 5월 24일, 「함흥청년회음악회」.

스의전은 오긍선(吳兢善, 1878~1967) 학감의 제안으로 다양한 의사인력을 양성하고자 본과 이외에 연구과, 별과, 선과(選科) 등을 설치한 바 있다. 별과는 검정시험에 합격하여 본과에 편입해야 정식 의사자격을 얻을 수 있는 과정이었다. 1925년 2월, 최명학은 전문학교 입학검정시험에 합격하여 본과에 편입한 후, 1926년 3월에 졸업하였다. 그는 졸업 후 해부학교실 조수로 임명되었다. 당시 세브란스의전은 교수요원을 선발하여 해외 각국에 유학시키는 프로그램을 운용하고 있었는데, 최명학은 기초학교실 교수요원으로 선발되었다. 1927년 4월, 그는 일본 교토제국대학 의학부 해부학교실 연구과로 유학을 떠났다. 그곳에서 오가와(小川) 교수의 지도하에 발생학 및 조직학을 연구하였다. 1931년 1월, 그는 귀국하여 모교의 강사로 취임하였으며, 같은 해 7월 조교수로 승진하였다. 그의 강의는 유창한 영어발음과 단정한 나비넥타이로 유명하였다. 1932년 7월 일본 교토 제국대학에서 귀의 발생에 관한 실험발생학적 연구로 의학박사학위를 받았다. 이것은 한국 최초의 해부학 박사학위이자 세브란스 출신으로는 일본에서 받은 최초의 의학박사학위이기도 했다.[16)]

세브란스의전 교수 재직 시절의 최명학

"박사논문이 통과된 것은 기쁘다는 것보다도 사회적 책임이나 학교에 대한 책임이 더욱 무거운 것을 깨닫게 할 뿐입니다. 앞으로도 연구에 연구를 거듭하여 순연한 과학자로서 일생을 바칠 작정이외다."[17)]

---

16) 세브란스교우회, 『세브란스교우회보』 16, 12쪽 ; 박형우·여인석, 「해부학자 최명학」, 『의사학』 1-1, 89쪽 ; 신규환·박윤재, 『제중원 세브란스 이야기』, 역사공간, 2015, 333쪽.

1933년 모교의 해부학 주임교수가 된 최명학은 위의 소감과 같이 실제로 발생학, 조직학, 체질인류학 등의 연구에 전념하여 「조선인의 체형학적 연구」, 「귀의 발생에 관한 새로운 사실」, 「조선인의 머리형태·부피에 대하여」 등의 논문을 발표했다.

최명학은 해부학으로 박사학위를 받았지만, 이후에도 발생학 분야의 연구를 계속하였으며 체질인류학에도 관심을 가졌다. 그는 여러 편의 논문을 영문잡지인 *Folia Anatomica Japonica*에 발표하였다. 최명학은 당시 세브란스의전 병리학 주임교수로서 기초연구를 주도하던 윤일선 등과 함께 학교의 연구활동을 주도하였다. 최명학은 여러 차례 일본해부학회에서 그의 연구업적을 발표하였는데, 그의 다년간의 업적이 인정되어 1934년에는 일본해부학회의 평의원으로 추대되었다. 이는 세브란스의 해부학 수준이 일제가 인정하는 수준에 올라섰다는 것을 의미한 것이었다.[18]

최명학은 연구 이외에도 학교의 여러 일에 중추적인 역할을 하였다. 1931년 3월 학교의 생도감으로 선임된 데 이어,[19] 교우회 간사, 의학구락부 서기 등을 역임하였으며 세브란스 후원회 이사, 세브란스의전 이사 등을 역임하는 등 다방면으로 활약하였다. 최명학은 통속의학강연회와 같은 사회계몽 활동에도 적극적이었다. 통속의학강연회는 세브란스의전 학생 YMCA 문예부가 주관하였다. 이용설과 최명학은 주요 강연자로서 제1회, 제2회, 제4회에 함께 참여하였고, 제7회에는 최명학, 제8회에는 이용설이 각각 참여하였다. 이 강연회는 1930년부터 1937년까지 지속되었는데, 사회적으로 상당한 호응을 얻었던 것으로 보인다.

---

17) 『동아일보』 1934년 4월 20일, 「世專 崔明鶴氏 博士論文通過 금년 三十四세의 독학자 耳帶外 胚葉等 論文」.

18) 신규환·박윤재, 앞의 책, 334쪽.

19) 『매일신보』 1931년 3월 2일, 「世醫專學監으로 具永淑氏 就任 홍석후 박사는 금번에 사임 學生監엔 崔明學氏」.

제1회 (1930년 11월 2일 저녁6시, 정동교회 예배당)

심호섭 : 신경쇠약증과 그 요법

최명학 : 인류학상으로 본 인종문제

이용설 : 외과 수술의 발전

제2회(1932년 11월 22일, 중앙기독교청년회관)

최명학 : 성 결정에 관하여

이영준 : 화류병에 대하여

심호섭 : 신경쇠약

이용설 : 복통(腹痛)에 대하여

제4회(1933년 11월 17일, 중앙기독교청년회관)

최명학 : 내세의 인간

이용설 : 병자로서의 필요한 상식

이영준 : 성 및 성병에 대하여

제7회(1935년 6월 4일, 중앙기독교청년회관)

최명학 : 인간

오한영 : 스포츠의 생리

이영준 : 불로장생과 갱소년법(更少年法)에 대하여

제8회(1935년 11월 19일, 중앙기독교청년회관)

이용설 : 현대의학의 경향

김명선 : 감정과 소화

최동 : 의학과 법률

앞서 본 박사학위 취득 소감에서 최명학은 해부학자로서 교육과 연구에 평생을 매진할 것을 약속하였다. 그러나 그의 약속은 오래 가지 못했다. 1934년 교내 입시비리 사건이 발생하자 최명학은 이를 폭로하고 관련자의 사퇴를 촉구하였다. 관련자들이 혐의를 인정함에 따라 사태가 곧 수습되는 듯했으나, 관련자들이 태도를 바꾸어 피의사실을 갑자기 부인함에 따라 사태는 혼란에 빠졌다. 이 과정에서 사건의 내막을 폭로하여 학교의 명예를 실추시킨 최명학이 책임을 져야 한다는 주장이 대두되기에 이르렀다.

世專 第二回

通俗醫學講演會

十一月廿二日(火)午後七時 鍾路基督青年會館

演題와演士

性決定에關하야 醫學博士 崔明鶴

花柳病에對하야 醫學博士 李榮俊

神經衰弱 醫學博士 沈浩燮

腹痛에對하야 醫學博士 李容卨

音樂도잇슴

主催 世專學生基督青年會

後援 東亞日報社學藝部

場內整理料五錢

『동아일보』 1932년 11월 19일

최명학의 자필 이력서에는 1942년 3월 세브란스의전을 사직했다고 기록하고 있다.[20] 그러나 교내 입시비리 사건이 발생하여 사직하는 데까지 8년이 걸렸다는 것은 상식적이지 않다. 실제로 최명학이 학교 당국으로부터 사직을 권고 받은 것은 1936년 8월초였다.[21] 실제 교수직을 사직한 것은 1936년 하반기이거나 늦어도 1937년 상반기였을 것이다. 왜냐면 1937년 6월 '조선 외과계의 거성' 최명학이 함흥에서 활동하고 있다는 신문기사가 등장하고 있기 때문이다.[22] 그렇다면 사직 후 1942년 함흥에서 최명학외과의원을

20) 함흥의과대학, 「최명학 교원 리력서」, 1948.

21) 『조선중앙일보』 1936년 8월 6일, 「사직권고의 통고를 최박사는 분연 일축」.

22) 『동아일보』 1937년 6월 15일, 「함흥 제혜병원, 삼만원 드려 增築」

개업하기까지 6년 여 동안에 그는 어떠한 일을 했으며, 어떠한 이유로 이 기간에 한 일이 그의 이력서에서는 빠지게 되었을까?

최명학의 자필 이력서 중 추가로 더 누락된 내용 중의 하나는 3·1운동에 참가하여 옥고를 치른 일과 함흥 제혜병원에서 일한 경력이다. 함흥의 의료선교는 1903년 캐나다 장로교 의료선교사인 케이트 맥밀런(Kate McMillan, 1868~1922, 한국명 맹미란) 여의사에 의해서 시작되었다. 1913년 5월, 맥밀런은 40병상 3층으로 된 함흥 제혜병원(Hamheung Canadian Mission Hospital)을 완공하였다. 맥밀런 재임시기에 함께 활동했던 한국인 의사는 4명으로 이들 중 3명은 맥밀런의 조수로서 활동하다가 의사가 된 경우였다. 모학복은 조수로 6년, 의사로 10년간 맥밀런을 도왔다. 그는 함흥 YMCA 회장을 지낼 정도로 독실한 기독교인이며 사회운동에도 적극적이었다. 이밖에 유칠석과 박성호는 함흥 제혜병원을 신축하던 시기에 조수로 일했던 사람들로 세브란스의전을 졸업한 후 계속해서 맥밀런을 도왔다. 최명학은 1917년부터 함흥 제혜병원의 서기 겸 제약사로 일하면서 모학복이 주도하는 YMCA 활동에 적극 참여하였으며, 한국인 의사들로부터 적지 않은 영향을 받았다. 그와 같은 환경 속에서 최명학은 유칠석이나 박성호처럼 세브란스의전에 진학 후 의사가 되겠다는 꿈을 키웠다. 최명학은 특히 박성호와는 동년배로 의기투합하여 3·1운동에도 함께 참여하여 옥고를 치르기도 했다.

맥밀런은 선교 본부에 여의사를 파송해 달라고 요청했고, 1921년에서야 적임자를 찾을 수 있었다. 캐나다 동부 출신인 플로렌스 머레이(Florence J. Murray, 한국명 모례리, 모리, 머리)는 밴쿠버에서 출발하여 고베, 부산, 서울을 거쳐 1921년 여름 함흥에 도착했다. 1922년 맥밀런이 장티푸스로 사망함에 따라 1923년 머레이가 함흥 제혜병원의 원장이 되었다. 머레이는 재임기간 동안 병상규모를 두 배 이상으로 확대하는 한편, 조선에서 가장 절실하게 치료가 요구되는 질병이 결핵이라고 판단하고, 결핵환자를 수용하기 위한 20병상 규모의 전염병동을 별도로 운영하기도 했다. 또한 함흥 제혜병원

부속 간호학교를 설립하여 간호교육에도 심혈을 기울였다. 머레이 재임시기에 활동했던 한국인 의사는 9명으로 7명이 세브란스의전 출신이었다.[23] 그중 고병간(高秉幹, 1900~1964)은 1925년 세브란스의전 졸업 후 1927년 함흥 제혜병원에 부임하였고, 1936년 동경제대 유학 후 세브란스의전 외과에 부임하게 되었다. 고병간이 함흥 제혜병원에서 세브란스의전으로 이직하자, 1936년 갑작스럽게 교수직을 사임하게 된 최명학은 외과에 빈 자리가 생긴 함흥 제혜병원으로 되돌아가게 된 것이다.

3·1운동 참가는 항일투쟁을 영웅시하는 북한사회에서도 자랑스런 기록이다. 그러나 최명학의 3·1운동 참여는 기독교 신앙과 선교병원에서의 활동과 긴밀하게 결합되어 있다. 해방 이후 북한은 종교를 포용하는 정책을 표방했지만, 실제로는 회유와 강압을 함께 사용했고, 한국전쟁 이후 종교 말살정책을 본격화했다.[24] 해방 이후 북한사회에서의 반기독교운동과 탄압정책을 고려할 때, 최명학은 함흥 제혜병원에서의 활동과 3·1운동에 대해서 함구할 수밖에 없었을 것이다.

3. 해방 이후 의료국영화 인식과 의학교육

해방 이후 미군정하에서 이용설은 초대 보건후생부장으로 취임하면서 우익의 보건의료를 대표하는 인물로 활동했다. 이용설은 1947년 5월『조선의학신보』에「보건후생행정에 대하야」라는 글을 발표하였는데, 의료국영론의 실시를 통해 사회주의 보건의료체제의 건립을 주장하던 최응석과 대립하였다.

23) 허윤정·조영수,「일제하 캐나다 장로회의 선교의료와 조선인 의사 : 성진과 함흥을 중심으로」,『의사학』 24-3, 2015, 638쪽.

24) 장운철,「북한 공산정권에 의한 함경도 교회의 피해 : 해방 후부터 한국전쟁 종전까지」, 대구가톨릭대학교 석사논문, 2005, 4~9쪽.

전 조선에 정규의사가 3천여 인이니 인구 1만인에 의사 1인쯤이다. 그러나 이 의사들도 다 완전한 시설을 가진 이들이 아니므로 중하고 급한 병이 발생하였을 때 안심하고 치료받을 만한 병원수라는 것은 매우 소수이다. 그렇다고 해서 조선에서도 의료국영론을 제창하는 이가 있는 모양이나 의료의 현상으로 보아 당분간 국영은 극히 곤란할 줄 안다.

그 이유는 첫째, 국민의 의료를 국가에서 책임지고 담당할 만한 시설이 없다. 이런 시설이 없이 국민에게 의료납세를 부가시킬 수 없다. 둘째, 시설이 부족한 것과 같이 의사 수가 부족하다. 특히 전문과목을 담당할 만한 의사가 너무 부족하다. 현재 도립병원 20여 개소(남조선)에 2·3년 정도의 전문 수학한 의사를 배치하고자 해도 오히려 부족하다. 국가에서 일시적으로 거대한 비용을 들여 면마다 종합병원 1개소씩을 신설한다 가정하더라도 배치할 의사가 없음은 상상하기 쉬운 일이다. 그러므로 당분간 인재를 양성하고 시설을 증가하여 후일을 기할 수밖에 없다. 아무리 급하여도 우리 이상이 아무리 좋아도 현실을 무시하고 우리 사회 시책이 성공할 수는 없다. 그러므로 당분간 급선무는 있는 기관, 예를 들면 도립이나 시립병원을 좀 더 합리적으로 운영해야 하겠고 일년에 수 개소씩이라도 종합병원을 신설하는 동시에 전문의 양성에 힘써야겠다.

그리고 우리 의학계 발전에 큰 암초는 설비 불완전한 개인병원의 난립이다. 이 시설 부족한 소규모 의사는 환자에게 적당한 치료를 가하기 어려운 것은 물론이고 환자에게 경제적 부담이 큰 것도 피할 수 없는 사실이다. 그리고 부단히 학술 및 기술의 향상을 요하는 의사들이 일반개업을 시작하면 학교에서 배운 것까지 망각하게 되는 현상이다. 이를 교정함이 무엇보다도 조선에 의료를 향상시키는 첫걸음이 될 줄 안다. 바라건대 민간에서 자선사업을 목표로 종합병원이 곳곳에 많이 설립되기를 바라는 동시에 소규모 단독 개업의사보다 이 종합병원에 연락하는 이가 많아지기를 바란다. 이로써 현재 개업제도의 단점을 시정할 수 있을 줄 믿는다.[25]

이용설은 1920년대 미국유학의 경험, 1930년대 세브란스병원에서의 경험, 1940년대 개원의로 활동한 경험 등을 통해 한국의료의 문제점과 한국사회에 필요한 개선방향을 이해하고 있었다. 이용설은 의료시설과 전문과목 담당의사가 부족한 현실을 지적하며 의료국영론은 시기상조라고 주장하였으며, 개원의의 난립 등 의료상업화를 극복하는 것이 최우선 과제라고 인식했다. 우익의 보건의료를 대표하는 이용설이 의료국영론을 전면적으로 부인하지는 않았다는 점은 주목할 만하다. 다만 그는 의료국영론이 실현되기 위해서는 '의료시설과 전문과목 담당의사의 부족' 문제를 해결해야 한다는 점을 지적했을 뿐이다. 해방 이후 우익진영에서도 의료국영화의 지향은 의료상업화의 극복과 함께 보건정책의 핵심으로 부상했다.[26] 이용설이 보다 시급하게 여긴 문제는 개원의의 난립과 의료상업화의 극복 문제였다. 흥미롭게도 이용설은 의료상업화를 극복하는 방안으로 민간에서 종합병원을 많이 건설하여 종합화·대형화를 추진하고, 의사양성 확대, 해외유학 알선, 자격시험 강화 등 미국식 의료제도를 배워야 한다고 주장했다. 사실 이용설의 병원 종합화·대형화 주장은 의료국영론 만큼이나 현실성이 없는 것이었다. 그럼에도 불구하고 이용설이 종합병원을 통해 병원을 종합화·대형화하자고 주장한 이면에는 의료상업화의 극복뿐만 아니라 의료국영론에 대비하고자 하는 의도가 내포되어 있었음에 유의할 필요가 있다.

이와 관련하여 이용설의 의학인식과 관련된 중요한 암시 중의 하나는 그가 단순한 의료인력의 부재가 아닌 '전문과목 담당의사의 부족'을 문제삼았다는 점이다. 즉 그는 기존의 의학전문학교 위주의 임상의사 양성에서 벗어나 6년제 의과대학과 전문의제도의 전환을 모색하였다. 1946년 미군정

25) 이용설, 「보건후생행정에 대하야」, 『조선의학신보』 2, 1947, 17쪽.

26) 여인석·이현숙·김성수·신규환·박윤형·박윤재, 『한국의학사』, 의료정책연구소, 2012, 309~311쪽 ; 신영전·김진혁, 「최응석의 생애」, 『의사학』 23-3, 2014, 370쪽, 493쪽.

문교부 고등교육국은 기존의 제국대학과 전문학교에서 운영하던 학년제, 강좌제를 폐지하고 새로운 학점제, 학과제로 전환시켰으며, 기존 4년제 의학전문학교를 폐지하고 6년제 의과대학 개편안을 추진하였다.[27] 이러한 움직임은 전문과목 담당의사를 양성할 필요를 강조했던 이용설의 의학인식과도 크게 다르지 않은 것이었다.

이용설은 미군정의 초대 보건후생부장의 임기를 마친 후 1948년 9월 세브란스의과대학 제5대 학장으로 선임되었다. 해방 이후 각 의과대학이 봉착한 최대의 문제는 일본인 교수인력의 외부 유출과 교수 충원 문제였다. 세브란스의과대학은 상대적으로 인력충원에 큰 곤란을 겪지 않았다. 다른 대학과 달리 세브란스의대 각과 주임교수는 이미 한국인들이 담당하고 있었기 때문이다. 2년 전 6년제 의과대학으로 승격된 세브란스의과대학은 예과 정비와 시설 확충 등이 필요한 시점이었다. 이를 위해 이용설은 연희대학교 이공대학에 예과를 설치하여 예과교육의 내실을 기하게 했다. 시설 확충 및 기자재 도입 등은 아치볼드 플레처(Archibald G. Fletcher, 1882~1970, 한국명 별리추) 박사 등 미국 북장로교 선교부에서 도왔다. 이용설은 당시 물자부족 등 어려운 여건 속에서도 행정동인 에비슨관을 완성할 수 있었다.[28]

해방 직후 좌익 진영의 의사들은 의료국영론을 제기하였다. 대표적인 인물로 도쿄제국대학 의학부 출신으로 좌익의 의료국영론을 이끌었던 최응석(崔應錫, 1914~1998)을 들 수 있다. 최응석은 1914년 평양 출신으로 평양중학교를 졸업하고 일본에 유학하였으며, 1937년 도쿄제국대학 의학부를 졸업하였다. 그는 내과 수련의를 거쳐 1943년 도쿄제국대학에서 의학박사 학위를 받았다. 1944년 그는 일본에서 치안유지법 위반으로 체포되어 옥고를 치렀으며, 1945년 해방과 함께 귀국하였다. 1945년 9월부터 그는 경성대학 의학부 제2내과

27) 강명숙,「미군정기 대학 교육과정 운영의 변화와 그 의미」,『한국교육사학』24-1, 2002, 88~96쪽.

28) 이원규, 앞의 책, 95~98쪽.

교수로 일하였다. 그는 '조선과학자동맹', '민주주의민족전선' 등 좌익진영에서 주로 활동하였다. 1946년 7월 미군정은 '국립서울대학교 설립안'을 추진하였고, 최응석 등 좌익진영은 의학교육을 4년제로 유지, 증강하여 단기의사를 양산해야 한다고 주장했다. 결국 국대안을 둘러싼 논쟁 가운데 최응석 등 좌익진영의 교수들은 서울대를 떠나야 했다. 1946년 10월, 최응석은 김일성대학 총장의 초청을 받아 그해 11월 평양으로 갔다. 최응석은 김일성종합대학 의학부 부학부장 겸 병원장, 북조선보건연맹 위원장, 의학과학원 원장 등 의학계의 대표적인 인물로 활동했다.29)

최응석은 해방 직후 발표한 일련의 기고문을 통해 자신의 보건의료체계 구상을 밝혔다. 그는 진정한 과학적 의학은 치료의학과 사회의학의 변증법적인 통일임을 주장하면서 예방의학, 집단의학의 중요성을 강조하였다. 최응석의 보건의료체계 구상의 핵심은 의료국영론에 있다고 말할 수 있다. 최응석은 1947년 5월 『조선의학신보』에 이용설의 「보건후생행정에 대하야」에 뒤이어 「현단계 보건행정의 근본적 임무」라는 글을 나란히 게재하여, 의료국영론의 원칙을 제시하였다. 그는 전면적이고도 엄격한 의료국영화가 아니라 점진적이고 유연한 의료국영화를 위해 국영병원, 협동조합병원, 개인개업의 등을 세 축으로 하는 의료국영론을 제시했다. 이를 위해 우선은 기존의 관립병원(9개), 공립병원(64개), 일본소유병원(74개) 등 총 145개 병원을 중심으로 각 군에 1개의 종합병원인 인민병원을 건설하자고 제안했다. 아울러 의료인력의 대량 양성을 위해 의전을 대학으로 승격시키고 중등정도의 보건기술학교를 설립하여 산파, 보건부, 방역기술자 등 보건의료인력을 대량 양성해야 한다고 주장했다.30)

협동조합병원은 노동자 자신의 보건을 위해 노동자 자신이 자주적으로 관리하는 병원을 말한다. 노동자 자신이 의료관계자의 협력을 받아 직접

29) 신영전·김진혁, 앞의 글, 471~481쪽.

30) 최응석, 「현단계 보건행정의 근본적 임무」, 『조선의학신보』 2, 1947, 19쪽.

관리하는 병원을 말하는데, 협동조합병원에 대한 강조는 사회주의 원칙에 충실한 것이었다. 실제로 소련과 북한에서 협동조합병원은 국가와 당에 귀속되어 소멸되는 과정을 거쳤다. 최응석의 의료국영론에서 가장 주목해야 할 것은 개인개업의의 역할이다. 그는 궁극적으로 영리적 개인개업의는 없어져야 할 존재로 여겼지만, 유연한 의료국영화를 위해서는 모든 개인병원을 폐쇄하고 개인개업을 금지할 것이 아니라 모든 인민이 무상의료를 제공받을 수 있도록 국가의 책임하에 개인개업의가 의료의 인민화에 일정한 역할을 수행해야 한다고 보았다.[31]

해방 이후 최응석이 경성대학 의학부, 김일성대학 의학부, 평양의학대학 등에서 좌익 진영의 의료국영화 구상을 위해 이론가로서 활동했다면, 고향인 함흥에서 개원의로 활동하던 최명학은 최응석과 같은 의료국영론을 구체화하는 데 관심을 두지는 않았다. 다만 최명학 역시 이용설과 마찬가지로 의료상업화의 극복과 의료국영화의 지향에 대해서는 깊은 공감을 표시했다.

> 의술은 인술이라는 의미에서의 醫者는 仁者가 되어야만 할 것이나 사회상에 나타나는 현상으로는 인술 또는 인자답게 보여지지 않는 느낌이 적지 않아 인술 인자의 행적이 업무화하여 영업화하는 점이다. (…) 이제 그 원인을 규명하여 개선할 점을 탐구함은 공론이 아닐 것이다. 필자의 우견을 들면 이러하다.
>
> 첫째로 의자의 결점으로 생각되는 것은 경제관념이 없어야 할 「인자」의 머리에 경제관념이 생기는 것 즉 황금에 눈이 어두어지는 것. 둘째로는 의자는 사회적으로 지위와 명망에 있어 우대를 받게 되고, 경제적으로 생활안정을 얻게 되므로 경쟁자가 많아져서 의업에 경쟁이 생기게 되는 것. 셋째로 의자로서 서로의 도덕을 무시하고 자기 자만의 생각과 교만한 생각에서 동업자간 악평을 하여 제삼자에게 인격적 멸시를 느끼게 하는 것을 들 수 있다. 그리고 일반 사회의

31) 여인석·이현숙·김성수·신규환·박윤형·박윤재, 앞의 책, 309~311쪽 ; 신영전·김진혁, 앞의 글, 488~499쪽.

> 그릇된 생각을 첫째 의자의 사례는 물론 교환하던 봉건시대 유물과 같이 여기는 점이다. 즉 치료비나 약값은 의례히 연말정산이나 외상으로 하자는 관념, 결국 청산할 때에는 감액을 하는 악습이다. 이런 습관은 자연 의자에게 악영향을 주는 것이다. 더욱이 목숨이 경각인 환자가 시술 여하로 사선에서 갱생되고 서로 치료비는 외상 운운하다가 할인 운운 나중에는 지불거절까지의 경우를 당하면 그야말로 기가 막힐 노릇이다. 이런 의약의 사례에 대한 잘못된 사회인식은 그 사회문명과 사회교육 정도 여하에 크게 관계될 것이다. 그러므로 결론으로는 선진문명국과 같이 의료국영화가 가장 합리적이오 이상적이라고 하겠다.[32)]

최명학은 의료상업화가 의료공급자의 황금만능주의와 과다경쟁, 의료소비자의 잘못된 지불관습 등에서 비롯된다고 보았다. 최응석이 1930년대 사회주의 사상을 수용하고, 1945년 11월 조선공산당에 입당한 것과는 대조적으로 최명학은 1940년대 초까지도 함흥 제혜병원 등 선교병원에서 활동하였다. 이 글은 선교병원 재직시기에 일반 개원의의 관점에서 의료상업화와 의료국영론에 대한 자신의 관점을 제시한 것이다. 따라서 최명학이 주장하는 의료국영론은 개업의의 소멸을 목표로 한 의료국영론을 말한 것이 아니라 국가지원과 국가의존도를 높이는 방향으로 의료개혁이 이루어져야 한다는 점을 강조한 것으로 보인다. 1946년 4월 북한의 사상통제와 검열이 심화되던 시기의 조사서에서 최명학의 출신성분을 '소시민'으로 규정하고, 그의 사상적 경향을 '진보적 민주주의로 자아수련'이라고 작성한 것에서도 알 수 있듯이 그의 의료국영론은 최응석과 같은 좌익 측의 인식과는 거리가 있었다고 생각된다.[33)]

해방 이후 최명학은 국가재건의 필요에 따라 자연스럽게 건국준비위원회 함경남도 지부와 조선민족 함경남도 집행위원회 등에 편입되었다. 1945년 9월 조선민족 함경남도 집행위원회가 함경남도 인민위원회로 개명되었고,

---

32) 최명학, 「인술과 사회」, 『조선일보』 1940년 2월 8일.

33) 함흥의학전문학교, 「최명학 조사서」, 1946. 4.

최명학은 해방 초기부터 함경남도 지역의 행정과 치안 등의 인수와 관리 등에 관여하였다. 최명학은 함경남도 인민위원회 부위원장 겸 보건국장으로 활동했으며, 1945년 11월 함흥의학전문학교 교장으로 임명되면서 학교 재건과 의학교육에 몰두하게 된다.34)

해방 직전인 1944년 개교한 함흥의학전문학교는 졸업생을 내지 못하고 해방을 맞았다. 교수진이 일본인으로만 구성되어 교수진도 없었고, 부속병원도 없는 상태였다. 타 지역에서도 의학교육기관을 설립하거나 확충하려는 경향이 있어, 전문인력 유출을 극도로 꺼리고 있었다. 1945년 11월, 북한당국은 함흥의학전문학교의 재건을 위해 의학계의 권위자이자 지역사회에서 명망을 갖춘 최명학을 교장에 임명했다. 1945년 말, 최명학은 교수진을 집중적으로 충원하였는데, 주로 함흥도립의원 소속 의사들과 함흥지역에서 활동하던 개원의들이 그 대상이 되었다.35)

1946년 4월까지 총 21명(교양 2명 포함)이 교수로 임용되었다. 박사학위자는 4명(최명학, 리주걸, 김을성, 주민순)이었고, 대학 출신이 6명, 전문학교 출신이 13명이었다. 함흥도립의원 등에서 근무하던 인력이 9명이었고, 나머지 7명은 개원의 출신이었다. 이들의 직급은 교수 9명, 조교수 3명, 강사 7명이었다. 전공별로는 기초가 4명이었고, 임상이 15명이었다. 전반적으로 내과와 외과 인력이 부족하고, 적지 않은 분과에 전공자가 아예 없기도 했다. 게다가 어렵사리 충원한 인물들도 월남하는 등 함흥에서 교수진을 확보하는 일은 매우 힘든 일이었다.36)

---

34) 森田芳夫, 『朝鮮終戰の記錄』, 巖南堂書店, 1964, 172쪽.

35) 김근배, 「북한 함흥의과대학 교수진의 구성, 1946~48 : 사상성과 전문성의 불안한 공존」, 『의사학』 24-3, 2015, 716쪽.

36) 대표적으로 1942년 12월 함흥 복부정에 동제의원을 개원한 전종휘를 들 수 있다. 전종휘는 1945년 10월, 함경남도 인민위원회 교육국 교육부장 양인성의 요청으로 2학년 병리학강의를 담당하고 있었다. 신탁통치를 둘러싸고 남북이 대치하게 되고, 38선이 폐쇄될 것이라는 불안감을 느낀 전종휘는 1946년 3월 월남했다. 김택중, 「의사 전종휘의 생애와 사상 : 한국 근대성의 한 초상」, 인제대학교 인문의학협동과정

1947년 3월, 북한 당국이 사상적 경향과 전문적 역량을 기준으로 교원심사와 검열 등 대대적인 교원심사와 검열작업을 진행하면서 심사대상 25명(교양 7명 포함) 가운데 오직 4명만이 자격을 갖춘 것으로 판정을 받았다. 그러나 가장 반동적 인물로 지목받은 경성제국대학 출신 3명을 제외하고 부족한 교수인원을 대체할 수 있는 인력을 충원한다는 것은 현실적으로 불가능한 일이었다. 교원심사가 끝난 1947년 4월 함흥의과대학의 교수진은 총 19명이었다. 박사학위자는 3명(최명학, 주민순, 박준)이었고, 대학 출신 7명, 전문학교 출신 12명이었다. 새로 9명이 충원되었으나 심사 탈락 등으로 교수진의 숫자는 최명학이 주도했던 교수진 숫자와 같았다. 그러나 이전 대비 내과와 외과가 강화되고, 위생학 분야가 보강되었다. 기초와 임상이 각각 5명과 14명이었고, 생리학, 병리학, 세균학, 의화학, 이비인후과학 등에는 교수인력이 아예 없었다. 반면 이전 대비 기초과학과 정치사상 관련 교수인력은 크게 늘어났던 것으로 보인다.[37]

1946년 8월, 북한의 고등교육 확장정책에 따라 함흥의학전문학교는 함흥의과대학으로 승격되었다. 북한은 다른 나라들과는 달리 독자적으로 의과대학을 5년제로 결정하였다.[38] 함흥의과대학의 신입생 정원은 160명이고, 학제는 5년제였으며, 학장은 최명학이었다. 이로써 함흥의대는 1946년 9월 성립된 김일성종합대학 의학부와 더불어 북한을 대표하는 최고의 의학교육기관이 되었다. 이밖에도 북한당국은 1948년 9월 청진의과대학을 설립한 데 이어, 1948년까지 6개의 의학전문학교를 설립하였다. 아울러 전국 각지에 의학강습소를 설치하는 등 다양한 의료인력 양성 방안을 모색하였다.[39] 이는 의료국영론을 지탱하기 위한 다양한 인력 양성 방안이었던 셈이다. 1948년 10월,

---

의학박사논문, 2011, 133~134쪽.

37) 김근배, 앞의 글, 2015, 726쪽.

38) 북한에서 의과대학 6년제가 정착된 것은 1970년 이후의 일이며, 2002년 5년제와 6년제로 운영되던 의과대학을 4년제로 개편했다.

39) 박윤재·박형우, 「북한의 의학교육제도 연구」, 『의사학』 7-1, 1998, 66~67쪽.

북한은 국가학위수여위원회(위원장 김두봉)를 조직하였다. 논문심사 없이 박사 5명과 학사 7명에게 학위를 수여하였는데, 의학분야에서는 평양의대 장기려와 함흥의대 최명학이 국가 박사학위를 받는 최고의 명예를 누렸다.[40)]최명학은 1952년 과학원이 창립될 때 의학분야 유일의 원사이자 농학 및 의학부문 위원장으로 활약할 만큼 북한 의학계에서는 최고의 명성을 누렸다.[41)]

4. 맺음말

이용설과 최명학은 일제가 청일전쟁으로 대륙 침략의 야욕을 드러내고 대한제국이 국권회복을 위해 자주적 국가건설을 위해 매진하던 시기에 평양과 함흥에서 태어났다. 평양과 함흥은 미 북장로회와 캐나다 장로회가 교육 및 의료선교를 시작한 곳이고, 일찍부터 기독교 선교를 통해 문명개화와 계몽운동의 중심지가 되었다. 이용설과 최명학 역시 기독교 신앙과 학교교육을 통해 신문물을 받아들였다. 그들이 세브란스의전에 입학하게 된 것은 에비슨, 맥밀런 등 의료선교사들과의 개인적 친분 덕이었다. 미션스쿨에서의 다양한 경험 중 그들 인생에 중요한 영향을 미쳤던 것 중의 하나는 YMCA 활동이었다. YMCA 활동의 목표는 기독교 전도를 위해 음악, 체육, 사교 등 다양한 활동을 전개하는 것이고, YMCA 조직과 활동은 각 지역의 사회계몽과 농촌봉사 활동으로 연계되어 있었다. YMCA가 정치운동을 목표로 한 것이 아니었음에도 불구하고, 전국적인 조직망을 갖춘 YMCA는 3·1운동과 자연스럽게 결합되었다. 이용설과 최명학 역시 YMCA 조직을 통해 3·1운동에

40) 허윤정·조영수, 「해방직후 북한 의학교육의 형성 : 1945~1948」, 『의사학』 23-2, 2014, 260쪽.

41) 『국민보』 1952년 12월 17일, 「북한에 과학원 조직」.

참여했다.

1919년 3·1운동 참여는 그들의 인생에서 중요한 전환점이 되었다. 이용설은 체포를 피해 망명 중에 북경협화의학원과 시카고 노스웨스턴 의과대학 등에서 정형외과를 수련하였다. 최명학 역시 세브란스의전을 졸업하고 교토제국대학 의학부에서 해부학을 공부하였다. 이들은 미국의학과 일본의학의 수련을 통해 학자로서의 입지를 쌓았지만, 일제시기 세브란스의전에 교수로서 진입하거나 그 신분을 유지하기 위해서는 일본의 박사학위를 필요로 하였다. 일제시기 세브란스의전에서는 교파연합의 분위기 속에서 영미의학이 주도권을 가지고 있었지만, 제도적으로는 일본의학의 영향도 무시할 수는 없는 상황이었다.

1930년대는 정형외과학과 해부학의 개척자들인 이들에게 최고의 전성기였다. 이용설은 세브란스의전의 외과학교실 주임교수로서, 최명학은 해부학교실 주임교수로서 교육과 연구 등을 통해 인생의 절정기를 함께 보냈다. 그들은 세브란스연구부와 학생 YMCA 활동에도 적극 참여하였다. 특히 학생 YMCA가 주관하는 통속의학강연회는 1930년부터 1937년까지 매년 한두 차례 거행되었는데, 이용설과 최명학은 거의 매년 함께 참여하면서 대중운동을 주도하였다.[42] 청년시절의 YMCA운동은 의사가 된 이후에도 대중운동의 형태로 발현되었고, 이는 세브란스의전에서 그들이 공유할 수 있는 중요한 사회운동의 경험이었다. 그러나 1930년대 중반 그들 모두 뜻하지 않은 사건에 휘말렸고 결국 그 사건들을 계기로 교수직을 내려놓을 수밖에 없게 되었다. 1940년대에는 그들 모두 서울과 함흥에서 외과의원을 개원하여 평범한 개업의의 길을 걸었다.

8·15해방은 이들 모두에게 위기이자 기회였다. 남북이 분할되면서 그들은 각자가 위치한 곳에서 일제로부터 치안과 행정 등을 이양받기 위해 건국준비위원회와 인민위원회에 참여하였다. 이용설은 건국준비위원회 위원과 건국의사

---

42) 박형우, 『연세대학교 의과대학의 연구 역사』, 연세대학교 대학출판문화원, 2014, 81~83쪽.

회 위원장으로 활동하다가 미군정 초대 보건후생부장으로 취임하였다. 좌우익의 갈등이 첨예화되는 가운데, 미군정의 보건책임자로서 이용설은 우익의 보건의료체제를 선전하고 수립하는 데 기여하였다. 1948년 9월, 이용설은 세브란스의과대학 제5대 학장으로 취임하면서 의학교육에 헌신하였다. 반면 해방 직후 최명학은 함경남도인민위원회의 부위원장이자 보건국장으로서 함경남도 보건위생의 정상화를 위해 노력하였다. 1945년 11월, 최명학은 함흥의학전문학교의 재건을 책임지면서 의학교육에만 전념하였다.

이용설과 최명학은 세브란스의전 시절부터 학생 YMCA활동, 대중운동, 사회운동 등을 통해 실천적 지식인의 삶을 추구했다. 해방 전 기독교신앙과 과학적 의학에 뿌리를 둔 세브란스의전에서의 교육경험은 이들이 기독교 신앙에서 출발하여 학생 YMCA 활동과 3·1운동 참가, 해외유학, 교수생활, 개업의 활동 등으로 나아가는 데 자양분을 제공했다. 그랬던 두 사람은 해방 이후 전혀 다른 인생행로를 걷게 되었다. 좌우대립의 심장부에서 보건행정을 책임졌던 이용설은 우익 보건행정의 이론가이자 교육행정가의 삶을 살았고, 최명학은 북한의 보건행정과 의학교육 책임자로서 교육행정에 전념하였다. 그러나 교육행정가로서 두 사람은 전혀 다른 환경과 맞닥뜨렸다. 세브란스의과대학 학장으로서 이용설은 비교적 인적 자원이 풍부한 상황에서 교수 충원과 시설보완을 진행할 수 있었다. 반면 함흥의과대학 학장으로서 최명학은 인재난을 겪어야 했으며, 또한 자신을 포함한 교수진들에 대한 관계 당국의 사상통제와 검열을 겪어야 했다.

독실한 기독교 신자인 이용설과 최명학은 의료상업화는 모두 적극적으로 반대했지만, 의료국영론에는 상이한 태도를 보였다. 이용설은 의료국영론을 비판하면서 병원의 대형화와 의료인력의 전문화에 대비하고자 하였고, 이는 미군정의 6년제 의과대학 구상과도 일맥상통하는 것이었다.

최명학은 의료국영론에 공감을 표시했지만, 그 구체적인 내용을 파악하기 어렵다. 다만 최명학은 북한을 대표하는 의학자였고, 정권 인수에 참여했던 중요 책임자 중의 한 사람으로서 북한의 의료국영론에 적극적으로 반대하기는 쉽지 않았을 것이다. 의료국영론의 지지자들은 5년제 의과대학과 다양한 형태의 의료인력 양성 방안에 동조했다. 북한의 사상통제와 검열 속에서 최명학은 선교병원에서 활동한 이력을 스스로 지워야 했고, 선교병원에서의 활동이력을 감추기 위해 3·1운동에 참여하여 옥고를 치른 경력까지도 공개하지 않았다. 북한의 사상통제에서 자유로울 수 없었던 최명학은 '진보적 민주주의자'이자 교육자로서의 삶에 충실하는 것으로 자신에게 주어진 시대적 사명을 완수하고자 했을 것이다.

이용설 약력	최명학 약력
1895 평안남도 희천 출생 1910. 4 숭실중학교 입학 1913. 4 숭실전문학교 입학 1915. 4 세브란스연합의학교 입학 1919. 3 세브란스연합의학전문학교 졸업 1920~22 북경협화의학원 인턴 및 외과 레지던트 수련 1922. 8~1924. 8 세브란스병원 외과 조수 1924. 9~1925. 8 시카고 노스웨스턴 의과대학 편입, 졸업 1925. 8~1926. 9 뉴욕시 정형외과병원 수련 1926. 9 세브란스의전 외과 조교수 1937. 5 경성제대 의학부 약리학 교실 박사 1937. 7 수양동우회사건 연루 1940. 1 세브란스의전 사직, 이용설외과의원 개원 1945. 8 건국의사회 위원장 1945. 9 미군정청 보건후생부장 1948. 9 세브란스의과대학 제5대 학장 1950~54 제2대 국회의원 1956~1962 세브란스병원장 1993. 3 작고	1898. 3 함경남도 함흥 출생 1913. 3 함흥영신보통학교 졸업 1914. 4~1916. 3 함흥영생중학교 수학 1917. 3 함흥 영생학교 졸업 1917. 4 함흥 제혜의원 서기 근무 1922~26 세브란스연합의학전문학교 수학 및 졸업 1927. 4~1931. 1 교토제국대학 의학부 유학 1931. 3 세브란스의전 생도감 1932. 7 교토제국대학 의학부 의학박사 1931. 7~1934.3 세브란스의학전문학교 조교수 1934.4~1936. 3 세브란스의학전문학교 교수 1936. 4~1942.3 함흥 제혜병원 외과 과장 1942. 4~1945. 11. 29 함흥에서 최명학외과의원 개원 1945. 11. 30~1946. 8. 30 함흥의학전문학교 교장 겸 교수 1948. 8. 31 함흥의과대학 초대 학장 1952 과학원 원사 1961. 12 작고

참고문헌

| 자료 |

세브란스연합의학전문학교, 『1932年度 世富蘭偲聯合醫學專門學校 卒業記念寫眞帖』, 연세대학교 의과대학 동은의학박물관 소장, 1932.

세브란스연합의학전문학교, 『1929年度 世富蘭偲聯合醫學專門學校 卒業記念寫眞帖』, 연세대학교 의과대학 동은의학박물관 소장, 1929.

이용설, 「나의 이력서」, 『한국일보』, 1977.

이용설, 「나의 삼일학생운동 체험」, 『새벽』 3~1, 1956.

이용설, 「보건후생행정에 대하야」, 『조선의학신보』 2, 1947.

이원규, 『하늘은 아신다 : 여천 이용설』, 서울 : 현존사, 1999.

최응석, 「현단계 보건행정의 근본적 임무」, 『조선의학신보』 2, 1947.

함흥의학전문학교, 「최명학 조사서」, 1946. 4.

함흥의과대학, 「최명학 교원 리력서」, 1948.

「李容卨 判決文」, 『朝鮮總督府裁判所(京城覆審法院)』(1940. 8. 21), 관리번호CJA0000588.

『국민보』

『동아일보』

『세브란스교우회보』

『조선일보』

『조선중앙일보』

『한겨레신문』

| 저서 |

박형우, 『연세대학교 의과대학의 연구 역사』, 서울 : 연세대학교 대학출판문화원, 2014.

신규환·박윤재, 『제중원 세브란스 이야기』, 서울 : 역사공간, 2015.

여인석·이현숙·김성수·신규환·박윤형·박윤재, 『한국의학사』, 서울 : 의료정책연구소, 2012.

森田芳夫, 『朝鮮終戰の記錄』, 嚴南堂書店, 1964.

| 논문 |

강명숙, 「미군정기 대학 교육과정 운영의 변화와 그 의미」, 『한국교육사학』 24~1, 2002.

김근배, 「북한 함흥의과대학 교수진의 구성, 1946~48 : 사상성과 전문성의 불안한 공존」, 『의사학』 24~3, 2015.

김근배, 「일제강점기 조선인들의 의사되기 : 해방 직후 북한의 의과대학 교원들을 중심으로」, 『의사학』 23-3, 2014.
김택중, 「의사 전종휘의 생애와 사상 : 한국 근대성의 한 초상」, 인제대학교 인문의학협동과정 의학박사논문, 2011.
박윤재·박형우, 「북한의 의학교육제도 연구」, 『의사학』 7-1, 1998.
박형우·여인석, 「해부학자 최명학」, 『의사학』 1-1, 1992.
신영전·김진혁, 「최응석의 생애」, 『의사학』 23-3, 2014.
신유섭·신재의·유형식, 「여천 이용설의 의료계몽과 학술활동」, 『연세의사학』 17-1, 2014.
신좌섭, 「군정기의 보건의료정책」, 서울대학교 대학원 의학과 석사학위논문, 2001.
여인석, 「한국 근대 선교의료기관의 형성과 성격」, 연세대학교 의학사연구소 편, 『한국 근대의학의 탄생과 국가』, 서울 : 역사공간, 2016.
장운철, 「북한 공산정권에 의한 함경도 교회의 피해 : 해방 후부터 한국전쟁 종전까지」, 대구가톨릭대학교 석사논문, 2005.
허윤정·조영수, 「일제하 캐나다 장로회의 선교의료와 조선인 의사 : 성진과 함흥을 중심으로」, 『의사학』 24-3, 2015.
허윤정·조영수, 「해방직후 북한 의학교육의 형성 : 1945~1948」, 『의사학』 23-2, 2014.

홍 성 표

해방공간 강성갑의 기독교 사회운동

1. 머리말

해방공간은 일제 식민통치로부터 해방된 우리 민족의 새로운 나라를 세우고자 하는 희망이, 남·북의 분단과 한국전쟁으로 좌절되고 분단체제가 형성된 시기였다. 이러한 해방공간에서 우리 민족의 대부분을 차지하고 있던 농민들의 삶은 일제로부터 해방되었다는 외형적 차이 외에 본질적인 변화는 없었다. 우리 민족의 대부분이 농민이었으므로 당시 우리 민족의 문제는 농촌의 문제라고 할 만큼 농촌문제는 우리 사회 전체의 문제였다. 한국교회는 일제하의 기독교 농촌운동 경험을 바탕으로 농촌문제 해결을 위해 노력할

강성갑(연희전문 졸업앨범, 1941)

* 이 글은 필자의 「해방공간 강성갑의 기독교 사회운동」, 연세대학교대학원 박사학위 논문, 2016.의 일부를 요약하고 보완한 것이다.

만한 힘과 여건을 가지고 있었지만 농촌문제에 대해 적절한 대안을 제시하지 못하였으며, 농민의 삶을 외면하고 반공(反共)에 사로잡혀 분단체제 형성에 앞장섰다.

해방공간에 좌·우 이념을 초월하여 우리 민족의 문제인 농촌문제를 해결하고자 기독교 사회운동에 앞장섰던 강성갑이라는 인물이 있었다. 새로운 나라를 세우고자 하는 이상에 불타던 김동길, 박형규, 이규호, 정원식 등 많은 청년·학생들은, 자신들의 자서전, 언론기고 등을 통해 자신의 삶에 큰 영향을 준 인물로 강성갑을 언급하고 있으나, 정작 강성갑이 누구인지는 알려진 바가 거의 없다.[1] 이들의 회고에는 강성갑과 깊은 관련이 있는 인물들로 원한경, 최현배, 백낙준, 김재준, 강원룡, 조향록 등이 언급되지만, 언급되는 인물의 무게감에 비해 강성갑은 한국교회 역사에서 거의 기억되지 않는 인물이다. 특히 원한경이 강성갑을 '연희가 배출한 최고의 인재' 라고 했다는 김동길 등의 증언이 있으나 연세대 내에서도 거의 알려져 있지 않다.[2]

강성갑은 해방공간에 경남 진영에서 "좌도 없고 우도 없었다. 단지 사랑하는 내 겨레가 있을 뿐"이라는 생각으로, "미국도 소련도 우리의 역사적 과업을 맡을 자는 아니니다. 우리의 문제는 몇 세대에 걸치더라도 우리의 문제로 남는다"며,[3] 농촌문제 해결을 위한 기독교 사회운동에 앞장서다가 한국전쟁 중인 1950년 8월 공산주의자로 몰려 희생되었다. 강성갑에 대해 일부 알려진 사실은 한국전쟁 중의 민간인 학살사건으로는 매우 이례적으로 전쟁 중임에도 1950년 10월 재판을 통해 가해자인 경찰 지서장 등에 대한 처벌이 이루어졌고, 전쟁이

1) 김동길, 「그리운 사람-姜成甲 목사 이야기」, 『새가정』 1965. 9, 34~35쪽 ; 김동길, 「같이 살기 運動의 姜成甲 목사」, 『신동아』 1973. 5, 168~171쪽 ; 박형규, 『나의 믿음은 길 위에 있다 : 박형규 회고록』, 창비, 2010, 59~61쪽 ; 이규호, 윤재홍 편, 『삶의 철학』, 연세대학교 출판부, 2005, 115~116쪽 ; 정원식, 『변혁의 시대에서 : 정원식 회고록』, 기파랑, 2010, 17~19쪽.

2) 「김동길 구술증언」 2015년 8월 16일.

3) 심진구, 「향토교육의 선구자 강성갑에 관한 사례연구」, 『인천교대 논문집』 3, 1968, 266쪽.

강성갑과 「한얼」정신

— 이용주 기자

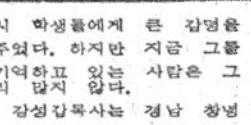

행동으로써 복음의 진리를 입증
「한얼」 정신을 가난한 민중에 심어

—첫번째—

1949년 여름의 어느날, 당시 연희대학교 강당의 채플시간에는 조그마한 강연회가 열리고 있었다. 사회자의 간단한 소개에 이어서 강성갑목사가 연사로 등단했다.

크지않은 키에 얼굴은 거무스레하고 초라한 행색이었으나 유달리 광채있는 눈매와 단단한 체구가 한껏 위엄을 풍기고 있었다.

그는 강단에 올라서자 단호한 어조로『대학을 나오고 서울바닥에서 월급쟁이나 할 생각을 가진자는 거지근성을 가진 불쌍한 인간이며 농촌에 묻혀 그들과 더불어 사는 사람만이 대한민국의 주인이 될 것이다』고 열변을 토했다.

이러한 그의 강연은 당시 학생들에게 큰 감명을 주었다. 하지만 지금 그를 기억하고 있는 사람은 그리 많지 않다.

강성갑목사는 경남 창녕(昌寧)에서 1912년 6월 21일에 출생하였고, 1941년 연희전문학교 문과를 졸업했으며 졸업후 일본 동지사대학 신학부를 졸업하여 목사가 되었다.

그가 연희전문에 입학하게된 과정이 흥미롭다.

입학시험에서 영어때문에 낙방을 한 그는 당시 백낙준 교장을 찾아가 입학을 간청했으며 그의 열의와 신념에 감복한 백교장의 호의로 연전에 들어올 수 있었다.

당시 연희전문에는 백낙준 박사가 교장이었고 최현배, 차경덕, 이양하, 이묘묵교수 등이 있었는데, 1학년때는 이양하 교수가가르치는 코난 도일(Conan Doyle)의 셔얼록 호움즈(Sherlock Holms)가 하도 어려워 책한권을 완전히외워서 시험을 치루었다 한다. 특히 최현배선생의「우리말본」강의는 민족주의적인 정신을 일깨워 주에그의 농촌부흥운동의 정신적인 기조를 이루는데 크게 영향을 주었다.

이미 25세의 만학도였던 그는 입학 후에도 남다른 신념과 의지로서 교우(校友)들의 존경을 받았으며 독실한 크리스찬이었고 공부도 썩 잘했다고 한다.

특히 사리에 밝고 원칙에 어긋나는 일이 없어 한번은 교우(校友)중 한친구가 결혼을 하게되어 모든 학생들이 수업을 빠지고 결혼식에 참가했으나 그 혼자만이 수업에 남았다는 에피소드도 있다.

그와 연희전문학교 문과 동기생인 정희석 음대학장은『강성갑은 겸허하고 점잖은 모범생으로 보통학생과는 다른 위엄까지 지니고있었다』고술회하고있다.

연희전문학교 졸업후에는 일본 동지사대학 신학부를 수료하고 목사가 되었다. 그후 그는 수년간 목회일을 하다가 부산 대학에서 한동안 독일어교수직을 맡았었다.

그러나 당시의 시대적상황은 신념과 투지의 사나이인 강성갑을 대학사회에 머물게하지 않았다.

자유당 정권의 부정부패가 걷잡을수 없는 지경에 이르렀고 민중은 일종의 체념 상태에서 무관심으로 기울어 가던 때였기 때문이다.

이러한 때에 민족과 국가를 살리는 길은 농촌의 부흥에 있고 농촌의 부흥은 공동교육을 통해서만 실현될수 있다는 신념을 갖고있던 강목사는 진정한 의미의 복음은 말보다도 실천이며 지금 이시각에 우리민족에게 필요한 것은「한얼」의 정신(하나의 정신, 큰 정신)을 가난한 민중의 마음속에 심는 일이라고 굳게 믿고있었다.

이러한 그의 믿음이 경남 김해군 진영읍내에「한얼중학」이라는 학교를 낳게 했다. 그는 많지도 않은 재산이지만 가산(家產)을 정리해 가지고 부인과 친지들의 만류를 무릅쓰고 생소한 진영땅에 첫 발을 디딘 것이니, 처자를 거느린 중년의 지성인으로서는 커다란 모험이 아닐수 없었다.

◇강 성 갑◇

학생들과 함께 미숙한솜씨로 찍어서 만든 흙벽돌집이 세번이나 비로 넘어졌지만 그럴 때마다 집은 점점 더 견고하게 재건되었다. 연일(連日)의 노동으로 까맣게탄 얼굴로 그는 교육의 일선에 나섰던 것이다. 강목사는『농민 스스로를 위해 사는 농촌지도자를 만들어야 한다』면서『진정한 애국애족은 도시가 아니라 농촌의 혁명을 통해 이루어져야한다』고 역설했다.

그의 농촌부흥운동은 심훈의「상록수」나 이광수의「흙」에서 볼수있듯이 낭만적이고 감상적인것이 아니고 구체적이고 실질적이었다.

또한 재래식의 농촌운동과 판이한 것은 철저한 봉사의 신념을 배경으로 농촌혁명의 패턴을 형성하려했다는 점이다. 한얼중학의 특색은, 이 학교가 명실공히 농촌을 위하여 존재한다는 사실이었다. 따라서 수업이 농번기에는 없고 비교적 한가한 때 집중적으로 행해졌다. 그러나 교육수준이 결코 떨어지는 것은 아니었다. 당시 한얼중학에는 약 300명가량의 남녀학생들이 공부하고 있었는데, 그 읍내의 역사있는 공립학교인 진영중학이 위협을 느낄정도였다 한다.

또한 강목사는 우리의 생활도 행동으로 복음의 진리를 입증해야한다며 일하면서 공부하는 자세를 학생들에게 강조했다. 집집마다 찾아다니며 학생들과함께 감나무를 심어주고 장래를 기대하자고 격려하기도 했다. 처음에는 강목사의 호의를 의심하던 농민들도 그의 순수한 봉사정신에 감격을 금치 못하였으며, 그는 불과 몇해안에 진영일대에서 가장 존경받는 저명인사로 등장하게되었다. <이용>

『연세춘추』 1977년 4월 4일

끝난 직후인 1954년 5월 함태영 부통령 등이 참석한 추모동상 제막식이 있었다는 것이다.[4)]

이 글을 통해 그동안 알려지지 않았던 강성갑의 기독교 사회운동의 실천 배경 및 내용을 정리함으로써 원한경이 강성갑을 '연희가 배출한 최고의 인재'라고 말했던 그 이유가 무엇인지 살펴보고자 한다.

4) 한성훈, 「진영지역 학살과 진실규명 : 역사의 법정과 희생자 복원」, 『역사연구』 21, 2011, 73~101쪽 ; 한성훈, 『가면권력 : 한국전쟁과 학살』, 후마니타스, 2014, 73~81쪽 ; 정희상, 『이대로는 눈을 감을 수 업소 : 6·25 전후 민간인 학살사건 발굴 르뽀』, 돌베개, 1990, 93~106쪽 ; 김기진, 『끝나지 않은 전쟁, 국민보도연맹 : 부산경남 지역』, 역사비평사, 2002, 140~150쪽 등이 있으며, 진영의 양민학살 사건을 소재로 한 소설인 조갑상, 『밤의 눈 : 조갑상 장편소설』, 산지니, 2012.에도 강성갑의 죽음이 언급되고 있다.

2. 실천의 배경

1) 청소년기－기독교인으로서의 정체성 확립

강성갑은 1912년 6월 21일 경남 의령에서 아버지 강봉석(姜鳳碩), 어머니 손온천(孫溫川)의 3남 2녀 중 둘째 아들로 태어났다. 강성갑은 13살에 의령보통학교에 입학하여 약 6개월간 다니다가 마산 사립 창신학교 4학년으로 전학하여 1927년 3월 졸업하였다. 창신학교는 1906년 호주 선교사와 지역의 기독교 관련인사들이 설립한 학교로서 마산지역을 대표하는 신식학교였으며, 신사참배 거부 문제로 1939년 총독부에 의해 강제로 문을 닫게 될 때까지 3·1운동을 비롯하여 크고 작은 항일운동에 앞장섰던 민족의식이 투철한 학교였다.

창신학교를 졸업한 강성갑은 1927년 4월 마산상업학교에 입학하여 1930년 3월 졸업하였다. 마산상업학교는 마산지역의 유일한 중등 교육기관으로 당시 3년제 을종학교였으나 정원이 3개 학급 50명 정도에 불과했으므로 입학경쟁은 매우 치열하였다. 학적부에 기록되어 있는 교사들의 평가에 의하면, 강성갑은 온순하면서도 지조가 굳고 근면·성실하였으나, 거동이 오방(傲放)으로 표현되어 있는 것으로 보아 자신감이 넘치고 당당한 학생이었던 것으로 보인다. 과묵하고 단정하지만 자신의 의견을 발표하거나 주장할 때에는 당당하고 자신감이 넘쳤으며, 운동을 좋아하면서도 내면적으로 감성이 풍부한 학생으로 좌우명은 "소처럼 꾸준하게!" 였다.

강성갑은 청소년기에 창신학교에서 성경을 배웠고 예배에도 참석하는 등 기독교를 접하였으나, 본인의 의지로 기독교인이 되었던 것은 마산상업학교에 입학한 이후 독립마산예수교회에 다니면서부터이다. 독립마산예수교회는 마산문창교회 박승명 목사의 추문으로부터 시작된 분규의 결과로 마산문창교회가 분열되어, 손덕우 등을 중심으로 한 교인들의 자율적, 자발적, 자치적 결정으로 1927년 11월 설립된 것이었다. 이들은 목사중심의 교회에서 벗어나 평신도들의 의사가 반영되고 평신도의 삶을 중심으로 하는 민중적 교회를 설립하였다. 강성갑은 이러한 분규과정을 거쳐 설립된 평신도 중심의 민중지향적 교회라는 독립마산예수교회의 설립취지에 공감하고 기독교인이 되었으며 청년회 등 교회활동에 적극적으로 참여했다. 독립마산예수교회는 설립이후 활발한 활동을 전개하여 마산 지역사회의 주목을 받았으며 특히 신축 예배당에서는 교회의 행사뿐만 아니라 신간회, 근우회 마산지회 등 좌우합작 민족운동단체의 활동 또한 활발하게 이루어졌다.

강성갑은 마산에서 보낸 청소년기에 첫째, 독립마산예수교회에서의 신앙생활을 통해 기독교 신앙과 교회의 역할 등에 대한 자신의 가치관을 정립하게 되었고, 민족주의자이며 아나키스트 성향이 강했던 김산 목사와 마산 지역의 3·1운동에 앞장섰던 손덕우 등으로부터 깊은 영향을 받았다. 특히 교회에서 활발하게 이루어진 신간회, 근우회 등의 활동을 직접 목격함으로써 일제의 식민지 정책에 반대하는 민족운동에 대한 이해의 폭을 넓히게 되었다. 둘째, 강성갑은 독립마산예수교회를 다니면서 창신학교 분규의 모든 과정을 직접 목격하였다. 창신학교의 동맹휴학은 처음에는 교육조건의 개선을 목표로 일어났으나, 1925년 이후에는 창신학교 고등과의 고등보통학교로의 승격 문제, 교사의 자질 문제, 마산문창교회의 학교 경영의 문제, 마산문창교회의 분규 등이 서로 복합적으로 작용하여 일어난 것이었다. 강성갑은 이를 통해 학교의 경영이 단순히 학생과 학교, 그리고 운영하는 교회만의 문제가 아니라 지역사회의 문제임을 인식하게 되었고 기독교 학교의 설립 목적 등에 대해 생각해 보는 계기가 되었다.

2) 장유금융조합 재직－식민지 조선 농촌현실의 자각

강성갑은 마산공립상업학교를 졸업하고 1931년 9월부터 1932년 1월까지 경상남도 의령군 지정면사무소에서 근무하였고, 1932년 1월부터 1937년 2월까지 경상남도 김해군 장유금융조합에서 근무하였다. 장유금융조합은 1930년 김해군 장유면 무계리에 김해금융조합 장유출장소로 설치되었다가, 장유지소로 승격되었고 1931년 11월 장유금융조합으로 독립한 것이다. 강성갑은 장유금융조합에 근무하면서 장유면 무계리교회에서 청년회 활동에도 앞장섰다.

강성갑이 장유금융조합에 근무하던 1930년대 식민지 조선의 농촌은 대공황과 농업공황의 영향으로 농산물가(農産物價)의 폭락, 특히 쌀 가격의 하락으로 심각한 타격을 받았다. 지주계급은 가격하락에 따른 손실을 메우기 위해 농사과정에 대한 개입을 강화하는 등 지주경영을 강화하였고, 소작농민 사이의 치열한 차지(借地)경쟁을 이용하여 소작료를 인상하였으며 소작권을 가혹하게 박탈하였다. 이러한 상황에서 1930년대의 혁명적 농민조합운동은 소작료 및 각종 공과금을 불납하거나 고리대를 상환하지 않는 등 식민지 수탈경제체제에 적극적으로 도전하였고,[5] 동시에 민족주의 운동 계열의 농민운동 또한 활발히 전개되었다. YMCA는 사회주의자들의 농민운동과 반기독교운동, 그리고 민족주의자들의 실력양성운동 등에 영향을 받아 농촌사업에 착수하였고, 장로교, 감리교 등 교단은 농촌교회의 피폐로 크게 감소되기 시작한 교세를 회복하기 위해서 농촌운동을 시작하였다.[6] 기독교 농촌운동에 큰 영향을 끼친 것은 1928년 예루살렘에서 개최된 국제선교협의회 및 교회 지도자들의 덴마크 시찰이었다. 이들은 덴마크의 농업국가 성장을 우리 조선 농촌의 성공 모델로 삼고, 덴마크와 그룬트비를 배우고 따라야 할 존재로 널리 알리는데 앞장섰으며, 언론·출판을 통한 농민계몽운동을 전개하였다. 강성갑 또한 무계리교회에서의 청년회 활동을 통해 한국교회의 기독교 농촌운동과 덴마크의 그룬트비를 접했던 것으로 보인다.

강성갑의 장유금융조합에서의 역할은 분명하게 확인할 수 없으나, 당시

---

5) 김용달, 『농민운동』, 독립기념관 한국독립운동사연구소, 2009, 21~22쪽.

6) 한규무, 『일제하 한국기독교 농촌운동 : 1925~1937』, 한국기독교역사연구소, 1997, 55쪽.

농민의 어려움을 확인시켜 주는 금융조합원의 부채와 관련된 언론보도 및 금융조합 관련통계 등을 통해 짐작할 수 있다. 조선금융조합연합회 조사과에서 편집하여 매년 발간한 『금융조합통계연보』에 의하면 장유금융조합의 조합원 1인당 평균 대부액은 1933년에 130원으로 매우 높은 금액이었고, 1934년에는 133원, 1935년에는 139원으로 증가하였으나 금융조합의 채권회수는 쉽지 않았다. 김해읍 금융조합은 채권회수를 위해 경매를 실시하였고,[7] 황주군 귀낙면 덕우금융조합의 경우에는 무리한 채무상환 독촉으로 인해 조합원들의 원성이 높았다.[8] 금융조합은 채무회수를 위해 입도차압(立稻差押)에 나섰으며 이를 『동아일보』는 '채귀(債鬼)'들이 날뛰고 있다고 지적하였다.[9] 금융조합은 설립자체에 이미 지주층과 독점자본에 기반하여 일본 자본주의의 이해관계를 실현한다는 계급적이고 반민족적인 성격을 내포하고 있었으며,[10] 설립 의도는 "지주제를 유지하고 그것을 근대적으로 제도화하면서 사회혁명세력으로 커가는 농민층의 불안정성을 일정하게 완화시켜 지배체제를 유지하기 위한 방법"이었다.[11] 따라서 금융조합은 조합원에 대해 고리대금의 채권자였고, 조합원은 금융조합에 대해 '머리를 조아리고 허리를 굽히는(低頭鞠躬)' 존재에 불과했다. 강성갑은 장유금융조합 근무를 통해 조선 농촌과 농민의 참상을 직접 목격하였으며, 비록 호구지책(糊口之策)이었을지라도 자신 또한 농촌의 참상에 일정 정도의 역할을 하게 되었다.

강성갑은 장유금융조합의 근무경험을 통해 농촌문제의 본질은 식민지 수탈경제체제에 있으며, 이를 해결하기 위해 필요한 것이 농민의 문제는 농민이 주체적으로 해결할 수 있는 실력임을 깨닫고 농촌문제의 대안을 모색하고자 연희전문학교 문과에 진학하게 되었다. 연희전문은 농촌문제에 특별한

7) 『동아일보』 1932년 9월 17일, 「競買 七十件 金海金組에서」.
8) 『동아일보』 1932년 8월 10일, 「九百餘人 組合員에게 家産差押 競賣手續」.
9) 『동아일보』 1932년 10월 19일, 「金海地方에 立稻差押頻頻」.
10) 이경란, 『일제하 금융조합 연구』, 혜안, 2002, 22~23쪽.
11) 이경란, 위의 책, 23쪽.

관심을 가지고 있었다. 연희전문은 1923년 폐지되었던 농과를 신설하여 실제 농업기술을 가르치고자 했고 1930년대에는 YMCA와 함께 정말식(丁抹式) 농업수양소를 개설하여 운영하였으며, 조선농업과 농업의 현실에 깊은 관심을 갖고 있는 상과 교수도 있었다.[12] 원한경은 연희전문 교장 취임사에서 학문과 실용을 익히는 학생들에 대하여 언급하면서, 도서관 한쪽에서는 조선농촌문제를 연구하는 학생들을 볼 수 있을 것이라고 말하였으며,[13] 도서관에는 조선의 농촌과 덴마크에 대한 책들이 다수 소장되어 있었다.[14] 강성갑은 연희전문이 우리 민족의 문제인 농촌문제에 대하여 깊은 관심을 가지고 있는 기독교 학교라는 사실을 감안하여 장유금융조합을 사직하고 연희전문에 진학한 것으로 보인다. 강성갑은 연희전문에서 조선 농촌의 현실을 되새기면서 자신의 금융조합 재직 경험을 참고하여 실천을 준비하였다.

3) 연희전문 문과－원한경과 최현배의 가르침

강성갑은 장유금융조합을 사직하고 1937년 4월 연희전문 문과 별과에

12) 상과 교수들 중에 농촌문제에 특히 관심이 많았던 노동규가 있었다. 노동규는 이순탁의 제자로 연희전문 상과를 1924년 졸업하고 교토제대 경제학부로 유학을 떠났다. 기독교 사회주의에 공감하여 구세군의 세례를 받았고, 가와카미 교수의 영향을 받아 마르크스주의 이론이 연구방법론으로는 가장 과학적인 이론이라고 생각하였으며 1928년 연희전문 교수로 부임하였다. 「조선농가 경제실상조사해부」 논문을 쓰기 위해 총독부의 관제통계를 믿지 않고 전국의 1,256호 농가의 실태를 직접 조사하였으며, 교토제대 재학시에는 「농촌진흥책 여하」라는 제목의 논문으로 동아일보 현상공모에 당선되기도 하였다. 1938년 백남운, 이순탁과 함께 경제연구회사건으로 고초를 겪었고 강제퇴직 당하였으며, 출감 후 곧 사망하였다. 김학은, 『연세대학교 상경대학 백년사.1, 한국의 근대경제학 1915~1956』, 연세대학교 대학출판문화원, 2015, 47~48쪽.

13) 김도형, 「연희전문의 학풍과 민족문화운동」, 『일제하 연세학풍과 민족교육』, 혜안, 2015, 130쪽.

14) 현재 연세대학교 학술정보원 국학자료실에 홍병선의 『丁抹과 丁抹農民』 등 당시의 농촌관련 서적이 다수 보관되어 있으며, 1937년 11월 양주삼이 기증한 백사당 문고에도 농촌문제에 관한 책이 포함되어 있었다. 연세창립80주년 기념사업연구회 편, 『연세대학교사 : 1885~1965』, 연세대학교 출판부, 1969, 324~326쪽.

입학하여 1941년 3월 졸업하였다. 강성갑은 안정적인 직장인 금융조합에 재직 중이었고 딸을 하나 둔 가장이었으며, 마산상업학교를 졸업한 지도 오래 되어 입학시험을 준비하기에도 어려움이 많았다. 관련된 증언들이 일관되게 강성갑의 연희전문 억지입학을 주장하는 것이 사실로 받아들여질 만큼 많은 어려움이 있었으나 이를 극복하고 연희전문에 입학하였으며, 중도에 포기하는 일 없이 학업을 마쳤다. 이것은 그의 성격의 일면을 나타내는 것이기도 하고, 강성갑이 뚜렷한 목표의식을 가지고 연희전문에 입학하여 공부를 시작했다는 사실을 증명해 주는 것이기도 하다.

연희전문 재학 중의 강성갑(둘째줄 왼쪽 끝)

강성갑은 민족적인 정서가 가득 차 있었던 연희전문에 입학하여 문과 1년 후배인 윤동주, 송몽규 등과 연희전문, 이화여전의 연합대학교회로 설립된 협성교회를 같이 다니면서 케이블 목사부인이 지도한 영어성서공부를 함께 했으며, 협성교회의 설교 및 전도위원으로 있던 원한경, 김활란 등의 설교를 듣고 가르침을 받았다.

강성갑 재학중에 연희전문 교장은 원한경이었고, 문과의 과장은 최현배였다. 강성갑은 이들에게 특별한 가르침을 받았으며 각별한 사제관계를 유지했다. 강성갑은 원한경과 협성교회를 같이 다니면서 학교와 교회에서 강의와 설교를 듣고 가르침을 받았으며, 특히 도시샤대학에 유학을 떠날 때 원한경은 전문학교 졸업생에게 별도로 요구되었던 입학서류인 교장의 추천서를 직접 써주는 등 강성갑의 유학과정에도 상당한 역할을 했던 것으로 보인다. 원한경

"經濟的建物이다"

元博士進永한얼中學校視察談

『민주중보』 1949년 7월 15일

은 강성갑이 1950년 8월 죽었다는 소식을 듣고, 연희가 배출한 가장 큰 인재를 잃었다며 슬퍼했다는 증언이 있을 뿐만 아니라,[15] 부인상 중임에도 1949년 7월 경남 진영을 방문하였다.[16]

최현배와 강성갑의 관계 또한 각별했다. 최현배는 강성갑이 입학한 해인 1937년에 백낙준의 미국 출장으로 문과 과장 대리를 맡기 시작하여 1938년까지 2년 동안 문과 과장을 맡았으며, 1938~39년에는 문과 2학년의 담임교수를 맡아 강성갑 등 학생들과 여러 활동을 함께 하였다.[17] 최현배 또한 해방 후에 경남 진영을 방문하여 강성갑을 격려하였다.

> 최현배 선생께서는 사랑하고 아끼시는 제자가, 애국운동의 일환으로 농촌학교를 창설했다는 사실을 확인하시고 격려하시기 위해서 오셨다. 새로 구입한 부지에 흙벽돌집 1호 교실이 완성된 직후였다. 국가의 독립과 문자의 중요성을 강조하시고, 우리 한글도 장차 타이핑이 가능하도록, 「풀어쓰기」를 하도록 연구 개발되어야 할 것이라고 강조하셨다.[18]

---

15) 「김동길 구술증언」 2015년 8월 6일. 최재건은 연세대에서 지동식 교수로부터 강의중에 "언더우드가 연희가 배출한 가장 큰 인물은 강성갑 목사"라고 말했다는 이야기를 두어 차례 들었음을 증언해 주었으며(2016년 8월 30일), 유관지는 필자의 한국기독교역사학회에서의 「해방공간 기독교계의 교육운동−강성갑의 한얼중학교를 중심으로」 발표에 참석하여 연세대 신학과 재학 중에 문상희 교수로부터 동일한 내용의 이야기를 들었음을 증언해 주었다. 「최재건 구술증언」 2016년 10월 1일.

16) 『민주중보』 1949년 7월 15일, 「元博士 進永한얼中學校 視察談」.

17) 연세대학교 문과대학, 『연세대학교 문과대학 100년. 1, 문과대학, 학과사』, 연세대학교 문과대학, 2015, 62쪽.

18) 「심사수 진술서」 2012년 3월 29일.

강성갑이 최현배로부터 특별한 가르침을 받았다는 것은 강성갑이 1946년 부산대학교 설립 당시에 한글맞춤법을 담당하는 전임교수로 임용되었다는 사실과, 강성갑 사후에 아들인 강흥철이 최현배의 도움으로 한글학회에 근무했었다는 증언, 그리고 사실과는 다르지만 강성갑이 연희전문 재학 중에 조선어학회사건에 연루되어 정학처분을 받았다는 다수의 증언 등을 통해 확인할 수 있다.[19]

강성갑이 원한경과 최현배로부터 받은 영향은 특히 강성갑의 해방공간에서의 교육실천을 통해 확인할 수 있다. 원한경과 최현배는 페스탈로치를 우리나라에 소개한 뛰어난 교육학자들이었다. 원한경의 1927년 백년제(百年祭) 기념강연 초록이 「페스탈롯지의 일생」이라는 제목으로 『현대평론』에 실려 있으며, 원한경은 강연에서 페스탈로치를 실천의 사람으로 평가하였다.[20] 원한경의 뒤를 이어 최현배는 페스탈로치의 이론과 교육에 대한 철학을 「페스탈롯지 교육학」이라는 제목으로 강연하였다.[21]

또 원한경은 1926년 YMCA 강연 '교육문제에서 살길로 나가자'에서 교육의 목적은 인생의 참된 의미와 더 나은 생활을 도모하는 것인데, 중등교육에는 신체·지식·직업·공한(空閒)·가정·공민(公民)교육 등 여섯 가지 국면이 있으며 마지막으로 이들을 통일하는 종교교육의 중요성을 강조하였다.[22]

---

19) 심진구, 앞의 글, 264쪽 ; 『경남매일신문』 1968년 7월 3일, 「先驅者－洛東江의 血脈을 찾는 特別連載 - 姜成甲 牧師」 ; 서울특별시 교육연구원 편, 『스승의 길』, 서울특별시 교육위원회, 1984, 270쪽 등에서 거의 같은 증언을 하고 있다. 그러나 조선어학회사건에 강성갑이 연루되었을 가능성은 시기적으로 맞지 않는다. 강성갑이 연루된 사건이 있었다면 1937년 6월 수양동우회사건, 1937년 10월 경제연구회사건, 1938년 5월 흥업구락부사건 중의 하나일 것이다. 그러나 대부분의 증언들이 시기적으로 맞지 않음에도 불구하고 조선어학회사건이라고 일관되게 증언하는 것은 그만큼 강성갑과 최현배의 관계가 각별했음을 보여준다고 할 것이다.

20) 원한경, 「페스탈롯지의 一生」, 『현대평론』 2, 1927, 115쪽.

21) 최현배, 「페스탈롯지 教育學」, 『현대평론』 2, 1927, 121~130쪽.

22) 옥성득, 「YMCA의 특별강연 "살 길로 나가자" 소책자 시리즈(1926년)」, 『한국기독교와 역사』 24, 2006, 273쪽.

중등교육의 육국면(六局面)이 잇다고 하엿다. 곳 체(體), 지식, 직업, 공한(空閒), 가정, 공민(公民)에 대한 것이며 또 하로 밧비 이것들을 우리생활에 대조하야 개선하지 안으면 안되겟다고 하엿다. 그리하고는 이 여섯 가지를 통일되게 하여야 하겟다. 지금은 제칠(第七)로 이상의 것들을 통일식히고 연락(聯絡)식힐만한 세력은 곧 종교라 하겟다. 우리의 교육이 좀더 고상하며 좀더 완전하기 위하야 상제(上帝)와 연락(聯絡)을 취(取)하기를 도모하여아 되겟다.[23]

최현배 또한 교육을 "사람 사회에서 가장 고귀한 기초 사업"으로 설명하였고,[24] 『조선민족 갱생의 도』에서 조선 민족의 살길은 "우리 배달 민족의 '살아나기(更生)'에 대하여, 가장 중대한 관계와 근본적 의의를 가지는 것은 무엇보다도 이 교육"임을 강조하였다.[25]

강성갑은 연희전문에서, 조선의 교육에 깊은 관심을 가지고 *Modern Education in Korea*라는 논문으로 뉴욕대학교 교육학 박사학위를 받았던 원한경과, 조선 민족의 갱생을 위해 가장 중요한 것이 교육임을 강조한 최현배로부터 교육사상과 실천을 배웠으며 이들로부터 큰 영향을 받았다. 일제 시기 조선교육에 대한 연구 흐름을, 조선에서 활동하는 일본인 관료 및 연구자들과 외국인 선교사, 그리고 국내외에서 고등교육을 받거나 사회운동을 하는 조선인 등 크게 셋으로 분류한다면,[26] 강성갑은 외국인 선교사와 조선인 측의 두 부류를 대표하는 인물로부터 깊은 영향을 받은 것으로, 해방공간에서 강성갑의 교육 실천은 원한경과 최현배의 가르침을 창조적으로 계승·실천한 것이었다.

---

23) 옥성득, 위의 글, 302쪽.

24) 최현배, 『나라건지는 教育 : 救國的 教育』, 정음사, 1963, 167쪽.

25) 최현배, 『朝鮮民族 更生의 道』, 정음사, 1971, 181쪽.

26) 강명숙, 「고전의 재발굴 : H. H. 언더우드의 『Modern Education in Korea』와 일제시기 한국교육사 연구」, 『동방학지』 165, 2014, 243~247쪽.

4) 도시샤대학 신학과–신앙과 신학의 균형

강성갑은 1941년 4월 도시샤대학 문학부 신학과에 입학하여 1943년 9월 졸업하였다. 일본 유학중에 고학으로 어렵게 생활했다는 증언이 있지만 유학 중의 생활로 알려진 것은 없다. 도시샤(同志社)는 1912년에 전문학교령에 의해 도시샤대학이 되었고 신학부가 설치되었으며, 1920년에는 대학령에 의해 도시샤대학 인가를 받아 문학부 신학과가 되었다. 이로부터 도시샤대학 신학과는 1948년 신제대학(新制大學)의 인가를 받을 때까지 대학 수준의 신학 교육, 연구기관으로서는 일본에서 유일한 학교였으며 높은 학문수준을 갖추고 있었다. 강성갑의 도시샤대학 유학은 도시샤대학의 높은 신학수준 및 에큐메니컬 노선 등과 조국의 근대화를 염원하는 민족주의적 성격 등이 함께 작용하여 이루어진 것이었다. 강성갑은 도시샤대학에서 태평양 전쟁 중이었음에도 비교적 충실한 신학 교육을 받음으로써 신앙과 신학의 균형을 갖추게 되었다.

3. 해방공간의 교육개혁 방향 제시와 실천

1) '교회'에서 '교육'으로

강성갑은 1943년 9월 도시샤대학 문학부 신학과를 졸업하고 부산초량교회 양성봉 장로 등의 청빙을 받아 초량교회 교역자로 부임하여, 1944년 6월 부산 지교구 상임위원회에서 전성도 등과 함께 목사안수를 받고, 초량교회 담임목사로 목회를 시작하였다. 강성갑은 초량교회 담임목사로 있으면서 해방을 맞았으며 경남재건노회에 적극적으로 참여하여 1945년 9월 조직된 경남재건노회의 서기로 선임되었다. 경남재건노회는 출범과 함께 일제하에서 범한 죄과에 대한 자숙안(自肅案)을 상정하였으나 친일전력 인사들이 다수를 점하고 있던 경남노회의 현실에서는 제대로 실행될 수 없었으며, 1945년 12월 마산문창교회에서 열린 경남노회에서 강성갑 등 임원들은 총사퇴했다. 이후 강성갑은 고신교단 분열로 이어진 경남노회의 분규 과정에 더 이상 적극적으로 관여하지 않았으며 자숙안에 따라 초량교회를 사임하였다.

강성갑은 경남재건노회 활동을 통해 일제 잔재를 청산하고 새로운 나라 건설에 앞장서야 할 교회가 교권 장악을 위한 교회정치에 매몰되어 교회의 역할에 충실하지 못함을 목격하고 미국유학을 떠날 준비를 하던 중에, 1946년 3월 진영교회의 청빙을 받고 농촌운동의 실천을 위해 미국유학을 포기하였다.[27] 강성갑의 진영교회 청빙에 대한 조건은 증언에 의하면 '진영교회에서 농촌운동을 해도 좋은가?' 하는 것이었다.[28] 강성갑이 미국유학을 포기하고 진영교회의 청빙을 받아들인 것은 구체적인 실천계획이 있었던 것은 아니었으나 농촌의 문제를 해결하고자 한다면 농촌으로 가야 한다는 신념에 따른 것이었다.

강성갑은 1946년 4월 진영교회 담임목사로 부임하였고, 1946년 9월에는 부산대학교 한글맞춤법 담당 전임 교수로 임용되었으나, 농촌교육에 전념하기 위하여 1947년 8월 교수직을 사임하였다.[29] 강성갑은 부산대 교수로 함께

---

27) 정원식의 증언에 의하면, 강성갑의 강연이 끝난 후 별도로 대화를 나누는 중에 강성갑으로부터 미국유학에 대한 얘기를 들었다고 한다. 강성갑은 미국유학을 준비하던 중에 진영에 있는 교회의 초청을 받아 설교를 하였으며 교인들로부터 진영에는 중학교에 진학하고자 하는 학생들은 많지만 학교가 없다는 말을 들었던 적이 있었다. 이후 진영교회의 청빙을 받은 강성갑은 미국유학을 포기하고 농촌운동의 실천을 위해 진영으로 갔다고 한다. 「정원식 구술증언」 2016년 4월 11일.

28) 한얼중고등학교 동문회, 『위대한 스승 강성갑 교장(그 생애와 사상)』, 한얼중고등학교 동문회, 2000, 38쪽.

29) 부산대학교 60년사 편찬위원회, 『부산대학교60년사』, 부산대학교, 2006, 51쪽. 1946년 5월15일 설립이 확정된 부산대학교는 1946년 5월 교사(校舍)를 확장하고, 7월에 학생을 모집하였으며 1946년 9월 개학을 대비하여 인문과대학 교수 진영을 구성하였다. 이때 전임자 16명, 시간강사 6명이 임용되었는데, 강성갑이 한글맞춤법을 담당과목으로 하는 전임교수로 임용되었다. 「한얼초급중학교 설립인가 신청서」에 포함된 강성갑의 이력서에 의하면 1946년 9월 부산대학교 교수로 임명되었고 1947년 8월

일을 하자는 윤인구의 권유에 "대학을 만들고 대학교육을 할 사람은 내 아니라도 얼마든지 있지마는 농촌사회 개혁사업을 할 사람은 많지 않으니 진영으로 가야하겠습니다."라고 거절하였다.[30]

2) 기독교 교육운동의 시작-복음중등공민학교

김해에서는 해방 직후 건국준비위원회 김해지부가 조직되었으며, 1945년 10월에는 김해군 인민위원회로 개편되었고, 진영에서는 해방 직후 노동조합을 결성하거나 각종 대회를 열어 '조선 인민공화국 만세'를 외치는 등 대중의 정치참여가 매우 활발했다. 장유면의 경우에는, 해방 직후 농사짓는 사람들은 거의 다 농민조합에 가입되어 있었다. 이들이 농민조합에 가입한 이유는 '무상몰수 무상분배'라는 슬로건에 공감한 경우가 많았으며, 이를 대세로 여겨 가입하지 않으면 불리하다고 생각하여 가입한 사례도 있었다.[31] 이러한 상황은 장유뿐만 아니라 김해군의 모든 지역에서 나타난 일반적 현상이었으며, 농민들의 요구인 토지개혁은 해방공간의 중요한 시대적 과제였다. 강성갑은 복음중등공민학교를 운영하던 중에 농민집회에 여러 차례 참석하여 농촌문제에 대해 연설하는 등 토지개혁을 요구하는 당시 농민의 목소리에 공감하였다. 강성갑은 농촌 현실에 대한 정확한 인식을 바탕으로 우리 민족의 과제인 농촌문제의 본질적 해결을 위해 좌·우의 이념을 넘어선 기독교 교육운동에 앞장섰다.[32]

강성갑은 1946년 8월 15일 경상남도 도지사로부터 복음중등공민학교 설립 인가를 받고 진영 대흥국민학교의 가교사를 빌려 야간학교로 개교하여 "농민

사임한 것으로 기록되어 있다. 「한얼초급중학교 설립인가신청서」 1947년 12월 20일.

30) 심진구, 앞의 글, 272쪽.

31) 장유면지편찬위원회, 『장유면지』, 장유면지편찬위원회, 2013, 155쪽.

32) 한성훈, 앞의 글, 76쪽 ; 홍성표, 「해방공간 강성갑의 기독교사회운동 연구」, 『한국기독교와 역사』 45, 2016, 261~262쪽, 각주 31.

복음중등공민학교 창립 및 입학식(1946년 8월 28일)

의 아들, 딸을 모아 한글을 가르쳤다. 그의 애국심은 바로 한국의 아들, 딸들에게 자기 말, 자기 글을 배워주고 자기 정신, 자기 주체를 바로 찾게 해주는 것이 가장 첫째 되는 일이라는" 신념을 실천하였다.[33] 공민학교는 1946년 5월 공민학교설치요령이 제정되면서부터 제도상 정규교육기관으로 인정되었으며 지역, 회사, 종교단체, 성인교육협회, 조선농회, 기타 독지가 등에 의하여 활발하게 설립·운영되었다. 강성갑은 복음중등공민학교를 설립·운영하는 것을 통해 자신의 기독교적 교육관을 정립하고 구체적인 실천방안을 모색했던 것으로 보인다. 강성갑은 복음중등공민학교를 설립하고 가가호호(家家戶戶)를 방문하여 "국민학교를 졸업한 사람으로써 더 배우고 싶은 사람은 년령의 다과(多過)를 막론코 노오트와 연필을 가지고 나오기만 하면 무료로 내가 가르쳐 줄 터이니 나오시오!"라고 입학을 권유하였다.[34] 이렇게 하여 모인

33) 서울특별시 교육연구원 편, 앞의 글, 270쪽.
34) 심진구, 앞의 글, 276쪽.

200여명의 학생들에게 강성갑은 국어, 영어, 수학, 사회생활 등을 가르치기 시작하였는데, "내가 생각하고 있는 바의 교육을 제대로 하려면 정식 중학교의 인가를 받아야 되겠다고 생각"하고 한얼중학교의 설립을 추진하였다.[35]

3) 한얼중학교 설립－국민신앙과 노작교육의 실천

가. 설립 목적－국민신앙 교육

강성갑이 한얼중학교를 설립하기까지의 과정은, 당시의 일반적인 학교 설립과정과는 여러 면에서 차이가 있었다. 당시의 학교설립은 국민들의 교육열 등으로 교육의 수요가 급증함에 따라 이를 감당하고자 하는 의도로, 먼저 지역의 독지가로부터 재산기부가 이루어진 후 이를 바탕으로 추진하였다. 특히 중등교육은 미군정의 초등 의무교육 실시이후 수요가 급증하였으나, 미군정청은 재정적 여력이 없었기에 민간에서 자율적으로 학교설립을 통해 수요를 감당하는 정책을 추진하였다. 따라서 독지가의 재산출연이 학교설립의 중요한 계기가 되었을 뿐만 아니라 학교설립 과정과 학교재단 운영의 주도권을 행사하게 되었다. 그러나 강성갑의 한얼중학교 설립은 자신이 생각하고 있는 바의 교육을 제대로 실현하고자 하는 의지가 먼저였다. 강성갑은 복음중등공민학교 설립·운영을 통해서 자신의 교육이념을 정립하였고 이를 실천하고자 정식학교 설립을 추진한 것이었다. 어려운 사정 중에도 정식학교 설립을 추진한 것은 자신의 교육 이상을 실현하기 위해 지역사회의 협조가 필수적이며, 이를 위하여 일방적으로 자신의 교육 이상만을 강조할 것이 아니라 지역의 교육 수요, 현실적 필요를 인정하고 이를 적절하게 조정해야 한다는 생각이었다.

강성갑이 생각하는 교육의 구체적 내용을 「재단법인 삼일학원 설립인가신

---

35) 심진구, 위의 글, 276쪽.

청서」의 설립취지서를 통해 살펴보면, "자기만을 위하는 자기본위의 사상과 행동은 그 민족이나 국가를 멸망"으로 이끌어 우리 민족이 일제의 식민지가 되었으며, 해방된 "오늘 조선은 조국을 위하여 자기의 이익을 포기하고 한 알의 밀알이 되여 그 몸과 생명을 바쳐 희생의 제물이 되려는 인물을 요구"하고 있으므로 기독교적 교육관의 실천을 통해 주체적 인재를 양성하고자 하였다.

강성갑의 기독교적 교육관은 첫째, 애토(愛土)의 정신으로 "조선 민족의 '얼'을 사랑하고 아끼고 갈아 세계인류에 공헌할 바를 찾기 위하여 일하자는 것"이다.

> 여기에 말하는 흙이란 것은 조선민족의 고유한 역사, 고유한 문화, 고유한 전통을 의미한다. 또 흙은 노동을 뜻함이니 노동을 신성시하고 일하기 싫어하면 먹지도 말아야 한다는 뜻이다. 애토의 정신은 한마디로 말하자면 조선민족의 '얼'을 사랑하고 애끼고 갈아 세계인류에 공헌할 바를 찾기 위하여 일하자는 것이다.

둘째, 애린(愛隣)의 정신으로 "애린이란 이웃을 위하여 나의 최선의 것을 바친다"는 것이다.

> 인간사회에 모든 죄악인 이 자아중심 곧 이기(利己)에서 출발한다. 개인적 죄악이나 사회적 죄악이나 국가적 죄악의 모든 것이 이 자기중심의 언행에 기인한다. 이 사상을 이기적 개인주의라 불을수 있다면 과거 일제 시대에 우리는 이러한 교육에 노예가 되었던 것이다. 그 결과 우리들 머리에는 민족도 국가도 사회도 없고 내 만이 있었든 것이다.

셋째, 애천(愛天)의 정신이다. 강성갑은 "애토나 애린의 정신을 근본적으로 살니는 길은 애천의 신앙에서만 가능하다."고 보았다.

> 인간은 타고 날 때부터 자아 중심적 존재이다. 이것을 교육의 힘으로 정조(正造)하지는 못한다. 교육은 우리에게 길을 가르치고 도덕은 우리에게 명령은 한다. 그러나 그렇게 가고 그렇게 행할 능력은 주지 않는다. 여기에 교육과 도덕의 무력(無力)이 있는 것이다. 이에 이 인간성에 새로운 창조적 변경을 요구한다. 이것은 인간자신의 내부적 능력으로는 불가능하다. 이것은 절대자의 힘으로만 가능하다. 이것은 하나님을 사랑하는 신앙으로 통하여야만 성취되는 것이다.

강성갑은 자기중심적 존재인 인간성의 창조적 변경은 하나님을 사랑하는 신앙을 통해서만 가능하므로, 성서(聖書)를 가르치는 국민신앙을 교육의 정신적 기초로 하고 노작교육을 교육의 구체적 방법으로 삼아 실천하고자 하였다. 덴마크의 그룬트비가 주도했던 기독교 신앙을 바탕으로 하는 국민의 의식개혁은 오래된 기독교 국가인 덴마크에서는 성공할 수 있었지만 당시 우리나라에서는 실현이 거의 불가능한 과제였다. 그러나 강성갑은 기독교 신앙을 바탕으로 하는 우리 민족의 의식개혁을 목표로 '성서' 를 '국민신앙'이라는 이름으로 가르치고자 한 것이다.

나. 설립 인가—특수목적의 예외

강성갑은 이러한 설립목적에 따라 1947년 12월 설립인가신청서를 제출하여 1948년 1월 26일 문교부장 오천석의 허가를 받았다. 정식 학교 인가를 받기 위해서는 기본 재산을 갖춘 재단법인을 먼저 설립하고 이 재단에서 운영하는 학교 설립을 신청해야 했으나, 문교부장 오천석은 강성갑의 학교 설립인가 신청에 대하여 기본재산 등 설립요건이 미비하였음에도 강성갑의 학교 설립취지에 공감하여 특수목적의 예외를 인정하고 학교 설립을 인가해 주었다. 이러한 한얼중학교 설립이라는 예외적인 조치는 첫째, 미군정하의 과도기라는 시대상황에서 당시 문교부의 자유방임적인 사학(私學)정책의 결과였다. 미군정의 교육정책은 우리 국민들의 높은 교육열과 만나, 해방이후 한국 교육

발전의 원동력이 되었다. 미군정이 초등교육을 의무교육으로 한 이후 중등교육의 수요는 폭발적으로 늘어났다. 미군정은 진학자가 격증함에 따라 시설과 교원이 부족하게 되자 시설의 확충을 위해 사학의 설치를 권장하였고, 자유방임에 가까운 사학정책을 통해 문제를 해결하고자 했다. 둘째, 한얼중학교 설립의 '특수목적'이란 오늘날의 대안학교 등 일반적인 학교와 비교되는 특별한 설립목적을 가진다는 의미가 아니었다. 해방된 나라의 새로운 교육방향을 만들어 나가는 모범적인 사례로서 강성갑의 기독교적 교육관을 주목하고, 강성갑이 하고자 했던 '한 국가의 교육방향을 바로 잡는 일'을 위해 법 규정에 얽매이지 않고 학교의 설립을 허가했다는 의미이다. 강성갑의 기독교적 교육 실천은 당시 교육계의 일반적인 흐름 및 문교부장 오천석의 '새 교육 운동'과 서로 상통하는 부분이 있었고, 특히 강성갑의 노작교육 실천은 당시 많은 사람들의 주목을 받았으며 널리 알려졌다.[36]

강성갑이 주도했던 한얼중학교 설립에 실질적으로 함께 한 것은 진영교회였다. 진영교회는 강성갑의 취지에 적극 동참하여 재정을 후원하였고, 교인들은 재단의 임·역원과 교사로 함께 하는 등 진영교회와 한얼중학교는 밀접한 관계를 맺고 있었다.

다. 교사 신축-진영 지역사회의 협력

공민학교의 빈약한 시설을 가지고 우선 한얼중학교 설립허가를 받았지만, 부족한 교사(校舍)의 확보는 매우 심각하고 시급한 문제였다. 강성갑은 교사를 신축하기 위해 적산재산의 불하 등 정부의 원조를 받고자 애쓰지 않았으며, 교육에 뜻을 가진 교육자와 교육을 받고자 모여든 학생들과 아들, 딸을 학교에

36) 정원식은 당시 강성갑의 노작교육 실천에 대한 소문을 듣고 강연을 요청했다. 노작교육을 실천한 다른 사례로 알려진 것은 없었고, 강연이 끝난 후 강성갑의 노작교육 실천에 동참하겠다며 20여명의 학생들이 학업을 중단하고 당장 한얼중학교에 가겠다고 했음을 증언해 주었다. 「정원식 구술증언」 2016년 4월 11일 ; 정원식, 앞의 책, 17~19쪽.

보낸 학부형들과 함께 힘을 합하여 스스로 이룩하고자 노력하였다. 강성갑은 1930년대 격렬한 소작쟁의가 일어났던 진영 박간농장(迫間農場)의 지배인 김경진의 토지를 매입하여 교사를 신축하였다. 강성갑은 후원자였던 최갑시와 함께 부산에 있던 김경진을 방문하여 소유 토지를 학교부지로 사용할 수 있도록 도움을 요청하고 설득하여, 토지를 헐값으로 매입할 수 있었다.[37]

부지를 확보한 강성갑은 진영에 많았던 흙을 이용하여 건물을 짓기로 했다. 재정과 자재가 부족했던 당시에 흙벽돌 교사는 불가피한 선택이었다. 지역사람들은 강성갑의 이러한 노력을 직접 목격하고 교사신축을 적극적으로 도왔다.

> 그가 창안한 건축식인 흙벽돌 교사를 건립해 나갈 때 교장인 그가 주야를 가리지 않고 중노동을 계속하고 있다는 것을 학생 편에 전해들은 학부형들이 자진하여 학교로 모여들어 회의를 열고 협력하였다고 한다. 그의 솔선수범이 교직원과 학생들은 물론이고 학부형까지 감화를 시켰다.[38]

한얼중학교의 교사 신축과정은 당시 건축자재가 부족한 상황에서 흙벽돌을 사용한 창조적인 자립의 사례로 언론과 문교부 당국으로부터 크게 주목을 받았다. 『남조선민보』는 「무산교육의 건설보－사제 일신(一身)으로 교사를 준공」했다는 제목의 기사에서 "강 교장과 전 생도는 점토(흙덩이)로서 교사건축에 착공 현재 이교사(二校舍)를 완전히 준공"하였는데, 이는 "목수 토공인부 등 일인(一人)도 필요 없이 순전히 사제노력으로 벽돌양옥에 지지안는 처음 보는 건축물인 모범적 교사"이며 "장차 대학까지의 포부를 가지고 있다"고 보도하였다.[39] 또 양산군수는 경상남도의 지시에 따라 한얼중학교를 방문·견학하고

37) 「최갑시 구술증언」 1982년 1월 31일.

38) 심진구, 앞의 글, 281쪽.

39) 『남조선민보』 1948년 12월 15일, 「無産교육의 建設譜－師弟一身으로 校舍를 竣工」.

"폭도 내습시에 소진(燒盡)당한 양산군내 가옥○○호 재축(再築) 문제에 두통중인바" 한얼중학교와 같은 흙담집을 짓도록 하겠다는 뜻을 밝히기도 하였다.[40] 한얼중학교의 흙담 교사 건축이 널리 알려지고 인정을 받자 "이에 자격(刺激)되여 국민교(國民校)에서 흙담교사 건축을 하는 곳이 속출하여 현하 교육기관 신영(新營)정책에도 기여됨이 다대" 하였으며, 문교부에서는 서울공과대학 건축과장을 파견하여 현장을 조사한 결과 "흙담 교(校)는 사십년간의 수명을 보증한다고 언명" 하였고, 경상남도 교육국장은 "금후 흙담 교사건축을 전국 초등교육기관 신영에 보급 실시할 운동을 전개할 것" 이라고 밝히기도 하였다.[41] 이러한 교사 신축과정은 지역주민들에게 개인적·가족적인 학력경쟁과 그 후원을 넘어서서 집단적인 공동체 운동으로 발현될 수 있는 계기로 작용하게 되었다.

라. 교육 방법—노작교육 실시

강성갑은 학교설립 이후 교사(校舍)신축을 위해 고생했을 뿐만 아니라, 교사(敎師) 등 교육여건 또한 충분하지 못했기 때문에 학칙에 규정된 교육과정을 그대로 실천하기에는 어려움이 많았다. 그러나 어려운 여건 속에서도 자신의 교육이상을 실천하기 위해 부단히 노력했다. 강성갑은 "뜻이 있는 사람은 누구나 오라, 와서 배우라."고 했다. 이 말은 가난과 무지 속에 살던 당시 농촌 청소년들에게는 복음이었다. 강성갑은 학생들에게 수업료를 강요하지 않았으며 다만, 낼 수 있는 능력이 있는데도 내지 않는 사람에게는 수업료를 내도록 설득하였을 뿐이다.[42] 강성갑은 '뜻'만 가지고 모여든 7~8명의 학생의 숙식을 해결해주어야 했고, 교사들에게도 봉급을 제대로 지불하지

---

40) 『남조선민보』 1950년 4월 12일, 「梁山書郡守 한얼校見學」.

41) 『남조선민보』 1950년 4월 5일, 「血涙凝結된 한얼校 五個校舍를 完成, 螢雪之功은 이곳에서」.

42) 한얼중고등학교 동문회 편, 앞의 책, 43쪽.

못했기에 최소의 경비로써 많은 사람들의 식사를 해결하기 위한 방안으로 '공동식사'를 실시하게 되었다. 공동식사에 참석한 사람들은 강성갑의 가족을 비롯한 모든 교사들의 가족, 7~8명의 유학생, 유학생을 따라와 학교 교실 짓는 일에 봉사하는 학생들의 부모 몇 사람 등 50~60명 정도였다. 이들이 다함께 앉을 식당이 없었기에 간소한 국 한 그릇과 채소 반찬 한 가지가 전부인 음식을 배식 받아 평상에 앉거나 교무실이나 자기 사택으로 가져가서 먹기도 했다. 부족한 공동식사를 견디기 어려워하던 사람들에게 강성갑은 "이것이 우리 농촌실정인데 우리도 견딜 수가 있어야 한다."면서, 이러한 생활을 앞으로 10년은 계속해야 할 것으로 예상하였다. 이러한 공동식사는 경제적 여건에 따른 불가피한 선택이었으나, 한편으로는 민주주의 사상의 실천이라는 중요한 의미를 갖는다.[43)]

강성갑의 교육실천과 관련하여 특히 주목을 받은 것은 노작교육의 실시였다. 노작교육은 학생들의 자발적·능동적인 정신 및 신체의 작업을 중심원리로 하여 행하는 교육으로, 당시에 매우 중요하고 필요한 교육과정 및 내용으로 인정을 받았지만 실천한 학교는 많지 않았다. 강성갑은 고등유민(高等遊民)만을 길러내는 맹목적인 교육을 비판하고 '쟁이'를 길러내야 한다고 주장하였다.[44)] 교사 신축과정이 바로 노작교육의 실천이기도 하였으며, 한얼중학교에는 성냥공장, 기와공장, 목공장 등이 있었고 기술자들이 학생들을 직접 지도하였으며 기술자들을 선생님으로 부르고 존경하게 하였다. 학생들은 실습시간을 통해서 "각양의 기술을 학습하다가 그중에서 자기의 적성에 맞는 기술을 발견하게 되면 그 기술만은 더욱 연마를 하여 일류 기술자가 되게" 하였고,

---

43) 한정협회 설립에 앞장섰던 김영환은 덴마크 유학중에 덴마크의 공동식사를 직접 목격하였다. 덴마크의 식당에서는 "주인 부부, 머슴, 식모, 손님, 이렇게 한 식탁에 둘러앉게 마련이다. (…) 음식의 차별이 전혀 없다. 이야말로 민주식탁인 것이다. 민주주의는 식탁에서 시작한다."고 공동식사의 의미를 강조하였다. 김영환, 『한민족의 가슴에 타는 불』, 보이스사, 1985, 136쪽.

44) 심진구, 앞의 글, 274~275쪽.

실습을 통해 생산된 성냥 등은 지역사회에 판매하여 학교 운영경비와 학생들 자신의 학비로 사용하게 하였다.[45] 강성갑은 학교 교과목과 일과들에도 반드시 노동시간이 들어 있게 했고 학생들은 시간표대로 어떤 일이든지 그 시간에 열심히 일하게 하여 '노동은 신성하다'는 격언을 생활로 익히게 하였다. 강성갑은 "모든 사람이 반드시 자기의 생존을 위해 누구에게도 부담을 주지 않고 살아가게 하기 위해 한 사람이 한 가지씩 기술을 꼭 익혀야 한다."고 주장했다.[46]

이러한 강성갑의 노작교육은 원한경 및 최현배의 가르침을 실천한 것이었다. 1909년 경신학교 교장을 맡은 언더우드는 학교발전계획의 하나로 공과(Industrial Department)를 개설하고 노작교육을 실시함으로써 청소년들이 정신적, 신체적으로 자기 활동의 방향성을 모색하고, 사회진출을 위한 사회성을 체험하도록 하였으며 노동에 대한 인식의 변화를 추진하였다.[47] 원한경은 1926년 YMCA의 특별강연 '교육문제에서 살길로 나가자'에서 각 지역에 적합한 직업교육의 실시를 주장하였다.[48] 최현배 또한 노작교육의 중요성을 강조하였다. 최현배의 신교육론의 주된 내용은 인간교육, 주체성교육, 노작교육의 세 가지로 요약할 수 있는데, 의식적으로는 인간중심교육과 조선중심의 교육이요, 이러한 의식은 어디까지나 노작을 통해서 실천될 때에만 그 참 가치를 창조해 낼 수 있다는 점을 강조하는 노작중심교육이며, 노작중심교육은 페스탈로치의 노작교육 정신에 영향을 받은 것이었다.[49]

---

45) 심진구, 위의 글, 277쪽.

46) 서울특별시 교육연구원 편, 앞의 책, 273~274쪽.

47) 정운형, 「언더우드의 선교활동과 애민(愛民)교육」, 연세대학교대학원 박사학위 논문, 2016, 128~130쪽.

48) 옥성득, 앞의 글, 300쪽.

49) 장원동, 『최현배의 교육철학 : 외솔의 생애와 사상』, 형지사, 2010, 220쪽.

4. 맺음말

강성갑은 일제로부터 해방된 새로운 나라는 국민의 대부분을 차지하는 농민들의 삶의 문제가 해결되는 나라이어야 하며, 이를 위해 필요한 것이 바로 국민신앙을 바탕으로 한 교육임을 인식하고, 경남 진영에서 한얼중학교를 설립·운영하는 기독교 교육운동을 전개하였다. 이러한 강성갑의 기독교 사회운동은, 교육을 통해 새로운 나라를 세우고자 하는 좌·우 이념을 넘어서는 근본적인 우리 민족의 교육개혁 운동이었다.

강성갑은 이를 실천하기 위해, 해방이후 대학을 졸업한 연희전문 출신의 영어를 잘하고 선교사와 친한 기독교인이라는 미군정하에서의 출세를 위한 모든 조건을 갖췄음에도, 시골의 교회로 내려가서 농촌교육이라는 어렵고 힘든 길을 선택하였다. 강성갑은 교회를 통해 기독교인을 만드는 것도 중요하지만, 기독교적 교육을 통해 기독교 신앙의 가치가 실현되는 사회·국가를 추구하고자 하였다. 이러한 강성갑의 실천은 기독교 정신이 무엇인가 하는 것에 대한 중요한 문제제기가 된다. 강성갑은 말로만 복음을 전하는 시대는 이제 지나갔으며, 우리의 생활과 행동으로 복음의 진리를 입증해야 한다는 주장대로 자신의 기독교적 교육관을 교회와 지역사회에 제시하고 이를 앞장서서 실천하는 것으로 이들의 협력을 이끌어 낼 수 있었다. 결국 교회와 지역사회의 협력은 추상적인 기독교 정신이 아니라 구체적인 강성갑의 실천의 삶으로 가능했던 것이었다.

이러한 강성갑의 삶은 연희전문 문과에서의 원한경과 최현배의 가르침을 해방공간이라는 시대상황에 적용한 연희전문 교육정신의 창조적 계승이며 실천이었다. 원한경은 연희전문 교장 취임사에서 "기독교 정신의 아래 물질적, 정신적, 사회적 문제 등 여러 방면에 걸쳐 있는 동포의 문제를 해결하는 청년을 길러 조선사회로 내보내는 데 연희의 목표"가 있다고 하였다. 원한경은 강성갑을 연희가 목표로 했던 조선의 청년으로 생각하였기에, 강성갑이 죽었다는 소식을 듣고 연희가 배출한 최고의 인재를 잃었다고 아쉬워한 것이었다. 해방공간의 청년·학생들에게 큰 영향을 주었던 강성갑의 실천적 삶은, 오늘날에도 변함없이 '연세정신' 즉 기독교 정신이 무엇인지를 구체적으로 확인시켜 주는 중요한 의미를 갖는다.

참고문헌

| 저서 |

김도형 편, 『일제하 연세학풍과 민족교육』, 혜안, 2015.

김용달, 『농민운동』, 독립기념관 한국독립운동사연구소, 2009.

김학은, 『연세대학교 상경대학 백년사.1, 한국의 근대경제학 1915~1956』, 연세대학교 대학출판문화원, 2015.

부산대학교 60년사 편찬위원회, 『부산대학교 60년사』, 부산대학교, 2006.

서울특별시 교육연구원 편, 『스승의 길』, 서울특별시 교육위원회, 1984.

연세대학교 문과대학, 『연세대학교 문과대학 100년. 1, 문과대학, 학과사』, 연세대학교 문과대학, 2015.

연세대학교백년사편찬위원회, 『연세대학교백년사 1』,연세대학교출판부, 1985.

오천석, 『외로운 城主』, 광명출판사, 1975.

이경란, 『일제하 금융조합 연구』, 혜안, 2002.

장원동, 『최현배의 교육철학 : 외솔의 생애와 사상』. 형지사, 2010.

최현배, 『나라건지는 교육 : 구국적 교육』, 정음사, 1963.

최현배, 『조선민족 갱생의 도』, 정음사, 1971.

한규무, 『일제하 한국기독교 농촌운동 : 1925~1937』, 한국기독교역사연구소, 1997.

한얼중고등학교 동문회, 『위대한 스승 강성갑 교장(그 생애와 사상)』, 한얼중고등학교동문회, 2000.

| 논문 |

강명숙, 「고전의 재발굴 : H. H. 언더우드의 『Modern Education in Korea』와 일제시기 한국교육사 연구」, 『東方學志』 165, 2014.

심진구, 「향토교육의 선구자 강성갑에 관한 사례연구」, 『인천교대 논문집』 3, 1968.

옥성득, 「YMCA의 특별강연 "살 길로 나가자" 소책자 시리즈(1926년)」, 『한국기독교와 역사』 24, 2006.

한성훈, 「진영지역 학살과 진실규명 : 역사의 법정과 희생자 복원」, 『역사연구』 21, 2011.

정운형, 「언더우드의 선교활동과 애민(愛民)교육」, 연세대학교대학원 박사학위 논문, 2016.

찾아보기

ㄱ

ㅁ

ㅂ

ㅇ

ㅈ

필자 소개 가나다순

연구책임 및 편집

김도형 연세대학교 사학과, 연세학풍연구소장

필 자

김도형 연세대학교 사학과

김은중 연세대학교 철학연구소

도현철 연세대학교 사학과

신규환 연세대학교 의사학과

심경호 고려대학교 한문학과

유춘동 선문대학교 역사문화콘텐츠학과

윤혜준 연세대학교 영어영문학과

최재건 연세대학교 연세학풍연구소

허경진 연세대학교 국문과

홍성표 연세대학교 연세학풍연구소